Rekonstruktive Bildungsforschung

Band 24

Reihe herausgegeben von
Martin Heinrich, Bielefeld, Deutschland
Andreas Wernet, Hannover, Deutschland

Die Reihe ‚Rekonstruktive Bildungsforschung' reagiert auf die zunehmende Etablierung und Differenzierung qualitativ-rekonstruktiver Verfahren im Bereich der Bildungsforschung. Mittlerweile hat sich eine erziehungswissenschaftliche Forschungstradition gebildet, die sich nicht mehr nur auf die Rezeption sozialwissenschaftlicher Methoden beschränkt, sondern die vielmehr eigenständig zu methodischen und methodologischen Weiterentwicklungen beiträgt. Vor dem Hintergrund unterschiedlicher methodischer Bezüge (Objektive Hermeneutik, Grounded Theory, Dokumentarische Methode, Ethnographie usw.) sind in den letzten Jahren weiterführende Forschungsbeiträge entstanden, die sowohl der Theorie- als auch der Methodenentwicklung bemerkenswerte Impulse verliehen haben. Die Buchreihe will diese Forschungsentwicklung befördern und ihr ein angemessenes Forum zur Verfügung stellen. Sie dient vor allem der Publikation qualitativ-rekonstruktiver Forschungsarbeiten und von Beiträgen zur methodischen und methodologischen Weiterentwicklung der rekonstruktiven Bildungsforschung. In ihr können sowohl Monographien erscheinen als auch thematisch fokussierte Sammelbände.

Weitere Bände in der Reihe http://www.springer.com/series/11939

Anika Lübeck

Schulbegleitung im Rollenprekariat

Zur Unmöglichkeit der „Rolle Schulbegleitung" in der inklusiven Schule

Springer VS

Anika Lübeck
Universität Bielefeld
Bielefeld, Deutschland

Dissertation, Universität Bielefeld, 2018, angenommen mit dem Titel: „Schulbegleitung im Rollenprekariat. Zur Unmöglichkeit der ‚Rolle Schulbegleitung' in inklusiver Schule und inklusivem Unterricht."

1. Gutachter: Prof. Dr. Martin Heinrich
2. Gutachterin: Jun.-Prof. Dr. Christine Demmer

Datum der Disputation: 31.10.2018

Rekonstruktive Bildungsforschung
ISBN 978-3-658-25261-8 ISBN 978-3-658-25262-5 (eBook)
https://doi.org/10.1007/978-3-658-25262-5

Die Deutsche Nationalbibliothek verzeichnet diese Publikation in der Deutschen Nationalbibliografie; detaillierte bibliografische Daten sind im Internet über http://dnb.d-nb.de abrufbar.

Springer VS

Springer VS ist ein Imprint der eingetragenen Gesellschaft Springer Fachmedien Wiesbaden GmbH und ist ein Teil von Springer Nature
Die Anschrift der Gesellschaft ist: Abraham-Lincoln-Str. 46, 65189 Wiesbaden, Germany

Inhalt

Abbildungen

1 Einleitung

Die UN-Behindertenrechtskonvention hat auf die deutsche Bildungslandschaft derart weitreichende Auswirkungen, dass derzeit kaum eine erziehungswissenschaftliche Forschungsarbeit mehr verfasst werden kann, die nicht in einem Bezug zu ihr steht – und auch die vorliegende Arbeit ist diesbezüglich keine Ausnahme. Ausschlaggebend für diese weitreichenden Auswirkungen ist insbesondere Artikel 24 der Konvention mit der Forderung, ein „inklusives Bildungssystem auf allen Ebenen" (Netzwerk Artikel 3 e.V. o.J., Art. 24, § 1) zu gewährleisten. Wenngleich die Implikationen dieser Formulierung bis heute sowohl in Wissenschaft als auch Bildungspolitik und Öffentlichkeit – auch international! – nicht abschließend diskutiert wurden (vgl. Löser und Werning 2015; Müller und Gingelmaier 2018), sind als deutliche Reaktion auf die UN-Behindertenrechtskonvention die forcierten Bemühungen, Schülerinnen und Schüler mit und ohne Behinderungen bzw. sonderpädagogische Förderbedarfe gemeinsam an Regelschulen zu beschulen, zu verzeichnen.

Obwohl die einzelnen Bundesländer je eigene Wege und eigene Tempi in Bezug auf die Umsetzung von Inklusion einschlagen (vgl. Saalfrank und Zierer 2017, 89ff.), haben vielerorts Kinder mit sonderpädagogischem Förderbedarf inzwischen nicht nur das Recht, sondern aufgrund der zunehmenden Schließung von Förderschulen bisweilen auch die Pflicht, eine Regelschule zu besuchen, jedoch häufig ohne dass die aufnehmenden Regelschulen selbst schon hinreichend auf die Beschulung von Kindern und Jugendlichen mit besonderem Unterstützungsbedarf vorbereitet sind. Diese schwierige Situation für Schulen wird zusätzlich verschärft durch den massiven Mangel an Lehrkräften (vgl. Klemm und Zorn 2018), insbesondere an sonderpädagogischen Lehrkräften (vgl. Heinrich et al. 2013, S. 72), der inzwischen auch breite mediale Aufmerksamkeit erreicht hat (exemplarisch vgl. Hamann et al. 2017).

Eine vermeintliche Linderung für diese Überforderung des Schulsystems kommt nun überraschenderweise nicht aus dem Schulsystem selbst, sondern aus

A. Lübeck, *Schulbegleitung im Rollenprekariat*, Rekonstruktive Bildungsforschung 24, https://doi.org/10.1007/978-3-658-25262-5_1

dem Sozialrecht in Form von Maßnahmen zur Eingliederungshilfe. Kinder und Jugendliche bzw. deren Erziehungsberechtigte können je nach Art des vorliegenden Unterstützungsbedarfs entweder beim Sozial- oder Jugendamt für ihren Schulbesuch eine Schulbegleitung[1] beantragen. Schulbegleiterinnen und -begleiter sind Personen, die

> „[…] Kinder und Jugendliche überwiegend im schulischen Alltag begleiten, die aufgrund besonderer Bedürfnisse im Kontext Lernen, Verhalten, Kommunikation, medizinischer Versorgung und/oder Alltagsbewältigung der besonderen und individuellen Unterstützung bei der Verrichtung unterrichtlicher und außerunterrichtlicher Tätigkeiten bedürfen." (Dworschak 2010, 133f)

Damit überbrückt die Maßnahme Schulbegleitung die Kluft zwischen den Unterstützungsbedürfnissen einzelner Kinder und Jugendlicher und dem, was die jeweilige Schule selbst an Unterstützung leisten kann (vgl. Laubner et al. 2017, S. 7).

Der in den vergangenen Jahren verzeichnete drastische Anstieg in Bezug auf die Inanspruchnahme von Schulbegleitung (vgl. u.a. Behörde für Schule und Berufsbildung Hamburg 2016; Dworschak 2015; Kißgen et al. 2013) legt dabei die These nahe, dass Schulbegleitung zwar aus rechtlicher Perspektive noch immer eine Einzelfallmaßnahme darstellen mag, darüber hinaus jedoch längst auf dem besten Wege ist, sich als gängiges Mittel des Ausgleichs fehlender Unterstützungsstrukturen in Schule zu etablieren – und dies „nahezu ohne jeglichen fachlichen Diskurs, Evaluation oder gar Begleitforschung" (Lindmeier und Polleschner 2014, S. 195).

Mit Schulbegleiterinnen und Schulbegleitern kommt also zusätzliches Personal in die Schulen, das in Bezug auf die oben beschriebene Überforderung auf den ersten Blick zwar Hoffnung verspricht, auf den zweiten Blick jedoch für eine Vielzahl neuer Herausforderungen für alle Beteiligten sorgt. An der Beantragung,

---

1 Für Maßnahmen der Eingliederungshilfe im Kontext Schule haben sich verschiedene Bezeichnungen etabliert, darunter „Schulbegleitung", „Integrationshilfe", „Schulassistenz", „Inklusionshelfer" u.a. In der vorliegenden Arbeit wird der Begriff „Schulbeleitung" verwendet, „da dieser am ehesten in seiner Doppeldeutigkeit die Herausforderung markiert, die derzeit im deutschen Bildungssystem existiert, wenn es darum geht, Schülerinnen und Schüler mit sonderpädagogischem Förderbedarf in die Regelschule zu integrieren. Hierfür ist nämlich sowohl eine Begleitung dieser Schülerinnen und Schüler in einem (noch) nicht-adaptiven System als auch vermittelt darüber eine Begleitung dieses Systems, d.h. der Schule auf ihrem Weg zu einem inklusiven Schulsystem notwendig." (Heinrich 2016a, S. 10).

Bewilligung, Einstellung und Beschäftigung einer Schulbegleitung ist mit den Eltern bzw. Erziehungsberechtigten, der Sachbearbeitung des jeweils zuständigen Amtes, zu Rate gezogenen ärztlichen und therapeutischen Fachkräften, den einstellenden Diensten, den Schulleitungen und Lehrkräften eine Vielzahl unterschiedlicher Akteure involviert, die jeweils eigene, zum Teil höchst widersprüchliche Erwartungen, Wünsche und Anforderungen an die Schulbegleitung stellen.

Diese widersprüchlichen Erwartungen, Wünsche und Anforderungen führen, so die Ausgangsthese der vorliegenden Arbeit, zu einem Rollenkonflikt, in dem die Schulbegleitung selbst die schwächste Position einnimmt: „Eine bei einem externen Arbeitgeber beschäftigte Person mit weitgehend unklarer Aufgaben- und Rollendefinition steckt, ziemlich allein gelassen, mittendrin in einem komplexen schulischen Handlungsfeld." (Reuter 2012, S. 23) Gleichzeitig verhindern die gegebenen Bedingungen rund um den Einsatz von Schulbegleitung die Entwicklung einer für sie tragfähigen und eigenständigen Rolle, sodass hier von einem *Rollenprekariat der Schulbegleitung* gesprochen werden soll.

Dieses Rollenprekariat der Schulbegleitung steht im Fokus der vorliegenden Arbeit und soll sowohl theoretisch als auch empirisch untersucht werden. Im Anschluss an die Klärung der Begriffe *Rolle* und *Rollenprekariat* (Kap. 2) werden die Einflussfaktoren auf dieses Rollenprekariat in Kap. 3 mit Bezug auf theoretische Literatur und Forschungsergebnisse zum Einsatz von Schulbegleiterinnen und Schulbegleitern ausführlicher dargestellt. Dazu zählen die konzeptionelle Veranlagung der Maßnahme als Einzelfallhilfe, das Inklusionsparadigma und die Funktion von Schulbegleitung in inklusiver Schulentwicklung, Fragen der Qualifikation bzw. Professionalisierung von Schulbegleitung sowie Aspekte der Zusammenarbeit von Schulbegleitung und Lehrkräften. Auf dieser Basis wird in Kap. 4 zunächst theoretisch erwogen, welche Mechanismen bzw. Bearbeitungsformen die Akteure in der Praxis anwenden können, um das Rollenprekariat aufzulösen oder zumindest zu mildern.

Anschließend wird in Kap. 5 die Anlage der empirischen Studie dargestellt. Es wurden zwei problemzentrierte Interviews mit einer sonderpädagogischen Lehrkraft und einem Schulbegleiter geführt, die gemeinsam in einer Klasse in einer weiterführenden Regelschule arbeiten. Als Analysefolie wird die interpretative Rollentheorie von George Herbert Mead (1973) herangezogen, die insbesondere das Prozesshafte der Rollenfindung und -entwicklung fokussiert und somit für die Analyse der sich im Entstehen befindenden Rolle von Schulbegleitung besonders geeignet ist. Ausgewertet wurden die Interviews mit der Methode der Objektiven Hermeneutik (vgl. Oevermann 2002b).

In Kap. 6 erfolgt nach einer kurzen Vorstellung des interviewten Teams die objektiv-hermeneutische Rekonstruktion von je zwei Interviewpassagen der sonderpädagogischen Lehrkraft und des Schulbegleiters. Die Erkenntnisse aus der fallimmanenten Analyse werden anschließend zunächst in Bezug zu Meads interpretativer Rollentheorie und dann in Kap. 7 zur Theorie „schulischer Grammatik" nach Tyack und Tobin (1994) gesetzt. Kap. 8 schließlich skizziert als Ausblick verschiedene Praxisansätze rund um den Einsatz von Schulbegleitungen und hinterfragt sie im Hinblick auf die in dieser Arbeit gewonnenen Erkenntnisse.

2 Schulbegleitung im Rollenprekariat

Gegenstand der vorliegenden Arbeit ist die Frage nach der Rolle von Schulbegleitung im inklusiven Unterricht. Der Begriff der *Rolle* wirkt dabei zunächst gar nicht unbedingt klärungsbedürftig, da er im alltäglichen Sprachgebrauch fest verankert ist und man intuitiv zu wissen meint, was mit ihm bezeichnet wird. Der Versuch jedoch, diesen Begriff unter Rückgriff auf soziologische Literatur zu explizieren, führt zeitnah zu der Erkenntnis, dass es „weder einen einheitlichen Rollenbegriff, noch eine einheitliche Rollentheorie [gibt]" (Griese 2014, S. 412). Stattdessen existiert ein komplexer internationaler Diskurs mit unterschiedlichen, teils miteinander verflochtenen und aufeinander aufbauenden, aber auch teils gegensätzlichen Positionen, der seinen Höhepunkt und gleichzeitig offenbar sein Ende in den 1960er und -70er Jahren hatte – danach „bestimmen nur noch Zusammenfassungen [...], vergebliche Neuformulierungsversuche von Epigonen der extremen Positionen [...] oder pädagogische Anwendungen oder Einfärbungen zu Lehrerrolle, Rollenspiel und Sozialisation das Bild." (Griese 2014, S. 414)

Diesen vielschichtigen soziologischen Diskurs mit seinen historischen Entwicklungen und unterschiedlichen theoretischen Positionen umfassend darzustellen würde den Rahmen und die Zielsetzung dieser Arbeit sprengen; hierzu sei auf einschlägige andere Quellen verwiesen (vgl. u.a. Griese et al. 1977; Joas 1991; Popitz 1967; Ullrich 1978). Die für die Bearbeitung der Fragestellung nichtsdestotrotz notwendige Auseinandersetzung mit dem Rollenbegriff kann daher nicht ohne pragmatische Setzungen und unter Ausblendung von Komplexität geschehen, in der Hoffnung jedoch, dennoch zu einer für die theoretische und empirische Analyse der Situation von Schulbegleitungen tragfähigen und fruchtbaren Arbeitsdefinition gelangen zu können. In diesem Zuge sei darauf hingewiesen, dass die vorliegende Arbeit nicht dem standardmäßigen Vorgehen folgt, zunächst umfassend die Theorie zu explizieren und sie dann in einem zweiten Schritt auf den Gegenstand anzuwenden. Vielmehr soll der interessierende Gegenstand, also die

A. Lübeck, *Schulbegleitung im Rollenprekariat*, Rekonstruktive Bildungsforschung 24, https://doi.org/10.1007/978-3-658-25262-5_2

Rolle der Schulbegleitung, im Fokus stehen, sodass Aspekte der Theorie sukzessive mit Bezug auf den Gegenstand im Laufe der Arbeit entfaltet werden und eine systematische Verschränkung von Theorie und Empirie entsteht. Folglich gibt es kein eigenständiges „Theoriekapitel“, sondern die Erörterung der Theorie geschieht laufend in kontinuierlicher Rückbindung an den Gegenstand. Somit seien vorab lediglich notwendige rollentheoretische Grundlagen expliziert, die anschließend (vgl. Kap. 4, 5.1, 6.5) die Entfaltung der Theorie anhand des Gegenstands ermöglichen sollen.

Die soziologische Rollentheorie versucht, „die Vermittlung von Individuum und Gesellschaft bzw. von Person und System adäquat zu beschreiben, zu erklären und zu prognostizieren“ (Griese 2014, S. 411). Dabei geht sie davon aus, dass Gesellschaft aus einem Struktur- und Beziehungsgeflecht mit einer unüberschaubaren Vielzahl an miteinander verknüpften und aufeinander bezogenen *Positionen* besteht. Positionen bezeichnen „Schnittpunkte sozialer Beziehungen im differenzierten gesellschaftlichen Beziehungsgefüge“ (Dreitzel 1968, S. 106) und sind dabei zunächst unabhängig von den konkreten Personen, die sie einnehmen (vgl. Rössel 2014, S. 360). Ein Individuum hat in der Regel mehrere Positionen inne und steht somit auch mit mehreren anderen Bezugspersonen oder -gruppen in Verbindung, wie folgender Ausschnitt aus Dahrendorfs „Homo Sociologicus“, dem in Deutschland wohl einflussreichsten Werk zur Rollentheorie, verdeutlichen soll:

> „Hans Schmidt ist (1) ein Mann, und zwar (2) ein erwachsener Mann von etwa 35 Jahren. Er trägt einen Ehering, ist daher (3) verheiratet. [...] Hans Schmidt ist (4) Staatsbürger; er ist (5) Deutscher, (6) Bewohner der Mittelstadt X, und er trägt den Doktortitel, ist also (7) Akademiker. Alles weitere müssen wir von gemeinsamen Bekannten erfragen, die uns erzählen mögen, dass Herr Schmidt (8) von Beruf Studienrat ist, (9) zwei Kinder hat, also Vater ist, (10) als Protestant in der vorwiegend katholischen Bevölkerung von X einige Schwierigkeiten hat, (11) er als Flüchtling nach dem Kriege in die Stadt gekommen ist, wo er sich indes (12) als Vorsitzender der lokalen Organisation der Y-Partei und (13) als Schatzmeister des Fußballklubs der Stadt bald einen guten Namen zu verschaffen wusste.“ (Dahrendorf 2006, S. 33)

Das Innehaben einer Position, wie etwa der Position des Vaters oder des Studienrats, ist gleichzeitig mit einem Komplex an Verhaltenserwartungen von unterschiedlichen Bezugspersonen und -gruppen verbunden. Und mit dieser Reflexion der an eine Position geknüpften Erwartungen gelangen wir nun zur *sozialen Rolle*:

> „Eine soziale Rolle ist also dann die Summe der Rechte und Pflichten, die zu einer bestimmten Position gehören, unabhängig davon, wer der Träger dieser Position ist. Die Verhaltensvorschriften beziehen sich nicht auf das Individuum qua Person, sondern auf das Individuum qua Positionsinhaber. Deshalb kann jeder einzelne Inhaber mehrerer Positionen und damit Spieler mehrerer Rollen sein. Der Rollenbegriff ist somit ableitbar aus der Verknüpfung von gesellschaftlicher Normierung und gesellschaftlicher Differenzierung: er bestimmt sich als ein Bündel von normativen Verhaltenserwartungen, die an eine soziale Position geknüpft sind." (Dreitzel 1968, 106f.)

Bereits eine einzelne Position steht in der Regel mit mehreren anderen Positionen in Verbindung: Die Position des Vaters steht in Zusammenhang mit der der Mutter, des Kindes, dessen Großeltern sowie Freundinnen und Freunden etc.; die Position des Lehrers steht nicht nur in Zusammenhang mit Schülerinnen und Schülern und deren Eltern, sondern auch mit Kolleginnen und Kollegen, Personen in der Leitungsebene etc. Diese in Verbindung zur Position stehenden Anderen stellen Erwartungen an den Positionsinhaber, die sich mitunter voneinander unterscheiden können: So können z.B. Eltern und Schülerinnen und Schüler unterschiedliche Erwartungen an den Inhaber der Position „Lehrer" haben. Diese von den einzelnen „Bezugspersonen oder -gruppen ausgehenden Erwartungen im Rahmen ein und derselben sozialen Rolle können als *Rollensektor* (oder auch Rollensegment) bezeichnet werden" (Dreitzel 1968, S. 107, Hervorhebung A.L.).[2] In der Regel harmonieren die unterschiedlichen Rollensektoren miteinander bzw. setzen nur unterschiedliche Akzente darin, was sie von einer jeweiligen Rolle erwarten. Mitunter kann es jedoch tatsächlich zu sogenannten *Intra-Rollenkonflikten* kommen, und zwar dann, wenn die jeweiligen Rollensektoren widersprüchliche bzw. unvereinbare Erwartungen an einen Positionsinhaber stellen.[3] Ursache für diese Intra-Rollenkonflikte ist dabei häufig, dass die Inhaber der bezugnehmenden Positionen andere Stellungen in der Sozialstruktur einnehmen und ihnen damit einhergehend auch „andere Interessen und Empfindungen, Wertvorstellungen und moralische Vorstellungen eigen [sind] [...]: Soziale Differenzierung erzeugt bei

---

2 Im Grundgedanken ähnlich, in der Begrifflichkeit jedoch anders drückt sich Merton aus: Statt von einer einzigen Rolle zugehörigen unterschiedlichen Rollensektoren geht er von einer Kombination mehrerer Rollen bzw. von einem „Rollen-Set" aus, das an eine einzelne Position geknüpft ist. Die Gesamtheit verschiedener Rollen bei einer einzelnen Person bezeichnet er als „Status-Set" (vgl. Merton 1967, S. 260).

3 Im Gegensatz dazu steht der Begriff „Inter-Rollenkonflikt" für Konflikte, die durch das Innehaben mehrerer Rollen entstehen können – etwa wenn berufliche und private Erwartungen an Herrn Schmidt nicht miteinander vereinbar sind.

den Inhabern unterschiedlicher Positionen in der Sozialstruktur auch unterschiedliche Interessen." (Merton 1967, S. 261)

Für die Schulbegleitung lässt sich vor dem Hintergrund der Rollentheorie nun argumentieren, dass sie mit der Ratifizierung der UN-Behindertenrechtskonvention und dem dadurch angestoßenen Ausbau „inklusiver Schulen"[4] zunächst einmal eine hierdurch neu geschaffene *Position* in der Gesellschaft einnehmen. Dieser Position bzw. Leerstelle allein ist jedoch noch keine eindeutige *Rolle* inhärent, sondern ist konfrontiert mit den unterschiedlichen, mit ihr in Verbindung stehenden Rollensektoren, die über die Frage nach den Rechten und Pflichten der Schulbegleitung in einen Aushandlungsprozess miteinander treten müssen. Ausgangspunkt der vorliegenden Arbeit ist die Annahme, dass die zum Teil sehr widersprüchlichen Rollensektoren der Schulbegleitung zu einem Intra-Rollenkonflikt führen, der aufgrund der prekären Stellung der Schulbegleitung und ihrer fehlenden Professionalisierung kaum konstruktiv bearbeitet werden kann. Dadurch ist die Entwicklung einer tragfähigen und eigenständigen Rolle der Schulbegleitung dauerhaft blockiert, sodass hier von einem *Rollenprekariat der Schulbegleitung* gesprochen werden soll. Dieses Rollenprekariat existiert dabei sowohl auf makrosoziologischer Ebene hinsichtlich der Rolle der Schulbegleitung im „inklusiven" Schulsystem im Allgemeinen, als auch auf mikrosoziologischer Ebene in der konkreten Interaktion von Schulbegleitungen und den sie umgebenden Akteuren.

Die für dieses Rollenprekariat maßgeblichen Einflussfaktoren sind entsprechend sowohl auf makro- als auch mikrosoziologischer Ebene angesiedelt und sind zum Teil eng miteinander verwoben. Sie betreffen die konzeptionelle Veranlagung der Schulbegleitung als Einzelfallmaßnahme, ihre Verortung im inklusiven Paradigma bzw. ihre Bedeutung für die inklusive Schulentwicklung, ihre Professionalisierung und ihre Zusammenarbeit mit Lehrkräften. Auf diese einzelnen Einflussfaktoren und ihre Bedeutung für die soziale Rolle der Schulbegleitung soll im Folgenden unter Bezugnahme auf den Forschungsstand zur Schulbegleitung näher eingegangen werden.

---

4 „Inklusive Schulen" meint hier zunächst die in der öffentlichen und bildungspolitischen Wahrnehmung dominante Auslegung der UN-Behindertenrechtskonvention als Aufforderung, Schülerinnen und Schüler mit und ohne sonderpädagogische Förderbedarfe gemeinsam zu beschulen. Für eine kritischere Begriffsarbeit vgl. Kap. 0.

3 Einflussfaktoren auf das Rollenprekariat der Schulbegleitung

3.1 Konzeptionelle Veranlagung der Maßnahme als Einzelfallhilfe

Die Schulbegleitung ist eine Maßnahme, die für einzelne Schülerinnen und Schüler mit besonderem Bedarf an Unterstützung in ihrem Schulalltag beantragt werden kann. Wer die Maßnahme bei welcher Stelle beantragt, wie das Bewilligungsprocedere ausgestaltet wird und wie eine Schulbegleiterin oder ein Schulbegleiter schließlich akquiriert und eingestellt wird, ist dabei kaum pauschal zu beschreiben: Bislang existieren bundesweit weder einheitliche Standards noch systematische Aufarbeitungen über die unterschiedlichen Praxen, die sich teils von Kommune zu Kommune unterscheiden können, was mitunter große Unterschiede bei den jeweiligen Abläufen, den erforderlichen Unterlagen für die Antragstellung und der Anzahl beteiligter Personen bedeutet (vgl. Schwarz 2012). Hinzu kommt die derzeit große Dynamik im Feld, die zusätzlich für Unübersichtlichkeit sorgt. Dennoch soll mit Abb.1 der Versuch unternommen werden, einen idealtypischen Ablauf des Beantragungs- und Bewilligungsverfahrens darzustellen.

In der Regel sind es die Eltern bzw. Erziehungsberechtigten der Schülerin bzw. des Schülers mit besonderem Unterstützungsbedarf, die einen (zunächst formlosen) Antrag auf Schulbegleitung stellen müssen. Dabei ist die Art des Unterstützungsbedarfs ausschlaggebend für den Adressaten des Antrags: Für Kinder und Jugendliche mit einer körperlichen oder geistigen Behinderung ist das Sozialamt nach SGB XII (§§ 53-54) zuständig, während bei Kindern und Jugendlichen mit einer drohenden oder vorliegend en seelischen Behinderung das Jugendamt nach SGB VIII (§ 35a) verantwortlich ist.

A. Lübeck, *Schulbegleitung im Rollenprekariat*, Rekonstruktive Bildungsforschung 24, https://doi.org/10.1007/978-3-658-25262-5_3

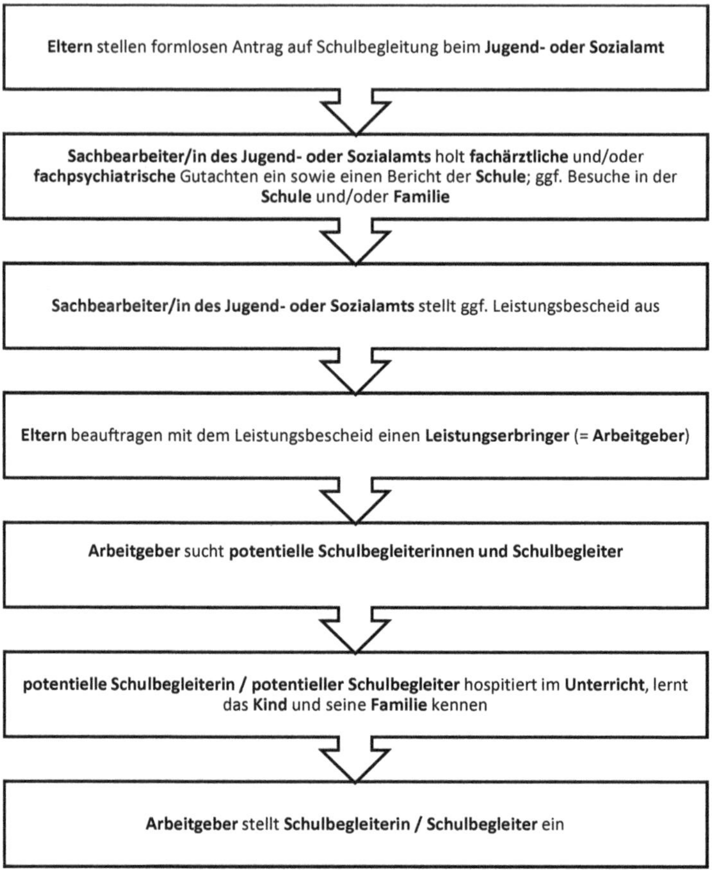

Abbildung 1: Idealtypisches Beantragungsverfahren einer Schulbegleitung, eigene Darstellung

Doch bereits die zunächst so harmlos anmutende Unterscheidung zwischen den Leistungen der Jugendhilfe bei seelischen Behinderungen und den Leistungen der Sozialhilfe bei körperlichen und/oder geistigen Behinderungen birgt einige Stolperstellen, da diese Unterscheidung weniger fachlich begründet, sondern historisch gewachsen ist (vgl. Arndt et al. 2017; Welti 2005). So besteht insbesondere bei denjenigen Kindern und Jugendlichen, bei denen eine kombinierte Beeinträchtigung vorliegt und nicht eindeutig nachweisbar ist, welche Beeinträchtigung hauptsächlich ausschlaggebend ist für den Bedarf an gesonderter Unterstützung, die Gefahr, dass sich deren Anträge in sogenannten „‚Verschiebebahnhöfen' oder ‚schwarzen Löchern'" (Bundesministerium für Familie, Senioren, Frauen und Jugend 2009, S. 13) zwischen Jugend- und Sozialamt verlieren, die jeweils die Zuständigkeit von sich abweisen. Dies geht mit einem immensen Verwaltungsaufwand und vor allem mit Schwierigkeiten bei der Gewährung und Erbringung der Leistung einher, die für den geregelten und erfolgreichen Schulbesuch häufig ja dringend benötigt wird (vgl. Bundesministerium für Arbeit und Soziales 2015). An diesem Punkt setzt die inzwischen seit Jahren diskutierte so genannte „große Lösung" oder auch „inklusive Lösung" an: Eine umfangreiche Reform des SGB VIII, die beabsichtigt, zukünftig alle Leistungen für Kinder und Jugendliche, also auch Leistungen der Eingliederungshilfe, unter dem Dach der Kinder- und Jugendhilfe zu bündeln – unabhängig davon, ob und welche Art einer Behinderung vorliegt (vgl. Bundesministerium für Arbeit und Soziales 2015, S. 28; Diehl et al. 2016). Zum Zeitpunkt der Abfassung der vorliegenden Arbeit sind jedoch mehrere Gesetzesentwürfe gescheitert und die Umsetzung der „inklusiven Lösung" in dem Umfang, wie sie von Fachverbänden gefordert wird, scheint nicht in Sicht.

Liegt der Antrag schließlich dem tatsächlich zuständigen Amt vor, muss zu dessen Prüfung die Teilhabefähigkeit des Kindes eingeschätzt werden. Denn mit Schule und Jugend- bzw. Sozialhilfe treffen zwei Systeme mit je unterschiedlichen Logiken und Verfahrensweisen aufeinander, die

> „[…] keine gemeinsame Definition von Behinderung und Hilfe- bzw. Unterstützungsbedarf [haben]. Der sonderpädagogische Unterstützungsbedarf beschreibt den besonderen Förderbedarf für schulische Inhalte und Lernziele eines Kindes. Die Eingliederungshilfe hingegen definiert Teilhabebeeinträchtigungen, die sich aus der Wechselwirkung zwischen individuellem Handicap und Umweltfaktoren ergeben" (Thiel 2017).

Dementsprechend ist ein festgestellter sonderpädagogischer Förderbedarf noch kein ausreichendes Kriterium für die Bewilligung einer Schulbegleitung aus Mitteln der Eingliederungshilfe (vgl. auch Fegert et al. 2016).

Zur Prüfung der Teilhabefähigkeit des Kindes bzw. zur Anspruchsberechtigung auf eine Schulbegleitung kann die Sachbearbeitung des zuständigen Amtes fachärztliche und/oder fachpsychiatrische Gutachten sowie einen Bericht der Schule einholen. Bisweilen ergänzen Haus- und/oder Unterrichtsbesuche das Feststellungsverfahren. Letztlich beurteilt die jeweilige Sachbearbeiterin bzw. der jeweilige Sachbearbeiter des Amtes, ob das Kind anspruchsberechtigt ist oder nicht und stellt demgemäß einen Leistungsbescheid aus. In diesem Leistungsbescheid werden zudem sowohl Umfang und Dauer der Maßnahme festgelegt als auch die personellen Anforderungen an die zukünftige Schulbegleiterin bzw. den zukünftigen Schulbegleiter.

Mit Erhalt des Leistungsbescheids ist es nun Aufgabe der Eltern, einen Leistungserbringer auszuwählen, da dies nicht mehr in den Verantwortungsbereich der Jugend- bzw. Sozialhilfe fällt. Leistungserbringer sind häufig Träger der Jugend- oder Behindertenhilfe, die sich um die Auswahl und Einstellung von Schulbegleiterinnen und -begleiter kümmern und sich aufgrund der steigenden Nachfrage in den letzten Jahren vielfach schon konkret auf die Erbringung der Leistung Schulbegleitung spezialisiert haben. Es ist jedoch auch möglich, dass die Eltern das sogenannte Persönliche Budget in Anspruch nehmen und selbst als Arbeitgeber für die Schulbegleitung fungieren (vgl. Thiel 2017, S. 32). Wie die Auswahl einer Schulbegleiterin bzw. eines Schulbegleiters geschieht ist erneut abhängig von den je individuellen Routinen der Arbeitgeber. Idealerweise ist dieser darum bemüht, eine gute ‚Passung' zwischen dem leistungsberechtigten Kind und der zukünftigen Schulbegleiterin / dem zukünftigen Schulbegleiter, aber auch den Gegebenheiten von Schule und Klasse zu ermöglichen und bezieht daher die Eltern sowie auch die Lehrkräfte mit ein. Auch Hospitationen in der Klasse sind möglich, damit alle Beteiligten einen ersten Eindruck voneinander bekommen und sich darauf aufbauend entscheiden, ob sie sich eine gemeinsame Arbeit vorstellen können. Wurde schließlich eine Schulbegleiterin oder ein Schulbegleiter gefunden, wird diese/r in der Regel für die Dauer des Leistungsbescheids befristet eingestellt.

Anhand dieser groben Skizze des Beantragungs- und Bewilligungsprozesses sollte bereits ein Kernproblem in der Konzeption von Schulbegleitung deutlich geworden sein: Es ist eine Vielzahl an Akteuren in diesen Prozess involviert, die jeweils eigene Vorstellungen, Wünsche und Erwartungen in Bezug auf die Schulbegleitung haben, die nicht immer miteinander vereinbar sein müssen; bzw. in den Termini der Rollentheorie: Die Schulbegleitung steht mit einer Vielzahl von Positionen auf unterschiedlichen Ebenen in Verbindung, woraus sich in ihrem Fall auch mitunter widersprüchliche Rollensektoren ergeben. Abbildung 2 stellt die mit der

Schulbegleitung in Verbindung stehenden Positionen bzw. Akteure zusammenfassend dar.

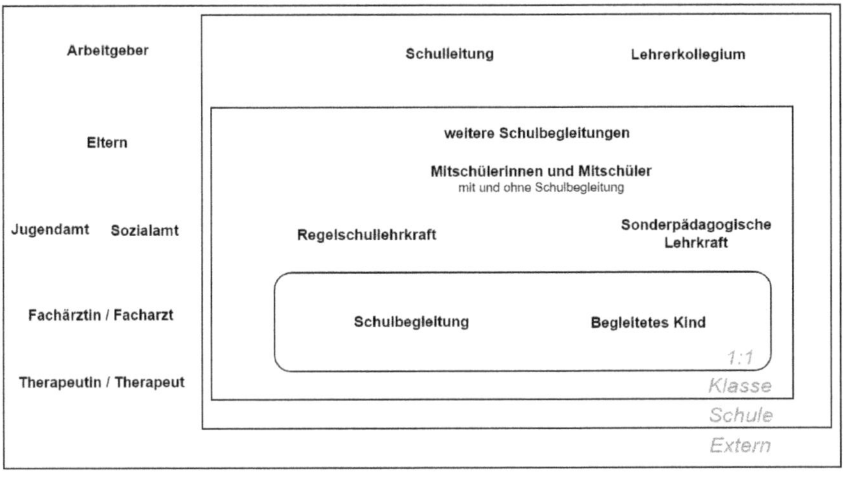

Abbildung 2: Rollensektoren der Schulbegleitung. Darstellung der Autorin, zitiert nach Arndt et al. 2017, 227

Mit welchen Ansprüchen, Erwartungen und Vorstellungen wird eine Schulbegleiterin bzw. ein Schulbegleiter in diesem Akteursdickicht nun konfrontiert? Dieser Frage soll im Folgenden sowohl auf theoretisch-konzeptioneller Ebene als auch mit Rückgriff auf empirische Studien nachgegangen werden.

3.1.1 Rollensektor Leistungsträger

Als Kostenträger sind für die Jugend- bzw. Sozialhilfe insbesondere die finanziellen Aspekte der Maßnahme von Bedeutung. Zwar liegen aufgrund der Erfassungsproblematik (vgl. Demmer et al. 2017a) bislang keine überregionalen, verlässlichen Daten zur Beantragung und Bewilligung von Schulbegleitung vor; doch die wenigen existierenden Zahlen zu einzelnen Regionen bzw. Bundesländern lassen davon ausgehen, dass die Ausgaben für die Maßnahme in den letzten Jahren um ein Vielfaches gestiegen sind (vgl. Behörde für Schule und Berufsbildung Hamburg 2016; Dworschak 2010, S. 131; Keil 2011); die Dortmunder Arbeitsstelle Kinder- und Jugendhilfestatistik beziffert in den Jahren 2008–2014 einen Anstieg der Eingliederungshilfe im Rahmen des SGB VIII um 400% (vgl. Dortmunder Arbeitsstelle für Kinder- und Jugendhilfestatistik 2016, S. 5). Dieser Anstieg mag sich einerseits in der zunehmenden Anzahl von Kindern mit sonderpädagogischen Förderbedarf an Regelschulen begründen, andererseits besteht sicherlich auch ein Zusammenhang mit dem steigenden Bekanntheitsgrad der Maßnahme (vgl. Kißgen et al. 2013).

Eine Option der Leistungsträger, die damit verbundene Kostenexplosion aufzufangen, besteht in einer zunehmend rigideren bzw. restriktiveren Bewilligungspraxis (vgl. Deutscher Verein für öffentliche und private Fürsorge 2016, S. 11; Dworschak 2012c, S. 24). Dies führt gleichzeitig jedoch auch vermehrt zu gerichtlichen Auseinandersetzungen, da das Urteil der Sachbearbeiterinnen und Sachbearbeiter bei den beantragenden Eltern häufig auf Unverständnis stößt; zumal von der Bewilligung der Maßnahme in vielen Fällen für das Kind auch der Besuch einer Regelschule abhängt. Aus Sicht der Jugendhilfe formuliert hierzu Britze:

> „Es scheint fast – vergleichbar der Häufung bestimmter Diagnosen zu bestimmten Zeiten – ein wenig in Mode gekommen zu sein, eine Schulbegleitung zu fordern. Die Anlässe weichen sehr voneinander ab: Empfehlungen von Kinder- und Jugendpsychiatern, Hilferufe von Lehrkräften, unsichere Eltern und eine unklare Beratungspraxis durch die örtlichen (Schul-)Beratungsstrukturen führen zu einer unübersichtlichen Gemengelage. Die Informationen an die Eltern wie die jungen Menschen selbst durch andere Personen (z.B. von Kliniken, Ärzten, Schulen, Beratungsstellen, Betroffenenverbänden, etc.) erzeugen feste Erwartungen und schränken den fachlichen Handlungs- und Entscheidungsspielraum der Kinder- und Jugendhilfe mitunter unzumutbar ein. Wenn von Informanten eine Schulbegleitung als ‚Rechtsanspruch an sich' behauptet wird, kann eine unvoreingenommene, am Kindeswohl orientierte Prüfung der Leistungsvoraussetzungen im Kontext der Hilfen zur Erziehung, neben einem möglichen Anspruch auf Eingliederungshilfe, oftmals gar nicht mehr erfolgen. […] So besteht die Gefahr, dass das örtliche Jugendamt vor vollendete Tatsachen gestellt wird, ohne Einflussmöglichkeiten auf die Ausgangsentscheidung zu haben." (Britze 2012, S. 2)

Britze betont weiterhin, dass die Entscheidungsgewalt über Gewährung, Umfang und Dauer der Maßnahme alleinig beim Leistungsträger liegt und keinesfalls bei den Eltern oder den Lehrkräften.[5] Gleichzeitig leitet Britze aus der finanziellen Verantwortlichkeit der Eingliederungshilfe für die Schulbegleitung auch einen Gestaltungsanspruch über die Phase der Beantragung und Bewilligung hinaus ab mit dem Ziel, ein „regelhaftes, synergetisches Wirkungscontrolling über die Leistungsanteile des jungen Menschen, seiner Eltern und der Schule [zu etablieren]. Die Kooperation der genannten Stellen und Personen mit dem Jugendamt ist dabei zwingende Voraussetzung." (Britze 2012, S. 9) Dieses „Wirkungscontrolling" führt Britze dabei auf die Grundhaltung zurück, dass es Aufgabe der Schulbegleitung sei, sich „im Laufe des Verfahrens selbst überflüssig" zu machen (Britze 2012, S. 9). Wenngleich diese Einstellung aus pädagogischer Perspektive zunächst sehr begrüßenswert ist (vgl. Kap. 3.2.2), so ist der Wunsch nach regelmäßiger Kontrolle der Wirkung von Schulbegleitung vermutlich weniger genuin pädagogisch begründet – andernfalls könne man diese Beurteilung auch den professionalisierten Lehrkräften vor Ort überlassen. Vielmehr wirkt das Führen der Maßnahme an einer ‚kurzen Leine' wie ein (weiterer) Versuch, mit Verweis auf die finanzielle Verantwortung im Akteursdickicht die Oberhand zu behalten und zeitnah reagieren zu können, sobald es Möglichkeiten gibt, Mittel einzusparen.

Ein weiterer Aspekt, der sich auf die Kosten der Maßnahme auswirkt, ist der Aspekt der Qualifikation von Schulbegleiterinnen und Schulbegleitern. Obwohl § 72 SGB VIII für Maßnahmen der Kinder- und Jugendhilfe aus rein rechtlicher Perspektive ein Fachkräftegebot beinhaltet, wird „den Leistungsträgern trotzdem ein Entscheidungsspielraum zugestanden [...], um die kommunale Personalhoheit zu wahren." (Geist 2017, 50f.) Britze geht davon aus, dass

> „[...] für die tatsächliche Begleitung eines jungen Menschen in den diversen Unterrichtsformen [...] eine pädagogische Ausbildung der Schulbegleitung im Regelfall nicht erforderlich [ist]. Hier geht es vielmehr um eine teilnehmende Unterstützung des Kindes oder Jugendlichen. Die Anwendung der einzusetzenden Mittel, Methoden und ob im Einzelfall doch eine pädagogische Fachkraft notwendig wird, ist spezifisch vom Einzelfall und der jeweiligen Bedarfssituation abhängig und kann sehr wechselhaft sein." (Britze 2012, S. 4)

---

5 Dworschak hingegen verweist darauf, dass „man sich nur unschwer vorstellen [kann], dass es für die Kostenträger nicht immer einfach ist, die Notwendigkeit für eine Schulbegleitung vor dem Hintergrund der [...] vielfältigen beeinflussenden Variablen zu beurteilen." (2017, S. 38).

Somit liegt auch die Frage nach Erfordernis und Art einer fachlichen Qualifikation für die Begleitung des Kindes im Ermessen der jeweils zuständigen Sachbearbeitung. Dies resultiert in großen finanziellen Unterschieden: „Die Spannbreite der Fallkosten wurde von den bayerischen Jugendämtern mit € 4.400,00 bis hin zu € 30.000,00 pro Jahr angegeben. Die Fallkosten pro Stunde variieren von € 10,00 mit zusätzlichen Fahrtkosten bis hin zu € 30,00." (Britze 2012, S. 7) Zu befürchten ist, dass als Mittel der Kostenbremse bevorzugt nicht-qualifiziertes Personal als Schulbegleitung eingesetzt wird, weil dies schlichtweg billiger ist.[6]

3.1.2 Rollensektor Eltern

Das damit vorrangig finanzielle Interesse der Sozial- bzw. Kinder- und Jugendhilfe steht damit häufig in Widerspruch zu den Erwartungen und Wünschen, die die antragstellenden Eltern an die Maßnahme der Schulbegleitung haben. In deren Interesse ist es in der Regel, eine qualifizierte Schulbegleitung für die gesamte Dauer des Schultags und mit einer zeitlichen Perspektive zu erhalten. Mitunter wird die Gewährung einer Vollzeit-Schulbegleitung als grundlegende Voraussetzung wahrgenommen, um dem zu begleitenden Kind den Besuch der Regelschule überhaupt zu ermöglichen und damit eine Beschulung auf einer Förderschule zu umgehen – dies spitzt die Lage hinsichtlich der für die hilfesuchenden Eltern häufig ohnehin schon intransparenten Prüfpraxis der zuständigen Ämter noch weiter zu (Dworschak 2017; vgl. Lindmeier und Polleschner 2014, S. 203).

Doch auch jenseits der Hürden des Antragsverfahrens haben Eltern, insbesondere da sie durch ihren Antrag den Einsatz einer Schulbegleitung überhaupt erst initiieren, häufig eigene und ganz spezifische Vorstellungen davon, wie deren Auftrag zu gestalten sei. Ähnlich der Kinder- und Jugendhilfe sowie der Sozialhilfe besteht in der Schulbegleitung auch für sie eine Einflussmöglichkeit auf das System Schule, bei dem sie sonst außen vor sind (vgl. Lindmeier und Polleschner 2014, S. 203). Diese Einflussmöglichkeit verstärkt sich, wenn die Schulbegleitung nicht wie in den meisten Fällen bei einem Träger, sondern direkt bei den Eltern angestellt ist. Im besten Fall nimmt die Schulbegleitung in der Konstellation Eltern

6 Zur Problematisierung mangelnder Qualifikation von Schulbegleiterinnen und -begleitern vgl. insbesondere Kap 0; ausführlicher auch Geist 2017.

– Schule eine Vermittlungsposition ein, wie dies eine Mutter eines schulbegleiteten Kindes im Rahmen einer Gruppendiskussion auf einer Fachtagung formuliert:

> „Bei bestimmten Problemen finde ich es ganz gut, wenn da so jemand ist, der vielleicht auch nicht so diesen Druck und diesen Kontext hat, da den auch zu besprechen, weil es bei diesem Kind eben auch viel um alltägliche Dinge geht, auch um Verhalten zum Beispiel, zu lernen sich zu verhalten." (Lindmeier et al. 2014, S. 31)

Im schlimmsten Fall jedoch wird die Schulbegleitung als Kontrollinstanz oder gar Spion ausgenutzt, was selbstverständlich zu Lasten einer am Kind orientierten, vertrauensvollen Erziehungspartnerschaft von Eltern und Schule geht. In jedem Falle jedoch nimmt die Schulbegleitung „in dem entstehenden Dreiecksverhältnis eine schwierige Position ein, in dem sie von beiden Seiten im Grunde genommen als Blitzableiter missbraucht" werden kann (vgl. Lindmeier et al. 2014, S. 31).

3.1.3 Rollensektor Schulkollegium

Die Erwartungen der Lehrkräfte an die Schulbegleitung sind breit gefächert und reichen von ablehnender Skepsis über den Wunsch, die Schulbegleitung möge sich im Sinne einer Arbeitsteilung ausschließlich um das zu begleitende Kind kümmern, sodass sich die Lehrkraft auf die übrigen Kinder der Klasse konzentrieren kann, bis hin zu dem Wunsch nach einer Zusammenarbeit auf Augenhöhe (vgl. Lübeck 2017, S. 67).

Grundlegend gilt an dieser Stelle festzuhalten, dass der Einsatz einer Schulbegleitung ohne deren Einbindung in ein von der Klassenlehrkraft bzw. der Schule verantwortetes Konzept stark negative Effekte zeitigen kann, wie insbesondere internationale Forschungsergebnisse eindrucksvoll aufzeigen. Giangreco et al. führten Ende der 1990er Jahre in den USA Interviews sowohl mit schulbegleiteten Schülerinnen und Schülern, als auch mit Eltern, Lehrkräften und Schulbegleitungen mit der Frage, welche Auswirkungen eine 1:1-Begleitung auf die Schüler/innen mit besonderem Unterstützungsbedarf und deren Umgebung hat. Eine zentrale Erkenntnis der Studie lautet, dass durch die permanente Anwesenheit einer Assistenzkraft Lehrkräfte Gefahr laufen, ihre Verantwortung für das begleitete Kind aus der Hand zu geben:

> „Teachers were observed having limited interactions with the students with disabilities, proportionally less than those with other class members. Involvement by the teachers that did occur most often was limited to greetings, farewells, and occasional praise." (Giangreco et al. 1997, S. 10)

Die Einschätzung von Lehrkräften, mit einer Schulbegleitung an der Seite sei das Kind mit besonderem Unterstützungsbedarf schon ausreichend versorgt, mag mehrere Gründe haben. Zum einen wird diese Einschätzung möglicherweise von der Unkenntnis darüber gespeist, über welche Kompetenzen und Qualifikationen eine Schulbegleitung überhaupt verfügt, sodass sie teilweise als „kleine Sonderpädagoginnen und Sonderpädagogen" wahrgenommen werden (vgl. Demmer et al. 2017b, S. 31). Dies wird zusätzlich dadurch bestärkt, dass in Deutschland derzeit ein massiver Mangel an Sonderpädagoginnen und -pädagogen herrscht und somit häufig keine sonderpädagogische Expertise in den Schulen vor Ort verfügbar ist (vgl. Heinrich et al. 2013, S. 72). Zum zweiten ist es sicherlich häufig auch ein Stück weit der Not der eigenen Überlastung oder gar Überforderung der Lehrkraft geschuldet, das Kind zu großen Teilen der Schulbegleitung zu überantworten. Zum dritten ist eine Lehrkraft in vielen Fällen nicht am Antrags- und/oder Auswahlprozess für die Schulbegleitung beteiligt, sodass sie ihrerseits möglicherweise kein Verantwortungsgefühl ihr – und im schlimmsten Falle auch dem schulbegleiteten Kind – gegenüber sieht. Eine Schulbegleiterin aus Deutschland berichtet im Interview:

> „Mir fehlte halt speziell bei der Schülerin die ich betreut hab, ähm, der Lehrer-Schüler-Kontakt. Also es war dann ganz schnell so, ach Frau Jensch ist da, die macht das schon. Also die Schülerin war aber wirklich die einzige Schwerstmehrfachbehinderte in der Schule und in der Klasse, ähm, sie konnte nicht lesen nicht den Stift halten gar nichts, und wenn's dann ums Lesen ging zum Beispiel, dann hab ich mal die Lehrerin gefragt, ‚hast du dir was für Meike überlegt?' - ‚Öh ja, pf, nee also, hm', so. Also das fand ich dann immer so schade weil, da wird dann ganz schnell weil wir dann ja da sind, der Schüler so'n bisschen … vergessen." (Lübeck 2016a, S. 48).

Dass eine Schulbegleitung wie in dem hier zitierten Beispiel die gesamte pädagogische Arbeit mit dem schulbegleiteten Kind übernimmt ist nicht nur hinsichtlich ihrer hierfür in der Regel nicht vorliegenden Qualifikation unhaltbar, sondern auch aufgrund der Tatsache, dass sie als Maßnahme der Einzelfallhilfe grundsätzlich keine Tätigkeiten übernehmen darf, die zum Kernbereich der Schule gehören. Trotz des teilweise rege geführten und noch nicht abgeschlossenen Diskurses samt gerichtlicher Auseinandersetzungen über die Frage, wie eng oder weit dieser Kernbereich zu definieren sei (Fegert et al. 2016, 31ff.), ist es ausgeschlossen, dass die Hauptverantwortung für die schulische Bildung der Schulbegleitung überantwortet werden darf.

Was nun jedoch tatsächlich von der Schulbegleitung seitens der Lehrkräfte erwartet werden kann, wird durch die oben skizzierten Rahmenbedingungen von Finanzierung und Anstellung stark limitiert. Was sicherlich vielerorts in inklusiven Klassen benötigt würde, wäre eine professionalisierte, pädagogische Kraft, im Idealfall mit sonderpädagogischer Expertise für die in der Klasse vorliegenden Förderbedarfe; die mit einer für den Aufbau einer Kooperation angemessenen zeitlichen Perspektive verlässlich vor Ort ist und die an regelmäßigen Besprechungen zur Vor- und Nachbereitung des Unterrichts teilnehmen kann. Eine Schulbegleitung hingegen kommt mit einem unklaren Qualifikationshintergrund und einem vorab nicht pauschal definierbarem Aufgabengebiet für einen befristeten Zeitraum mehr oder minder als Gast in die Schule und wird – dies ist erneut abhängig von individuellen Vereinbarungen mit Leistungsträgern und -erbringern – in vielen Fällen ausschließlich für die direkte Arbeit mit dem zu begleitenden Kind bezahlt, sodass Planungs- und Reflexionsgespräche mit der Lehrkraft in ihrer Arbeitszeit nicht berücksichtigt sind (vgl. Lindmeier und Polleschner 2014, S. 202). Unabhängig davon existiert in vielen Fällen die administrativ-programmatische Vorgabe, dass Schulbegleitungen nicht unterrichtlich-pädagogisch tätig sein sollen, sondern lediglich „unterstützend“. Schulbegleitungen sind demnach

> „[…] keine Zweitlehrkräfte, Nachhilfelehrkräfte, Hausaufgabenbetreuer oder Assistenten der Lehrkräfte bei der Vermittlung der Unterrichtsinhalte. Die schulpädagogische und didaktische Verantwortung für die Vermittlung des Lehrstoffes an junge Menschen mit Behinderung obliegt ausschließlich den Lehrkräften“ (Bayerisches Staatsministerium für Unterricht und Kultus & Verein der Bayerischen Bezirke 2012, S. 5).

Wenngleich diese Forderung aus rechtlicher Perspektive nachvollziehbar ist, ist aus pädagogischer Perspektive fragwürdig, ob eine solche Trennung von pädagogischen und nicht-pädagogischen Aufgaben überhaupt möglich ist – auch vermeintlich „nur“ unterstützende Tätigkeiten können, insbesondere bei Schülerinnen und Schülern mit besonderen Lernausgangslagen, einen spezifischen pädagogischen Gehalt haben (vgl. hierzu auch Kremer 2012, S. 159).

Die Kluft zwischen dem, was aus pädagogischer Sicht für die konkrete Arbeit in einer inklusiven Klasse vor Ort benötigt wird und dem, was eine Schulbegleitung an Voraussetzung für die Bewältigung dieser Arbeit mitbringt, ist folglich immens.

Hinzu kommen mehrere für die Ausgestaltung der Rolle von Schulbegleitung hinderliche Aspekte, die sich aus deren Anstellungssituation bei einem externen Träger ergeben, denn

> „[…] die Personalverantwortung und Weisungsbefugnis für die Schulassistent/innen liegt ausschließlich beim Anbieter. Er ist zuständig für die Einweisung der Schulassistenz, Einsatzplanung, notwendige Fortbildungen etc. De facto findet die Ausübung der Tätigkeit jedoch in der Schule statt und muss sich zudem in die schulischen Strukturen einfügen." (Thiel 2017, S. 33)

In dieser schwierigen Zwischenposition entsteht leicht ein „Regelungsvakuum" (Demmer et al. 2017a, S. 58), in dem unklar ist, wer in welchen Situationen der Schulbegleitung gegenüber Weisungsbefugnis hat und welche Dienstwege bei etwaigen Konflikten und Schwierigkeiten zu wählen sind. Im schlimmsten Fall gerät die Schulbegleitung gänzlich zwischen die Stühle, wenn

> „[…] gegenüber dem Schulbegleiter oder der Schulbegleiterin vermittelt über einen Arbeitsvertrag rechtliche Verpflichtungen mit den Drittanbietern bestehen, die im Zweifelsfalle bzw. insbesondere im Konfliktfalle in Widerspruch zu Weisungen der Schulleitung geraten können." (Demmer et al. 2017a, S. 58)

Auch aus Sicht der Schulleitung ist dies eine schwierige Situation, da sich schließlich

> „[…] Personen in der Schule [befinden], die dienstrechtlich nicht dem System Schule zugeordnet sind, und die zwar einerseits die Arbeit erleichtern, aber auch Probleme verursachen können. Insbesondere bei Problemen wird die Schulleitung hinzugezogen, erlebt sich aber als wenig handlungsfähig." (Lindmeier et al. 2014, S. 44)

Streng genommen dürften ohne eine Absprache mit dem jeweiligen Arbeitgeber weder die Lehrkräfte noch die Schulleitung der Schulbegleitung Anweisungen erteilen. Dies wirkt mit Blick auf die Verantwortung des professionalisierten schulischen Personals für Schule und Unterricht und mit Blick auf die in der Regel nicht vorhandene pädagogische Qualifikation der Schulbegleitung höchst dysfunktional und ist letztlich auch für die Schulleitung eine schwierige Situation, da insbesondere bei zunehmenden Zahlen schulbegleiteter Kinder die Frage aufgeworfen wird, inwieweit die Schulleitung dann noch wirklich „Herr im eigenen Hause" ist (Demmer et al. 2017b, S. 36).

Hinzu kommen die in der Regel prekären Beschäftigungsbedingungen aufgrund der Befristung, die sich aus der Kopplung an den regelmäßig neu zu diagnostizierenden Unterstützungsbedarfs des Kindes ergibt, und aufgrund der zumeist niedrigen Entlohnung. Diese Arbeitsbedingungen führen zu einer hohen Fluktuation von Schulbegleiterinnen und Schulbegleitern, was erneut eine konzeptionell verankerte Zusammenarbeit zwischen Schule und Schulbegleitung erschwert (Arndt und Werning 2016, S. 126; Beck et al. 2010, 247f.; Dworschak 2012c, S. 26).

3.1.4 Rollensektor begleitete Schülerinnen und Schüler

Zur Perspektive von Schülerinnen und Schülern mit einer Schulbegleitung auf diese Maßnahme ist bislang sehr wenig bekannt; in Deutschland existieren lediglich zwei Studien, die hier einen ersten Einblick gewähren.

Datengrundlage für die Studie „Schulassistenz aus Schüler/innenperspektive" (SAS) sind zwölf Interviews mit Schüler/innen, die bei ihrem Schulbesuch unterschiedlicher Schulformen eine Unterstützung in Form von Schulbegleitung erhielten. Eine erste Auswertung dieser Daten mithilfe der Dokumentarischen Methode gibt Aufschluss über zwei exemplarische Orientierungen. So wurde anhand einer Interviewpassage mit einem Schüler, der aufgrund eines diagnostizierten Förderbedarfs im Bereich emotionale und soziale Entwicklung von einer Schulbegleitung unterstützt wurde, deutlich, dass dieser die Schulbegleitung als „Erfüllungsgehilfin" (Böing und Köpfer 2017, S. 131) bei der Aufgabe sieht, das von ihm erwartete unterrichtliche Produkt (exemplarisch hier in Form eines ausgefüllten Arbeitsblattes) in einer angemessenen Zeit fertigzustellen. Die Schulbegleitung ist somit eine durchaus willkommene Hilfe für ihn, um dem „normalen" Unterricht folgen zu können – ohne sie wäre er hierzu nicht in der Lage.

Die zweite von Böing und Köpfer analysierte Interviewpassage eines Schülers, ebenfalls mit attestiertem Unterstützungsbedarf im emotional-sozialen Bereich, fokussiert die wahrgenommene Funktion der Schulbegleitung als „Schutzschild" (Böing und Köpfer 2017, S. 132) gegenüber als bedrohlich empfundenen

Situationen mit Mitschülerinnen und Mitschülern: Die Schulbegleitung schafft es schlichtweg aufgrund ihrer besonderen Position als Erwachsene, „eventuell aufkommenden Streit zu unterbinden oder diesen präventiv erst gar nicht aufkommen zu lassen“ (Böing und Köpfer 2017, S. 133).

Böing und Köpfer argumentieren sodann, dass obwohl in beiden Beispielen die schulbegleiteten Schüler ihre Schulbegleitung willkommen heißen, weil diese sie bei den täglichen Belastungen des Schulalltags wirkungsvoll unterstützt, die Bedingungen, die diese Form der Unterstützung überhaupt erst notwendig machen, aus Perspektive der begleiteten Schüler verständlicherweise unhinterfragt bleiben und mit Blick auf die Gestaltung eines inklusiven Unterrichts, einem Heterogenität wertschätzendem Schulklima und eines an der Persönlichkeitsentwicklung orientierten Verständnisses von Assistenz äußerst kritisch hinterfragt werden müssen (vgl. auch Kap. 0).

Dementsprechend sind auch die zunächst so positiv scheinenden Ergebnisse der Studie von Zauner und Zwosta (2014) einzuordnen. Mittels standardisierter Fragebögen, die neben den Perspektiven von Schulbegleiterinnen und -begleitern, Lehrkräften und Eltern auch die Perspektiven begleiteter Schülerinnen und Schülern erfassen sollten, kamen die Autoren zu dem Schluss, dass sich die große Mehrheit der schulbegleiteten Kinder sehr wohl mit ihrer Schulbegleitung fühlt und auch deren Eltern diesen Eindruck teilen (Zauner und Zwosta 2014, 27ff.). Doch ebenso wie in der zuvor genannten Studie von Böing und Köpfer bleiben strukturelle Fragen zu den Bedingungen, die die Schulbegleitung überhaupt erst notwendig machen, außen vor. Dies zeigt sich eindrucksvoll in der Anmerkung eines Elternteils in einem Freitextfeld des Fragebogens: „Mein Sohn ist immer sehr gesprächig mit ihr und wenn die Schulbegleiterin krank ist, ist er sehr traurig und geht nur ungern in die Schule.“ (Zauner und Zwosta 2014, S. 30) Diese Anmerkung stützt die Erkenntnis von Böing und Köpfer und verweist eindringlich auf die Notwendigkeit, die Rahmenbedingungen des Schulbesuchs von Kindern mit besonderem Unterstützungsbedarf jenseits von individueller Assistenz in den Blick zu nehmen (vgl. Kap. 0).

3.1.5 Rollensektor Mitschülerinnen und Mitschüler

Wie nehmen Mitschülerinnen und Mitschüler die Rolle der Schulbegleitung wahr? Der Programmatik folgend, dass sich eine Schulbegleiterin bzw. ein Schulbegleiter nur um das von ihr bzw. ihm zu begleitende Kind kümmert, dürften die Mitschülerinnen und Mitschüler eigentlich kaum einen eigenen Bezug zur Schulbegleitung aufbauen.

Tatsächlich jedoch stellt diese Konzeption eine Herausforderung für das klassische Verhältnis von Erwachsenen und Kindern im Schulkontext dar: So sind im klassischen Bild von Schule Erwachsene in einer Klasse grundsätzlich dazu da, den Kindern zu helfen (vgl. Heinrich und Lübeck 2013, S. 99). Die Schulbegleitung jedoch bricht mit diesem bislang unhinterfragten Verständnis, da ihre Hilfe lediglich einem einzigen Kind gilt:

> „Es kann geradezu als Missbrauch der Gelder des behinderten Kindes aufgefasst werden, wenn sich der Integrationshelfer auch um die anderen kümmert, denn fiskalisch ist ein guter Integrationshelfer einer, der seine gesamte Aufmerksamkeit auf das Kind richtet, für das er bezahlt wird." (Kremer 2012, S. 157)

Somit werden aufgrund dieser rechtlichen Bestimmungen die herkömmlichen, universalistischen Rollenvorstellungen von Schülerinnen und Schülern an Erwachsene im Kontext Schule aufgelöst (vgl. Ehrenberg und Lücke 2017, S. 43), ohne dass eben jene rechtlichen Bestimmungen eine wirklich tragfähige Alternative anbieten könnten: Schließlich ist ein gänzliches Ignorieren der Schulbegleitung seitens der nicht-begleiteten Schülerinnen und Schüler auch keine Option, da deren Anwesenheit in Peer-Interaktionen unvermeidbar ist und es letztlich auch eine seitens der Leistungsträger und -erbringer anerkannte Aufgabe der Schulbegleitung ist, die soziale Integration des begleiteten Kindes in den Klassenverband zu fördern (vgl. Bayerisches Staatsministerium für Unterricht und Kultus & Verein der Bayerischen Bezirke 2012; Freie Wohlfahrtspflege NRW 2014).

Zudem zeigen Lindmeier und Ehrenberg, dass Schülerinnen und Schüler trotz des vorhandenen Bewusstseins, dass eine Schulbegleitung nur für ein spezifisches Kind zuständig ist, dieser im Sinne einer „Hilfslehrerin" (2017, S. 140) universalistische Rollenmuster zuschreiben. Da sich Erwachsene im Kontext Schule, also vornehmlich Lehrkräfte, üblicherweise nur „insoweit an einem Einzelfall ausrichten [können], bis die grundsätzliche Möglichkeit einer Wissens- und Normenvermittlung als Reuniversalisierung wiederhergestellt ist" (Bender et al.

2017, S. 339), ist die Übertragung dieses Primats der Allgemeinzuständigkeit der Schülerinnen und Schüler auch auf die Schulbegleitung nachvollziehbar. Damit ist die Schulbegleitung dazu herausgefordert, einen Weg zu finden, mit diesen Zuschreibungen umzugehen und auszutarieren, inwiefern sie auf die auch von anderen Schülerinnen und Schülern an sie herangetragenen Erwartungen eingeht.

3.1.6 Resümee

Es wurde deutlich, dass die Schulbegleitung mit unterschiedlichen und teils widersprüchlichen Rollensektoren konfrontiert ist. Sie ist dazu aufgefordert, auf die Erwartungen der mit ihr in Verbindung stehenden Positionen zu reagieren und mit ihnen umzugehen, obgleich sie sich hierzu in einer ungemein schwachen Verhandlungsposition befindet und Gefahr läuft, schnell zum „Spielball" (Dworschak 2012a, S. 4) der unterschiedlichen Interessenslagen zu werden (vgl. auch Demmer et al. 2017a, 66ff.). Ein solch massiver Intra-Rollenkonflikt bei gleichzeitig schwacher Position der Schulbegleitung und dem Mangel an einer Stelle, die sich für das ‚große Ganze' verantwortlich fühlt und die Verantwortung dafür übernimmt, die Maßnahme Schulbegleitung jenseits von formalrechtlichen Verfahrensfragen zu hinterfragen und zu gestalten, lässt allein aus konzeptioneller Sicht ein Rollenprekariat der Schulbegleitung konstatieren.

> Die Schulbegleitung ist aufgrund ihrer Veranlagung als Einzelfallhilfe mit einer Vielzahl Positionen verknüpft, die jeweils eigene Interessen und Erwartungen an sie stellen. Der durch die Widersprüchlichkeit der Rollensektoren entstehende Intra-Rollenkonflikt in Verbindung mit der schwachen Position der Schulbegleitung im gesamten Positionsgefüge resultiert in einem Rollenprekariat der Schulbegleitung.

3.2 Inklusionsparadigma und inklusive Schulentwicklung

Der massive Anstieg in Bezug auf die Inanspruchnahme von Schulbegleitung an Regelschulen wird, wenngleich belastbare Studien hierzu bislang fehlen, in einem engen Zusammenhang mit der im Zuge der UN-Behindertenrechtskonvention zunehmend forcierten Beschulung von Kindern und Jugendlichen mit sonderpädagogischem Förderbedarf an Regelschulen stehen. Doch dieser Zusammenhang allein trifft noch keine Aussage darüber, welche Funktion der Schulbegleitung in Bezug auf inklusive Schulentwicklung zukommt und, darauf aufbauend, welche Rolle sie in einem inklusiv gestalteten Unterricht einnimmt bzw. einnehmen kann. Um dieser Fragestellung nachzugehen, muss im Folgenden zunächst eine Verständnisgrundlage für die Begriffe *Inklusion* bzw. *inklusives Schulsystem* geschaffen werden.

3.2.1 Inklusion – zum Begriff

3.2.1.1 Die UN-Behindertenrechtskonvention als Auslöser für den Inklusionsdiskurs

Unbestreitbar ist, dass der Begriff *Inklusion* insbesondere durch die Ratifizierung der Konvention der Vereinten Nationen über die Rechte von Menschen mit Behinderungen (im Folgenden abgekürzt mit UN-BRK) durch Deutschland im Jahr 2008 und deren Inkrafttreten im Jahr 2009 zu einem prominenten Schlagwort geworden ist.[7] Dabei ist dieses Dokument mit seinen (bildungs-)politischen Konsequenzen auch Ausdruck der Vielschichtigkeit und Komplexität des Inklusionsbegriffes, wie im Folgenden knapp dargelegt werden soll.

Ziel der UN-BRK ist es, bereits geltende Menschenrechte für Menschen mit Behinderungen zu bekräftigen und zu konkretisieren, denn:

> „Menschen mit Behinderungen werden auch heute noch vorrangig als ‚Objekte' der Fürsorge oder der Medizin und nicht als ‚Inhaber' von Rechten betrachtet. Der Beschluss, eine universelle Menschenrechtsübereinkunft speziell für Menschen mit Behinderungen zu verabschieden, gründet sich auf die Tatsache, dass trotz des theoretisch vorhandenen Anspruchs auf sämtliche Menschenrechte den Menschen mit Behinderungen in der Praxis auch heute noch diese von den meisten Menschen als selbstverständlich betrachteten Grundrechte und Grundfreiheiten vorenthalten werden." (Deutscher Bundestag 2008, S. 4)

7 Zur Entwicklung des schulischen Inklusionsdiskurses auch vor der UN-BRK vgl. ausführlicher Hinz 2013

Diese Grundrechte und Grundfreiheiten werden von der UN-BRK in einzelnen Artikeln aufgegriffen. Zu diesen gehören unter anderem das Recht auf Gleichheit vor dem Gesetz ohne Diskriminierung (Artikel 5), das Recht auf Leben (Artikel 10), Zugang zur Justiz (Artikel 13), das Recht auf Achtung der Privatsphäre (Artikel 22), und das Recht auf Bildung (Artikel 24). Wenngleich also die UN-BRK insgesamt eine umfassende Bedeutung für alle Lebens- und Rechtsbereiche der Gesellschaft hat, so steht dennoch der Artikel 24, Recht auf Bildung, für Deutschland besonders im Fokus politischer und öffentlicher Aufmerksamkeit. Gefordert wird in diesem Artikel ein „inklusives Bildungssystem auf allen Ebenen" (Art. 24, § 1[8]), in dem „Menschen mit Behinderungen nicht aufgrund von Behinderung vom allgemeinen Schulsystem ausgeschlossen werden" (Art. 24, § 2a) und in dem „Menschen mit Behinderungen gleichberechtigt mit anderen in der Gemeinschaft, in der sie leben, Zugang zu einem inklusiven, hochwertigen und unentgeltlichen Unterricht an Grundschulen und weiterführenden Schulen haben" (Art. 24, § 2b). Die entscheidende Frage, die sich angesichts der Formulierung dieses Artikels nun stellt, ist: Was bedeutet eigentlich ein *inklusives Bildungssystem*, bzw., was bedeutet *Inklusion*? Und, darauf aufbauend: Inwiefern wird Deutschland den Forderungen dieses Artikels gerecht, bzw., was muss getan werden, um diesen Forderungen gerecht zu werden?

Besonders bedeutsam bei der Erarbeitung einer Antwort auf diese Fragen ist der Umstand, dass die amtliche deutschsprachige Übersetzung des Gesetzestextes von Vertreterinnen und Vertretern der Behindertenverbände massiv kritisiert wird, da die Begriffe *inclusion* bzw. *inclusive* der englischsprachigen Originalfassung mit *Integration* bzw. *integrativ* übersetzt wurden. Dies sei – so die Kritikerinnen und Kritiker – eine politisch motivierte Falschübersetzung, die die Intention des Dokuments untergräbt und seine Implikationen für das Bildungssystem unzulässig abschwächt:

> „Das Übereinkommen spricht mit ‚inclusive education' eindeutig von einem inklusiven Bildungswesen und nicht – wie in der deutschen Übersetzung – von einem integrativen Bildungssystem. Inklusion und Integration sind nicht als Synonyme zu verwenden und haben unterschiedliche Ansatzpunkte. Mit der nunmehr

[8] Textgrundlage für die im Folgenden zitierten Artikel der UN-BRK bildet die sogenannte Schattenübersetzung des Netzwerk Artikel 3 e.V. (o.J.)

vorliegenden Übersetzung zeigen die Bundesregierung und vor allem die Bundesländer, dass sie am bisherigen Bildungssystem keine gravierenden Änderungen vornehmen wollen. In Deutschland muss aber gerade in diesem Bereich gegenüber anderen Ländern viel aufgeholt werden. Das deutsche Bildungssystem ist von den Zielen des Übereinkommens erheblich entfernt und seit jeher von Ausgrenzung geprägt.“ (Bundesverband evangelische Behindertenhilfe 2008, S. 2)

Diese Kritik an der amtlichen deutschsprachigen Fassung war ausschlaggebend für die sogenannte Schattenübersetzung des „Netzwerks Artikel 3“, einem eingetragenen Verein für Menschenrechte und Gleichstellung Behinderter, die aufgrund ihrer größeren inhaltlichen Entsprechung zum Originaltext im Rahmen dieser Arbeit zitiert wird. Aus juristischer Perspektive spielt die deutschsprachige Übersetzung jedoch ohnehin keine Rolle:

> „Nach Art. 50 BRK ist jedoch nur der Wortlaut der arabischen, chinesischen, englischen, französischen, russischen und spanischen Vertragsfassung verbindlich. Da die Vertragsparteien auch nichts anderes vereinbart haben, gilt der Wortlaut der deutschen Übersetzung nach Art. 33 Abs. 2 WVK völkerrechtlich somit nicht als authentisch, sprich: er ist rechtlich nicht maßgeblich. Demnach ist davon auszugehen, dass der BRK das Konzept der ‚Inklusion‘ zugrunde liegt, ein Ergebnis, das – nach heftiger Kritik an der amtlichen Übersetzung, u.a. seitens der Behindertenverbände – im Übrigen auch durch eine darauf reagierende Entschließung des Deutschen Bundestages bekräftigt wird. Somit ist im deutschen Schulsystem, ungeachtet des Wortlauts der amtlichen Übersetzung des Art. 24 BRK, eine ‚inklusive‘ Beschulung zu gewährleisten.“ (Siehr und Wrase 2014, S. 163)

3.2.1.2 Integration? Inklusion? Zur Abgrenzung zweier „slippery concepts“

Der Argumentation des Bundesverbands evangelischer Behindertenhilfe folgend gilt es, die unterschiedlichen Ansatzpunkte von Inklusion und Integration herauszuarbeiten. Dies ist jedoch kein triviales Unterfangen, da weder der eine noch der andere Begriff feststehend definiert ist. Die Verwendungsweisen der beiden Begriffe sind bereits jeweils für sich teilweise widersprüchlich; in Bezug aufeinander je nach Gebrauch gegensätzlich, supplementär oder synonym. Wocken spricht gar von einer „babylonischen Sprachverwirrung“ (2011, S. 59):

> „Was die Begriffe ‚Integration‘ und ‚Inklusion‘ […] genau beinhalten, ist offen und Gegenstand einer lebhaften und kontroversen wissenschaftlichen Diskussion,

> die von einem einheitlichen und einvernehmlichen Begriffsverständnis weit entfernt ist. Die terminologische Diskussion ist anarchisch: anything goes." (Wocken 2011, S. 59)

Um zumindest eine kleine Schneise in das Begriffsdickicht zu schlagen, soll sich die folgende Begriffsarbeit ausschließlich auf die schulische Dimension von Integration bzw. Inklusion beziehen – dies in dem Bewusstsein, dass diese in der durch die UN-BRK angestoßenen Diskussion zwar nur ein Ausschnitt ist, für Deutschland jedoch derzeit den Kernpunkt der Auseinandersetzung mit der UN-BRK darstellt und auch für die Argumentation dieser Arbeit von zentraler Bedeutung ist.

Wichtig ist zunächst, sorgfältig zwischen dem normativen bzw. theoretischen Gebrauch der Begriffe einerseits und ihrem deskriptiven Gebrauch sowie ihrer Umsetzung in die Praxis andererseits zu unterscheiden. Auf rein theoretischer Ebene hat ein von Bürli (1997) entwickeltes Modell große Verbreitung gefunden bei dem Versuch, eine Abgrenzung der unterschiedlichen Begriffe vorzunehmen. Bürli unterscheidet zwischen vier Entwicklungsphasen in der Sonderpädagogik: Exklusion, Separation, Integration und Inklusion. Während in der Phase der Exklusion Menschen mit Behinderungen vom öffentlichen Schulwesen ausgeschlossen waren, wurden ihnen in der Phase der Separation Sonderschulen zur Verfügung gestellt, die sich zunehmend auf die unterschiedlichen Arten von Behinderungen spezialisierten. In der Phase der Integration hingegen wird diese strikte Trennung allmählich wieder aufgeweicht und auch allgemeine Schulen nehmen vereinzelt Kinder mit Behinderungen auf. In der Inklusion schließlich besuchen uneingeschränkt alle Kinder, ungeachtet ihrer unterschiedlichen Merkmale und Fähigkeiten, die allgemeine Schule unter dem Leitsatz: „Es ist normal, verschieden zu sein" (Bürli 1997, S. 64).

Die Verlockung dieses Modells von Bürli, das später unter anderem von Sander (2003, 2008) und Hinz (2004) aufgegriffen wurde, mag insbesondere darin liegen, dass es suggeriert, es gäbe im Diskurs einen Konsens über die Bedeutung der jeweiligen Begrifflichkeiten – denn erst durch diese Komplexitätsreduktion wird es handhab- und anwendbar[9]. Dabei blendet das Modell aus, dass allein zum Begriff „Integration" unterschiedliche Auslegungen existieren. Zu nennen ist hier unter anderem die Unterscheidung zwischen der sogenannten „bedingten" und

[9] Darüber hinaus suggeriert das Modell einen linearen zeitlichen Ablauf dieser einzelnen Phasen, obwohl diese vielfach parallel existieren (vgl. hierzu auch Wocken 2011, S. 72).

„unbedingten Integration" (Kobi 1997, S. 77): Bei ersterer ist der Regelschulbesuch eines Kindes mit Behinderung an gewisse Voraussetzungen (individuell, räumlich, ressourciell, zeitlich) gebunden; letztere spricht sich losgelöst von Fragen nach Bedingungen gegen jegliche Form der Separation aus und ist damit in seiner Radikalität den Forderungen des Inklusionsparadigmas eng verwandt. Weiterhin gibt es unterschiedliche Auffassungen dazu, worauf *Integration* eigentlich zu beziehen sei. So sehen sich durchaus auch die Sonder- bzw. Förderschulen einem indirekten integrativen Paradigma verpflichtet, indem sie auf eine Integration behinderter Kinder und Jugendlicher in die Gesellschaft zielen, dabei jedoch den Förderschulbesuch im Sinne eines „Schonraumkonzepts" (Heimlich 2015, S. 119) als Mittel der Wahl sehen. Das direkte integrative Paradigma hingegen versteht Integration dagegen nicht nur als Ziel, sondern auch als Weg und fordert somit die gemeinsame Beschulung von Kindern und Jugendlichen mit und ohne Behinderung (vgl. Heimlich 2015, S. 119).

All diese unterschiedlichen Auslegungen des Begriffs haben jedoch eines gemeinsam: Das integrative Paradigma geht grundlegend von zwei unterschiedlichen Gruppen aus, nämlich von Kindern und Jugendlichen mit Behinderung einerseits und Kindern und Jugendlichen ohne Behinderung andererseits. Letztlich verweist bereits rein auf sprachlicher Ebene das Konzept der Integration darauf, dass ihm diese Zwei-Gruppen-Theorie zugrunde liegt: „Integration setzt perspektivisch immer eine gegebene Richtung, in die integriert werden soll, sowie die Unterscheidung der Integrierten von den (noch) nicht Integrierten voraus." (Dorrance 2015, 55f.)

So wird dem Paradigma der Integration häufig unterstellt, es verlange eine Assimilation der zu integrierenden Individuen an die Normalitätsstandards – je weniger ein Individuum sich den allgemeinen Ansprüchen und Erwartungen anpassen kann, desto weniger *integrierbar* sei es. Demzufolge steht Integration häufig „unter dem Generalverdacht einer unterdrückenden Anpassung Behinderter an die Normen der nichtbehinderten Mehrheit" (Wocken 2011, S. 69). Ist ein einzelnes Individuum ggf. trotz individueller sonderpädagogischer Unterstützung nicht in der Lage, im allgemeinen Regelschulsystem Schritt zu halten, gilt es als nicht integrierbar und muss ins System der Förderschule überführt werden – ein Umstand, der von Kritikern der Integration vehement verurteilt wird. Vertreter des Integrationsparadigmas hingegen fühlen sich von diesem Vorwurf missverstanden und verweisen hier auf die Differenz zwischen Theorie und gelebter Praxis. Theoretisch bedeute die Integration einer Gruppe in eine andere, dass Adaptionsprozesse auf beiden Seiten stattfinden müssen: „Als Postulat fordert die Theorie ein, dass ‚Einigungen‘ zwischen den widerstreitenden Annäherungs- und Abgrenzungstendenzen hergestellt werden und sich beide in einem dialektischen Gleichgewicht befinden.“ (Wocken 2011, S. 69) Gemeint ist damit, dass keine Gruppe unverändert bleiben kann, wenn sie neue Individuen in sich aufnimmt, und ebenso auch die neu hinzukommenden Individuen sich selbstverständlich durch die neue Zugehörigkeit verändern. Gerät dieses Gleichgewicht wechselseitiger Anpassung jedoch in eine Dysbalance, wie dies bei der vorgeworfenen Assimilation der Fall wäre, so sei dies eine Fehlform und nicht im Sinne des integrativen Paradigmas – ein wichtiges Beispiel dafür, dass theoretische Grundlagen und praktische Umsetzung eines jeden Paradigmas sorgfältig voneinander zu trennen sind.

Festzuhalten ist: Unabhängig von der je konkreten Auslegung des Begriffs legt das integrative Paradigma den Fokus stets auf die jeweiligen Individuen und ihre je spezifischen Merkmale. Hierin liegt ein wichtiges Unterscheidungsmerkmal zum Paradigma der Inklusion, welches sich einer systemischen Perspektive verpflichtet. Während die Frage der Integration – pointiert formuliert – lauten müsste: „Passt dieses Kind in die Regelschule?“, betont das Konzept der „die Notwendigkeit einer strukturellen Anpassung des Schulsystems an die unterschiedlichen Bedürfnisse von Kindern mit und ohne Behinderung […] und [rückt] damit den Aspekt der ‚systemischen Veränderung des Schulwesens‘ in das Blickfeld“ (Siehr und Wrase 2014, 163f.). Die Frage der Inklusion muss also lauten: „Wie kann die Schule gestaltet werden, um für all ihre Kinder passend zu sein?“

Doch ist gleichsam auch der Begriff der Inklusion weit von einer konsensfähigen Definition entfernt und gleicht einem „slippery concept“ (Artiles and Dyson 2005, p. 43) – dabei wird die Debatte um seine Bedeutung, insbesondere in Abgrenzung zum integrativen Paradigma, teils hoch emotional geführt. Zwei vorherrschende unterschiedliche Auslegungen des Begriffs werden als „enge“ und „weite“ Definitionen gefasst (vgl. u.a. Biewer und Schütz 2015, 123f.)[10]. Der „enge“ Inklusionsbegriff bezieht sich dabei explizit auf die Bezugsgruppe behinderter Kinder und Jugendlicher (und liegt damit, wie zuvor angedeutet, nah am

[10] Im Übrigen wird die Frage, wie eng oder weit der Inklusionsbegriff auszulegen sei bzw. mit welchen Aspekten von Vielfalt er verbunden wird, nicht nur in Deutschland, sondern auch international diskutiert (vgl. hierzu ausführlicher Hinz 2014, S. 16).

Paradigma der „unbedingten Integration"); wohingegen der „weite Inklusionsbegriff" Behinderung lediglich als eine Heterogenitätsdimension von vielen sieht und sich zum Ziel setzt, Bildungsungleichheiten generell abzubauen (vgl. Budde und Hummrich 2015, S. 36) – Leitlinie ist hier, dass „alle Schülerinnen und Schüler die Möglichkeit haben, ihre wohnortnahe Regelschule zu besuchen [...] und dort die für sie ggf. notwendige Unterstützung zu erhalten" (Kullmann et al. 2014, S. 90).

Weniger populär diskutiert ist ein drittes Adressatenverständnis des Begriffs Inklusion, welches im Sinne von „Education for all, and especially for some" (Kiuppis 2014, S. 33) den Blick auf verschiedene Gruppen von Menschen richtet und sich damit

> „[...] nicht mehr ausschließlich oder exklusiv (wie im Fall der Sonderpädagogik) bzw. in erster Linie (wie im Fall der Integrationspädagogik) mit Menschen mit Behinderungen zu befassen, sondern das Blickfeld hinsichtlich anderer Gruppen zu weiten, die als marginalisiert beziehungsweise vulnerabel gelten." (Kiuppis 2014, S. 33)

Einen weiteren Ansatz, die verschiedenen Zugänge zum Begriff Inklusion zu systematisieren, liefert Boger (2017) in ihrer „Theorie der trilemmatischen Inklusion". Das Trilemma besteht aus den drei Basissätzen „Empowerment" (E), „Normalisierung" (N) und „Dekonstruktion" (D), von denen stets nur zwei gleichzeitig gültig sein können und der jeweils dritte Satz aus logischen Gründen verneint werden muss. Dabei lässt sich die in der Bildungspolitik vorherrschende Deutung von Inklusion als gemeinsame Beschulung von Kindern und Jugendlichen mit und ohne Behinderungen im Trilemma eindeutig auf der Linie *EN* verorten, denn dieser Zugang steht für das „Erkämpfen des Rechts der Anderen*[11] auf Teilhabe an einer Normalität" (Boger 2017, o.S.) – die „Anderen*" sind als Kinder und Jugendliche mit Behinderungen bzw. mit sonderpädagogischem Förderbedarf damit explizit benannt, was eine Dekonstruktion dieser Kategorien folglich ausschließt.

Dass der Begriff der Inklusion insbesondere durch die UN-BRK im deutschsprachigen Raum an Prominenz gewonnen hat, erklärt, weshalb der hiesigen bildungspolitischen Diskussion in vielen Fällen eher ein enger Inklusionsbegriff mit

11 Boger notiert die „Anderen*" ebenso wie die „Normalen*" mit einem Stern, „um an die Konstruktionsprozesse zu erinnern, die Andersheit als solche hervorbringen" (Boger 2017, o.S.).

Fokus auf Schülerinnen und Schüler mit Behinderungen zugrunde liegt. Ein weiterer maßgeblicher Einflussfaktor hierfür ist zudem auch die Tatsache, dass für keine andere Heterogenitätsdimension ein eigenes Schulsystem vorgehalten wird, somit auch keine andere Heterogenitätsdimension systematisch aus der Regelschule ausgeschlossen ist und folglich der Handlungsbedarf, der sich aus den Forderungen der UN-BRK ergibt, für die Dimension der Behinderung besonders offensichtlich ist.

Mit diesem Fokus auf die Dimension der Behinderung verwischt jedoch schnell die Abgrenzung zwischen *Inklusion* und *Integration*. Die auch aus theoretischer Perspektive (je nach Auslegung) nicht ganz trennscharfen Begriffe verlieren gänzlich an Profil, wenn in Bildungspolitik und Praxis, unwissend ob der komplexen theoretischen Hintergründe, „Inklusion […] rhetorisch wie praktisch zu einem Synonym für Integration [wird]“ (Dorrance 2015, S. 54) und folglich etwa von „Inklusionskindern“ oder „Inklusionsquoten“ gesprochen wird, und wenn letztlich auch angesehene Integrations- (Inklusions-?)forscher behaupten, dass „die theoretischen Konzepte der Integration […] immer schon und von Anbeginn an inklusiv gewesen [seien]“ (Wocken 2011, S. 63) und folglich für eine „bedingungslose Freigabe und eine unterschiedslose Wortwahl“ plädieren (Wocken 2011, 85f.).

Dieser Argumentationslinie wird in der vorliegenden Arbeit bewusst nicht gefolgt. Stattdessen vertritt die Autorin die Position, dass Inklusion in Abgrenzung zu Integration zuvorderst als *Menschenrecht* verstanden werden muss, welches unteilbar ist und dessen Gültigkeit nicht an Bedingungen und/oder zur Verfügung stehende Ressourcen gebunden ist (im Gegensatz zum *Antragsrecht* der Integration). Darüber hinaus ist aus juristischer Perspektive herauszustellen, dass die Forderungen der UN-BRK im Rang einfachen *Bundesrechts* gelten – „daran ändert auch der Umstand nichts, dass die Gesetzgebungskompetenz für das – damit reformbedürftig gewordene – Schulrecht bekanntlich bei den Ländern liegt.“ (Siehr und Wrase 2014, S. 161)

Demzufolge wird unter einer inklusiven Schule eine Schule verstanden, die sich für alle Kinder in ihrem Einzugsgebiet und deren Förderung verantwortlich zeigt, unabhängig von jeweils individuellen Merkmalen oder Heterogenitätsausprägungen[12]: Der Fokus der inklusiven Schule liegt darauf, den unterschiedlichen Bedürfnissen ihrer heterogenen Schülerschaft bestmöglich gerecht zu werden, statt eine schülerseitige Anpassung zu verlangen und einzelne Kinder nach ihrer Integrationsfähigkeit zu beurteilen – denn „was durch Integrationsmaßnahmen bestenfalls erreicht werden kann, sind Verschiebungen des Integrierbaren – weshalb es stets Integrationsgewinner und Integrationsverlierer gibt, ja in dieser Logik geben muss." (Dorrance 2015, S. 57)

Inklusion bedeutet ferner, dass ein Denken in zwei Gruppen, insbesondere in den Kategorien *Behinderung / Nicht-Behinderung*, nach Möglichkeit vermieden werden sollte – wenngleich natürlich aufgrund der bislang vorherrschenden Förderschulstruktur die De-Segregation von Kindern und Jugendlichen mit Behinderungen mit Recht besondere Aufmerksamkeit verdient und einen unabdingbaren Schritt zur Entwicklung eines inklusiven Schulsystems darstellt (vgl. Hinz 2014, S. 21). Ein wichtiges Anliegen der Forderung nach Auflösung des Zwei-Gruppen-Denkens liegt insbesondere in der Thematik der Ressourcengewährung begründet: Eine gruppenbezogene, insbesondere auf einer defizitorientierten Sichtweise basierende Zuweisung von Ressourcen wird ausgeschlossen; statt dessen sollen die Bedürfnisse von Schülerinnen und Schülern individuell und nicht kategorisierend erfasst und berücksichtigt werden (vgl. Textor 2015, S. 27). Die Vermeidung eines solchen Zwei-Gruppen-Denkens bringt auch die Auflösung oder zumindest Aufweichung von vormals exklusiven Zuständigkeiten mit sich: Wo Sonderpädagoginnen und Sonderpädagogen im integrativen Unterricht vornehmlich für einzelne Kinder mit sonderpädagogischem Förderbedarf eingesetzt wurden, sollten sie sich im Paradigma der Inklusion – ebenso wie die Regelschullehrkräfte – für die gesamte Lerngruppe zuständig zeigen, um Selektions- und Stigmatisierungstendenzen innerhalb der Lerngruppe zu vermeiden (vgl. Laubner 2013, 2014). Dieser Logik folgend wird die Entwicklung eines inklusiven Schulsystems des Weiteren vornehmlich als Aufgabe der allgemeinen Schulpädagogik mit Einbezug der Sonderpädagogik verstanden und nicht etwa, wie dies im integrativen Paradigma häu-

12 Andere für inklusive Schulentwicklung relevante Heterogenitätsdimensionen sind u.a. sprachliche Heterogenität, Migrations- und/oder Fluchthintergrund, psychische Erkrankungen, Unterschiede im individuellen Leistungsvermögen u.v.m. (vgl. Lau und Lübeck 2017).

fig der Fall ist, als schwerpunktmäßige Aufgabe der Sonderpädagogik mit Wirkungen in das allgemeine Schulsystem hinein (vgl. Laubner 2013; Textor 2015, S. 31).

In der vorangegangenen Darlegung des Inklusionsverständnisses der Autorin wird bereits deutlich geworden sein, dass die Autorin in dieser Arbeit keine neutrale Position einnimmt und nicht, wie es im Diskurs zur Empirischen Bildungsforschung häufig gefordert wird (vgl. Heinrich 2016b, S. 431), zwischen Normativität und Deskriptivität trennt. Eine solche Trennung ist, der Argumentation von Heinrich folgend, innerhalb empirischer sozialwissenschaftlicher (insbesondere pädagogischer) Forschung ohnehin nicht legitimierbar, da „soziale Phänomene nicht in einer wie auch immer gedachten ‚Reinform' als ‚normative' oder ‚deskriptive' in Erscheinung treten, sondern beide Dimensionen [...] sowohl aufseiten der sozialen Akteure als auch der Forschenden dialektisch ineinander verwoben [sind]" (Heinrich 2016b, S. 432). Nicht zuletzt sei die Illusion des neutralen Beobachters ohnehin kein anzustrebendes Ideal, denn „wenn es ihn gäbe, verstünde er nichts; ohne Engagement gibt es kein Verstehen" (Ilien 2008, S. 10). In Anerkennung dessen muss es darum gehen, die eigene normative Position als argumentativ-theoretisch begründete zu explizieren, da – im Sinne der Figur des *Setzens und Findens* von Hummrich und Kramer – diese Position zu Beginn der Forschung gesetzt wird und damit Einfluss nimmt auf die Möglichkeitsräume des Findens (vgl. Hummrich und Kramer 2011, S. 218).

Die Forscherin, die sich intensiv sowohl mit erziehungswissenschaftlichen und juristischen Perspektiven, als auch bedingt durch unterschiedliche Forschungskontexte mit den Perspektiven von Praktikerinnen und Praktikern sowie Betroffenen auseinandergesetzt hat, bezieht daher aufbauend auf diese Auseinandersetzung eine inklusionsbefürwortende Position, die jedoch nicht lediglich eine individuelle Position, sondern aufgrund ihrer argumentativen Begründung auch gleichzeitig eine theoretisch-allgemeine ist (vgl. Heinrich 2016b, S. 433).

Diese normative Positionierung kann dabei in Verbindung mit einer forschungsmethodisch abgesicherten Beobachterhaltung die Funktion einer „regulativen Idee" einnehmen. Aufgabe einer „kritisch-konstruktiven empirischen Bildungsforschung" (Heinrich 2016b, S. 442) wäre in diesem Sinne, dass die Erziehungswissenschaft sich selbst in die Verantwortung nimmt,

> „[...] Verfahren und Methoden anzubieten, die sicherlich – aufgrund der Nicht-Technologisierbarkeit sogar systematisch – nicht die regulative Idee zur Wirklichkeit bringen, wohl aber Differenzen aufzeigen können zwischen Techniken und Praktiken, die sehr weit hinter der regulativen Idee zurückbleiben – und solchen, die sich ihr schon stärker annähern." (Heinrich 2016b, S. 443)

Das hier skizzierte und von der Autorin vertretene Verständnis von Inklusion kann insbesondere hinsichtlich des Entwicklungsaspekts eines inklusiven Schulsystems die Funktion einer solchen regulativen Idee einnehmen, da die Identifikation und Beseitigung von Teilhabebarrieren dauerhafter Anstrengungen bedarf und als „nicht endende Suche aufzufassen [ist]" (Lindmeier und Lütje-Klose 2015, S. 10). Auch Hinz verweist darauf, dass „Inklusion immer auch einen visionären Anteil hat und nie als vollständig erreichbar angesehen werden kann" (2014, S. 18) und beschreibt Inklusion als „Nordstern" (Hinz 2014, S. 18), der für anstehende Entwicklungsschritte stets Orientierung gibt. Eine Forschung, die reflektiert mit den eigenen normativen Setzungen arbeitet und die die methodisch kontrolliert gewonnenen empirischen Erkenntnisse an sie zurückbindet, kann folglich eine Orientierungshilfe auf diesem Entwicklungsweg sein – und in diesem Verständnis sieht sich auch die vorliegende Arbeit.

3.2.1.3 Herausforderungen für Inklusion im Bildungssystem Deutschlands

Die Entwicklungsschritte der einzelnen Bundesländer in Deutschland hin zu einem inklusiven Schulsystem sind sehr unterschiedlich (ausführlich für NRW: Lütje-Klose et al. 2017; vgl. Saalfrank und Zierer 2017, 89ff.). Gründe hierfür liegen einerseits in den unterschiedlichen Ausgangslagen und den jeweiligen bildungspolitischen Traditionen der Länder, andererseits aber auch in dem Umstand, dass, wie vorab beschrieben, bundesweit kein Konsens über die Bedeutung der Forderungen aus der UN-Konvention besteht und darüber hinaus auch kein einheitliches Repertoire an Begriffen und Definitionen existiert, was einen länderübergreifenden Vergleich der jeweiligen Maßnahmen zusätzlich erschwert. Grundsätzlich bemängelt die Monitoring-Stelle der UN-Behindertenrechtskonvention im Jahr 2017, dass auch acht Jahre nach Inkrafttreten der UN-BRK „in keinem Bundesland der notwendige Rahmen für die Schaffung und Gewährleistung einer inklusiven Schule abschließend entwickelt wurde" (Monitoring-Stelle der UN-Behindertenrechtskonvention, S. 1). Als erschwerende Bedingungen für die Umsetzung eines inklusiven Schulsystems gelten unter anderem die folgenden Faktoren:

1) *Das gegliederte Schulsystem ab der Sekundarstufe I.* Die Aufteilung von Schülerinnen und Schülern auf unterschiedliche Schulformen auf Grundlage ihrer Leistungen bei der gleichzeitigen Forderung der UN-BRK, ein gemeinsames Schulsystem für alle zu schaffen, führt zu Paradoxien: So „dürfen Schüler mit Förderbedarf Lernen oder geistige Entwicklung in einem Gymnasium unterrichtet werden, Real- oder Hauptschüler aber nicht.“ (Werning und Thoms 2015, S. 255) Diese Widersprüche führen dazu, dass bei einem gegliederten Sekundarschulwesen von einer „echten Inklusion nach der Grundschulzeit kaum die Rede sein [kann]“ (Klemm 2014, S. 636) – Inklusion ist „immer nur bedingt umsetzbar in einem Bildungssystem, das darauf ausgerichtet ist, Schülerinnen und Schüler aufgrund ihrer Leistungen auf unterschiedliche Bildungsgänge zu verteilen“ (Werning 2017, S. 23).
2) *Die Parallelstruktur von Regel- und Sonder- bzw. Förderschulen.* Aufbauend auf die unterschiedlichen Auslegungen der Ziele der UN-BRK entwickelte sich die höchst kontrovers geführte Diskussion darüber, ob und inwiefern das Förder- bzw. Sonderschulwesen mit diesen Zielen überhaupt vereinbar sei. Das UN Human Rights Committee on the Rights of Persons with Disabilities (UN-CRPD) brachte in seinen abschließenden Bemerkungen zum Staatenbericht im Jahr 2015 jedoch seine Sorge darüber zum Ausdruck, dass in Deutschland die Mehrheit der Schülerinnen und Schüler mit Behinderungen spezielle Sonder- bzw. Förderschulen besucht und spricht die Empfehlung aus, die Anzahl dieser Schulen in den kommenden Jahren zu reduzieren, um die Entwicklung eines inklusiven Schulsystems zu erleichtern (vgl. UN-CRPD 2015, S. 8). Bislang halten alle Bundesländer ein unterschiedlich ausdifferenziertes Förder- bzw. Sonderschulsystem vor; in einigen Bundesländern (z.B. in Bremen, Niedersachsen und Berlin) werden diese Schulen allerdings im Zuge der Inklusion, zumindest für einzelne Förderschwerpunkte, sukzessive abgeschafft. Die Aufrechterhaltung einer Parallelstruktur von allgemeinen Schulen und Förderschulen hat jedoch zur Folge, dass „Personalressourcen in den Sonderschulen [verbleiben] und

[…] nicht zur Unterstützung in den allgemeinen Schulen eingesetzt werden [können]. Zum anderen entstehen durch den Aufbau inklusiver Schulen zusätzliche Personalbedarfe.“ (Monitoring-Stelle der UN-Behindertenrechtskonvention, S. 5) Die daraus resultierenden Personalengpässe und die fehlende, dennoch dringend benötigte sonderpädagogische Kompetenz an den Regelschulen könnte dort zu Überforderung oder gar Überlastung und damit verbunden auch zu negativen Einstellungen seitens der Lehrkräfte gegenüber Inklusion führen (vgl. u.a. Schmoll 2018).

3) *Die fehlende Qualifizierung von Fachkräften für inklusive Bildung.* Ohne Zweifel erfordert der Aufbau eines inklusiven Schulsystems unter anderem auch sonderpädagogische Kompetenzen – doch die Ausbildung von Lehrerinnen und Lehrern erfolgt in der Regel noch immer orientiert an den selektiven Strukturen der jeweiligen Bundesländer und somit sowohl stufen- als auch schulformbezogen unter der Annahme, „dass unterschiedliche Schulstufen und differente Ausbildungsgänge spezifische Kompetenzprofile erfordern würden“ (Heinrich et al. 2013, S. 71). Somit ergibt sich bereits während der Ausbildung eine klare Trennung von Verantwortlichkeiten und der jeweiligen Kompetenzwahrnehmung der angehenden Lehrkräfte (Werning 2017, S. 26), was sich in einer Studie von Amrhein eindrücklich zeigt: Von 167 befragten Lehrkräften an nordrhein-westfälischen Schulen der Sekundarstufe I erklärten sich lediglich 30% bereit für den Unterricht in einer integrativen Lerngruppe (vgl. Amrhein 2011, S. 135). Der naheliegende Ansatz, die benötigte sonderpädagogische Expertise mit ausgebildeten Sonderpädagoginnen und Sonderpädagogen ‚ins Haus zu holen‘ scheitert jedoch häufig an der Tatsache, dass nicht ausreichend ausgebildete Sonderpädagoginnen und -pädagogen zur Verfügung stehen (vgl. Klemm 2012, 21ff.).

3.2.2 Ist die Schulbegleitung inklusiv?

Die Ausgangslage für die Entwicklung hin zu einem inklusiven Schulsystem ist damit in vielerlei Hinsicht prekär. Es stellt sich nun die Frage, welche Funktion die Maßnahme Schulbegleitung in diesem Entwicklungsprozess einnimmt bzw. einnehmen kann und wie sie vor dem Hintergrund des oben skizzierten Verständnisses von Inklusion beurteilt werden kann: Ist Schulbegleitung *inklusiv*?

Um dieser Frage nachzugehen muss die Wirkung des Einsatzes von Schulbegleitung auf unterschiedlichen Ebenen und im Zusammenspiel der verschiedenen beteiligten Akteure näher untersucht werden. Eine Systematisierung dieser Untersuchung gestaltet sich ob der komplexen Verwobenheit dieser jeweiligen Ebenen und Akteure als komplexes Unterfangen: Durch die Vielzahl an verschiedenen Akteuren und die dadurch bedingte unübersichtliche Vielzahl einflussnehmender Faktoren ist Vorsicht geboten bei generalisierenden Aussagen darüber, welche Wirkung *die* Schulbegleitung hat bzw. haben soll. Zu dieser Unübersichtlichkeit im Feld kommen unterschiedliche Forschungsdesigns, Fragestellungen und Ausgangslagen der im Folgenden rezipierten Studien aus Deutschland, Österreich, der Schweiz, England, den USA und Australien.

Gleichwohl entsteht durch die fragmentarische und durchaus heterogene Forschungslage dennoch ein vorläufiges Gesamtbild, das einen ersten Aufschluss auf die Frage erlaubt, inwiefern der Einsatz von personengebundenen Assistenzen im Unterricht als *inklusiv* zu bewerten ist.

3.2.2.1 Zusammenspiel zwischen externer und schulischer Ebene

Ein erster, wichtiger Befund im Hinblick auf die Wirkung von Schulbegleitung betrifft das Zusammenspiel der externen und der schulischen Ebene. Unter dem zuvor dargelegten Verständnis, dass sich eine inklusive Schule für die Förderung *aller* Kinder in ihrem Einzugsgebiet verantwortlich zeigt, unabhängig von deren individuellen Merkmalsausprägungen, ist die Maßnahme der Schulbegleitung bereits aufgrund ihrer konzeptionellen Veranlagung als Einzelfallhilfe nicht inklusiv – schließlich ist es hier nicht die Schule selbst, sondern die Jugend- bzw. Sozialhilfe, die die Leistung der Schulbegleitung zur Verfügung stellt. Ein Bildungssystem, das für die Unterstützung und Förderung einzelner Kinder und Jugendlichen auf die Ressourcen anderer Systeme zurückgreifen muss, kann im oben skizzierten Sinne schwerlich inklusiv sein.

Dies zeigt sich besonders virulent bereits im Beantragungsverfahren, welches schon vor der Aufnahme eines Kindes mit Unterstützungsbedarf an der Regelschule zu dessen Besonderung führt; insbesondere, wenn die Bewilligung einer Schulbegleitung zur Voraussetzung für die Regelschulaufnahme gemacht wird (vgl. Britze 2012, S. 7) und/oder wenn darüber hinaus zur ohnehin schon besondernden Kategorie des zusätzlichen Unterstützungsbedarfes durch unterschiedliche Zuständigkeiten von Jugend- und Sozialhilfe weitere besondernde Klassifizierungen erforderlich werden (vgl. Kap. 3.1). Vor dem Hintergrund von Inklusion ist das Beantragungsverfahren zudem besonders aufgrund seiner starken Defizitorientierung als kritisch einzuschätzen: Während im inklusiven Paradigma Vielfalt und Individualität betont und wertgeschätzt werden, muss für die Gewährung der Mittel für eine Schulbegleitung explizit dargelegt werden, warum das unterstützungsbedürftige Kind von dem durchschnittlichen Entwicklungsstand seiner Alterskameradinnen und -kameraden abweicht und inwiefern diese Abweichungen eine individuelle Unterstützung erforderlich machen. Diese Defizitorientierung wird von den Eltern häufig als deutliches Hindernis für eine „inklusive" Beschulung wahrgenommen, zumal sie oftmals mit einer empfundenen Zurückweisung und Abwertung der Entwicklungsleistung des Kindes bzw. auch der Begleitungsleistung durch die Eltern selbst einhergeht (vgl. Thies 2014, S. 235). Eine weitere Folge des bürokratischen und defizitorientierten Beantragungsverfahrens ist mitunter auch, dass Lehrkräfte und Schulleitungen dem unterstützungsbedürftigen Kind mit Vorbehalten begegnen, da im Zuge des Beantragungsverfahrens ja eben die zur Beantragung führenden Defizite im Vordergrund der Wahrnehmung standen und vorhandene Stärken und Potentiale aus strategischen Gründen bewusst ausgeblendet wurden.

Des Weiteren ist die Feststellung des Unterstützungsbedarfs eines Kindes bzw. Jugendlichen trotz der Bürokratisierung und der im Rahmen des Verfahrens einzuholenden Gutachten alles andere als objektiv: Ob ein Kind etwa eine Vollzeit- oder Teilzeitschulbegleitung erhält, hängt nicht unbedingt nur mit den (fachlichen) Einschätzungen der am Verfahren beteiligten Personen zusammen, sondern auch mit der jeweiligen Bewilligungspraxis der zuständigen Kostenträger. In einer Studie von Dworschak zeigten sich deutliche Unterschiede bei den bewilligenden Regierungsbezirken: Zwei von sieben untersuchten Bezirken gewährten grundsätzlich nur entweder Vollzeit- oder Teilzeitschulbegleitungen (vgl. Dworschak 2017, S. 43). Dies wirft die Frage auf, inwiefern diese Bewilligungspraxen dem Anspruch, einzelfallorientiert angemessene Hilfen zu gewähren, tatsächlich gerecht werden oder ob sich im Sinne der von Helsper dargestellten Antinomie von Organisation und Interaktion (vgl. Helsper 1996, S. 534) kraft des bürokratischen Akts der Antragstellung nicht vielmehr Routinen entwickelt haben, die die individuellen Bedürfnisse des zu begleitenden Kindes in den Hintergrund treten lassen. Dies mag insbesondere auch vor dem Hintergrund der in den letzten Jahren drastisch gestiegenen Zahl zu bearbeitender Anträge auf Einzelfallhilfe eine Möglichkeit sein, mit der daraus resultierenden Arbeitsbelastung umzugehen, denn „habit is a labor-saving device" (Tyack und Tobin 1994, S. 476).

Angesichts der Forderungen der UN-BRK nach einem Bildungssystem, in dem „Menschen mit Behinderungen *gleichberechtigt* mit anderen in der Gemeinschaft, in der sie leben, Zugang zu einem inklusiven, hochwertigen und unentgeltlichen Unterricht [...] haben" (Art. 24, Abs. 2b, Hervorhebung A.L.) und in dem ferner „Menschen mit Behinderungen *innerhalb des allgemeinen Bildungssystems* die notwendige Unterstützung geleistet wird, um ihre erfolgreiche wirksame Bildung zu ermöglichen" (Art. 24, Abs. 2d, Hervorhebung A.L.), wirkt dieses komplexe Beantragungsverfahren mehr als grotesk, denn

> „[...] während sich alle anderen Schülerinnen und Schüler für den regulären Schulbesuch lediglich bei der Schule ihres Bezirks anmelden, müssen Schülerinnen und Schüler mit Anspruch auf eine Schulbegleitung zunächst dieses keineswegs als ‚barrierefrei' zu bezeichnende und darüber hinaus stigmatisierende Verfahren durchlaufen, um eine adäquate Förderung an der Regelschule zu erhalten." (Demmer et al. 2017a, S. 17)[13]

Ein den Forderungen der UN-BRK entsprechendes Bildungssystem hingegen müsste ein Bildungssystem sein, welches hinsichtlich

> „[...] baulicher und kommunikativer Barrierefreiheit, sächlicher und personeller Ausstattung sowie methodisch-didaktischer Vielfalt in der Lage ist, *allen* Kindern und Jugendlichen hochwertige gemeinsame Bildungsangebote zu machen." (Blömer-Hausmanns 2014, S. 226, Hervorhebung A.L.)

Die Schulen, die hierzu aus eigener Hand (noch) nicht in der Lage sind, greifen derzeit behelfsmäßig auf Schulbegleiterinnen und Schulbegleiter zurück, die dann die Passung zwischen Kind und Schule sicherstellen sollen. Die Schulbegleitung fungiert in dem Sinne als ‚Adapter' zwischen dem Unterstützungsbedarf des Kindes und dem, was die Schule an Unterstützung leisten kann, wie dies Dworschak insbesondere für Kinder im Förderschwerpunkt geistige Entwicklung hervorhebt:

---

13 Eine eindrucksvolle Schilderung der Barrieren des Beantragungsverfahrens findet sich im Wortprotokoll einer Anhörung des Bayerischen Landtags zum Thema Schulbegleitung (vgl. Bayerischer Landtag 2013, 8f.).

> „Überspitzt formuliert könnte man sagen, dass Schüler/innen mit dem FsgE [Förderschwerpunkt geistige Entwicklung, A.L.] die allgemeine Schule im Modell der Einzelintegration dann besuchen können, wenn sie eine Schulbegleitung mitbringen, die ihre Defizite so weit ausgleicht, dass sie in das bestehende Konzept der allgemeinen Schule ohne größere Anstrengung zu integrieren sind." (Dworschak 2017, S. 48)

Der Einsatz einer Schulbegleitung bedeutet in dieser Denkweise jedoch, dass eben nur jene Kinder die Regelschule besuchen können, deren „Defizite" durch eine Schulbegleitung mehr oder minder ausgeglichen werden können, während jene Kinder, bei denen dies nicht der Fall ist, als „nicht-integrierbar" gelten und weiterhin auf eine Förderschule gehen müssen – dies widerspricht eindeutig dem Gedanken von Inklusion. Darüber hinaus besteht die Gefahr, dass durch den Einsatz von Schulbegleitungen die für den Aufbau eines inklusiven Schulsystems notwendigen Entwicklungsaufgaben vernachlässigt werden, also – mit Dworschaks Worten – größere Anstrengungen vermieden werden und sich die Behelfslösung der individuellen Unterstützung als Dauereinrichtung etabliert. Dies gilt insbesondere, da das Schulsystem selbst ja in der Regel nicht für diese individuelle Unterstützung finanziell aufkommen muss, da diese von der Jugend- bzw. Sozialhilfe geleistet wird. Somit kann der Einsatz von Schulbegleitungen als ‚Belohnung' für Schulträger interpretiert werden, die „keine Anstrengungen unternehmen, ihre Schulen zu inklusiven Schulen umzugestalten" (Lindmeier und Polleschner 2014, S. 204).

Ein Vorschlag, der Kindern mit besonderem Unterstützungsbedarf den Besuch einer Regelschule ermöglicht, ohne zugleich den Entwicklungsdruck der jeweiligen Schule zu mindern, wäre, dass der Schulträger für die Finanzierung der Schulbegleitung mit in die Verantwortung genommen wird: Zur Sicherstellung des Schulbesuchs würde der Sozial- bzw. Jugendhilfeträger zunächst in Vorleistung gehen, kann jedoch dann im Sinne einer Überleitungsanzeige Rückgriff beim Schulträger nehmen (vgl. Axmann 2014, S. 242). Insbesondere vor dem Hintergrund, dass die Kommunen zunehmend unter der finanziellen Last, die sie durch die steigende Nachfrage an Schulbegleiterinnen und Schulbegleitern tragen müssen, leiden, gleichzeitig die Teilhabe der entsprechenden Schülerinnen und Schüler ohne eine Schulbegleitung gefährdet wäre, scheint dies ein nachvollziehbares und produktives Vorgehen zu sein.

Einen Schritt weiter geht der von Demmer, Heinrich und Lübeck (2017a) geäußerte Vorschlag, statt der Einzelbeantragung von Schulbegleitungen auf kommunaler Basis ein Budget zur Verfügung zu stellen, welches die Einzelschulen nutzen können, um selbst Schulbegleitungen (und/oder besser noch: pädagogische Mitarbeiterinnen und Mitarbeiter) einzusetzen. Dies hätte u.a. den Vorteil, dass das ‚klassische', stigmatisierende und defizitorientierte Verfahren der Beantragung einer Schulbegleitung entfiele. Zudem würden Fragen der Verantwortung, Weisungsbefugnis, Akquise und Organisation eindeutig im Bereich der Einzelschule verortet. Darüber hinaus ließe sich der Einsatz eines solch schulinternen Unterstützungspersonals flexibler an die Bedürfnisse der einzelnen Kinder und Lerngruppen anpassen, ohne dass durch die zunehmende Selbständigkeit eines vormals alleinig anspruchsberechtigten Kindes eine Schulbegleiterin oder ein Schulbegleiter um den eigenen Job fürchten muss.

Ein weiterer Vorteil eines solchen Modells bestünde außerdem darin, dass die Eltern nicht länger für die als stigmatisierend empfundene Beantragung einer Schulbegleitung zuständig wären. Darüber hinaus hätte dieses Verfahren auch aus Sicht der Schule Vorteile, da die Eltern von besonders unterstützungsbedürftigen Kindern, ihrer Verantwortung für die Schulbegleitung enthoben, dadurch nun nicht mehr und nicht weniger Einfluss auf das Schulgeschehen nehmen können als andere Eltern auch. Die personengebundene Schulbegleitung als „Verbündete und Zugangs- und Einflussmöglichkeit zum System Schule" (Lindmeier und Polleschner 2014, S. 203) entfällt. Dies setzt natürlich voraus, dass die Schule für alle Eltern ein tragfähiges Beratungsangebot mit regelmäßigen Sprechzeiten und konkreten Ansprechpartnern etabliert, um dem Bedürfnis nach Information und Einflussnahme für alle Beteiligten angemessen gerecht zu werden.

3.2.2.2 Lehrkräfte – Schulbegleitung

Ein Blick auf die Forschungsbefunde zur Interaktion zwischen Lehrkräften und Schulbegleitung offenbart zunächst zwei einander teils widersprechende Phänomene: Einerseits erhoffen sich Lehrkräfte durch den Einsatz von Schulbegleitungen Entlastung (bzw. empfinden diesen mitunter auch faktisch als entlastend, vgl. Arendt 2015, S. 91; Blatchford, Bassett, Brown, Koutsoubou et al. 2009; Schoch et al. 2013, S. 3), andererseits wird deutlich, dass Lehrkräfte durch den Einsatz von Schulbegleitungen eine Führungsrolle ein- und wahrnehmen müssen, was wiederum mit belastender Mehrarbeit verbunden ist (Zumwald 2014, S. 25). Inwiefern eine Schulbegleitung für die Lehrkraft entlastend wirken kann, hängt eng zusammen mit der Frage nach der Trennung von Aufgabenbereichen, insbesondere von ‚pädagogischen' und ‚nicht-pädagogischen' Aufgaben (vgl. Kap. 3.1.3). Offiziell bzw. aus rechtlicher Sicht dürfte eine Entlastung der Lehrkräfte durch Schulbegleitung nur jene Bereiche betreffen, die nicht im ausschließlichen Zuständigkeitsbereich der Lehrkräfte zu verankern sind.

Faktisch zeigt sich jedoch ein anderes Bild. In einer Studie von Henn et al. (2014, S. 401) gab über die Hälfte der befragten Schulbegleiterinnen und -begleiter an, die Lehrkräfte manchmal bis häufig beim Unterrichten zu unterstützen; in einer Studie von Dworschak mit Fokus auf begleitete Kinder im Förderschwerpunkt geistige Entwicklung waren es sogar 92% der Schulbegleiterinnen und -begleiter, die angaben, das von ihnen begleitete Kind in Einzelsettings fachlich zu fördern (vgl. Dworschak 2012b, 87f.). Vergleichbare Ergebnisse liefern Bacher et al. für Österreich (vgl. 2007, 12ff.). Auf Grundlage ethnographischer Beobachtungen in sogenannten Inklusionsklassen an Gemeinschaftsschulen Schleswig-Holsteins formuliert dazu Blasse unmissverständlich: „Schulbegleitungen werden als Pädagog/innen tätig." (Blasse 2017, S. 112) Diese Ergebnisse legen (trotz der Beschränkung der jeweiligen Studien auf eine spezifische Region oder einen spezifischen Förderschwerpunkt) die Schlussfolgerung nahe, dass Schulbegleiterinnen und -begleiter leicht in eine Position kommen, in der sie als Ersatz für fehlendes Lehrpersonal bzw. unterrichtliche Unterstützung im Sinne eines professionellen Team-Teachings gesehen werden. Vergleichbares berichten auch die Autoren der englischen DISS-Studie (Deployment and Impact of Support Staff):

> „For too long there has been a collective denial that TAs [Teaching Assistants, A.L.] are actually ‚teaching', and that they are instead, in some other way, just ‚supporting' pupils. The DISS-project makes it quite clear that this convenient view is misplaced: TAs are in effect 'teaching' pupils, in the sense of engaging in interactions with an instructional purpose; and, furthermore, this is often instead of teaching by the teacher. We have, therefore, to take very seriously the quality of the interaction between TA and pupil, because it will often be the main form of educational interaction a pupil will have with an adult in school." (Blatchford et al. 2012, S. 125)

Darüber hinaus ist kritisch zu hinterfragen, inwieweit eine Trennung von unterrichtlich-pädagogischen und anderweitigen Aufgaben überhaupt haltbar ist (vgl. Demmer et al. 2017a, 83f. sowie Kap. 3.1.3).

Der Einsatz einer Schulbegleitung muss folglich, wenn er angemessen in eine Gesamtförderstrategie eingebunden werden soll, koordiniert und strukturiert werden – eine Verantwortung, die mit Blick auf den konkreten Unterricht nur in den Händen der Lehrkräfte liegen kann, womit diese zwangsläufig in eine Führungsrolle rücken. Dies ist jedoch nicht zuletzt erneut aufgrund der Anstellungsbedingungen der Schulbegleitung und deren Qualifikationshintergrund häufig problematisch. So kommt es gerade in der Interaktion zwischen Schulbegleitungen und Lehrkräften

> „[…] immer wieder zu Konflikten und Reibungsverlusten, beispielsweise bei der Frage, ob der/die Lehrer/in dem/r Schulbegleiter/in Aufträge erteilen darf oder wie selbstständig der/die Schulbegleiter/in Entscheidungen treffen darf (z.B. Auszeiten für den/die Schüler/in).“ (Fegert et al. 2015, S. 22)

Weitere Herausforderungen in der Interaktion zwischen Lehrkräften und Schulbegleitungen sind unter anderem

> […] Verständigungsprobleme, […] Zeitaufwand für Absprachen, das Finden der Routine, mangelnde Akzeptanz des Integrationshelfers durch Mitschüler, deren Eltern oder durch die begleiteten Schüler, die Aufgaben- und Rollenverteilung, problematische Persönlichkeitseigenschaften des Integrationshelfers wie z.B. Unzuverlässigkeit oder die Unerfahrenheit der Lehrkraft in der Zusammenarbeit mit einem Integrationshelfer.“ (Markowetz und Jerosenko 2016, S. 29)

Die Zusammenarbeit zwischen Lehrkräften und Schulbegleitungen ist damit sehr herausfordernd, aber gleichzeitig unerlässlich vor dem Hintergrund der Forderungen von Inklusion, hochwertigen Unterricht für Menschen mit Behinderungen sicherzustellen (vgl. UN-BRK, Artikel 24, Absatz 2b). Ohne eine systematische und reflektierte Zusammenarbeit besteht die Gefahr, dass die pädagogische Verantwortung für das zu begleitende Kind zunehmend bis ausschließlich an die Schulbegleitung abgegeben wird, was soziale Isolation und einen Qualitätsverlust in der schulischen Bildung mit sich bringen kann:

> „Die Integrationshelferinnen und Integrationshelfer – man könnte sagen – ‚verführen‘ die Lehrkräfte, einen Teil ihres beruflichen Auftrages nicht mehr wahrzunehmen. Damit verbunden sind nicht intendierte subtile Segregationsmechanismen, die primär latente Exklusionsprozesse hervorbringen und stabilisieren. Auf nonverbaler Ebene führt eine solche – durchaus nicht bewusst intendierte – Spaltung von Zuständigkeitsbereichen zu der nonverbalen Botschaft der Wert-

> und Bedeutungslosigkeit dieser Schülerin bzw. dieses Schülers für die Lehrkraft.“ (Herz et al. 2018, S. 12)

Diese „Verführung“ zeigt sich besonders eindrücklich in der US-amerikanischen Studie von Giangreco et al, in der die Auswirkungen einer 1:1-Begleitung auf die begleiteten Schülerinnen und Schüler sowie deren Umgebung untersucht wurden. Die Forscherinnen und Forscher beobachteten eine bedeutend geringere Qualität und Quantität des Kontakts zwischen Lehrkräften und begleiteten Schülerinnen und Schülern, der sich mitunter ausschließlich auf Begrüßungen, Verabschiedungen und vereinzeltes Lob beschränkte (vgl. Giangreco et al. 1997, S. 10). Ähnliche Befunde erzielte die englische DISS-Studie: Je häufiger der Kontakt zwischen Assistenzkraft und begleitetem Kind, desto seltener der Kontakt zwischen eben jenem Kind und der Lehrkraft. Somit ist die Unterstützung durch die Assistenzkraft vielmehr ein *Ersatz für* als eine *Ergänzung zur* Interaktion mit der professionellen Lehrkraft – was letztlich auf Kosten einer hochwertigen Förderung des Kindes geht (vgl. Blatchford, Bassett, Brown, Koutsoubou et al. 2009; Blatchford, Bassett, Brown, Webster 2009).

Auch an eigenem Datenmaterial lässt sich eine solche Verantwortungsabgabe der Lehrkräfte an die Schulbegleitung belegen, wie der bereits zuvor zitierte Ausschnitt aus einem Interview mit einer Schulbegleiterin illustriert:

> „Mir fehlte halt speziell bei der Schülerin die ich betreut habe, ähm, der Lehrer-Schüler-Kontakt. Also es war dann ganz schnell so, ach Frau Jensch ist ja da, die macht das schon. Also die Schülerin war aber wirklich die einzige Schwerstmehrfachbehinderte in der Schule und in der Klasse, ähm, sie konnte nicht lesen nicht den Stift halten gar nichts, und wenn's dann ums Lesen ging zum Beispiel, dann hab ich mal die Lehrerin gefragt, „hast du dir was für Meike überlegt?“ – „Öh ja, pf, nee also, hm“, so. Also das fand ich dann immer so schade weil, da wird dann ganz schnell weil wir dann ja da sind, der Schüler so'n bisschen... vergessen.“ (Lübeck 2016a, S. 48)

Diese Gefahr der Entfremdung und Verantwortungsabgabe scheint vermehrt dann zu bestehen, wenn eine Assistenzkraft personenbezogen im Sinne einer 1:1-Unterstützung eingesetzt ist, im Vergleich zu klassenweit eingesetzten Assistenzen (vgl. Giangreco et al. 2001, S. 78).

Obwohl es sich bei Schulbegleiterinnen und -begleitern in der Regel nicht um pädagogisch qualifizierte Kräfte handelt und auch der enge Bezug zwischen ihnen und ihren Schützlingen keinen Ersatz für diese fehlende pädagogische Professionalität darstellen kann, zeigt sich in der Praxis, dass sie als vermeintliche (sonder-)pädagogische Expertinnen und Experten handeln und als solche auch von Lehrkräften und Schülerinnen und Schülern wahrgenommen werden (vgl. Blasse 2017, S. 112). Es bedarf im Sinne des zuvor skizzierten Ideals inklusiver Bildung dringend einer bewussten Reflektion des Einsatzes von Schulbegleitungen und damit verbunden der professionellen Beziehungsgestaltung zwischen ihnen und den Lehrkräften. Diese muss einschließen, dass jene Aufgaben, die dem professionellen Hoheitsgebiet der Lehrkräfte zuzuordnen sind, eben nicht aus der Verantwortung gegeben werden oder zumindest in enger Rückkopplung mit den professionalisierten Lehrkräften ausgeführt werden. Andernfalls können nicht-intendierte, den Zielen der Inklusion entgegenstehende Effekte eintreten, insbesondere die fachliche Vernachlässigung des begleiteten Kindes und damit einhergehend eine Deprofessionalisierung in der Bildung behinderter Menschen.[14]

3.2.2.3 1:1-Ebene

Die vorgestellten Befunde lenken nun den Blick auf die Beziehung zwischen der Schulbegleitung und dem begleiteten Kind. Insbesondere steht die Frage im Raum, welche Auswirkungen es auf die Entwicklung und Leistung der begleiteten Schülerinnen und Schüler hat, wenn eine in der Regel pädagogisch nicht qualifizierte Assistenzkraft pädagogische Einzelförderung (in welchem Ausmaß auch immer) übernimmt.

Die zuvor bereits erwähnte englische DISS-Studie ist nach eigenen Angaben die weltweit größte Studie zum Einsatz von unterstützenden Personal und wurde als Längsschnittstudie in den Jahren 2003 bis 2009 durchgeführt (Blatchford et al. 2012). Ziel der Studie ist es, Aufschluss über Arbeitsbedingungen und Wirkungen des Einsatzes von unterstützendem Personal („support staff") in der Schule zu liefern. „Support staff" ist dabei ein Sammelbegriff für unterschiedlich akzentuierte personelle Unterstützung, etwa in Form von individueller Unterstützung für einzelne Kinder mit oder ohne sonderpädagogischem Förderstatus, klassenweit ein-

[14] Zu Voraussetzungen und Forschungsbefunden zur näheren Ausgestaltung der Kooperation zwischen Schulbegleitungen und Lehrkräften vgl. Kap. 3.4

gesetztem Assistenzpersonal, Erzieherinnen und Erziehern oder auch den Lehrkräften zugeordnete Assistentinnen und Assistenten. Datengrundlage der Studie bilden 20.000 Fragebögen, systematische Beobachtungen an knapp 50 allgemeinbildenden Schulen sowie 1.500 Zeitprotokolle des Assistenzpersonals, die Aufschluss über deren konkrete Tätigkeiten geben sollen.

Ein zentraler und eindeutiger Befund der DISS-Studie verweist auf den negativen Zusammenhang zwischen der Förderung durch das Assistenzpersonal und den akademischen Leistungen bzw. der fachlichen Entwicklung der unterstützten Kinder in den Fächern Mathematik, Englisch und Naturwissenschaften: „The more support pupils received over the year, the less progress they made." (Blatchford, Bassett, Brown, Koutsoubou et al. 2009, S. 8) Dieser Effekt ließ sich laut den Autoren der Studie nicht durch andere Faktoren wie beispielsweise einen etwaig vorhandenen Förderstatus oder Migrationshintergrund, soziale Herkunft oder das Alter erklären, sondern ist eindeutig auf die Häufigkeit direkter Unterstützung durch das Assistenzpersonal zurückzuführen.

Eine mögliche Erklärung für diesen Befund liefern Radford, Blatchford und Webster, die mittels Konversationsanalyse die spezifischen Interaktionen zwischen Assistenz und Schülerinnen bzw. Schülern mit denen von Lehrkräften und Schülerinnen bzw. Schülern vergleichen. Sie kamen zu dem Ergebnis, dass Assistenzkräfte in pädagogischen Interaktionen eher ergebnisorientiert vorgingen und die Fertigstellung einer Aufgabe stärker betonten als den Prozess der Bearbeitung selbst. Bei Fehlern oder Schwierigkeiten neigten sie schneller dazu, die korrekte Antwort vorzugeben oder die Arbeit selbst zu korrigieren. Lehrkräfte hingegen zeigten in der Analyse einen stärker prozessorientierten Ansatz: Sie motivierten zum Ausprobieren verschiedener Bearbeitungswege, nutzten Scaffolding-Strategien und stellten offene Fragen, um darauf aufbauend den Schülerinnen und Schülern ein tieferes Verständnis des jeweiligen Inhalts zu ermöglichen (vgl. Radford et al. 2011). Dies bedarf jedoch sowohl fachlicher als auch pädagogischer Kompetenz, die bei den zumeist ungelernten Assistenzkräften in dem Maße nicht vorausgesetzt werden kann.

Darüber hinaus besteht durch den nicht professionell reflektierten Einsatz von Assistenzpersonal das Risiko, dass sich das begleitete Kind zunehmend auf die individuelle Unterstützung verlässt, was seiner Entwicklung zu mehr Eigenständigkeit im Wege steht. Dies mag insbesondere dann der Fall sein, wenn Schulbegleiterinnen und -begleiter ihre Aufgabe verkürzt als ‚dem Kind helfen' wahrnehmen und dabei außer Acht lassen, dass pädagogische Assistenzleistung von Paradoxien geprägt ist: „Assistieren bedeutet unterstützen und hat gleichzeitig das Ziel, Unterstützung zu minimieren und die Selbstbestimmung einzelner Schülerinnen und Schüler zu erhöhen." (Prammer-Semmler und Prammer 2014, S. 209) Insbesondere sehr engagierte Schulbegleiterinnen und -begleiter laufen Gefahr, bei Schwierigkeiten früh einzugreifen und – wie oben skizziert – der Schülerin bzw. dem Schüler bei der Bewältigung einer Aufgabe ergebnisorientiert unter die Arme zu greifen, obwohl diese/r mit etwas mehr Zeit vielleicht selbst die Aufgabe hätte bewältigen können. Dieses Phänomen zeigt sich eindrucksvoll in der US-amerikanischen Studie von Broer, Doyle und Giangreco. Sie befragten ehemalige Schülerinnen und Schüler, die während ihrer Schulzeit von einer Assistenzkraft begleitet wurden, rückblickend zu ihren Erfahrungen mit dieser Unterstützung. Sie führen aus:

> „[…] the participant's most common recollections included paraprofessionals intervening while the student was still attempting to complete their work […]. The most common recollection across study participants was that of the paraprofessional doing the work for them. ‚I didn't even have to do anything. She pretty much did it all for me.' Another respondent summarized the paraprofessionals' strategy for keeping up with class this way: ‚I guess I pretty much got the stuff [completed by the paraprofessional] and put my name on it.'" (Broer et al. 2005, S. 424)

Die für die persönliche Entwicklung wertvolle Erfahrung der Selbstwirksamkeit, aber auch die Entwicklung von Frustrationstoleranz und ein bewusster Umgang mit Fehlern und Scheitern bleiben der begleiteten Schülerin / dem begleiteten Schüler dadurch häufig verwehrt.

Die Verantwortung für dieses Vorgehen darf jedoch nicht alleinig bei den Assistentinnen und Assistenten gesucht werden, die ohnehin kaum Einfluss auf die dieser Situation zugrundeliegenden Rahmenbedingungen haben. Das Pendant zur ergebnisorientierten Unterstützung bildet die Art des Unterrichts und die damit verbundenen Erwartungen an die Schülerinnen und Schüler, wie die deutsche Studie „SAS: Schulassistenz aus Schüler/innenperspektive" zeigt. Auf Grundlage von zwölf Interviews mit schulbegleiteten Schülerinnen und Schülern, die mittels Dokumentarischer Methode (Bohnsack 2014) ausgewertet wurden, kamen die Autorin und der Autor zum Schluss, dass der von den Kindern wahrgenommene Unterricht

> „[…] noch immer weitgehend von den Bedürfnissen und Lernzugängen der Schüler/innen abgekoppelt ist, z.B. hinsichtlich Leistungsdifferenzierung, Kooperation, Motivation/Interesse. Vielmehr wird eine latente Instrumentalisierung der Schulassistent/innen zur Beibehaltung einer auf Homogenisierung bedachten Unterrichtsgestaltung deutlich, indem die Schulassistent/innen ein durch die Abweichung einzelner Schüler/innen erzeugtes Ungleichgewicht (z.B. unterschiedliches Tempo, Verhalten, etc.) zu adjustieren bzw. assimilieren versuchen." (Böing und Köpfer 2017, S. 135)

Wenn die Anforderungen des Unterrichts als nicht veränderbarer Rahmen und die eigene Leistung diesem Rahmen gegenüber als unzureichend eingeschätzt wird, wird die Schulbegleitung schnell zu einem Instrument, die es als „Erfüllungsgehilfin" (Böing und Köpfer 2017, S. 131) ermöglicht, diesen Anforderungen dennoch zu entsprechen. Als Konsequenz fällt die persönliche und fachliche Entwicklung des Kindes dem Erwartungsdruck einer weitgehend auf Homogenisierung bedachten Unterrichtsgestaltung zum Opfer. Erfolgreiche, wirksame Bildung im Sinne der UN-BRK ist unter diesen Bedingungen nicht möglich. Es wird deutlich, dass die Schulbegleitung in ihrer ‚Adapterfunktion' nicht nur hemmende Wirkung auf die inklusive Schulentwicklung im Allgemeinen haben kann (vgl. Kap. 3.2.2.1), sondern offenbar auch auf eine inklusive Unterrichtsentwicklung.

3.2.2.4 Schulbegleitung, begleitetes Kind und Mitschülerinnen und Mitschüler

In programmatischer Literatur zum Einsatz von Schulbegleitungen, etwa von den die Leistung erbringenden Organisationen und deren Verbänden oder auch von Landesregierungen, findet sich als eine wichtige Begründungslinie für den Einsatz von Schulbegleitungen der Verweis auf die Unterstützung des begleiteten Kindes in seiner sozialen Teilhabe. Schulbegleitung leistet demnach „Hilfen und Anleitung im sozialen Umgang mit Mitschülerinnen und Mitschülern" (Freie Wohlfahrtspflege NRW 2014, S. 9), „Unterstützung von Sozialkontakten zu anderen Schülern mit dem Ziel der Integration in den Klassenverband" (Bayerisches Staatsministerium für Unterricht und Kultus & Verein der Bayerischen Bezirke 2012, S. 5) und Vermittlung als „Sprachrohr" zwischen betreutem Kind und anderen Schülerinnen und Schülern (Lebenshilfe Kreisverband Paderborn 2015, S. 37).

Bei all diesen Formulierungen bleibt jedoch unklar, wie genau die Schulbegleitung diese anspruchsvolle Aufgabe ausfüllen soll und ferner, welche Bedeutung dieser Anspruch für ihre Rolle im Klassengefüge hat. Von besonderer Relevanz ist hierbei das Dilemma, dass zur Erfüllung dieser Aufgabe die Schulbegleitung ja aktiv in Kontakt mit den Mitschülerinnen und Mitschülern treten muss, wohingegen sie jedoch rein rechtlich gesehen ihre Aufmerksamkeit auf das von ihr zu begleitende Kind zu beschränken hat (vgl. Dworschak und Reuter 2012; Keil 2011, S. 48; Reuter 2012).

Eine solche ausschließliche Fixierung auf das Kind würde jedoch nicht nur die im vorigen Abschnitt skizzierten negativen Effekte im Sinne erhöhter Abhängigkeit, Kontaktverlust zur Lehrkraft und Einbußen in der Unterrichtsqualität mit sich bringen, sondern wäre zugleich eine massive Irritation des klassischen Bildes von Schule, in dem die anwesenden Erwachsenen (bzw. Lehrkräfte als im klassischen Bild einzige in der Klasse anwesende Erwachsene) gleichberechtigt für alle Schülerinnen und Schüler zuständig sind (vgl. Heinrich und Lübeck 2013, S. 99). Somit ist es nur nachvollziehbar, dass alle Schülerinnen und Schüler einer Klasse, unabhängig von einem etwaigen Leistungsanspruch, zunächst einmal die Erwartung haben, dass auch eine Schulbegleitung für sie da ist.

Mit dieser Erwartungshaltung als Ausgangslage für jegliches Handeln in der Klasse muss eine Schulbegleitung in irgendeiner Form umgehen, sie kann sich hierzu nicht nicht verhalten. Was also tun? Eine Möglichkeit besteht darin, diese Erwartungen zurückzuweisen und Hilfestellungen, die nicht das zu betreuende Kind betreffen, zu verweigern mit der Argumentation, rein rechtlich sei sie ja dazu verpflichtet, sich ausschließlich auf das leistungsberechtigte Kind zu konzentrieren. Eine solche Verweigerung der Hilfeleistung mag das bislang womöglich unhinterfragte Bild, Erwachsene in der Schule seien dazu da, Kindern zu helfen, nicht nur irritieren, sondern kann möglicherweise auch zu einem Empfinden von Ungleichbehandlung und Ungerechtigkeit auf Seiten der nicht leistungsberechtigten Kinder führen, wie die bislang erste deutsche Studie zur Perspektive von Mitschülerinnen und Mitschülern auf die Maßnahme Schulbegleitung aufzeigt. Lindmeier und Ehrenberg führten mit Kindern einer zweiten und einer vierten Klasse Gruppendiskussionen und werteten diese mittels Dokumentarischer Methode (Bohnsack 2014) aus. Auf die Frage nach möglicherweise negativen Erfahrungen mit der Schulbegleiterin eines körperbehinderten Mitschülers antwortet eine Schülerin: „Dass sie nur für Tim da is.“ (Lindmeier und Ehrenberg 2017, S. 138) Ergänzt wird diese Aussage später durch die Äußerung eines Mitschülers, dass es vielleicht besser wäre, wenn die Schulbegleiterin nicht da wäre: „Weil dann dann würde Tim mal sehen wie er zurechtkommen würde wenn er genauso normal wäre wie wir.“ (Lindmeier und Ehrenberg 2017, S. 143) Spannend ist hier, dass die wahrgenommene Differenz zwischen Tim und seinen Mitschülerinnen und Mitschülern nicht etwa in seiner Behinderung besteht, sondern vielmehr in der Tatsache, dass er eine personenbezogene Unterstützung erhält. Dies sorgt offensichtlich gleichsam für Neid, da möglicherweise auch die Mitschülerinnen und Mitschüler bisweilen Schwierigkeiten haben, „zurecht zu kommen“, und diese Situationen ohne zusätzliche Hilfe bewältigen müssen.

Darüber hinaus hat die Beschränkung der Aufmerksamkeit der Schulbegleitung einzig auf das von ihr zu begleitende Kind nahezu zwangsläufig eine hohe Exklusivität der Beziehung zwischen ihr und dem entsprechenden Kind zur Folge, welche zum Hemmnis für Mitschülerinnen und Mitschüler in der Kontaktaufnahme werden kann. Zudem hat allein die Präsenz der Schulbegleitung, auch ohne direkte Intervention, immer auch einen Einfluss auf die Interaktion zwischen begleitetem Kind und Mitschülerinnen und Mitschülern (vgl. Böing 2014; Lindmeier und Ehrenberg 2017).

Die zweite Möglichkeit, mit der Erwartungshaltung der Mitschülerinnen und Mitschüler umzugehen, besteht darin, diesen Erwartungen tatsächlich nachzugehen und Hilfeleistung zu gewähren – zumindest dann, wenn das leistungsberechtigte Kind selbst keine ununterbrochene Einzelbegleitung benötigt. Auch ohne aussagekräftige Zahlen hierzu ist zu vermuten, dass dies eine gängige Praxis im Alltag von Schulbegleiterinnen und Schulbegleitern ist, da sich diese Handlungsoption harmonischer in das Schul- und Unterrichtsgeschehen einfügt als eine künstlich wirkende, die übrigen Schülerinnen und Schüler ausschließende Beziehung zwischen Schulbegleitung und Kind. Dass dies durchaus auch entgegen der gesetzlichen Vorgaben in der Praxis zum Tragen kommt, zeigt sich erneut an eigenem Interviewmaterial mit einer Schulbegleiterin:

> „[…] ich hab normalerweise von XY [dem Arbeitgeber] den Auftrag gehabt ja nur für das Kind dazusein, sprich, die restlichen Schüler hätte ich so gesehen ignorieren müssen. Ich muss ehrlich gestehen, ich hab mich nicht dran gehalten.“ (Heinrich und Lübeck 2015, S. 82)

Durch die mit diesem Handlungsmodell eintretende Allgemeinzuständigkeit verändert sich dann jedoch auch die Interpretation der Rolle der Schulbegleitung seitens der Mitschülerinnen und Mitschüler. In der Gruppendiskussion der Viertklässlerinnen und Viertklässler aus der zuvor erwähnten Studie von Lindmeier und Ehrenberg wird die Schulbegleitung folgerichtig als „Hilfslehrerin" bezeichnet, die immer dann adressiert wird, wenn die Lehrkraft selbst gerade nicht verfügbar ist oder wenn die Interaktion mit dieser nicht zufriedenstellend verlaufen ist (vgl. Lindmeier und Ehrenberg 2017, S. 141). Dass Schulbegleiterinnen und -begleiter eine lehrerähnliche Rolle der gesamten Klasse gegenüber einnehmen, zeigen auch ethnographische Beobachtungen (vgl. Arndt et al. 2017, 234f.; Blasse 2017, S. 114), Interviews mit Schulbegleitungen (vgl. Arendt 2015, S. 95; Dexel 2017, 71ff.; Lübeck 2016c, 85ff.) sowie Gruppendiskussionen mit unterschiedlichen Akteursgruppen rund um die Maßnahme Schulbegleitung (vgl. Lindmeier et al. 2014, S. 29). Wenngleich dieses Handlungsmodell für das begleitete Kind, seine soziale Integration in die Klasse und seine fachliche und persönliche Entwicklung deutlich vorteilhafter ist als ein exklusiver Fokus, da eine Dauerbeschattung vermieden wird und Momente der Besonderung reduziert werden, so stellt sich hier erneut die Frage nach den für eine solche Ausweitung der Tätigkeiten auf die ganze Klasse erforderlichen Kompetenzen der Schulbegleitung – und dies umso mehr, da hier nicht mehr nur die Qualität der Bildung einzelner, sondern die der gesamten Lerngruppe betroffen ist.

Eine dritte Bearbeitungsform dieser Problematik dokumentiert sich in der objektiv-hermeneutischen Rekonstruktion eines Interviews mit einer Schulbegleiterin von Heinrich und Lübeck (2013): Diese Schulbegleiterin häkelt im Unterricht und signalisiert damit für alle offensichtlich, dass sie bereits beschäftigt ist. Durch diese demonstrative Beschäftigung schafft sie eine sichtbare Hemmschwelle für alle Kinder, das von ihr begleitete Kind eingeschlossen, sie um Hilfestellung zu bitten. Hierdurch kann sie die oben skizzierte Zuständigkeitsproblematik zumindest ein Stück weit entschärfen.

Wie auch immer eine Schulbegleitung konkret agiert: Ihr Handeln ist stets Objekt von Deutungen und Interpretationen der Mitschülerinnen und Mitschüler und nimmt damit Einfluss auf die Interaktionen zwischen ihnen und dem begleiteten Kind. Insbesondere stark nähebetonte Beziehungen zwischen Schulbegleitung und begleitetem Kind werden schnell in ihrer Exklusivität mit der Beziehung zwischen Mutter und Kind verglichen (vgl. Arendt 2015, S. 77; Lindmeier und

Ehrenberg 2017, S. 141), insbesondere, da die bedeutende Mehrheit der Schulbegleitungen weiblich ist[15]. Diese Deutungsprozesse werden besonders in einem Zitat eines Teilnehmers der zuvor zitierten US-amerikanischen Studie deutlich:

> „I was kind of getting embarrassed because I always had, like a mother right there. People were like looking at me and stuff, and saying, ‚Why do you always have this person with you who is twice as old as you?'" (Broer et al. 2005, S. 420)

Für den Aufbau altersgemäßer Freundschaften zwischen dem begleiteten Kind und seinen Mitschülerinnen und Mitschülern bleibt diese Wahrnehmung nicht folgenlos, insbesondere, wenn durch die Dauerpräsenz der Schulbegleitung dem Kind und seinen Mitschülerinnen und Mitschülern unbeobachtete Freiräume fehlen: „That's why I didn't have any best friends or a girlfriend in high school because I always had a mother on my back." (Broer et al. 2005, S. 421, vgl. auch Böing 2013, S. 19)

Damit soll nicht gesagt sein, dass die Schulbegleitung ein zwangsläufiges Hemmnis für die Interaktion zwischen begleitetem Kind und Mitschülerinnen und Mitschülern darstellt. Im Gegenteil: Das durch die Nähe zum begleiteten Kind bedingte Verständnis seiner Motivationen und Verhaltensweisen mag durchaus dabei helfen, Kontakt zu Mitschülerinnen und Mitschülern überhaupt erst zu initiieren, Missverständnissen vorzubeugen oder sie aus dem Weg zu räumen und generell die Interaktion aufrecht zu erhalten. Lindmeier und Ehrenberg fassen in diesem Sinne zusammen:

> „[...] eine Interaktionsgestaltung durch die Schulassistenz kann dem Kind zwar soziale Kontakte ermöglichen, gleichzeitig aber eine symmetrische, reziproke und freiwillige Interaktion verhindern. Eine Intervention seitens der Schulassistenz in konflikthaften Situationen kann einerseits als Sicherheit spendend und die Interaktion erleichternd erfahren werden. Andererseits kann sie ebenfalls eine unerwünschte Einmischung darstellen, welche an das Erleben einer ungerechten Behandlung der Mitschüler/innen gekoppelt sein kann. Folglich können sowohl die passive Anwesenheit als auch die aktive Intervention die Reziprozität von Peerinteraktionen, die Eigenständigkeit und Selbstbestimmung der Kinder und das Ge- oder Misslingen der Interaktion beeinflussen." (Lindmeier und Ehrenberg 2017, S. 148)

---

15 Ein vergleichbares Phänomen findet sich überdies in Studien zum Einsatz von Erzieherinnen und Erziehern in Ganztagsgrundschulen, vgl. hierzu Beher und Rauschenbach (2006, S. 61) sowie Oehlmann (2012, S. 293).

3.2.3 Resümee

Die leitende Frage der vorangegangenen Analyse lautete: Ist die Schulbegleitung inklusiv? Es zeigt sich, dass diese Frage auf keiner der skizzierten Ebenen uneingeschränkt bejaht werden kann. Vielmehr besteht beim Einsatz einer Schulbegleitung ein signifikantes „exkludierendes Potenzial“ (Dworschak 2012a, S. 4), da auf sämtlichen Ebenen die Gefahr von dem Paradigma der Inklusion widersprechenden Effekten aufgezeigt werden konnte – allen voran die Gefahr der Stigmatisierung des begleiteten Kindes sowie Einbußen in der Qualität der Bildung. Eine Hauptursache für diese Feststellung liegt sicherlich in der aus pädagogischer Sicht höchst ungünstigen Konstruktion der Schulbegleitung als nicht pädagogisch qualifizierte, extern verortete und an eine defizitorientierte Diagnose gebundene Einzelfallhilfe, doch darüber hinaus wurden auch strukturelle Probleme sichtbar, die sich aus dem Umstand ergeben, dass mehrere Erwachsene mit unterschiedlichen Aufgabenprofilen in einer Lerngruppe tätig sind (vgl. hierzu auch Kap. 3.4). Das inklusive Moment der Schulbegleitung scheint maßgeblich darin zu bestehen, für die unterstützungsbedürftigen Schülerinnen und Schüler ein Türöffner für den Unterricht an einer allgemeinbildenden Schule zu sein, obgleich dieser noch nicht hinreichend auf deren Bedürfnisse einzugehen vermag. Perspektivisch ist im Sinne inklusiver Schulentwicklung jedoch zu hoffen, dass durch dieses Hineinbringen eben jener Kinder in die allgemeinbildenden Schulen der Entwicklungsdruck wächst und inklusive Schulentwicklung nicht auf einen unbestimmten Zeitpunkt in der Zukunft verlagert wird. Dabei ist es unerlässlich, dass Schulbegleiterinnen und -begleiter, die den Regelschulbesuch für ihre Schützlinge derzeit sicherstellen, von den professionell Verantwortlichen der Schule angemessen angeleitet werden und sich inklusive Schul- und Unterrichtsentwicklung nicht in diesen Anleitungsbemühungen erschöpft.

Für die tägliche Praxis von Schulbegleiterinnen und -begleitern sowie den übrigen Akteuren in Schule und Klasse mag ein Hinterfragen von Handlungen und Strukturen vor dem Hintergrund des Inklusionsparadigmas sicherlich von untergeordneter Relevanz sein. Für die Rolle der Schulbegleitung jedoch, also für Fragen ihres Aufgabenprofils, Zuständigkeiten und Beziehungsgestaltung, sind jedoch einige der oben genannten Aspekte entscheidende Faktoren und werden sich in ihrer Widersprüchlichkeit aller Wahrscheinlichkeit nach auch im Erleben der beteiligten Akteure niederschlagen.

Die Rolle von Schulbegleitung im inklusiven Unterricht bzw. in der inklusiven Schule ist unter anderem deshalb so prekär, weil der Einsatz einer Schulbegleitung gleichzeitig sowohl ein Motor, als auch ein Hemmschuh in der Entwicklung eines inklusiven Schulsystems ist.

3.3 Professionalität und Professionalisierungsbedürftigkeit

In der vorangegangenen Argumentation fiel bislang mehrfach der Hinweis darauf, dass es für Schulbegleiterinnen und -begleiter keine Standards hinsichtlich deren Ausbildung bzw. Qualifikation gibt. Dieser Umstand soll im Folgenden ausführlicher betrachtet und vor einem professionstheoretischen Hintergrund dahingehend hinterfragt werden, welche Auswirkungen eine fehlende Professionalisierung der Schulbegleitung für ihre Rolle und ihr Handeln in Schule und Unterricht hat.

3.3.1 Der merkmalsorientierte Ansatz der klassischen Professionsforschung

Dieser Aspekt nimmt Bezug auf die Professionsforschung, die ursprünglich eine Domäne der Soziologie ist. Ziel der traditionellen Professionsforschung ist es, „Charakteristika oder besondere Merkmale zu identifizieren, die die Professionen von anderen Berufen unterscheiden" (Garz und Raven 2015, S. 109) – als exemplarische Professionen gelten Ärzte und Rechtsanwälte. Ergebnis dieser strukturfunktionalistischen Analysen sind damit merkmalstheoretische Deskriptionen unterschiedlichen Umfangs. Wesentliche Kernpunkte, die den Status einer Profession markieren, sind insbesondere die folgenden:

- Professionen orientieren sich an zentralen gesellschaftlichen Werten und am Gemeinwohl.
- Sie verfügen über spezifisches, wissenschaftliches Spezialwissen, das sie in einer lang andauernden akademischen Spezialausbildung erworben haben.
- Professionelle haben für den lebensweltlichen Bereich, in dem sie tätig werden, eine Monopolstellung. Sie sind in Berufsverbänden organisiert

und kontrollieren mittels der Vergabe von Lizenzen und der Beschränkung des Zugangs zur Ausbildung die Aufnahme in den Berufsstand.
- Professionelle agieren weitestgehend unabhängig von staatlichem Einfluss.[16]

Auf Basis der – je nach Forschungsansatz unterschiedlich umfangreichen – Kriterienkataloge entzündet sich die häufig lebhaft diskutierte Frage, ob einer bestimmten Berufsgruppe subsumtionslogisch nun der Professionsstatus zuerkannt werden kann oder nicht, wenn sie nicht alle Kriterien in Gänze erfüllt. Dies führt zu Annäherungsbegrifflichkeiten wie etwa dem der „bescheidenen Profession" (Schütze 1992) für die Soziale Arbeit (vgl. Cloos 2010; Mühlum 2012; Thole 2016) oder dem der „Semi-Profession" (Oevermann 1996; Terhart 1992, 2011) für den Lehrerberuf (vgl. auch Combe und Helsper 2002; Terhart 2011). Für letztere gilt etwa, dass „die Crux des Lehrerberufs, die ihn klassifikatorisch den Semi-Professions zuweist, […] in seiner fehlenden Autonomie [liegt]" (Terhart 1992, S. 108).

Darüber hinaus wird insbesondere für Grundschullehrerinnen und -lehrer „die Existenz einer spezifischen Wissens- und Kompetenzbasis bezweifelt, da für sie ein hoher Anteil an pädagogisch-personalen, eher diffusen und wenig spezifisch-professionellen Fähigkeiten angenommen wird" (Terhart 2011, S. 205).

Da selbst dem Lehrerberuf als fest im System Schule etablierten Beruf aus der Perspektive der klassischen Professionstheorie lediglich der Status einer Semi-Profession zugeschrieben werden kann, scheint es müßig, vor diesem Hintergrund den Professionsstatus der Schulbegleitung zu diskutieren – ist sie ja letztlich in keinster Weise ein gesicherter Beruf und von einer standardisierten Ausbildung, einer in Verbänden strukturierten Organisation und einer Autonomie im Handeln weit entfernt (vgl. Heinrich 2016a, S. 18); sie verfügt nicht einmal über eine einheitliche Berufsbezeichnung.

Aufschlussreich ist die traditionelle Professionstheorie für die vorliegende Thematik möglicherweise dennoch, denn im englischsprachigen Diskurs wird das Pendant zur Schulbegleitung häufig auch als *paraprofessional* bezeichnet – folglich eine Bezeichnung, die auf einen irgendwie gearteten Bezug zu den *professio-*

[16] Für einen umfassenden Überblick über die unterschiedlichen Merkmalskataloge der angelsächsischen Professionsforschung vgl. Hesse (1972, 47f.), für die deutschsprachige Diskussion u.a. Dewe und Otto (2015); Schmidt (2008).

nals verweist. Schaut man nun auf Beschreibungen sogenannter Semi-Professionen im deutschsprachigen Raum, sind Parallelen zur Tätigkeit der Schulbegleitung evident. So beschreibt etwa Leggatt:

> „Semi-Professionen unterscheiden sich von vollentwickelten Professionen dadurch, daß in ihnen ein großer Anteil weiblicher Mitglieder arbeitet und daß sie vornehmlich in bürokratischen Organisationen beschäftigt sind. Weitere Kennzeichen sind: eine kürzere Ausbildungszeit, ein geringerer Status, ein weniger spezialisiertes Wissen und nur eingeschränkte Rechte zu privilegierter Kommunikation untereinander." (Leggatt 1970, p. 157)

Weiter stellen Dewe und Otto fest, dass Semi-Professionen

> „[…] über keine festen Zugangsregeln [verfügen], um Berufszugehörigkeit festzulegen, keinen klar umrissenen Geltungsbereich der Berufsautonomie besitzen, kein Standesgericht haben, welches über die notwendigen Sanktionen bei Mißachtung der Berufsmoral verfügt, keine oder nur geringe soziale Immunität besitzen, kein Monopol an Kompetenz für die Interpretation bestimmter gesellschaftlicher Werte haben, keine internalisierte Wertloyalität ausweisen, kein Interpretationsmonopol gegenüber konkurrierenden Professionen wie auch gegenüber dem Laienpublikum durchsetzen können." (Dewe und Otto 1984, S. 781)

Viele der hier genannten Aspekte treffen eindeutig auch auf Schulbegleiterinnen und Schulbegleiter zu. Wenngleich also Schulbegleitungen aus Perspektive der klassischen Professionstheorie in keinster Weise als *Profession* eingeordnet werden können, haben sie als *Para-Profession* zu diesen nun doch einen Bezug.

Worin dieser Bezug genau besteht, lässt sich mit dem merkmalsorientierten Ansatz der klassischen Professionstheorie nicht näher aufschlüsseln. Ohnehin gilt dieser Ansatz inzwischen aufgrund seiner ihm zugrundeliegenden Ideologie und des ständigen „Wandel[s] der Struktur und des Status von Berufen bzw. des gesamten Berufssystems" (Terhart 2011, S. 203) als überholt. Denn:

> „Eine Fassung des Professionsbegriffs, die als eine Addition normativ entworfener Merkmale und Klassifikationen zur Abgrenzung von anderen Berufen und Tätigkeiten angelegt ist, ergibt ein außerordentlich statisches Bild, das weder in der Lage ist, die historische Wirklichkeit von Professionen noch die Handlungsprobleme der Berufsinhaber und einen je besonderen Tätigkeitstyp zu erfassen." (Combe und Helsper 1996, S. 19)

Darüber hinaus vermag der traditionelle Ansatz nicht die Entwicklung hin zu einer Profession zu verfolgen, denn die „primär auf die institutionelle Erscheinung der

Professionen als Professionen blickende klassische Theorie konnte immer nur nachzeichnen, was schon den Professionalisierungsprozeß historisch erfolgreich durchlaufen hatte.“ (Oevermann 1996, S. 137)

3.3.2 Fokus auf Professionalität und professionelles Handeln

Dem gegenüber tritt nun eine Neuausrichtung der Professionstheorie, die den Fokus von *Profession* zu *Professionalität* verschiebt:

> „Nicht Profession als Zustand und Status, sondern als die Spezifik der Handlungsstruktur und ihres Prozessierens wird zum zentralen Bezugspunkt. Damit werden Profession und ‚Professionalität‘ entkoppelt: Professionalität kann sich ohne Profession und Profession ohne Professionalität ereignen.“ (Helsper und Tippelt 2011, S. 272)

Insbesondere für die pädagogischen Berufe ist diese Neuausrichtung vielversprechend, da sie im Modell der klassischen Professionstheorie zwangsläufig lediglich als Semi-Professionen einzuordnen waren, ohne dass mit dieser Einordnung die spezifischen Charakteristika und Eigenlogiken der jeweiligen pädagogischen Tätigkeiten überhaupt erfasst werden konnten. Was ist jedoch das spezifisch *Professionelle* im Pädagogischen? Was charakterisiert professionelles pädagogisches Handeln?

Im Versuch, eine Antwort auf diese Frage zu finden, haben sich in der deutschsprachigen Erziehungswissenschaft unterschiedliche professionstheoretische Bestimmungsansätze etabliert, insbesondere der strukturtheoretische, der kompetenzorientierte und der berufsbiographische Bestimmungsansatz.

Trotz der sich durch unterschiedliche Foki ergebenden Differenzen der einzelnen Bestimmungsansätze ist davon auszugehen, dass gerade diese unterschiedlichen Perspektiven es ermöglichen, die Komplexität der sich im Entstehen befindenden Beruflichkeit von Schulbegleiterinnen und Schulbegleitern einzuholen. Für die erziehungswissenschaftliche Forschung zum Lehrerberuf konstatiert Tillmann:

> „Wenn diese Aufklärung als gemeinsame Aufgabe der Disziplin verstanden wird, dann ist Kommunikation zwischen den Ansätzen, ist die wechselseitige Kenntnisnahme der ‚anderen‘ Forschung, ist der Versuch der Zusammenfügung von unterschiedlich erarbeiteten Erkenntnissen erforderlich.“ (Tillmann 2011, S. 237)

Dieser am Interesse der umfassenden wissenschaftlichen Aufarbeitung einer Thematik orientierten Haltung folgt auch die vorliegende Arbeit, weswegen im Folgenden jeder der drei genannten professionstheoretischen Bestimmungsansätze kurz skizziert und zur Thematik in Bezug gesetzt wird. Gleichwohl nimmt hier der strukturtheoretische Ansatz den meisten Raum ein, da er das theoretische Pendant zum forschungsmethodischen Zugang der Objektiven Hermeneutik darstellt, der für die eigene Studie gewählt wurde (vgl. Kap. 5.2.2).

3.3.2.1 Strukturtheoretischer Ansatz

Im strukturtheoretischen Ansatz wird versucht, die Sonderstellung von Professionen unter den Berufen über spezifische, ihren Handlungen zugrunde liegenden Strukturen zu begründen. Die prominentesten Vertreter dieses Ansatzes sind Ulrich Oevermann und Werner Helsper.

Ulrich Oevermann sieht in seiner revidierten Theorie professionalisierten Handelns die stellvertretende Bearbeitung von Krisen durch Professionelle innerhalb eines Arbeitsbündnisses mit ihren Klienten als Kerngeschäft professioneller Handlungen.

Die Funktion von Professionen bezieht sich auf Situationen, in denen Individuen nicht oder nicht mehr dazu in der Lage sind, die in ihrer Lebenspraxis auftretenden Krisen selbständig zu bewältigen. Dementsprechend leisten Professionelle stellvertretende Krisenbewältigung und unterstützen ihre Klienten dadurch bei ihrer Entwicklung von Autonomie bzw. deren Wiederherstellung (vgl. Oevermann 2002a, S. 30). Dies soll kurz anhand der klassischen Profession des Arztes erläutert werden. Jedes Individuum ist im Laufe seines Lebens mit Krankheit konfrontiert. Mit der Zeit entwickelt nahezu jeder Mensch für kleinere, vergleichsweise banale gesundheitliche Beeinträchtigungen, wie etwa Erkältungskrankheiten, eigene Bewältigungsstrategien, kennt Hausmittel und weiß, was ihm in solchen Situationen gut tut – er ist in der Lage, diese Krisen autonom zu bewältigen. Übersteigt jedoch eine Situation sein eigenes Handlungsvermögen und ist er ratlos, kann er sich an einen Arzt wenden in der Hoffnung, dass dieser ihm weiterhelfen kann. Mit dieser Entscheidung, sich in seiner Krise einem Professionellen anzuvertrauen und mit dessen Entscheidung, sich auf den Klienten einzulassen, entsteht ein Arbeitsbündnis zwischen dem Hilfesuchenden als Klienten und dem Arzt als Professionellen (vgl. Oevermann 1996, 115ff.).

Vergleichbar mit der klassischen Professionstheorie hebt auch Oevermann die Relevanz einer wissenschaftlichen Spezialausbildung für Professionen hervor, verweist jedoch gleichzeitig darauf, dass Professionalisierung mehr ist als nur die Verwissenschaftlichung eines Berufes. Professionelles Handeln sei vielmehr bestimmt durch eine Dialektik von Theorie und Praxis; die Herausforderung bestünde darin, fachspezifisches Wissen auf einen konkreten Fall zu beziehen und es für diesen nutzbar zu machen. Dies erfordert eine „doppelte Professionalisierung" (Oevermann 1996, 124), einerseits im wissenschaftlichen Diskurs mittels akademischem Studium, andererseits in der Einübung der Anwendung dieses Wissens auf konkrete praktische Fälle im Sinne einer Handlungslehre. Standardisiertes professionelles Handeln gibt es dieser Logik zufolge nicht. Um im Beispiel des Arztes und seines Patienten zu bleiben: Der Arzt kann nicht einfach nur nach einem Blick auf die vorhandenen Symptome ein Standardmedikament verschreiben, sondern er muss die individuelle Krankheitsgeschichte des Patienten und dessen Lebensumstände berücksichtigen und, soweit dies möglich ist, ihn in der Entwicklung seiner Autonomie fördern, indem er etwa Ratschläge zur Genesung und zur Prävention vergleichbarer Krankheiten gibt. Denn:

> „In dem Maße nämlich, in dem die durch standardisiertes Wissen ermöglichte Hilfe der stellvertretenden Krisenbewältigung gewissermaßen technisch erfolgreich ist, korrumpiert sie zugleich das eigentliche Ziel ihrer Hilfe. Sie macht nämlich darin den Klienten als hilfsbedürftigen abhängig und zerstört in dem Maße dessen Autonomie, um deren Wiederherstellung es doch gerade gehen muß. Diese Paradoxie läßt sich nur auflösen, wenn es gelingt, die Selbstheilungspotentiale des Klienten im Verlaufe der Behandlung so zu wecken, daß er im Sinne der Selbsthilfe beteiligt ist. Dazu bedarf es eines Arbeitsbündnisses mit dem Klienten" (Oevermann 2005, S. 25)

Mit dem Begriff des Arbeitsbündnisses charakterisiert Oevermann die Art der Beziehung zwischen Professionellem und Klienten. Das Arbeitsbündnis setzt zunächst die Anerkennung des (potentiellen) Klienten, dass er professioneller Hilfe bedarf (Leidensdruck), voraus sowie darauf aufbauend seine Entscheidung, diese Hilfe überhaupt in Anspruch zu nehmen. Das Arbeitsbündnis selbst ist geprägt durch die widersprüchliche Einheit von Spezifität und Diffusität (vgl. Oevermann 1996, 116ff.): Während der Klient zum Zwecke der Problembearbeitung dazu aufgefordert ist, im geschützten Rahmen des Arbeitsbündnisses maximal offen (diffus) zu sein und ohne Einschränkungen das Krisenhafte, dabei mitunter auch sehr Persönliches und Intimes, seiner Lebenspraxis zu schildern (die sogenannte Grundregel), ist im Gegenzug der Professionelle dazu aufgefordert, die Grenzen einer rollenförmigen (spezifischen) Beziehung einzuhalten (die sogenannte Abstinenzregel), und, die Schilderungen des Klienten aufnehmend und vor dem Hintergrund seines Fachwissens analysierend, Impulse zur Krisenbewältigung zu generieren (vgl. Oevermann 2002a, S. 30).

Professionelles Handeln ist also in der Oevermann'schen Theorie dann gegeben, wenn es gelingt, wissenschaftliches Wissen auf eine konkrete Lebenspraxis zu beziehen mit dem Ziel, die Autonomie des Klienten wiederherzustellen und in dem dafür erforderlichen, auf Freiwilligkeit beruhenden Arbeitsbündnis die spezifische Rolle des Professionellen zu wahren.

Fruchtbar ist an Oevermanns Theorie darüber hinaus die Unterscheidung zwischen Professionalisierungsbedürftigkeit und faktischer Professionalisiertheit (vgl. Oevermann 1996, 165ff.):

> „Wenn auf Grund erfolgter rekonstruktiver Analysen eines beruflichen Handlungsfeldes die Notwendigkeit einer nicht-standardisierten Interventionspraxis ersichtlich wird, ist zugleich eine grundsätzliche Professionalisierungsbedürftigkeit der jeweiligen beruflichen Tätigkeit zu konstatieren. Allerdings darf von einer solchen Professionalisierungsbedürftigkeit nicht automatisch auf eine faktische Professionalisiertheit beruflicher Praxis geschlossen werden." (Garz und Raven 2015, S. 121)

Schauen wir nun vor diesem Hintergrund auf die Tätigkeit der Schulbegleitung. Es ist unbestreitbar, dass sie auch vor dem strukturtheoretischen Ansatz von Ulrich Oevermann faktisch nicht professionalisiert ist. Vergleichbar mit dem merkmalsorientierten Ansatz der klassischen Professionstheorie ist auch hier der Mangel einer wissenschaftlichen Ausbildung zunächst ausschlaggebend. Trotzdem wäre zu fragen: Ist die Tätigkeit der Schulbegleitung professionalisierungsbedürftig?

In Anlehnung an Oevermann könnte man formulieren, dass die Krise des schulbegleiteten Kindes als Klientin bzw. Klient der Schulbegleitung darin besteht, dass es die Anforderungen des Besuchs einer Regelschule nicht selbständig bewältigen kann. Es ist folglich in seiner Autonomie eingeschränkt. Der Leidensdruck ist mitunter groß, da ohne individuelle Unterstützung häufig der Regelschulbesuch gefährdet ist und eine Abschulung droht. Inwiefern allerdings das Kind selbst entscheidet, dass es Unterstützung benötigt und diese auch annehmen will, ist jedoch von Fall zu Fall zu prüfen. Wenngleich hierzu bislang keine aussagekräftigen Daten vorliegen, ist davon auszugehen, dass – sicherlich auch abhängig vom Alter des Kindes – in den meisten Fällen die Einschätzung der Eltern und/oder der Lehrkräfte der Motor für die Beantragung einer Schulbegleitung sind und nicht etwa der explizit geäußerte Wunsch des unterstützungsbedürftigen Kindes. Die für professionelles Handeln erforderliche Freiwilligkeit der Beziehungsaufnahme sei somit zunächst einmal dahingestellt.[17]

Eine Parallele zum von Oevermann skizzierten professionellen Handeln zeigt sich jedoch – zumindest theoretisch – in der Absicht der Unterstützung der Schulbegleitung. Ihr Ziel ist es, „dass sich die schulbegleitende Person im Laufe des Fortschritts der Eingliederungshilfe überflüssig macht und der junge Mensch die Zielperspektive entwickelt, zukünftig selbständig im schulischen Umfeld zurechtzukommen." (Bayerisches Staatsministerium für Bildung, Kultus, Wissenschaft und Kunst 2013, S. 5) Somit gilt auch für die Handlungen von Schulbegleiterinnen und -begleitern, vergleichbar mit den von Oevermann skizzierten Handlungen von Professionellen, dass sie sich an der (Wieder-)Herstellung der Autonomie des Kindes orientieren sollen und die Unterstützung somit nicht zum Selbstzweck wird. Auf organisatorischer Ebene findet diese Überzeugung ihr Pendant in der regelmäßig neu zu beantragenden Bewilligung der Maßnahme, die stets an eine aktuelle Bedarfsdiagnose gekoppelt ist.

Ob eine Schulbegleitung dieses Ziel jedoch tatsächlich erreichen kann, ist von mehreren Einflussfaktoren abhängig. Hier sei zunächst wieder auf die systemische Perspektive von Inklusion verwiesen (vgl. Kap. 3.2.1) mit dem Desiderat, dass die Schule selbst grundsätzlich dafür Sorge tragen muss, dass alle Schülerinnen und Schüler bestmögliche Unterstützung unabhängig von Feststellungsverfahren und defizitorientierten Kategorisierungen erhalten sollten. Ob eine Schulbegleitung erforderlich ist oder nicht, hängt maßgeblich auch damit zusammen, inwieweit inklusive Schulentwicklungsbemühungen bereits gediehen sind oder nicht. Darüber hinaus spielt hier auch die Art des Unterstützungsbedarfs des Kin-

---

17 Darüber hinaus ist das Gebot der Freiwilligkeit bei der Aufnahme einer Professionellen-Klienten-Beziehung für schulische Kontexte ohnehin durch die Schulpflicht torpediert. Oevermann (2003, 2004) argumentiert, ohne eine Abschaffung der Schulpflicht könne der Lehrerberuf (und in dieser Hinsicht vergleichbar alle an Schule gekoppelten pädagogischen Tätigkeiten) nicht professionalisiert werden.

des eine Rolle. Dort, wo beispielsweise dauerhafte körperliche oder geistige Beeinträchtigungen ausschlaggebend für die Beantragung einer Schulbegleitung sind, ist eine völlige Autonomie des Kinds angesichts der ihm zur Verfügung stehenden Entwicklungsmöglichkeiten gegebenenfalls gar kein realistisches Ziel. Hier mag es stellenweise um sehr kleinschrittige Erfolge in einem Kontinuum von zunehmender Selbständigkeit gehen, oder auch tatsächlich lediglich um die begleitende Unterstützung ohne Aussicht auf perspektivische Selbständigkeit des Kindes. Sowohl die Art des Unterstützungsbedarfs als auch Fragen der inklusiven Schulentwicklung liegen außerhalb des Einflussbereichs von Schulbegleiterinnen und -begleitern, beeinflussen aber dennoch die Frage nach deren Professionalisierbarkeit.

Dort, wo mit der Bewilligung der Schulbegleitung jedoch eine zunehmende Selbständigkeit des begleiteten Kindes angestrebt wird, erhält die Maßnahme zwangsläufig ein therapeutisches Element. Damit scheint eine weitere Parallele in der Beziehung von Schulbegleitung und Kind zum von Oevermann skizzierten Arbeitsbündnis auf, nämlich die widersprüchliche Einheit von Spezifität und Diffusität. Zunächst argumentiert Oevermann anhand des Lehrerberufs, dass pädagogische Praxis, zumindest im Handeln gegenüber Schülerinnen und Schülern bis zum Abschluss der Pubertät, immer auch eine therapeutische Dimension hat. Dies begründet er damit, dass junge Menschen zunächst nicht zwischen spezifischen und diffusen Beziehungen unterscheiden können und erst in die Rollenförmigkeit von Beziehungen eingeübt werden müssen. Daraus ergibt sich, dass „in die zugleich rollenförmige, spezifische Sozialbeziehung des Schülers mit dem Lehrer Strukturmomente der diffusen, nicht rollenförmigen Sozialbeziehung eingemischt“ (Oevermann 1996, S. 148) sind. In Folge hat die Lehrer-Schüler-Beziehung immer auch Einfluss auf die Entwicklung der Schülerin bzw. des Schülers als ganze Person:

> „Pädagogisches Handeln ist also unter dem Aspekt seiner objektiv gegebenen therapeutischen Dimension ein prophylaktisches Handeln im Hinblick auf sein Potential der Weichenstellung der Biographie von Schülern in Richtung auf psychosoziale Normalität oder Pathologie.“ (Oevermann 1996, S. 149)

Im ‚Normalfall‘ pädagogischer Beziehung zwischen Lehrkraft und Schülerin bzw. Schüler bleibt diese sich durch den prophylaktischen Charakter ergebende therapeutische Dimension zumeist implizit. Dies ist zum einen dadurch bedingt, dass seitens der Schülerinnen und Schüler kein Leidensdruck[18] verspürt wird, dem mit der Lehrer-Schüler-Beziehung begegnet werden soll; zum anderen ist auch das Selbstverständnis von Lehrkräften oftmals auf die Wissens- und Normenvermittlung reduziert, sodass auch auf deren Seite keine Einordnung des eigenen Handelns in eine therapeutische Dimension erfolgt (vgl. Oevermann 1996, S. 150).

Anders stellt sich dies jedoch in der Beziehung zwischen Schulbegleiterin bzw. -begleiter und begleitetem Kind dar. Hier ist auf Seiten des Kindes (oder zumindest stellvertretend in der Wahrnehmung von Eltern und/oder Lehrkräften) explizit ein Leidensdruck vorhanden, der zur Inanspruchnahme der Maßnahme geführt hat. Dort, wo die Schulbegleitung sich perspektivisch überflüssig machen soll, indem sie dem begleiteten Kind in seiner Entwicklung zu größerer Selbständigkeit verhelfen soll, manifestiert sich eindeutig ein therapeutisches Element. Der von Oevermann gezogene Schluss für die Professionalisierung sonderpädagogischen Handelns lässt sich daher auch auf das Handeln von Schulbegleiterinnen und Schulbegleitern übertragen:

> „Es ist daher nicht verwunderlich, wenn tatsächlich Tendenzen zur Professionalisierung pädagogischer Praxis am ehesten im Bereich der Sonder- und Heilpädagogik zu beobachten sind. Das liegt natürlich hauptsächlich daran, daß hier eine manifeste Pathologie zum zentralen Ausgangspunkt pädagogischer Praxis wird und auch ein je fallspezifisches Arbeitsbündnis angesichts der Vielfalt und Heterogenität in der fallspezifischen Ausprägung der Störungen gar nicht vermieden werden kann. Dazu kommt prägend die Nähe zu Theorien und Praktiken der medizinischen und Psychotherapie und zu rehabilitativer Praxis." (Oevermann 1996, S. 151)

Umso gravierender stellt sich vor diesen Überlegungen die mangelnde Ausbildung von Schulbegleiterinnen und Schulbegleitern dar, die eben nicht die „Nähe zu Theorien und Praktiken der medizinischen und Psychotherapie und zu rehabilitativer Praxis" (s.o.) aufweisen, ja häufig nicht einmal grundlegende Einsicht in die „fall-

---

[18] Als Äquivalent zum Leidensdruck des Klienten in therapeutischen Beziehungen setzt Oevermann für das pädagogische Arbeitsbündnis die Neugierde von Schülerinnen und Schülern, die sich in Anerkennung dessen, was sie wissen wollen, bewusst in ein Arbeitsbündnis mit einem Pädagogen begeben. Auch in dieser Hinsicht urteilt Oevermann kritisch über die gesetzliche Schulpflicht, da durch sie „diese Neugierde als Konstitutionsbedingung eines pädagogischen Arbeitsbündnisses systematisch aberkannt und disqualifiziert [wird]" (Oevermann 2003, S. 63).

spezifische Ausprägung der Störung“ (s.o.) haben, die das von ihnen zu begleitende Kind aufweist, die aber dennoch einen therapeutischen Anspruch verfolgen sollen.

Um erneut auf die Einheit von Spezifität und Diffusität zurückzukommen: Es wurde dargelegt, dass das begleitete Kind zwangsläufig mit diffusen Anteilen in der Beziehung zur Schulbegleitung agiert. Analog zum professionellen Arbeitsbündnis müsste nun die Schulbegleitung ihrerseits rollenförmig handeln. Während professionelle Therapeuten einen nicht geringen Teil ihrer Ausbildung dazu aufwenden, sich in der Aufrechterhaltung genau dieser rollenförmigen Distanz trotz der diffusen Öffnung ihrer Klientinnen und Klienten zu üben, verfügt die Schulbegleitung in der Regel weder über eine vergleichbare Vorbereitung noch über die Reflexion, dass dies überhaupt nötig wäre – sie hat nicht einmal ein klares Rollenbild, anhand dessen sie ihr Handeln rollenförmig auszurichten könnte. Empirisch zeigt sich die dadurch bedingte, nahezu zwangsläufig auf Diffusität beider Seiten hinauslaufende Beziehungsstruktur daran, dass Schulbegleiterinnen und -begleiter schnell als Freundin bzw. Freund (vgl. Broer et al. 2005, S. 421), Schulbegleiterinnen gar als Mutter (vgl. Arendt 2015, S. 77; Lindmeier und Ehrenberg 2017, S. 141) des begleiteten Kindes wahrgenommen werden. Insbesondere die Wahrnehmung einer Schulbegleiterin als Mutter verweist auf die maximal mögliche Diffusität von Beziehungen und torpediert damit jegliches, mit dem Arbeitsbündnis im Oevermann'schen Sinne vergleichbares professionelles Handeln.

An diese problematische Einheit von Diffusität und Spezifität lässt sich nun die ebenfalls zum strukturtheoretischen Ansatz der Professionstheorie zuzuordnende Theorie von Werner Helsper anknüpfen. Helsper greift die Überlegungen Oevermanns auf, überträgt sie spezifisch auf den Lehrerberuf und identifiziert für das Lehrerhandeln konstitutive Handlungsantinomien. Professionalität zeigt sich vor diesem Hintergrund

> „[...] in der Fähigkeit, die vielfachen Spannungen und genannten Antinomien sachgerecht handhaben zu können. Kompetenter, reflektierender Umgang mit unabstellbarer, aber gleichwohl täglich zu bewältigender und faktisch auch irgendwie bewältigter Unsicherheit und Undeterminiertheit werden im strukturtheoretischen Ansatz zum Kernstück pädagogischer Professionalität.“ (Terhart 2011, S. 206)

Wenngleich die von Helsper identifizierten Antinomien spezifisch für die Tätigkeit von Lehrerinnen und Lehrern gelten, soll im Folgenden an drei Beispielen gezeigt werden, dass sie zumindest in Ansätzen auch auf die Tätigkeit von Schulbegleiterinnen und Schulbegleitern übertragbar sind. Es wurde bereits dargestellt, dass die *Antinomie von Nähe und Distanz* auch für die Tätigkeit von Schulbegleiterinnen und -begleitern relevant ist, die Rahmenbedingungen der Tätigkeit jedoch vermutlich dazu führen, diese Spannungen tendenziell zugunsten des Nähe-Pols zu bearbeiten. Gründe hierfür liegen im Mangel an festen Rollenbildern als Orientierungshilfen, fehlendem Bewusstsein über diese Spannungen, fehlender Einübung in die Wahrung von Distanz trotz diffuser Öffnung des Gegenübers und letztlich schlichtweg in der Konzeption der Maßnahme Schulbegleitung als Einzelfallhilfe. Die damit durchaus nachvollziehbare starke Näheorientierung in der Beziehung zwischen Schulbegleitung und begleitetem Kind hat dabei jedoch schnell eine gesteigerte Abhängigkeit des begleiteten Kindes zur Folge, wie auch Schulze (2017) anhand einer Einzelfallrekonstruktion eindrucksvoll aufzeigt. Bei Lehrkräften hingegen begünstigen die Rahmenbedingungen deren Handelns eher eine Bearbeitung dieser antinomischen Struktur in Richtung des Distanz-Pols. Für sie existiert nicht nur ein etabliertes Rollenbild mit spezifischen Handlungserwartungen (Notengeben, Anweisungen erteilen, ein festgelegtes Curriculum vermitteln), sondern zudem auch die Dualität von Einzelfallbezug und universeller Orientierung unter dem Primat der Sachorientierung: Eine Auseinandersetzung mit einer Schülerin / einem Schüler als ganzer Person ist nur dann zulässig, wenn es der Schülerin / dem Schüler andernfalls nicht möglich wäre, der Sache (dem Unterricht, der Wissens- und Normenvermittlung) zu folgen. Eine solche individuelle Auseinandersetzung hat dadurch immer zum Ziel, diese Sachorientierung wieder herzustellen (vgl. Bender et al. 2017, 339f.).

Grundlegend gilt das Primat der universellen Sachorientierung jedoch auch für die Schulbegleitung, die erkennen muss, wann das von ihr begleitete Kind dem Unterricht nicht mehr selbständig folgen kann und dadurch aus dem Universellen ausgeschlossen ist. In Folge ist die Aufgabe der Schulbegleitung,

> „[…] den Schüler oder die Schülerin so weit zu unterstützen, dass es ihnen wieder möglich wird ‚drinnen‘ zu sein – sie also in den geteilten, universellen Raum wieder zu (re)integrieren. Quasi simultan mit dem Erreichen dieses Ziels steht die Schulbegleiterin jedoch unmittelbar vor der Herausforderung, sich aus diesem gemeinsamen Raum wieder ‚rauszuziehen‘ – denn ihr Interaktionsangebot mar-

> kiert Unterstützungsbedarf und Abhängigkeit. Würde sie als Helfende und Unterstützende an dieser Stelle weiter mit dem entsprechenden Schüler interagieren, würde sie jene Teilhabe am Universellen wieder in Frage stellen.“ (Bender et al. 2017, S. 344)

Dass die Schulbegleitung diesem komplexen Auftrag jedoch auch Folge leisten kann setzt voraus, dass sie sich der widersprüchlichen Auswirkungen ihrer Unterstützungsleistung bewusst ist und erkennen kann, wann ihre Hilfe erforderlich für die Teilhabe am Universellen ist und wann ihre Hilfe genau dies torpediert. Damit scheint die Gestaltung des Übergangs zwischen Universal- und Einzelfallorientierung eine zentrale Herausforderung inklusivem Unterrichts, bzw. genauer: im Unterricht mit unterschiedlich fokussiertem (pädagogischen) Personal zu sein (vgl. Bender et al. 2017, 348f.). Vor dem Hintergrund einer in der Regel fehlenden pädagogischen Ausbildung der Schulbegleitung und damit einer fehlenden Sensibilisierung für genau diese Prozesse scheint dies ein hoher Anspruch zu sein, was sich in den bereits zitierten empirischen Befunden (Inselbildung von Schulbegleitung und begleitetem Kind, Schulbegleitung als primäre Bezugsperson, vgl. Kap. 3.2.2.3) entsprechend niederschlägt.

Eine weitere Antinomie des Lehrerhandelns nach Helsper ist die *Antinomie von Subsumtion und Rekonstruktion*. Grundstein für diese Antinomie ist die im Oevermann'schen Ansatz postulierte Dialektik von Theorie und Praxis in dem Sinne, dass wissenschaftliches Wissen stets für den konkreten Einzelfall nutzbar gemacht werden muss und es somit kein standardisiertes, professionelles Handeln gibt: „Keine Absicht kann sich ihres Erfolges sicher sein; jedes ungebrochene Telos […] führt in Begründungsdilemmata; es existieren keine generalisierten Kausalketten, die zwingend Ursache und Wirkung zusammenfügen.“ (Helsper 1996, S. 532) Diese Antinomie verschärft sich in dem Maße, in dem die Individualität des Kindes im pädagogischen Handeln Berücksichtigung findet:

> „Im gewissen Sinne hat das ‚Nicht-Wissen‘ für Lehrer auch eine Schutzfunktion: Je weniger der Lehrer über den Schüler weiß, um so sicherer kann er sich sein, weil potentielle Unangemessenheit des Handelns gar nicht erst in den Reflexionshorizont eingeholt wird; je mehr er wüßte, um so mehr würde er mit Reflexionsaufforderungen über die Angemessenheit seines Handelns befrachtet.“ (Helsper 1996, S. 533)

Da Lehrkräfte häufig für eine Vielzahl von Schülerinnen und Schülern in gleichem Maße verantwortlich sind, ergibt sich dadurch für sie automatisch ein Schutz vor

‚zu viel wissen' und somit auch ein Schutz vor Zweifeln an der Angemessenheit des eigenen Handelns. Damit ist zu vermuten, dass Lehrkräfte die Spannung von Subsumtion und Rekonstruktion tendenziell eher in Richtung Subsumtion bearbeiten, weil ihnen für eine ausführliche Rekonstruktion des Einzelfalls schlicht keine Zeit bleibt. Zusätzlich bietet ihnen ihre akademische Ausbildung ein Instrumentarium an fachlichem Wissen, Methoden und Techniken, mit deren Hilfe sie den Lernfortschritt ihrer Schülerinnen und Schüler zeit- und ressourcenschonend vermeintlich treffend diagnostizieren und daran subsumtionslogisch ihr Handeln ausrichten können.

Schulbegleiterinnen und Schulbegleiter hingegen scheinen erneut in einem Gegensatz dazu zu stehen. Ohne jegliche fachliche Ausbildung haben sie gar kein Wissen, auf dessen Basis sie subsumtionslogisch agieren könnten; ihnen bleibt daher nichts anderes übrig, als sich ausschließlich auf den Einzelfall einzulassen. Professionelles Handeln jedoch bewegt sich im Spannungsfeld zwischen Rekonstruktion und Subsumtion und kann folglich nicht ohne spezifisches Wissen auskommen, das dann zum Einzelfall in Bezug gesetzt wird.

Dass Schulbegleiterinnen und -begleiter ein Bewusstsein dafür haben, dass ihnen fachliches Wissen fehlt, zeigen die Daten von Markowetz und Jerosenko, die im Rahmen des Münchner Modellprojekts zu „Integrationshelfern in der inklusiven Schule" erhoben wurden. Sämtliche im Rahmen dieses Projekts befragten Schulbegleiterinnen und -begleiter gaben an, dass sie Weiterbildungsbedarf bei sich selbst sehen; insbesondere fehle ihnen Wissen über den spezifischen Förderbedarf des von ihnen begleiteten Kindes sowie Kenntnisse über Unterrichtsmethoden (vgl. Markowetz und Jerosenko 2016, S. 78). Bemerkenswerterweise ging der von den Schulbegleiterinnen und -begleitern empfundene Weiterbildungsbedarf zum Zeitpunkt der zweiten Erhebungswelle, ein Jahr später, nicht zurück (vgl. Markowetz und Jerosenko 2016, S. 23) – dies spricht dafür, dass Praxis allein nicht für die Aneignung dieses Wissens ausreicht, sondern dass es hierfür vielmehr eigener, auf die Theorie bedachte Räume bedarf.

Zuletzt soll an dieser Stelle auf die *Autonomie-Antinomie* hingewiesen werden. Auch sie klang bereits in Oevermanns Theorie an und bezieht sich auf die Herausforderung, dass Lehrkräfte ihre Schülerinnen und Schüler zu selbständigem, eigenverantwortlichem Handeln erziehen sollen, was dem eigentlichen Ziel widersprechenden „Zwang und instrumentelle Selbstbehauptung" (Helsper 1996, S. 536) erfordert. Helsper verweist an dieser Stelle auf Immanuel Kant:

> „Eines der größten Probleme der Erziehung ist, wie man die Unterwerfung unter den gesetzlichen Zwang mit der Fähigkeit, sich seiner Freiheit zu bedienen, vereinigen könnte. Denn Zwang ist nötig! Wie kultiviere ich die Freiheit bei dem Zwange? Ich soll meinen Zögling gewöhnen, einen Zwang seiner Freiheit zu dulden, und soll ihn selbst zugleich anführen, seine Freiheit gut zu gebrauchen." (Kant 1978, S. 711)

Für Schulbegleiterinnen und -begleiter hat dieses Spannungsverhältnis im Vergleich zum Handeln von Lehrkräften eine nochmals gesteigerte Bedeutung, schließlich sind sie ein personifizierter Marker von unzureichender Autonomie des von ihnen begleiteten Kindes, welches nunmehr in einen doppelten Zwang eingebunden ist: Einerseits – wie alle anderen Kinder auch – in den Zwang der grundlegenden Schulpflicht, andererseits in den Zwang, für die Erfüllung der Schulpflicht (zumindest an einer Regelschule) hierfür gesonderte Unterstützung in Anspruch nehmen zu müssen. Die Gefahr besteht, dass dieser doppelte Zwang überwiegt und in der Folge Entwicklungen des Kindes hin zu mehr Autonomie massiv gehemmt sind.

Wie kann jedoch überhaupt Autonomie aus Interaktionen resultieren, die in asymmetrischen, dem Zwang geschuldeten Beziehungen stattfinden? Helsper schlussfolgert, dass dies nur in einem ‚Als-Ob-Modus' geschehen kann, einem Modus, in dem Pädagoginnen und Pädagogen (und übertragen: Schulbegleiterinnen und -begleiter) den Heranwachsenden Autonomie zumindest in Teilen unterstellen und sie damit zur Selbsttätigkeit auffordern. Damit ist gleichzeitig jedoch auch eine sehr enge Gratwanderung beschrieben, denn

> „[…] die Aufforderung kann auch Heranwachsenden Autonomie unterstellen, wo sie pädagogischer Stützung bedürften. Andererseits können PädagogInnen für Heranwachsende in Situationen stellvertretend handeln, wo diese ihre Fähigkeiten selbst erproben und konsolidieren wollen und damit bereits vorhandene Autonomie pädagogisch enteignen." (Helsper 2004, S. 20)

Solche Prozesse der Enteignung vorhandener Autonomie zeigen sich im Kontext der Schulbegleitung auch empirisch, so etwa in den bereits zitierten Studien von Broer et al. (2005) sowie Böing und Köpfer (2017). Das Gegenstück, das überfordernde Zutrauen von zu viel Eigenständigkeit, ist zwar bislang nicht empirisch belegt, jedoch ist es theoretisch zumindest denkbar. Auch zu dieser Antinomie ist festzuhalten, dass unter den derzeitigen Bedingungen fraglich ist, inwiefern Schulbegleiterinnen und -begleiter sich dieser komplexen Prozesse bewusst sind und vor dem Hintergrund einer häufig fehlenden Ausbildung dazu in der Lage sind, sie reflektiert zu bearbeiten.

Zusammenfassend kann also festgehalten werden, dass sich Schulbegleiterinnen und -begleiter in vergleichbaren, teils sogar gesteigerten Handlungsantinomien bewegen wie professionalisierte Lehrerinnen und Lehrer. Für einen reflektierten Umgang im Sinne eines bewussten Ausbalancierens der jeweiligen Antinomien sind die Bedingungen im Falle der Schulbegleitung jedoch äußerst prekär. Somit lässt sich aus strukturtheoretischer Perspektive festhalten, dass die Tätigkeit der Schulbegleitung hochgradig professionalisierungsbedürftig ist.

3.3.2.2 Kompetenzorientierte Professionstheorie

Vertreterinnen und Vertreter kompetenzorientierter professionstheoretischer Ansätze kritisieren am zuvor skizzierten strukturtheoretischen Ansatz, dass er durch den Vergleich pädagogischen Handelns mit psychotherapeutischen Beziehungen die Erwartungen an Lehrerinnen und Lehrer überfrachte und das Scheitern pädagogischer Bemühungen in den Mittelpunkt stellt. Dies sei nicht zielführend für die Frage, „wie Unterricht möglich ist […] und welche Anforderungen sich daraus für das Kompetenzprofil einer Lehrkraft ergeben“ (Baumert und Kunter 2006, S. 472). In diesem Sinne zielen kompetenzorientierte Ansätze auf eine möglichst genaue Aufgabenbeschreibung (pädagogischen) Handelns und daraus abgeleitet auf eine Definition von Kompetenzen, die für eine professionelle Bearbeitung dieser Aufgaben erforderlich sind und die als Formulierung von Standards die Qualität von Schule und Unterricht sichern sollen. Kompetenzen werden dabei im erziehungswissenschaftlichen Diskurs häufig nach Franz Weinert definiert; er fasst diese als

> „[…] die bei Individuen verfügbaren oder durch sie erlernbaren kognitiven Fähigkeiten und Fertigkeiten, um bestimmte Probleme zu lösen, sowie die damit verbundenen motivationalen, volitionalen [die willentliche Steuerung von Handlungen und Handlungsabsichten] und sozialen Bereitschaften und Fähigkeiten, um die Problemlösungen in variablen Situationen erfolgreich und verantwortungsvoll nutzen zu können.“ (Weinert 2001, 27f.)

Beispielhaft für die Berufsgruppe der Lehrerinnen und Lehrer seien hier die Kompetenzmodelle von Baumert und Kunter (2006) sowie Hattie (2009; bzw. in der deutschsprachigen Überarbeitung 2014) benannt. Professionell ist eine Lehrkraft nach diesen Ansätzen dann, wenn sie

> „[…] in den verschiedenen Anforderungsbereichen (Unterrichten und Erziehen, Diagnostizieren, Beurteilen und Beraten, individuelle Weiterbildung und kollegiale Schulentwicklung; Selbststeuerungsfähigkeit im Umgang mit beruflichen Belastungen etc.) über möglichst hohe bzw. entwickelte Kompetenzen und zweckdienliche Haltungen verfügt, die anhand der Bezeichnung ‚professionelle Handlungskompetenzen' zusammengefasst werden." (Terhart 2011, S. 207)

Abhängig von der jeweiligen methodischen Ausrichtung und der Operationalisierung der den Studien zugrunde liegenden Kompetenzkonzepte gelangen kompetenzorientierte Forscherinnen und Forscher zwar mitunter zu unterschiedlichen Ergebnissen zu der Frage, über welche Kompetenzen eine Lehrkraft verfügen muss, um ihre Tätigkeit professionell auszuüben (vgl. Herzmann und König 2016, 112ff.) – doch ist unbestritten, *dass* sie über spezifische Kompetenzen verfügen muss, die es in einer für ihren Beruf zugeschnittenen Ausbildung zu erwerben und während der Berufslaufbahn weiter zu entwickeln gilt. Für Schulbegleitungen hingegen ist die Diskussion derzeit auf einem gänzlich anderen Stand: Hier wird bislang noch die Frage umkämpft, *ob* Schulbegleiterinnen und -begleiter überhaupt über spezifische Kompetenzen und spezifisches Wissen verfügen müssen, um ihrer Tätigkeit angemessen nachgehen zu können, oder ob für die Eignung Persönlichkeitseigenschaften wie etwa Geduld, Empathie, Verlässlichkeit etc. ausschlaggebend oder gar ausreichend sind (vgl. Geist 2017, 52f.).

Hier muss erneut auf die empirisch vorfindbare große Varianz bei gleichzeitig fehlender systematischer Erfassung in Bezug auf die Antrags-, Bewilligungs-, Akquise- und Einstellungspraxis von Schulbegleiterinnen und Schulbegleitern verwiesen werden, was generalisierte Aussagen erschwert. Auf Grundlage der vorhandenen Daten zeichnet sich jedoch ab, dass eine fachliche Qualifikation nur im Einzelfall Voraussetzung für die Aufnahme der Tätigkeit ist bzw. es häufig im Ermessen der Leistungsträger liegt, ob qualifiziertes oder nicht-qualifiziertes Personal für einen konkreten Fall erforderlich ist (vgl. Kap. 3.1 sowie Geist 2017). Darüber hinaus ist derweil unklar, was unter „fachlicher Qualifikation" an dieser Stelle überhaupt verstanden wird. Als qualifizierte Schulbegleiterinnen und -begleiter gelten beispielsweise „[…] (heil-)pädagogische, medizinische oder pflegerische Fachkräfte mit einer entsprechenden Ausbildung als Erzieher/in, Krankenschwester/-pfleger, Heilerziehungspfleger/in, Sozialpädagog/in […] sowie Ergotherapeut/in" (Geist 2017, S. 51). Die Qualifikation für Schulbegleiterinnen und -begleiter speist sich somit aus Ausbildungsgängen für andere berufliche Tätigkeiten. Fraglich ist jedoch die Größe der Schnittmenge zwischen dem für die Schulbegleitungstätigkeit benötigtem Wissen und Kompetenzen mit den Inhalten von Ausbildungen, die auf ein anderes Berufsziel vorbereiten sollen.

An dieser Stelle setzt das „Modellprojekt zur Qualifizierung von Schulbegleitern und Schaffung von Netzwerken für die gelungene schulische Integration in Thüringen", kurz QuaSI, an. Es hatte mit einer dreijährigen Laufzeit von 2009-2012 zum Ziel, einerseits ein praxisorientiertes Weiterbildungsprogramm für aktive Schulbegleiterinnen und -begleiter zu entwickeln, zu erproben und zu evaluieren und andererseits

> „[…] durch Formulierung von Standards die Position der Schulbegleiter zu stärken; Verantwortlichkeiten und Grenzen professionellen Handelns innerhalb der Schulbegleitung zu verdeutlichen, eine Abgrenzung von anderen Professionen zu ermöglichen und dadurch die Zusammenarbeit mit diesen zu verbessern" (Baier et al. 2014, S. 119).

Während der Projektlaufzeit nahmen in drei Qualifizierungsdurchgängen insgesamt 42 Schulbegleiterinnen und -begleiter berufsbegleitend teil und absolvierten durchschnittlich je 520 Unterrichtsstunden. Die jeweiligen Qualifizierungsdurchgänge wurden durch die Erfurter Fachhochschule wissenschaftlich begleitet; außerdem wurde das Projekt durch einen Fachbeirat, bestehend aus Vertretern des Ministeriums für Arbeit, Soziales, Gesundheit, Frauen und Familie, des Ministeriums für Bildung, Jugend und Sport, sowie Vertretern der Leistungsträger, Leistungserbringer, Koordinatoren für den Gemeinsamen Unterricht, Schulbegleiterinnen und -begleitern, Interessensvereinigungen und Selbstvertretern unterstützt (vgl. Baier et al. 2014, S. 2). Das Curriculum der Qualifizierung bestand aus sechs Modulen: 1) Berufliches Selbstverständnis, 2) Rechtliche und administrative Rahmenbedingungen, 3) Professionelle Kommunikation, 4) Grundlagen integrationspädagogischer Praxis, 5) Beeinträchtigungsformen und Umgang mit erziehungsschwierigem Verhalten, 6) Alltagspraktische und pflegerische Unterstützung (vgl. Baier et al. 2014, S. 39).

Nach Ablauf der Projektlaufzeit konnte die Qualifizierung nicht weiter angeboten werden. Grund hierfür war der Wegfall der Projektgelder, was eine Umlagerung der Kosten für Dozenten, Räumlichkeiten, Technik etc. auf die Teilnehmerinnen und Teilnehmer bedeutet hätte – diese hätten sich schätzungsweise auf 1.500 bis 2.000 Euro pro Person belaufen (vgl. Baier et al. 2014, S. 117). Gerade vor dem Hintergrund des Lohnniveaus von Schulbegleiterinnen und Schulbegleitern war dies nicht mehr tragbar. Jedoch formulieren die Autorinnen und Autoren des Abschlussberichts Standards für die Ausbildung von Schulbegleitungen:

> „Schulbegleiter…
> - besitzen die Fähigkeit die Schüler mit Behinderung auf dem Weg zu eigenständigen, selbstbestimmten Persönlichkeiten zu begleiten.
> - erkennen die soziale Integration des Schülers in den Klassenverband als wichtigste Zielstellung ihrer Arbeit an und fördern diese innerhalb der Praxis.
> - verstehen die Behinderung nicht als ein persönliches Defizit, sondern als Ergebnis eines sozialen Bewertungsprozesses.
> - verfügen über fachspezifische Kenntnisse in den Gebieten (Integrations-)Pädagogik, Recht und Pflege und wenden erworbenes Fachwissen bedarfsorientiert während ihrer täglichen Arbeit an.
> - zeigen Bereitschaft sich zu aktuellen, die Praxis betreffenden Themenbereichen fort- und weiterzubilden. Sie nutzen Supervision als Methode zur Reflexion.
> - besitzen ein berufliches Selbstverständnis, kennen ihre Rolle in einem multiprofessionellen Team und können ihre Arbeit von der des pädagogischen Fachpersonals abgrenzen.
> - setzen sich vertiefend mit der Grundhaltung der Integration und deren Anwendung auf das eigene Arbeitsfeld auseinander. Zusammenhängend reflektieren und analysieren sie ihre eigenen Werte, Normen sowie Vorstellungen.
> - bilden ein kritisches Bewusstsein gegenüber gegenwärtigen Strukturen der Integrationsarbeit und hinterfragen vorgegebene Werte und Normen der Gesellschaft.“ (Baier et al. 2014, S. 120)

Mit diesen Standards ist ein sehr hoher Anspruch sowohl an die Tätigkeit als auch an die sich daran zu orientierende Ausbildung von Schulbegleiterinnen und -begleitern verbunden, dessen Realismus vor den derzeit geltenden Rahmenbedingungen ihres Einsatzes zumindest bezweifelt werden muss. Insbesondere der Anspruch, dass Schulbegleiterinnen und -begleiter ein berufliches Selbstverständnis besitzen, ihre Rolle im multiprofessionellen Team kennen und ihre Arbeit von der des pädagogischen Fachpersonals abgrenzen können sollen, ist vor den derzeitigen Bedingungen kaum erfüllbar; zumal sie insbesondere in Fragen der Rollenklärung nicht autonom sind, sondern solche Aushandlungsprozesse immer auch das gesamte Team betreffen.

Seit Abschluss des Modellprojekts ist die Anzahl von Schulbegleiterinnen und -begleitern weiter gestiegen. Damit geht ein erhöhter Bedarf an Aus- bzw. Weiterbildung einher. Die in den wenigen bislang durchgeführten Studien befragten Schulbegleiterinnen und -begleiter gaben in großer Mehrheit Bedarf an Weiterbildung an (vgl. Bacher et al. 2007; Baier et al. 2014, S. 37; für Schulbegleitungen an Förderschulen für geistige Entwicklung Beck et al. 2010; Markowetz und Jerosenko 2016, S. 78). Auf diesen Wunsch nach (zusätzlicher) Ausbildung, die spezifischer auf die Tätigkeit vorbereitet, reagieren inzwischen auch die verschiedenen Akteure auf dem Weiterbildungsmarkt, darunter Volkshochschulen, Berufskollegs, private Bildungs- und Beratungsunternehmen sowie die Leistungsträger von Schulbegleitungen selbst (vgl. AWO Ruhr-Mitte 2018; AWO Unterbezirk Ennepe-Ruhr; Donner + Partner Bildungszentren 2017; EuBiA 2018; LWR-Berufskolleg 2017; VHS Landesverband Niedersachsen 2018). Die hinter diesen Angeboten stehenden Konzepte sind entsprechend vielfältig und reichen von berufsbegleitenden, am Wochenende stattfindenden Kursen im Umfang von etwas mehr als hundert Stunden (vgl. AWO Ruhr-Mitte 2018; LWR-Berufskolleg 2017) bis hin zu Vollzeitangeboten mit einem Umfang von knapp 2000 Unterrichtseinheiten über einen Zeitraum von 13 Monaten (vgl. Donner + Partner Bildungszentren 2017). Teilweise kann die Teilnahme an diesen Qualifizierungsgängen mit einem Bildungsgutschein der Bundesagentur für Arbeit gefördert werden. Entsprechend den Rahmenbedingungen sind auch die Inhalte der jeweiligen Angebote sehr unterschiedlich und reichen von der Vermittlung von Grundkenntnissen aus den Bereichen Allgemeiner Pädagogik, Inklusion und sonderpädagogische Förderbedarfe bis hin zu EDV-Training, Erste-Hilfe-Kursen und mehrwöchigen Praktika in Schulen und Einrichtungen für Menschen mit Behinderungen.

Aufgrund mangelnder curricularer Standards für Schulbegleitungen sind die Anbieter solcher Bildungsgänge maximal frei in der Konzeption ihrer Kurse; es gibt keine Akkreditierung durch eine zentrale Prüfstelle. Es ist fraglich, ob die vom Modellprojekt „QuaSI" formulierten Standards in den jeweiligen Kurskonzeptionen berücksichtigt werden, da vor dem Hintergrund der großen Unübersichtlichkeit und Eigendynamik im Feld zu bezweifeln ist, dass diese Standards von den Verantwortlichen für die Kurskonzeption überhaupt rezipiert wurden. Ebenso ist in vielen Fällen nicht ohne weiteres nachprüfbar, wer die Dozentinnen und Dozenten der jeweiligen Kurse sind und welche beruflichen Hintergründe sie selbst in die Bildungsmaßnahme mitbringen.

Darüber hinaus ist der Begriff der *Qualifizierung*, den viele dieser Angebote im Titel tragen, höchst irreführend, denn weder ist der Besuch eines solchen Bildungsangebots für die Aufnahme der Tätigkeit erforderlich, noch sind hiermit in der Regel höhere Löhne, Aufstiegschancen oder anderweitige Vorteile verbunden. Die Motivation, eine solche *Qualifizierung* zu besuchen, dürfte sich daher nahezu ausschließlich aus dem Wunsch (angehender) Schulbegleiterinnen und -begleiter speisen, ihre Tätigkeit *professioneller* auszuführen, als sie dies ohne den Besuch eines solchen Kurses könnten – und hierzu bietet der Markt die oben gezeigte Vielfalt an Angeboten. Gleichzeitig trägt diese Vielfalt nicht unbedingt dazu bei, Standards für die Ausbildung von Schulbegleitungen zu etablieren – vielmehr wächst die Verwirrung darüber, was Schulbegleiterinnen und -begleiter denn *wirklich* können müssen, um ihre Tätigkeit *professionell* auszuüben.

Zudem muss an dieser Stelle auch nochmal auf das Dilemma hingewiesen werden, dass eine berufliche Etablierung der Tätigkeit der Schulbegleitung mit den Zielen von Inklusion im Widerspruch steht. Vor dem Hintergrund der skizzierten Studien zu nicht-intendierten Effekten von Schulbegleitungen ist unbestreitbar, dass Schulbegleiterinnen und -begleiter spezifisches Wissen und spezifische Kompetenzen benötigen, um ihren ‚Schützling' in der Schule angemessen unterstützen und seine Integration in den Klassenverband befördern zu können. Aus individueller Perspektive sind daher die oben skizzierten Weiterbildungsangebote sicherlich alle hilfreich, um Schulbegleiterinnen und -begleiter zu professionalisieren und dem von ihnen als drängend empfundenen Bedarf an Wissen und Kompetenzen zu begegnen. Auf der anderen Seite jedoch würde aus systemischer Perspektive eine Verberuflichung von Schulbegleitung, die mit einer Standardisierung ihrer Ausbildung einhergehen würde, eine nicht-inklusive Behelfslösung verfestigen und damit eine Entwicklung hin zu einem genuin inklusiven Schulsystem behindern (vgl. Kap. 0).

3.3.2.3 Berufsbiographische Professionstheorie

Im Fokus berufsbiographischer Ansätze stehen

> „[...] Prozesse des allmählichen Kompetenzaufbaus und der Kompetenzentwicklung, die Übernahme eines beruflichen Habitus durch Berufsneulinge, die Kontinuität und Brüchigkeit der beruflichen Entwicklung über die gesamte Spanne der beruflichen Lebenszeit, die Verknüpfung von privatem Lebenslauf und beruflicher Karriere und ähnliche Themen“ (Terhart 2011, S. 208).

Während die zuvor genannten Ansätze die der konkreten Tätigkeit zugrundeliegenden Anforderungsstrukturen und die für ihre Ausübung erforderlichen Kompetenzen thematisieren, rücken berufsbiographische Ansätze das Subjekt und dessen Lebens- und Berufsgeschichte in den Mittelpunkt (vgl. Herzmann und König 2016, 97ff.). Für den Lehrerberuf sind seit den 1990er Jahren verstärkt berufsbiographische Forschungsbemühungen zu verzeichnen, die sich unter anderem mit Fragen zur Berufswahlmotivation, dem Berufseinstieg und der beruflichen Sozialisation beschäftigen (vgl. Terhart et al. 2011).

Über die Biographien von Schulbegleiterinnen und Schulbegleitern ist bislang jedoch kaum etwas bekannt. Bis dato liegt keine deutschsprachige Studie vor, die sich systematisch mit der Berufslaufbahn von Schulbegleiterinnen und -begleitern beschäftigt. Dabei scheint dies angesichts des Mangels an einer institutionell organisierten Berufslaufbahn ein vielversprechendes Forschungsfeld zu sein, denn obwohl die Studien, die zum Themenfeld Schulbegleitung vorliegen, eher auf Merkmale der Tätigkeit selbst, Einschätzungen verschiedener beteiligter Akteure und/oder Merkmale der anspruchsberechtigten Schülerschaft fokussieren, bieten Teilaspekte dieser Studien dennoch bereits eine erste Sensibilisierung für berufsbiographische Fragestellungen. Ein solcher Teilaspekt betrifft etwa die Daten zum Qualifikationshintergrund von Schulbegleiterinnen und Schulbegleitern. Bekannt ist, dass sowohl Personen mit als auch ohne „fachliche Qualifikation“ (vgl. Kap. 3.3.2.2) als Schulbegleitung arbeiten. Bereits die beruflichen Hintergründe der fachlich qualifizierten Personen sind sehr heterogen, wie die Studie von Zauner und Zwosta zeigt. Zu den von ihnen befragten 54 Schulbegleiterinnen und -begleitern mit fachlicher Qualifikation zählten hier Fachkräfte aus der Kinder- und Heilerziehungspflege, der Sozial- und Heilpädagogik, der Rhythmik, der Psychologie, der Pädagogik sowie Erzieherinnen und Erzieher, eine Arzthelferin mit pädagogischer Qualifizierung und sogar eine Grundschullehrerin (vgl. Zauner und Zwosta 2014, 9f.) Etwas Aufschluss über den beruflichen Hintergrund von Schulbegleiterinnen und -begleitern ohne fachliche Qualifikation bietet die Studie von Bacher, Pfaffenberger und Pöschko, die im Jahr 2006 eine Fragebogenuntersuchung mit insgesamt 220 Schulbegleitungen, 231 Lehrkräften und 96 Schulleitungen an 96

Schulen in Oberösterreich durchführten. Ziel der Studie war es, mehr über die Tätigkeiten, die Anstellungssituation und den Weiterbildungsbedarf von Schulbegleitungen zu erfahren. 60% der von ihnen befragten Schulbegleiterinnen und -begleiter

> „[...] waren vor der Ausübung der Schulassistenz in wirtschaftlichen Berufen tätig und nannten hierzu Berufe wie beispielsweise Verkäufer/in, Büroangestellte/r, Bankangestellte/r oder Buchhalter/in [...]. Erwähnenswert ist hierzu auf jeden Fall, dass rund ein Drittel dieser Schulassistent/innen zugleich auch Hausfrau und Mutter war. 12% arbeiteten im Kindergartenbereich als Kindergärtner/in bzw. Kindergartenhelfer/in, und 10% im Behindertenbereich als Betreuer/in bzw. Behindertenfachbetreuer/in. 8% der befragten Assistent/innen sind Hausfrauen und Mütter, 6% arbeiteten als Pädagoge bzw. Pädagogin und 4% waren vor Ausübung der Schulassistenz als Alten(fach)betreuer/in tätig." (Bacher et al. 2007, 98f)

Bei dieser großen Vielfalt an beruflichen Vorerfahrungen stellt sich die Frage, auf welchen Wegen die einzelnen Personen zu einer Tätigkeit als Schulbegleiterin bzw. als Schulbegleiter gelangt sind und was sie zur Aufnahme dieser Tätigkeit motiviert hat. Zumindest die Frage der Motivation wird auch in der österreichischen Studie adressiert. Ein Aspekt des Fragebogens für Schulbegleitungen bezog sich auf die persönlichen Beweggründe für die Aufnahme dieser Tätigkeit. Als Beweggründe wurden genannt:

- Etwas Wertvolles leisten zu können (77%);
- Die Vereinbarkeit von Familie und Beruf (76%);
- Der Wunsch nach einer persönlichen Herausforderung (68%);
- Der Wiedereinstieg ins Berufsleben (52%);
- Angehörige mit einer Beeinträchtigung (11%);
- Berufliche Übergangslösung (8%). (vgl. Bacher et al. 2007, S. 98)

Zu beachten ist hierbei jedoch die Genese des Fragebogens. Die Autoren geben an, Interviews mit „Expert/innen aus dem Bereich der Behindertenpädagogik" (Bacher et al. 2007, S. 15) geführt zu haben, deren Ergebnisse dann in die Fragebogenkonstruktion eingeflossen sind. Leider gehen sie nicht näher auf die Interviews und die befragten Expertinnen und Experten ein, sodass zumindest hinterfragt werden muss, inwieweit die interviewten Expertinnen und Experten die Beweggründe von Schulbegleiterinnen und -begleitern zur Aufnahme ihrer Tätigkeit tatsächlich angemessen einschätzen konnten. Zudem stand kein Freitextfeld zur Verfügung, sodass nicht ausgeschlossen werden kann, dass es weitere Beweggründe gibt, die ein geschlossen konzipierter Fragebogen nicht erfassen kann. Insbesondere die vergleichsweise niedrige Zahl zur beruflichen Übergangslösung muss angesichts der Daten von Dworschak hinterfragt werden – immerhin gab ein knappes Viertel der von ihm befragten 87 Schulbegleiterinnen und -begleitern an, der Tätigkeit im Rahmen eines Freiwilligen Sozialen Jahres, des Zivildienstes oder des Studiums nachzugehen (vgl. Dworschak 2012b, S. 85).

Ebenfalls interessant vor diesem Hintergrund ist die Tätigkeitsdauer von aktiven Schulbegleiterinnen und -begleitern. In der erwähnten Studie von Dworschak gaben 64,84% der Befragten an, ihrer Tätigkeit seit weniger als zwei Jahren nachzugehen. Lediglich knapp ein Viertel der Befragten arbeitete seit drei oder mehr Jahren in der Schulbegleitung (vgl. Dworschak 2012c, S. 18). Zur Einordnung dieser Zahlen darf zwar nicht vergessen werden, dass zum Zeitpunkt der Datenerhebung (Schuljahr 2010/2011) die Maßnahme Schulbegleitung in der Regelschule noch sehr jung war und durch den neuen Rechtsanspruch auf inklusive Beschulung viele Stellen erst neu geschaffen wurden. Dennoch darf auch heute noch davon ausgegangen werden, dass aufgrund der häufig prekären Beschäftigungsverhältnisse (geringes Gehalt, kurzzeitige Befristung aufgrund immer wieder neu zu beantragender Finanzierung, mangelnde Karriereperspektiven) für viele Schulbegleiterinnen und -begleiter diese Tätigkeit lediglich eine „berufliche Durchgangsstation“ (Baier et al. 2014, S. 8) sein dürfte. Aktuellere Zahlen zur Beschäftigungsdauer von Schulbegleiterinnen und -begleitern liegen bislang jedoch leider nicht vor.

Wenn Professionalisierung aus berufsbiographischer Perspektive vor allem auf die zeitliche Dimension, den allmählichen Aufbau und die Entwicklung von Kompetenzen sowie auf die Übernahme eines beruflichen Habitus durch Berufsneulinge (vgl. Terhart 2011, S. 208) zielt, so sind nicht nur die Beschäftigungsverhältnisse, sondern auch die daraus resultierenden Möglichkeiten der Professionalisierung von Schulbegleiterinnen und -begleiter prekär. So haben sowohl Fuller & Brown (1975) als auch Huberman (1991) versucht, die berufliche Entwicklung von Lehrkräften in Modellen nachzuzeichnen. Beide Modelle gehen zunächst von einer Berufseinstiegsphase aus, in der die Lehrperson sich selbst das größte Hindernis ist und es in erster Linie darum geht, im Alltag zu ‚überleben‘ – nach Huberman kann diese Phase bis zu drei Jahre dauern. Erst in späteren Entwicklungsphasen tritt eine Stabilisierung ein, die es ermöglicht, den Blick auf den Unterricht sowie die individuelle Entwicklung der Schülerinnen und Schüler zu lenken. Wenngleich beide Modelle heute in der Kritik stehen (vgl. ausführlicher Herzmann und König 2016, 102f.), führen sie doch übertragen auf die angenommenen kurzen Beschäftigungsdauern von Schulbegleiterinnen und -begleitern zu der Vermutung, dass viele von ihnen in diesem Beruf möglicherweise gar nicht erst eine Phase der beruflichen Entwicklung erreichen, in der eine gewisse Stabilität und Selbstsicherheit eintreten kann.

Aufbauend auf diese Überlegungen ergeben sich verschiedene Fragestellungen, die für berufsbiographische Untersuchungen von Schulbegleiterinnen und -begleitern sicherlich lohnenswert wären:

- Welche Motivation haben Schulbegleiterinnen und -begleiter bei Aufnahme ihrer Tätigkeit und wie bewerten sie diese Motivation in Retrospektive?
- Vor welche beruflichen Entwicklungsaufgaben sehen sich Schulbegleiterinnen und -begleiter gestellt und welche Strategien der Bearbeitung dieser Aufgaben wenden sie an?
- Wie gestaltet sich das ‚Überleben' bzw. ‚Nicht-Überleben' der ‚Überlebensphase'?
- Was motiviert ggf. den Ausstieg aus der Tätigkeit? Wie geht es danach weiter?
- Wie wird das ‚Schulbegleiter-Sein' in die eigene (Berufs-)Biographie eingebunden?

Die vorliegende Studie setzt mit der Thematik der Rollenfindung zwar einen anderen Fokus; berufsbiographische Fragen werden dennoch dort berührt, wo sie einen (vermuteten) Einfluss auf die Ausgestaltung der Rollenfindungsprozesse nehmen. Ein solcher Einfluss ist insbesondere dort anzunehmen, wo berufliche Vorerfahrungen und die Motivation zum Wechsel in die Tätigkeit der Schulbegleitung auf die Anforderungen der täglichen schulischen Praxis treffen, wo Vorstellungen und Wünsche der Lehrkraft an die Zusammenarbeit mit den Vorstellungen und Kompetenzen der Schulbegleitung koordiniert werden müssen und wo die Schulbegleitung selbst berufliche Herausforderungen wahrnimmt.

3.3.3 Resümee

Jede der drei skizzierten Perspektiven auf Professionalität und Professionalisierung führt zu dem Schluss, dass die Tätigkeit der Schulbegleitung nicht professionalisiert, gleichzeitig jedoch hochgradig professionalisierungsbedürftig ist.

Aus strukturtheoretischer Perspektive wurde deutlich, dass Schulbegleitungen in vergleichbaren, wenn nicht gar gesteigerten Handlungsantinomien agieren wie dies Lehrerinnen und Lehrer tun, ohne dass sie jedoch in der Bearbeitung dieser Antinomien auch nur ansatzweise auf eine entsprechende Professionalisierung zurückgreifen können. Die kompetenzorientierte Perspektive kann an diesen Befund anknüpfen und verdeutlicht, dass Schulbegleiterinnen und -begleiter für ihre Tätigkeit spezifisches Wissen und Kompetenzen brauchen, die sich nicht durch einen Zuwachs an Erfahrung kompensieren lassen. Aus berufsbiographischer Sicht ist schließlich zu hinterfragen, ob die Tätigkeit überhaupt einen geeigneten Rahmen für langfristige Professionalisierungsprozesse bietet.

Die Tätigkeit der Schulbegleitung ist also professionalisierungsbedürftig – aber ist sie auch professionalisierbar?

Eine systematische Professionalisierung von Schulbegleiterinnen und -begleitern stünde gleichzeitig vor mehreren Herausforderungen. Auf rein inhaltlicher Ebene fällt es schwer, den erforderlichen Umfang für eine Ausbildung von Schulbegleiterinnen und -begleitern festzulegen. Nimmt man die Tätigkeit der Schulbegleitung zum Ausgangspunkt und nicht etwa die juristischen und finanziellen Rahmenbedingungen, und berücksichtigt man gleichzeitig die in Kap. 3.3.2.1 skizzierten strukturtheoretischen Überlegungen, so müsste sich die Ausbildung einer Schulbegleitung vermutlich eng an der Ausbildung von Lehrkräften, bzw. spezifischer: sonderpädagogischen Lehrkräften orientieren. Ob und wo inhaltliche Abstriche bei der Ausbildung von Schulbegleiterinnen und -begleitern gemacht werden könnten, hinge mit der noch zu klärenden Frage zusammen, ob und inwieweit sich die Tätigkeiten der beiden Berufsgruppen tatsächlich voneinander abgrenzen lassen, ohne – mit Wolfgang Dworschaks Worten – das „Sinnganze des Unterrichts“ (Dworschak 2012a, S. 5) zu zerstören. Es wäre durchaus vorstellbar, dass am Ende dieser Überlegungen der Schluss steht, dass Schulbegleiterinnen und Schulbegleiter faktisch die gleiche Ausbildung wie vollwertige Sonderpädagoginnen und Sonderpädagogen zu absolvieren hätten. Dies würde die vielfach empfundene Differenz zwischen Anspruch und Wirklichkeit in der Ausbildung von Schulbegleiterinnen und -begleitern zwar umso deutlicher markieren, gleichzeitig wäre jedoch im Sinne der Sache nicht viel gewonnen, da der Mangel an Sonderpädagoginnen und -pädagogen hinreichend bekannt ist: „die weitgehende Professionalisierung von Schulbegleitungen [würde] genau jenes Problem reproduzieren, zu dessen Lösung diese Personalkategorie eigentlich beitragen sollte: der Mangel an sonderpädagogisch qualifiziertem Personal“ (Demmer et al. 2017a, S. 64).

Darüber hinaus wären unabhängig von der inhaltlichen Ausgestaltung der Ausbildung solch qualifizierte Schulbegleitungs-Fachkräfte für die Kommunen deutlich teurer als das bislang in der Mehrzahl eingestellte nicht qualifizierte Personal. Dadurch wäre eine Qualifizierung auf freiwilliger Basis für Schulbegleiterinnen und -begleiter rein aus strategischer Sicht vermutlich wenig attraktiv, da der der Besuch einer solchen Veranstaltung a) keine nennenswerten Karriereperspektiven mit sich bringt und b) ggf. die Chancen auf dem Arbeitsmarkt sogar verringert, da die Leistungsträger im Bemühen, ihre Ausgaben für die Maßnahme gering zu halten, verständlicherweise nach Möglichkeit nicht-qualifiziertes und somit günstigeres Personal einstellen.

Bei einer verpflichtenden Ausbildung dagegen wäre die damit einhergehende Kostenexplosion durch die Kommunen vermutlich nicht aufzufangen. Außerdem besticht die Maßnahme Schulbegleitung derzeit gerade dadurch, dass der steigende Bedarf jenseits der Kostenfrage vergleichsweise unproblematisch gedeckt werden kann, da ein großer Personenkreis für die Tätigkeit in Frage kommt. Eine Zugangsbeschränkung aufgrund einer verpflichtenden Einstiegsqualifikation ginge zunächst vermutlich zulasten von Kindern, die ohne eine individuelle Begleitung derzeit keine Regelschule besuchen könnten.

Nicht zuletzt ist auch hier aus Perspektive inklusiver Schulentwicklung mahnend zu erwähnen, dass eine verpflichtende Ausbildung von Schulbegleiterinnen und -begleitern, so sinnvoll diese auf individueller Ebene sein mag, gleichzeitig einen bedeutenden Schritt zur Institutionalisierung einer Berufsgruppe darstellen würde, die aufgrund ihrer Veranlagung als defizitorientierte Einzelfallhilfe dem inklusiven Grundgedanken widerspricht und die möglicherweise eine hemmende Wirkung auf die inklusive Weiterentwicklung von Schulen bedeuten kann (vgl. Kap. 0). So warnt Michael Giangreco vor der „Ausbildungs-Falle" („Training trap"): „Unfortunately, once paraprofessionals receive virtually any amount of training [...] many teachers feel even more justified in relinquishing instructional responsibilities to them." (Giangreco 2003, o.S.) Es wäre zu befürchten, dass ein ähnlicher Effekt auch in Deutschland eintritt, wenn Schulbegleiterinnen und -begleiter eine Ausbildung, in welchem Umfang auch immer, zu absolvieren hätten. Damit einher ginge eine verstärkte Gefahr der Deprofessionalisierung in der Bildung von Menschen mit Behinderungen, was den Prinzipien der Inklusion entgegensteht.

Die Tätigkeit der Schulbegleitung ist hochgradig professionalisierungsbedürftig, aber unter den derzeitigen Bedingungen und unter dem Anspruch inklusiver Schulentwicklung nicht professionalisierbar.

3.4 Zusammenarbeit mit Lehrkräften

> „Wenn die Bereitstellung optimaler Rahmenbedingungen für die Erziehung, Bildung, Entwicklung und das Wohlergehen des Kindes im Zentrum allen Bemühens professioneller Pädagogik steht, dann ist eine umfassende Kooperation unumgänglich." (Willmann 2011, S. 240)

Forderungen nach Kooperation in Schule und Unterricht beziehen sich in der Regel auf intra-, inter- sowie multiprofessionelle Kooperation, also Kooperation zwischen Lehrkräften des selben Lehramtes, zwischen unterschiedlich professionalisierten Lehrkräften (insbesondere zwischen Regelschullehrkräften und Lehrkräften für Sonderpädagogik) sowie zwischen Fachkräften unterschiedlicher Professionen. Kooperation ist vor allem durch zwei Auslöser in den letzten Jahren zunehmend forschend in den Blick genommen worden: einerseits durch den Ausbau von Ganztagsschulen (vgl. Böhm-Kasper et al. 2017; Breuer 2015; Gröhlich et al. 2015; Speck et al. 2011), andererseits durch die Umsetzung von Inklusion (vgl. Bender und Heinrich 2016; Kosorok Labhart und Maeder 2016; Lütje-Klose und Urban 2014; Urban und Lütje-Klose 2014). So werden inklusive Schulen als „kooperative Schulen" bezeichnet (Willmann 2009, S. 477) oder Ganztagsschulen als „multiprofessionelle Organisationen" (Gröhlich et al. 2015, S. 179). Bei Sichtung der Literatur fällt auf, dass der Begriff *Kooperation* hoch normativ besetzt ist und als Allheilmittel für eine Vielzahl pädagogischer (und organisatorischer) Herausforderungen und Problemstellungen gehandelt wird:

> „Kooperation fungiert als ein Universalkonzept, das die Lösung vielfältiger Herausforderungen und Probleme in der Schule verspricht: Sie soll Schulentwicklungsprozesse ermöglichen und optimieren, durch eine verbesserte Unterrichtsentwicklung zu höheren Lernerfolgen von Schülerinnen und Schülern führen, und mit ihr sollen – als multiprofessionelle Zusammenarbeit unterschiedlicher Berufsgruppen – komplexe Aufgaben, wie die Gestaltung ganztägiger Bildung, der Abbau von Bildungsungleichheiten, die Umsetzung von Inklusion sowie die Integration von Flüchtlingskindern und -jugendlichen, bewältigt werden. Proklamiert werden zudem vielfältige Synergien bei Arbeitsprozessen sowie Entlastungs-, Lern- und Professionalisierungseffekte auf der Ebene der einzelnen Lehrkräfte." (Boller et al. 2018, S. 6)

Gleichzeitig gibt es jedoch auch ein Bewusstsein über Herausforderungen und Schwierigkeiten kooperativer Bemühungen. Werning und Arndt beschreiben Kooperation daher als „Problemlösung und Problem zugleich" (2013, S. 12). Diese Beschreibung mag insbesondere für inter- und verstärkt noch für multiprofessionelle Kooperation zutreffen, in denen die Beteiligten aus ihren jeweiligen Professionen unterschiedliche Erwartungen, Sichtweisen und Methoden in die Zusammenarbeit einbringen.

In Bezug auf die Arbeit der Schulbegleitung ist nun vor allem interessant: Wie stellt sich die Kooperationsfrage dar, wenn einer der beteiligten Partner gar nicht professionalisiert ist? Schulbegleitungen und Lehrkräfte mögen zwar einen Großteil ihres Arbeitstages im selben Klassenzimmer und mit denselben Schülerinnen und Schülern verbringen, aber findet zwischen ihnen tatsächlich auch Kooperation statt? Und welche spezifischen Herausforderungen birgt die Zusammenarbeit zwischen professionalisierten Lehrkräften und nicht professionalisierten Schulbegleiterinnen und Schulbegleitern?

3.4.1 Ist das noch Zusammenarbeit oder ist das schon Kooperation? Begriffsklärungen

Zur Bearbeitung dieser Fragen gilt es zunächst zu klären, was überhaupt unter Kooperation verstanden wird. In der deutschsprachigen Erziehungswissenschaft wird sich dabei häufig auf eine Definition aus der Organisationspsychologie berufen:

> „Kooperation ist gekennzeichnet durch den Bezug auf andere, auf gemeinsam zu erreichende Ziele bzw. Aufgaben, sie ist intentional, kommunikativ und bedarf

> des Vertrauens. Sie setzt eine gewisse Autonomie voraus und ist der Norm der Reziprozität verpflichtet.“ (Spieß 2004, S. 199)

Diese Definition erlaubt es, die Zusammenarbeit zwischen Einzelnen konkret auf die jeweiligen Merkmale hin zu hinterfragen, so wie dies exemplarisch Baumann et al. (2012) für die Zusammenarbeit von Regelschullehrkräften und Sonderpädagoginnen und -pädagogen getan haben. Diesem Beispiel folgend sollen auch die Rahmenbedingungen für die Zusammenarbeit von Lehrkräften und Schulbegleitungen vor dem Hintergrund dieser Definition dahingehend analysiert werden, ob hier tatsächlich von Kooperation gesprochen werden kann.

3.4.1.1 Der Bezug auf andere

In den vorangegangenen Kapiteln wurde deutlich, dass Schulbegleitungen und Lehrkräfte zur Sicherstellung einer hochwertigen Förderung und Bildung zusammenarbeiten und eine ‚Inselbildung‘ von Schulbegleitung und begleitetem Kind vermeiden müssen. Gleichzeitig wurde aufgezeigt, dass dies in der Praxis nicht immer gelingt und die Gefahr besteht, dass Schulbegleitung und Lehrkraft weitestgehend unabhängig und aneinander vorbei arbeiten (vgl. Kap. 3.2.2.2 und 3.2.2.3). Inwieweit sich also Lehrkraft und Schulbegleitung tatsächlich in ihrer Arbeit aufeinander beziehen, muss am Einzelfall geprüft werden.

3.4.1.2 Gemeinsam festgelegte Ziele bzw. Aufgaben

Ziel der Zusammenarbeit von Lehrkräften und Schulbegleitungen müsste es sein, dass das schulbegleitete Kind die erforderliche Unterstützung bei seinem Schulbesuch erhält, wofür (wie in Kap. 0 argumentiert wurde) eine enge Absprache zwischen Schulbegleitung und Lehrkraft zwangsläufig notwendig ist. Bei diesem Ziel muss darüber hinaus auch die Positionierung der Schulbegleitung gegenüber den nicht schulbegleiteten Mitschülerinnen und Mitschülern bedacht werden. Inwieweit jedoch die Kooperationspartner selbst explizit über die Ziele ihrer gemeinsamen Arbeit sprechen und inwieweit sie darauf aufbauend eine konkrete Aufgabenbestimmung vornehmen, muss am Einzelfall überprüft werden. Deutlich wird aus theoretischer und empirischer Literatur, dass es in der Praxis oft schwerfällt, die jeweiligen Aufgabenbereiche trennscharf voneinander abzugrenzen bzw. die von rechtlicher Seite geforderte Abgrenzung zwischen pädagogisch-unterrichtlichen und anderweitig unterstützenden Aufgaben einzuhalten (vgl. Kap. 3.1.3 sowie 3.2.2.2).

3.4.1.3 Intentionalität

Die Frage nach der Intentionalität lässt sich in zweifacher Hinsicht stellen: Ist die Zusammenarbeit überhaupt intentional? Und wenn ja, worin besteht ihre Intention? Am Ehesten lässt sich hier die zweite Frage beantworten: Im Hinblick auf den Unterricht müsste die Intention der Zusammenarbeit von Lehrkräften und Schulbegleitungen in der Förderung des schulbegleiteten Kindes und der Erwartung einer gesteigerten Effizienz des Unterrichts bestehen. Aber ist die Zusammenarbeit zwischen beiden Kooperationspartnern tatsächlich intentional in dem Sinne, als dass beide aktiv die Kooperation zu diesem Zwecke befürworten und sie idealerweise auch freiwillig eingehen? Vor dem Hintergrund, dass der Antrag auf eine Schulbegleitung in der Regel von den Eltern ausgeht und Lehrkräfte in vielen Fällen kein Mitspracherecht darüber haben, ob sie selbst eine Schulbegleitung für nötig halten und wer als Schulbegleiterin bzw. als Schulbegleiter eingestellt wird, ist davon auszugehen, dass nicht in jedem Fall die Freiwilligkeit in der Kooperationsbeziehung gegeben ist und bisweilen eben auch in einer „Zwangsgemeinschaft“ (Idel und Ullrich 2013) kooperiert werden muss.

3.4.1.4 Kommunikation

Kommunikation in einer Kooperationsbeziehung benötigt spezifische Zeitressourcen (vgl. Arndt und Werning 2013, S. 34; Gebhard et al. 2014, S. 27; Köker 2012, 72f.; Opp et al. 2008, S. 349). Für Schulbegleiterinnen und -begleiter gilt jedoch häufig, dass sie ausschließlich für die direkte Arbeit am Kind bezahlt werden. Die Teilnahme an Besprechungen, Unterrichtsplanungen und pädagogischen Konferenzen gehört zu den sogenannten indirekten Leistungen. Damit ist sie – je nach Auslegung des Arbeitgebers – nicht abrechnungsfähig und fällt für die Schulbegleiterin bzw. den Schulbegleiter somit in die Freizeit. Ihre Teilnahme an solchen Besprechungen wäre jedoch zwingend notwendig, um die Schulbegleitung in das Gesamtförderkonzept des begleiteten Kindes einzubinden und eine gemeinsame pädagogische Linie zu verfolgen (vgl. Lindmeier et al. 2014, 27f.; Lübeck 2018, 74f.). Ohne spezifische Zeitressourcen für die Kooperation bleiben lediglich Tür-

und-Angel-Gespräche, in denen nur das Nötigste verhandelt werden kann. Insbesondere vor den in Kap. 0 geschilderten Überlegungen zur Professionalisierung von Schulbegleitung ist dies sehr bedenklich: Ohne ausreichend Kooperationszeit kann sie weder durch die professionalisierte Lehrkraft angeleitet werden, noch kann die Lehrkraft die in Kap. 3.2.2 geschilderten potenziellen ‚Nebenwirkungen' im Einsatz der Schulbegleitung im Blick behalten und ggf. frühzeitig gegensteuern.

Jenseits des Zeitfaktors bedarf eine gelingende Kommunikation jedoch auch einer geteilten (Fach-)Sprache sowie Bezugsnormen und -werte, die aufgrund der unterschiedlichen beruflichen Sozialisierung von Lehrkraft und Schulbegleitung nicht vorausgesetzt werden können (vgl. Kap. 3.4.2).

3.4.1.5 Vertrauen

Lortie (1972) geht in dem von ihm postulierten Autonomie-Paritäts-Muster davon aus, dass Lehrkräfte ihre Autorität unter anderem aus der traditionellen, zellulär organisierten Raumverteilung an Schulen beziehen sowie aus informellen Regeln, die mit dieser Raumverteilung einhergehen.[19] Von besonderer Relevanz ist die Regel, dass kein anderer Erwachsener in den Unterricht einer Lehrkraft einzugreifen habe. Durch die Anwesenheit einer Schulbegleitung in Klasse und Unterricht wird dieser von fremden Eingriffen zuvor geschützte Raum jedoch geöffnet, und dies nicht nur für einen begrenzten Zeitraum wie etwa im Rahmen von Praktika oder einer Schulinspektion, sondern auf Dauer (vgl. Lübeck 2016b, S. 144). Hinzu kommt die Frage danach, wer da eigentlich in diesen Schutzraum eindringt – mehrfach wurde bereits darauf hingewiesen, dass Schulbegleiterinnen und -begleiter in der Regel nicht zum schulischen Personal gehören, sondern als Angestellte bei einem externen Dienstleister quasi als ‚Dauergast' in die Schule entsendet werden (vgl. Kap. 3.1). In Verbindung mit den häufig auf ein Schuljahr oder gar ein Schulhalbjahr befristeten Arbeitsverträgen, die keine langfristige zeitliche Perspektive zulassen, sind dies schlechte Voraussetzungen für Vertrauen seitens des Schulkollegiums in die Schulbegleitung. Eine Schulbegleiterin brachte in einer Interviewstudie das anfängliche Misstrauen der Lehrkräfte ihr gegenüber treffend zum Ausdruck:

---

[19] Kritisch zum Autonomie-Paritäts-Muster und seiner Bedeutung für Kooperation unter Lehrkräften vgl. Köker (2012, 228f.).

> „Da hab ich halt so das Gefühl gehabt dieses, ähm, naja dieses Misstrauen beziehungsweise, ‚oh die ist ja keine Lehrerin, die ist ja, wissen wir nicht, die ist ja nur ne Schulbegleitung und ist nicht auf so nem Niveau wie wir, was kann die schon', da wurde ich erstmal so beäugt und die waren total skeptisch mir gegenüber." (Lübeck 2017, S. 67)

3.4.1.6 Autonomie

„Eine kooperative Situation setzt [...] ein gewisses Maß an Entscheidungs- und Handlungsfreiheit der beteiligten Partner voraus, die *relative* Autonomie der Akteure ist bedeutsam." (Spieß 2004, S. 199, Hervorhebung im Original). Folglich gilt es, das richtige Maß an Autonomie in der Kooperation zu finden: „Zu viel Autonomie der Einzelperson verhindert echte Gruppenkohäsion und die Übernahme von Verantwortung für das Gruppenprodukt. Zu wenig erlebte Autonomie in einer Gruppe wirkt demgegenüber einschränkend auf die Motivation." (Gräsel et al. 2006, S. 208) Exemplarisch für die Zusammenarbeit von Lehrkräften und Erzieherinnen und Erziehern im schulischen Ganztag bestätigt Breuer, dass „sowohl die Berufsgruppe der Lehrerinnen und Lehrer als auch die der Erzieherinnen und Erzieher eigene Aufgabenbereiche brauchen, um ihre jeweiligen Fachlichkeiten entsprechend einbringen und Professionalisierungspotentiale ausschöpfen zu können." (Breuer 2011, S. 97) Doch wie viel Autonomie hat eine Schulbegleitung bzw. wie viel Autonomie sollte ihr angesichts der Rahmenbedingungen ihrer Tätigkeit zustehen?

Hier lässt sich wieder eine Verbindung zur Frage der Abgrenzung von Aufgabenbereichen von Lehrkräften und Schulbegleitungen ziehen. Unter der von programmatischer Literatur gerne angenommenen Abgrenzbarkeit der Aufgabenbereiche würde sich die Frage nach der Autonomie der Schulbegleitung kaum stellen – bei allen Tätigkeiten, die nicht genuin pädagogisch sind, könnte ihr folgerichtig Autonomie zugesprochen werden. Der Mehrwert der Kooperation bestünde dann darin, dass Schulbegleitung und Lehrkraft Erkenntnisse und Erfahrungen aus ihren jeweiligen Aufgabenbereichen in Bezug auf das begleitete Kind austauschen und ihre Arbeit auf Grundlage dieser geteilten Informationen optimieren.

Ausgehend jedoch von der Nicht-Trennbarkeit pädagogisch-unterrichtlicher und anderweitiger Aufgaben sowie der Einbettung des Handelns einer Schulbegleitung in antinomische Strukturen (vgl. Kap. 3.3.2.1) erhält die Frage nach der relativen Autonomie der Kooperationspartner eine ganz neue Brisanz. Wenn das Handeln der Schulbegleitung immer auch zwangsläufig einen pädagogischen Kontext hat, kann ihr kaum zugestanden werden, autonom Entscheidungen zu treffen, deren Implikationen sie als nicht-pädagogisch professionalisierte Kraft kaum absehen kann. Ungeachtet dessen wird in der Praxis schlichtweg aus pragmatischen Gründen vermutlich eine Form der Arbeitsteilung und damit einhergehend relativer Autonomie der jeweiligen Akteure vorfindbar sein. [20]

3.4.1.7 Reziprozität

Der Aspekt der Reziprozität adressiert die Frage, inwieweit Handlungen in der Kooperation auf Gegenseitigkeit beruhen. Wenn zwischen Geben und Nehmen ein Gleichgewicht besteht, ist es wahrscheinlicher, dass die Kooperation als zufriedenstellend bzw. gleichwertig und konkurrenzarm empfunden wird (vgl. Wachtel und Wittrock 1990).

Für die Zusammenarbeit von Schulbegleitungen und Lehrkräften gestaltet sich dieser Aspekt jedoch als sehr heikel. Es ist davon auszugehen, dass die Schulbegleitung als nicht-professionalisierter Akteur von der Lehrkraft Einarbeitung und Anleitung sowie Möglichkeiten der Reflexion benötigt, somit also ein stark nehmender Partner ist, der noch dazu in einer funktionalen Abhängigkeit der Lehrkraft gegenüber steht. Gelegenheiten, selbst etwas zurückzugeben, sind nur schwer vorstellbar, wenn die Schulbegleitung ihren Kompetenzbereich (so schwierig dieser auch zu definieren ist, vgl. Kap. 3.3.2.2) dadurch nicht massiv überschreiten soll. Ein Beispiel für solch kompetenzüberschreitendes ‚Geben' seitens der Schulbegleitung findet sich in einem Interviewausschnitt mit einer Schulbegleiterin, die beschreibt, dass sie zur Entlastung der Lehrkraft einen Großteil der Klasse übernimmt (vgl. Lübeck 2016c, 85 ff.). Unter der Annahme, dass die Schulbegleitung letztlich einer vergleichbaren Professionalisierung bedarf wie die Lehrkräfte, ist

---

20 Lütje-Klose und Urban gehen davon aus, dass die Problematik des Autonomie-Paritäts-Musters bei multiprofessioneller Kooperation „nicht ganz so stark ausgeprägt auf[tritt] wie zwischen Lehrkräften, weil die Aufgabenbereiche und Zuständigkeiten klarer abgegrenzt sind" (2014, S. 120). Für die Aufgabenbereiche von Lehrkräften und Schulbegleitungen trifft diese Abgrenzbarkeit aber nicht zu, sodass anzunehmen ist, dass das Autonomie-Paritäts-Muster hier sehr wohl stark ausgeprägt sein dürfte, insbesondere, da es sich um eine sehr unterrichtsnahe Zusammenarbeit handelt.

Reziprozität in der Kooperationsbeziehung ohne die faktische Professionalisiertheit der Schulbegleitung kaum ohne Einbußen in der Qualität pädagogischen Handelns denkbar.
Vor dem Hintergrund dieser Überlegungen kann in der Zusammenarbeit von Schulbegleitung und Lehrkräften nicht vorbehaltlos von Kooperation gesprochen werden. Grund sind einerseits durch die Organisation hervorgerufene Hemmnisse wie mangelnde Kooperationszeit und die häufig gegebene Nicht-Zugehörigkeit der Schulbegleitung zum Schulkollegium, was Einfluss auf das Vertrauensverhältnis nehmen kann; noch gewichtiger ist allerdings auch hier der Faktor der Nicht-Professionalisiertheit der Schulbegleitung: Relative Autonomie und Reziprozität in der Kooperationsbeziehung sind aufgrund des Kompetenzgefälles nicht denkbar.

Da also aufgrund der oben skizzierten Bedingungen weder von Kooperation gesprochen werden kann, noch hinsichtlich der in Kap. 0 dargelegten mangelnden Professionalisierung von Schulbegleitungen von Professionalität derselben, ist der in der Literatur häufig verwendete, für unterschiedliche Akteurskonstellationen genutzte Begriff *multiprofessionelle Kooperation* in diesen Zusammenhängen fehl am Platze. Im Folgenden soll in Bezug auf Schulbegleitungen und Lehrkräfte daher von *Zusammenarbeit bei Professionalisierungsgefälle* gesprochen werden. Der Begriff der Zusammenarbeit bezieht sich dabei auf alle Formen gemeinsamer Arbeit und lässt offen, wie diese Arbeit gestaltet wird und in welchem Verhältnis die Beteiligten zueinander stehen; gleichzeitig ist dieser Begriff nicht so normativ aufgeladen wie der Begriff der Kooperation. In der Klärung der Frage, welche spezifischen Herausforderungen die Zusammenarbeit zwischen professionalisierten Lehrkräften und nicht professionalisierten Schulbegleiterinnen und Schulbegleitern birgt, wird der Begriff Kooperation jedoch insofern weiter eine Rolle spielen, als dass Literatur zur inter- und multiprofessioneller Zusammenarbeit rezipiert wird, in der der Begriff Kooperation häufig nicht einheitlich verwendet wird und durchaus auch Arbeitsbeziehungen beschreibt, die sich nicht unter den zuvor genannten Kriterien von Spieß einordnen lassen.

3.4.2 Herausforderungen in der Zusammenarbeit bei Professionalisierungsgefälle

Im Versuch zu klären, ob die Zusammenarbeit zwischen Schulbegleitung und Lehrkraft als Kooperation bezeichnet werden kann, wurden bereits einige Herausforderungen für ihre Zusammenarbeit deutlich. Einige dieser Herausforderungen entstehen aus der konzeptionellen Veranlagung der Schulbegleitung als extern verortete Einzelfallhilfe – hier sind insbesondere die fehlende Basis für vertrauensvolle Zusammenarbeit sowie fehlende Zeiten für Vorbereitungs- und Reflexionsgespräche jenseits des Unterrichts zu nennen. Einige Herausforderungen entstehen jedoch spezifisch durch die Zusammenarbeit von unterschiedlich professionalisierten bzw. teils gar nicht professionalisierten Beteiligten. Darunter fällt der ebenfalls bereits angesprochene Punkt der unterschiedlichen Fachsprachen, aber auch Fragen der Autonomie und der Reziprozität.

Im Folgenden sollen diese und weitere Herausforderungen im Fokus stehen. Dabei wird insbesondere auf Forschung zu inter- und multiprofessioneller Kooperation im Rahmen des schulischen Ganztags und des inklusiven Unterrichts Bezug genommen. Wenngleich dargestellt wurde, dass die Zusammenarbeit von Schulbegleitungen und Lehrkräften eben keine Form multiprofessioneller Kooperation darstellt, ist die Forschung aus den genannten Bereichen für die vorliegende Thematik dennoch wertvoll. So ist für den Ganztag insbesondere die multiprofessionelle Kooperation, also die Kooperation zwischen unterschiedlich professionalisiertem Personal erforscht worden. Hier besteht hinsichtlich der Professionalisierung fraglos die größte Differenz zur Profession der Lehrkraft selbst; Breuer nennt als für den Ganztag relevante Berufsgruppen unter anderem Sozialpädagoginnen und -pädagogen, Erzieherinnen und Erzieher, Fachkräfte aus der Sozialarbeit, ehrenamtlich Tätige sowie Beschäftigte auf Honorarbasis (vgl. Breuer 2015). Diese Vielfalt lässt sich mit der Heterogenität der als Schulbegleitung arbeitenden Personengruppe am Ehesten vergleichen, jedoch findet die Kooperation mit diesen vielfältigen Personengruppen hauptsächlich außerhalb von Unterricht statt bzw. zielt auf die Planung und Durchführung der nachmittäglichen Angebote; „der Unterricht und die sonstigen Angebote an den Ganztagsschulen [sind] oft nur wenig miteinander verbunden“ (Speck et al. 2011, S. 189). Anders im Themenkomplex

Inklusion: Hier steht in der Regel die inter- und intraprofessionelle Kooperation von Lehrkräften im Rahmen des inklusiven Unterrichts im Fokus.[21]

In Bezug auf Schulbegleiterinnen und Schulbegleiter besteht nun eine besonders brisante Gemengelage: Es handelt sich hier um eine Form der Zusammenarbeit, die sich zwar im Unterricht vollzieht, bei der jedoch zwischen den Beteiligten ein drastisches Professionalisierungsgefälle besteht. Daher wäre mit Blick sowohl auf Studien zur Kooperation im Ganztag als auch im inklusiven Unterricht zu fragen, ob die dort vorgefundenen Herausforderungen inter- und multiprofessioneller Kooperation auch auf die Zusammenarbeit von Lehrkräften und Schulbegleitungen übertragbar sind und/oder ob sich hier neue, andersartige Herausforderungen stellen.

Grundsätzlich haben in der Forschungsliteratur verschiedene Modelle von Kooperation, ihrer Intensität und Gestaltung, breiten Anklang gefunden. Bekannte Modelle stammen dabei von Gräsel et al. (2006), die zwischen den drei Qualitätsstufen Austausch, arbeitsteiliger Koordination bzw. Synchronisation und Kokonstruktion unterscheiden sowie von Steinert et al. (2006), die von vier unterschiedlichen Niveaustufen, nämlich Differenzierung, Koordination, Interaktion und Integration ausgehen. Solche und ähnliche Modelle suggerieren dabei,

> „[…] dass es eine optimale, durchschnittliche oder eine optimierungsbedürftige Kooperationspraxis gebe und dass selbstredend jeweils die höchste Ausprägung anzustreben sei, und zwar relativ unabhängig von der je kooperativ zu lösenden Aufgabe." (Boller et al. 2018, S. 9)[22]

Damit verbunden ist überdies häufig ein „Bild von Machbarkeit" (Reh 2008, S. 168),

> „[…] das die Verbesserung von Schulqualität mit der Kooperation von Lehrern und Lehrerinnen in einen Wirkzusammenhang bringt: Je mehr und je intensiver kooperiert wird, desto mehr gelingt Schule bzw. verbessern sich Unterricht, Arbeitsbedingungen und pädagogisches Programm." (Dinsleder und Steinwand 2018, S. 20)

---

21 Für einen Überblick über Studien zur Kooperation von Lehrkräften im gemeinsamen Unterricht vgl. Fischer et al. (2017, 33ff.).

22 Gräsel et al. weisen zwar darauf hin, dass „‚mehr' oder ‚intensivere' Zusammenarbeit […] nicht für alle Aufgaben und unter allen Kontextbedingungen ein günstige Form der Arbeitsorganisation dar[stellt]" (2006, S. 209), dennoch geht mit der Einordnung der empirisch vorgefundenen Formen von Zusammenarbeit in Qualitäts- bzw. Niveaustufen zwangsläufig eine Wahrnehmung dieser Formen als ‚besser' und ‚schlechter' einher.

Dementsprechend umfangreich ist die Forschungsliteratur zur Frage, wie sich Kooperation intensivieren lässt bzw. welche Faktoren die Entfaltung ‚richtiger' im Sinne von qualitativ hochwertiger Kooperation beeinflussen. Ein solcher Einflussfaktor, der insbesondere im Zuge inklusiven Unterrichts und des Ausbaus von Ganztagsschulen verstärkt in den Blick genommen wird, ist die Multiprofessionalität der beteiligten Akteure. Reiser konstatiert dazu jedoch pessimistisch, dass

> „[…] das Nichtgelingen interdisziplinärer Kooperation als Normalfall zu erwarten [ist], denn die organisatorischen Rahmenbedingungen und die professionsspezifischen Eigenlogiken innerhalb der jeweiligen Berufsgruppen unterscheiden sich deutlich voneinander und erschweren eine gemeinsame Arbeit." (Reiser 2000, zitiert nach Willmann 2009, S. 473)

Worin genau bestehen jedoch die professionsspezifischen Eigenlogiken, die die interdisziplinäre bzw. multiprofessionelle Arbeit erschweren?

> „Abhängig vom Studium liegen unterschiedliche anthropologisch begründete Vorstellungen bzw. Verständnisse von Schülern und deren Art zu lernen und sich zu verhalten vor. Gleiches gilt für die Einschätzung der Bedeutsamkeit der Ziele und Inhalte, die es im Unterricht zu vermitteln gilt sowie die Beurteilung der Wertigkeit von Methoden und Medien, die es einzusetzen gilt. Hinzu kommt eine vielfach geringe Kenntnis der spezifischen Aufgaben und methodischen Zugänge, die die Kooperationspartner einbringen." (Fischer et al. 2017, S. 12)

Mit einem fachspezifischen Studium bzw. einer Ausbildung gehen immer auch fachliche Einsozialisierungen und dem Fach eigene Perspektiven und Zugänge einher, die dann in der inter- und multiprofessionellen Kooperation aufeinandertreffen und jenseits der gewünschten Bereicherung der Arbeit auch für Un- und Missverständnisse sorgen können. Dies wird eindrucksvoll in einem Interview mit einer Sonderpädagogin aus der Schweiz deutlich:

> „Sonderpädagogin: […] Das ist so ein bisschen das, was auch ermüdet, weißt du, mit so verschiedenen Lehrpersonen so eng zusammenzuarbeiten. Und ab und zu auch mal so ein bisschen anschauen zu müssen, wie Sachen gemacht werden, wo ich einfach sagen muss, ich würde das anders machen. Und irgendwie sagen, gut, das ist diese Lehrperson, die kannst du auch nicht einfach umkrempeln. Und wo ich mich auch immer wieder frage, ist es meine Aufgabe? Also ist es meine Aufgabe, die Qualität zu sichern? […] Ich habe ganz fest den Anspruch an mich auch, dass ich ein Gast bin, der in eine Klasse hineingeht. Und ich benehme mich auch als Gast. Eben darum finde ich auch also die Qualität sichern, ist nicht so meine Aufgabe, obwohl eben, würde mich manchmal wahnsinnig reizen (lacht). Aber

> ja, ich respektiere auch. [...] Peter zum Beispiel, er wollte einfach absolut nie irgendjemanden bei sich in der Klasse drin. Und das habe ich respektiert und habe aber gleichzeitig =
> Feldforscherin: = Du hast das Kind rausgenommen =
> Sonderpädagogin: = Nur rausgenommen. Und nur mit delegierten Aufgaben von ihm. Und das finde ich so unbefriedigend, weißt du. Du weißt dann nie, ja, ich arbeite hier irgendetwas, fruchtet es dann? Also fasst es Fuß oder muss man nochmals etwas ändern?" (Kosorok Labhart und Maeder 2016, 229f.)

In der Zusammenarbeit mit Schulbegleitungen spielt die Frage nach fachspezifischen Zugängen möglicherweise eine untergeordnete Rolle, denn ohne eine spezifische Professionalisierung existiert für sie folglich auch keine berufliche Fachlichkeit. An die Stelle eines fachlichen Bezugs tritt dagegen alltagsweltliches Wissen, über das in gleichem Maße ja auch die professionalisierte Lehrkraft verfügt. Möglicherweise verringert dies im Vergleich zu interprofessioneller Zusammenarbeit die Wahrscheinlichkeit für Missverständnisse, da die Lehrkraft die Handlungslogiken der Schulbegleitung, die auf alltagsweltlichem Wissen basieren, besser nachvollziehen kann, als wenn diese nach einer ihr fremden fachlichen Logik handeln würde. Darüber hinaus wäre es vorstellbar, dass es bedingt durch das Professionalisierungsgefälle weniger Konkurrenz um die Deutungshoheit einer Situation gibt, als wenn zwei unterschiedliche fachliche Perspektiven aufeinandertreffen.

In dem oben zitierten Interviewausschnitt werden jedoch über das Aufeinandertreffen zweier berufsspezifischer Zugänge hinaus noch weitere Herausforderungen für die gemeinsame Arbeit sichtbar; so etwa das in Kap. 3.4.1.5 bereits beschriebene Autonomie-Paritäts-Muster und der damit verbundene Unwillen der Lehrkraft, jemandem Zugang zum eigenen Unterricht zu gewähren. Besonders bedeutsam ist in diesem Ausschnitt jedoch die offensichtliche Hierarchie, in der sich die Sonderpädagogin als Gast (vermutlich da sie mit nur wenigen Stunden pro Woche in einer Klasse arbeitet) den Wünschen der Lehrkraft an die Zusammenarbeit unterordnen muss.

Ein vergleichbares Phänomen zeigt sich in der Analyse von Heinrich, Arndt und Werning (2014). In einem Interview beschreibt eine Sonderpädagogin, dass sie in der Zusammenarbeit mit der Regelschullehrkraft üblicherweise hauptsächlich für die schwächeren Schülerinnen und Schüler zuständig ist, während sich die Regelschullehrkraft um alle anderen Schülerinnen und Schüler kümmert. Die Sonderpädagogin jedoch hadert mit dieser Arbeitsteilung, die ihrer Einschätzung nach aus Sicht der Schülerinnen und Schüler damit einhergeht, dass sie zur „Fördertante“ (Heinrich et al. 2014, S. 64) degradiert wird. Im Interview hebt sie deshalb besonders Vertretungssituationen hervor, in denen sie allein in der Klasse ist und folglich für alle Schülerinnen und Schüler gleichermaßen zuständig ist, was ihren Vorstellungen der eigenen professionellen Identität stärker entspricht. Deutlich wird hier bei arbeitsteilig gedachter multiprofessioneller Kooperation einerseits die Gefahr der Aufrechterhaltung von Kategorien durch explizite personelle Zuständigkeiten (im Beispiel von Heinrich, Arndt und Werning „die Schwächeren“ und „die Gymnasialempfehlungskinder“), was in ähnlicher Form ja bereits auch für den Einsatz von Schulbegleitungen diskutiert wurde (vgl. Kap. 0); andererseits wird hier auch die Frage nach der Hierarchie zwischen Lehrkraft und Sonderpädagogin thematisch, in der sich die Sonderpädagogin offenbar erneut der Lehrkraft unterordnet und nur dann ihren eigenen Vorstellungen gemäß tätig werden kann, wenn die Lehrkraft abwesend ist und eine Vertretungssituation eintritt. Die Regelschullehrkraft selbst bewahrt sich die Deutungshoheit über die Situation und muss ihr eigenes Rollenverständnis kaum verändern, da sie die im inklusiven Unterricht für sie neue Aufgabe der Beschulung „schwächerer“ Kinder zumindest zeitweise an die Sonderpädagogin delegieren kann.

Hier zeigen sich eindeutige Parallelen zur Zusammenarbeit von Lehrkräften und Schulbegleitungen. Da letztere als ‚Gast‘ in den Unterricht der Lehrkraft eindringt und ohne einen von vornherein abgrenzbaren Aufgabenbereich der Anleitung der Lehrkraft bedarf, existiert auch hier eine Hierarchie bzw. ein eindeutiges Machtgefälle, das Einfluss auf die Zusammenarbeit nimmt:

> „Große Machtgefälle führen in der Regel dazu, dass die in der Kooperation Mächtigeren den Unterlegenen ein Verhalten aufzwingen, Problemanalysen aus ihrer Sicht vornehmen sowie die Definitionshoheit über die Art und Weise der Zusammenarbeit übernehmen (vgl. Maykus 2004). Professionsgruppen, die an den Schulen tätig sein sollen, sind in Bezug auf eine integrierte Angebotserbringung von den Klassen- oder Fachlehrkräften abhängig und erfahren gerade dann, wenn das strukturelle Machtgefälle unreflektiert bleibt, eine ‚delegative Rahmung ihrer Arbeit‘ (Maykus 2004, S. 356). Sie können von Lehrkräften beauftragt und instrumentalisiert werden und erleben dadurch ihre Tätigkeit zunehmend als ‚Service-Leistung‘ […].“ (Widmer-Wolf 2018, S. 301)

Die Wahrnehmung der Tätigkeit als „Service-Leistung“ ist auch für die Schulbegleitung nicht ganz von der Hand zu weisen vor dem Hintergrund, dass mit ihrem

Einsatz der nicht-inklusive Unterricht und darüber hinaus auch das nicht-inklusive Schulsystem selbst vergleichsweise unangetastet bleiben kann (vgl. Kap. 0).

Sowohl in den Studien zur Kooperation im Rahmen des Ganztags als auch im Rahmen inklusiven Unterrichts spielt die Frage der Hierarchie unter den Kooperationspartnerinnen und -partnern eine Rolle. An der Spitze dieser Hierarchie scheinen dabei stets die Regelschullehrkräfte zu stehen, die die Deutungshoheit über die Art und Intensität der Kooperationsbeziehung haben.

> „Das weitere pädagogisch tätige Personal wird in solchen Arbeitsbeziehungen eher als Problemlöser und Unterstützer der Lehrkräfte und damit in einer eher untergeordneten und zuarbeitenden Rolle gesehen. Solche Formen der Zusammenarbeit ergeben sich häufig spontan, fußen selten auf gemeinsamen konzeptionellen pädagogischen Überlegungen und haben in erster Linie den Zweck, einen möglichst reibungslosen und störungsfreien Ablauf des Unterrichts zu gewähren [...].“ (Gröhlich et al. 2015, S. 196)

Dies hat Einfluss auf die Zufriedenheit mit der Kooperationsbeziehung. So sind Regelschullehrkräfte mit der Kooperation tendenziell zufriedener als die in der Hierarchie niedriger gestellten Kooperationspartnerinnen und -partner. Gebhard et al. befragten von 2012–2013 insgesamt 245 Pädagoginnen und Pädagogen sowohl aus dem Primar- als auch dem Sekundarstufenbereich, davon 138 sonderpädagogische Lehrkräfte und 107 Regelschullehrkräfte. Der Fragebogen umfasste unter anderem auch mehrere Items zur Zufriedenheit hinsichtlich der Zusammenarbeit im interprofessionellen Team. Aus ihrer Auswertung geht hervor, dass die Sonderpädagoginnen und -pädagogen mit der Zusammenarbeit tendenziell unzufriedener sind als ihre Regelschulkolleginnen und -kollegen, unter anderem in den Bereichen Zielorientierung, Zusammenhalt und Verantwortungsübernahme (vgl. Gebhard et al. 2014, S. 30). Während die Autorinnen und Autoren der Studie dies mit dem Gaststatus der sonderpädagogischen Lehrkräfte erklären, mag dieser Befund darüber hinaus möglicherweise auch damit zusammenhängen, dass sie ihre eigenen, auf ihre Professionalisierung zurückzuführenden Erwartungen, Methoden und Zielvorstellungen denen der Lehrkraft unterordnen, welche die Kooperation häufig positiver empfindet. Die Autorinnen und Autoren der Studie halten fest, dass „in den Kooperationsbeziehungen meist noch keine, für beide Berufsgruppen gleich befriedigende Einigungssituation hergestellt ist und noch nicht von ‚Teampartnern auf Augenhöhe‘ gesprochen werden kann“ (Gebhard et al. 2014, S. 17).

Auch bei multiprofessioneller Kooperation im Rahmen des schulischen Ganztags lässt sich eine Hierarchie der verschiedenen Kooperationspartnerinnen und -partner belegen, die Einfluss auf die Zufriedenheit mit der Kooperation nimmt. Im Rahmen des Projektes „Ganz In“ wurden mithilfe eines Online-Fragebogens im Zeitraum von Juni bis September 2011 insgesamt 264 Lehrkräfte sowie 75 „weitere pädagogisch tätige Personen“ (Gröhlich et al. 2015, S. 185) aus Ganztagsgymnasien zu multiprofessioneller Kooperation befragt. Auch hier zeigt sich das „weitere pädagogisch tätige Personal“ in ihren Einschätzungen zur Kooperation skeptischer als die Lehrkräfte und fühlt sich tendenziell nicht so gut in die Schulgemeinschaft bzw. ins Lehrerkollegium integriert (vgl. Gröhlich et al. 2015, S. 194). Insbesondere die von den Autorinnen aufgeführten Begründungen für den letzten Aspekt lassen sich 1:1 auch auf die Situation von Schulbegleitungen übertragen:

> „Das weitere pädagogisch tätige Personal ist, was die Beschäftigungsverhältnisse und die Entlohnung betrifft, zumeist deutlich schlechter gestellt als die Lehrkräfte, was wiederum Status- und damit auch Prestigefragen aufwerfen kann. Der Anteil von Beschäftigten im Nebenerwerb, geringfügig Beschäftigten und ehrenamtlich Tätigen ist nicht gering; befristete Arbeitsverträge sind keine Ausnahmeerscheinung. Daraus resultiert eine hohe Fluktuation der außerschulischen Akteure, so dass der Aufbau von tragfähigen und langfristigen Kooperationsbeziehungen erschwert wird.“ (Gröhlich et al. 2015, S. 182)

Zum Aspekt der Kooperation in hierarchischen Beziehungen ist auch die Studie von Anne Breuer zur Differenzierung von Zuständigkeiten in Teams von Lehrkräften und Erzieherinnen und Erziehern im schulischen Ganztag aufschlussreich. Im Rahmen ihrer Dissertation bat sie sechs Teams aus Lehrkräften und Erzieherinnen und Erziehern an Ganztagsschulen, ihre Teamgespräche mithilfe eines Aufnahmegeräts aufzuzeichnen. Die insgesamt elf aufgezeichneten Gespräche wurden anschließend sequenzanalytisch ausgewertet. Von besonderem Interesse an den Daten war hierbei die Wahrung von Gestaltungsautonomie[23] der Beteiligten. Nach

[23] Nach Idel (2018) gilt es zu unterscheiden zwischen der *Gestaltungsautonomie*, also den Rahmenbedingungen pädagogischen Handelns, die durch Kooperation durchaus beeinflusst und eingeschränkt werden kann, und der *Handlungsautonomie* – letztere bezieht sich auf situativ getroffene pädagogische Entscheidungen, für die die jeweils handelnde Lehrkraft immer eine pädagogische Verantwortung trägt, von der auch Kooperation nicht entbinden kann. Dies resultiert in einem Spannungsfeld „von Selbst- und Fremdbestimmung, bei dem eine Verantwortungsübernahme für das eigene Handeln im Kontext weitreichender pädagogischer Freiheit einerseits

Breuer drückt sich Gestaltungsautonomie darin aus, „Entscheidungen bezüglich der Organisation der eigenen Arbeit treffen zu können. Wer macht wann was mit welchen Kindern oder Schüler(inne)n auf welche Weise? Diese Frage allein oder im Team zu entscheiden, macht einen Unterschied.“ (Breuer 2015, S. 72) Ähnlich wie in der Zusammenarbeit von Lehrkräften und Schulbegleitungen ist auch für die Teams von Lehrkräften und Erzieherinnen und Erzieher anzunehmen, dass Statusunterschiede zwischen den Beteiligten zugunsten der Lehrkräfte bestehen. Interessanterweise stellt Breuer in ihrer Analyse der Teamgespräche fest, dass

> „[…] die Art und Weise, wie Lehrer(innen) und Erzieher(innen) sich ansprechen und damit aufeinander Bezug nehmen, […] komplexer [sind], als es die Annahme einer Hierarchisierung entlang von Berufsrollen nahelegt. […] Wie Lehrer(innen) und Erzieher(innen) in ihren Gesprächen über ihre gemeinsamen Angebote ihre Zuständigkeiten differenzieren, hängt offenbar davon ab, wozu sie sich selbst und die andere(n) jeweils autorisiert sehen und folglich für anfallende Tätigkeiten verantwortlich erklären.“ (Breuer 2015, S. 265)

In Bezug auf die Differenzierung von Zuständigkeiten arbeitet Breuer dabei drei unterschiedliche Muster heraus: (A) Die Kooperation entlang von Hauptzuständigkeit und Zuarbeit, (B) Kooperation entlang der Entdifferenzierung von Zuständigkeiten, (C) Kooperation entlang fachbezogener Zuständigkeiten. Alle drei empirisch vorgefundenen Muster haben dabei Auswirkungen auf die Gestaltungsautonomie der Beteiligten, indem sie diese entweder einschränken (insbesondere für Erzieherinnen und Erzieher bei einer Kooperation nach Muster A), oder aber ausweiten, etwa wenn eine Lehrkraft „der Tendenz nach darüber verfügen kann, was eine weitere Person, die Erzieherin, tun soll oder allgemein durch die Auslagerung bestimmter Tätigkeiten aus dem Zuständigkeitsbereich der Lehrkräfte Raum für andere, möglicherweise präferierte Tätigkeiten für Lehrkräfte entsteht“ (Breuer 2015, S. 270).

Diese Muster der Zuständigkeitsdifferenzierung lassen sich – zumindest in begrenztem Maße – auch auf die Zusammenarbeit von Schulbegleitungen und Lehrkräften übertragen. Muster A ist insbesondere vor den in Kap. 0 dargestellten Überlegungen zur Professionalisierungsbedürftigkeit von Schulbegleitungen und

und mögliche Beschränkungen der Selbstbestimmung durch Vorgaben und kooperatives Handeln andererseits immer wieder neu auszubalancieren sind.“ (Boller et al. 2018, S. 9) der damit einhergehenden Anleitungsbedürftigkeit durch Lehrkräfte gut vorstellbar. Eine mögliche Spielart des Musters B besteht in einer Unterscheidung von Zuständigkeiten nach unterschiedlichen Schülergruppen anstelle von Berufsgruppenzugehörigkeit (vgl. Breuer 2015, S. 269) – für die Schulbegleitung würde dies bedeuten, allumfassend für das von ihr begleitete Kind zuständig zu sein und dabei durchaus auch Tätigkeiten nachzugehen, die eigentlich der Berufsgruppe der Lehrkräfte vorbehalten wären. Dass dies passiert, ist empirisch belegt (vgl. Kap. 3.2.2.2). Muster C hingegen ist die Form der Zusammenarbeit, die von programmatischer Literatur zur Schulbegleitung in der Regel gefordert wird – zu den fachbezogenen Zuständigkeiten der Lehrkraft gehören dabei selbstverständlich alle pädagogisch-unterrichtlichen Belange; die „fachbezogenen" Zuständigkeiten der Schulbegleitung dagegen umfassen unterstützende bzw. pflegerische Tätigkeiten. Gleichzeitig wurde bereits mehrfach deutlich, dass eine solche Form der Zuständigkeitsdifferenzierung in der Praxis kaum haltbar ist; nicht zuletzt, da die Schulbegleitung ohne Professionalisierung kein genuines *Fach* hat, auf das bezogen sie professionell agieren könnte. Darüber hinaus stellt sich die Frage nach der Gestaltungsautonomie bzw. nach Einbußen selbiger für die nicht-professionalisierte Schulbegleitung in anderem Maße. Anders als Erzieherinnen und Erzieher, die vormals in der Regel bereits in anderen Kontexten als selbige tätig waren und von dort ein anderes Maß an Gestaltungsautonomie kennen, sind die beruflichen Hintergründe der Schulbegleitung hiermit kaum vergleichbar – die Tätigkeit der Schulbegleitung existiert ausschließlich in Schule und Unterricht und damit immer in Zusammenarbeit mit bzw. in Abhängigkeit von Lehrerinnen und Lehrern.

3.4.3 Resümee

Es wurde gezeigt, dass Kooperation eine hoch anspruchsvolle Form der Zusammenarbeit darstellt. Aufgrund fehlender Voraussetzungen auf konzeptioneller, organisationaler und fachlicher Ebene kann die Zusammenarbeit von Lehrkräften und Schulbegleiterinnen und Schulbegleitern diese hohen Ansprüche nicht erfüllen.

Folglich stellt sich die Frage, woran sich ihre Zusammenarbeit nun orientieren sollte – wenn, in Anlehnung an das Modell von Breuer, die Zusammenarbeit entlang der Entdifferenzierung von Zuständigkeiten (Muster B) aus Mangel an

Professionalisierung der Schulbegleitung nicht empfehlenswert ist und die Zusammenarbeit entlang fachbezogener Zuständigkeiten (Muster C) sowohl aufgrund mangelnder Fachlichkeit der Schulbegleitung als auch aufgrund mangelnder Trennschärfe pädagogischer und nicht-pädagogischer Prozesse nicht möglich ist, dann bleibt letztlich nur die Zusammenarbeit entlang von Hauptzuständigkeit und Zuarbeit (Muster A).

Einen interessanten Blick auf dieses Muster A der Zusammenarbeit bieten Bender und Heinrich. Sie argumentieren, dass der Anspruch einer egalitären Zusammenarbeit vor dem Hintergrund pädagogischer Handlungsanforderungen unabhängig von etwaigen Professionsdifferenzen immer problematisch ist, da aufgrund der Nicht-Standardisierbarkeit pädagogischer Prozesse zwangsläufig differente Bearbeitungsansätze in der konkreten Praxis aufeinandertreffen. Um diese differenten Bearbeitungsansätze „nicht zu einem Glaubwürdigkeitsproblem und in der Folge zu einem Autoritätsproblem werden zu lassen“ (Bender und Heinrich 2016, S. 101), ist eine dominante Ordnung erforderlich,

> „[…] die für die Durchführung von Unterricht konstitutiv ist und angesichts der professionstheoretisch notwendigen Bearbeitung von Paradoxa (vgl. Helsper 2002) konsistent i.S. einer individuellen Lehrpraxis nur von *einer* Person umgesetzt werden kann. Der Anspruch an eine egalitäre Zusammenarbeit ist insofern neu zu justieren.“ (Bender und Heinrich 2016, S. 101, Hervorhebung im Original)

Eine solche Neujustierung der Zusammenarbeit als Anerkennung dieser grundlegenden Strukturproblematik müsste nun nicht mehr defizitär hinter den unrealistischen Ansprüchen einer egalitären, reziproken Kooperation zurückbleiben, sondern dürfte sich bewusst anhand des von Breuer postulierten Musters A, der Differenzierung nach Hauptzuständigkeit und Zuarbeit, orientieren. Eine solche Koordination der Zusammenarbeit würde angesichts des Professionalisierungsgefälles dabei am Ehesten die Qualität der pädagogischen Arbeit sichern.

Damit geht allerdings auch einher, dass die Beteiligten die Dominanz der Lehrkraft in der Arbeitsbeziehung auch zulassen und die Lehrkraft ihre neue Rolle mit Führungsverantwortung in Bezug auf die Gestaltung des Unterrichts auch wahrnehmen kann und wahrnimmt – ein Punkt, der angesichts normativer Vorstellungen von egalitärer Kooperation (vgl. Dinsleder und Steinwand 2018) zunächst schwerfallen mag und darüber hinaus durch organisationale Rahmenbedingungen (vgl. Köker 2012) zusätzlich erschwert werden kann. Gleichzeitig bedeutet diese Erkenntnis, dass die Schulbegleitung in ihrer Tätigkeit und folglich auch in ihrer Rolle stark abhängig ist von der Lehrkraft und deren Bereitschaft, sie anzuleiten und in die unterrichtlichen Planungen mit einzubinden.

Der Anspruch einer egalitären Kooperation zwischen Lehrkraft und Schulbegleitung ist einerseits aufgrund des Professionalisierungsgefälles, andererseits aufgrund der Strukturproblematik pädagogischer Kooperation fehl am Platz. Ihre Zusammenarbeit bedarf stattdessen zwangsläufig der aktiven Führung und Gestaltung durch die Lehrkraft und damit einhergehend einer hierarchischen Ordnung, die Einfluss auf die Rollen aller an der Zusammenarbeit beteiligten Akteure nimmt.

4 Intra-Rollenkonflikte und deren Bearbeitungsmechanismen nach Merton

In Kap. 2 wurde expliziert, dass die Rollentheorie am Forschungsgegenstand im Verlauf der Arbeit sukzessive entfaltet wird. Im vorangegangenen Kapitel wurden die verschiedenen, mit der Rolle der Schulbegleitung in Verbindung stehenden Erwartungshaltungen und Sichtweisen auf deren Rechte und Pflichten erörtert und es wurde deutlich, dass die unterschiedlichen Rollensektoren bisweilen so widersprüchlich sind, dass der daraus resultierende Intra-Rollenkonflikt bei gleichzeitig fehlender Professionalisierung der Schulbegleitung und deren häufig prekären Beschäftigungsbedingungen zu einem Rollenprekariat führt. Es scheint schwer vorstellbar, wie die Schulbegleitung und die mit ihr in Verbindung stehenden Akteure unter diesen Bedingungen überhaupt arbeitsfähig werden können bzw. wie sie angesichts dieser höchst divergenten Rollensektoren ihr eigenes Handeln legitimieren sollen.

In der soziologischen Rollentheorieforschung hat sich insbesondere Robert K. Merton mit der Frage beschäftigt, welche sozialen Mechanismen dazu beitragen können, der „Labilität des Rollen-Set entgegenzuwirken" (Merton 1967, S. 262), also Stabilität innerhalb einer Rolle trotz divergierender Rollensektoren sicherzustellen. Er beschreibt sechs solcher Mechanismen, die im Folgenden kurz auf ihr Potential für eine eventuelle Auflösung oder zumindest Abschwächung des Rollenprekariats der Schulbegleitung hinterfragt werden sollen.

4.1 Relative Bedeutsamkeit der Positionen

Der erste soziale Mechanismus zur Stabilisierung von Rollen geht davon aus, dass die verschiedenen Rollensektoren unterschiedlich stark in die Beziehung mit dem Rollen-Inhaber involviert sind. Dabei kann sich die relative Bedeutsamkeit der Positionen in zweierlei Hinsicht auswirken: 1) Der Inhaber der Rolle selbst misst den unterschiedlichen Rollensektoren unterschiedlich viel Bedeutung zu und kann

A. Lübeck, *Schulbegleitung im Rollenprekariat*, Rekonstruktive Bildungsforschung 24, https://doi.org/10.1007/978-3-658-25262-5_4

die an ihn gestellten Erwartungen dementsprechend unterschiedlich stark gewichten; 2) nicht alle mit einer Rolle in Verbindung stehenden Positionen haben ein gleichermaßen großes Interesse an dieser Beziehung.

Für das Rollenprekariat der Schulbegleitung ist dies ein hochgradig relevanter Mechanismus. So ist aus der Praxis beispielsweise bekannt, dass sowohl Schulbegleitungen als auch Lehrkräfte die Forderungen des Arbeitgebers, dass die Schulbegleitung ausschließlich für das von ihr zu betreuende Kind verantwortlich ist, häufig ignorieren und die Schulbegleitung für alle Kinder in der Lerngruppe ansprechbar ist (vgl. Kap. 3.2.2.4). Die Positionen, mit denen die Schulbegleitung in täglichem Kontakt steht, werden somit stärker gewichtet als die Positionen des Arbeitgebers bzw. des Leistungsträgers. Als Pendant dazu ist auch seitens der Rollensektoren ein unterschiedlich großes Interesse an der Schulbegleitung nachvollziehbar; etwa wenn die Regelschullehrkraft die Verantwortung für die Schulbegleitung an die Sonderpädagogin delegiert oder der Leistungsträger jenseits des Bewilligungsverfahrens keinerlei Interesse an der konkreten Durchführung der Maßnahme zeigt.

4.2 Machtunterschiede zwischen den Rollensektoren

Die einzelnen Rollensektoren haben in der Regel unterschiedlich großen Einfluss auf den Rolleninhaber. So gilt für die Rollensektoren der Schulbegleitung zumindest theoretisch, dass der Leistungsträger, also das Sozial- bzw. das Jugendamt, in seiner Funktion als bewilligende und finanzierende Instanz zunächst den größten Einfluss zu haben scheint, dicht gefolgt von den Eltern, die den Einsatz der Schulbegleitung in der Regel durch die von ihnen verantwortete Beantragung ‚in Auftrag' gegeben haben. Dies bedeutet jedoch nicht zwangsläufig, dass diese Rollensektoren auch faktisch die mächtigsten sind und sich mit ihren Forderungen immer durchsetzen können – dies wäre nur dann der Fall, wenn sie ein absolutes Machtmonopol hätten oder mächtiger wären als die übrigen Rollensektoren zusammengenommen (und wenn sie auch ein entsprechend großes Interesse an dem Rolleninhaber hätten, vgl. Kap. 4.1). Vielmehr argumentiert Merton, dass „soweit sich entgegengesetzte Kräfte in seinem Rollen-Set neutralisieren, […] der Positionsinhaber in gewissen Grenzen so weitermachen [kann], wie er selbst sowieso wollte."

Dementsprechend geht mit sich widersprechenden Rollensektoren möglicherweise durchaus mehr Selbstbestimmung einher, als wenn hier Einigkeit geherrscht hätte. So kann beispielsweise der Widerstreit zwischen der sozialrechtlichen Perspektive, die in der Regel auf die Alleinzuständigkeit der Schulbegleitung für das begleitete Kind beharrt und der pädagogischen Perspektive, nach der eine Zuständigkeit für die gesamte Lerngruppe wünschenswert wäre, es der Schulbegleitung überhaupt erst ermöglichen, sich den eigenen Vorstellungen entsprechend für eine Handlungsoption zu entscheiden und diese mit Berufung auf die diese Handlungsoption vertretende Position auch zu rechtfertigen. Diese Wahlmöglichkeit hätte ohne Widersprüche zwischen den einflussnehmenden Positionen gar nicht erst bestanden.

4.3 Abschirmung des Rollen-Handelns

> „Je mehr die Sozialstruktur das Individuum davor schützt, daß seine Handlungen den Mitgliedern seines Rollen-Set bekannt werden, desto weniger wird es widerstreitenden Forderungen ausgesetzt. [...] Die strukturelle Tatsache besteht daraus, daß soziale Positionen sich dadurch unterscheiden, in welchem Umfang das Verhalten der Positionsinhaber regelmäßig der Beobachtung durch Mitglieder des Rollen-Set entzogen wird.“ (Merton 1967, S. 264)

In den Rollen-Sektoren der Schulbegleitung finden sich mehrere Positionen, die nicht in regelmäßigem Kontakt zu ihr stehen, darunter insbesondere der Leistungsträger, der Arbeitgeber und, je nach Intensität des Kontakts, auch die Eltern. Dies ermöglicht der Schulbegleitung und den anderen, regelmäßiger mit ihr in Verbindung stehenden Positionen, einige Elemente des Rollen-Handelns der Schulbegleitung gegenüber diesen Sektoren abzuschirmen. Das bereits in Kap. 4.1 genannte Beispiel, dass sich eine Schulbegleitung entgegen der Erwartungen des Leistungsträgers auch um andere Kinder in der Klasse kümmert, kann nur deshalb zustande kommen, weil der Leistungsträger selbst nicht im Unterricht anwesend ist und sich das konkrete Handeln der Schulbegleitung im Unterricht seiner direkten Kontrolle entzieht.

Abschirmung ist jedoch auch gegenüber anderen Akteuren im Rollensektor der Schulbegleitung denkbar, auch gegenüber jenen, die regelmäßiger in Kontakt mit ihr stehen. So betont Merton, dass es sich bei Abschirmung um einen für professionelles Handeln essentiellen Mechanismus handelt, denn nur durch Abschirmung gegenüber anderen Positionen kann a) die notwendige Autonomie des professionellen Akteurs gewahrt werden und b) das Vertrauensverhältnis entstehen, das für ein professionelles Arbeitsbündnis grundlegend notwendig ist. Trotz der problematischen Ausgangslage für ein letztlich doch erforderliches Arbeitsbündnis zwischen Schulbegleitung und begleitetem Kind (vgl. Kap. 3.3.2.1) wird es auch in dieser Beziehung Elemente geben, die vor der Einsicht und Kontrolle anderer Akteure, Lehrkräfte mit einbezogen, abgeschirmt werden müssen.

4.4 Übersehbarkeit widersprüchlicher Forderungen

Wie in Kap. 3.1 deutlich wurde, steht die Schulbegleitung im Mittelpunkt eines „Vieleckverhältnisses“ (Knuf 2013, S. 94), bei dem unklar ist, wie sehr die jeweils beteiligten Rollensektoren einander überhaupt wahrnehmen. Solange die widersprüchlichen Positionen nicht voneinander wissen, „kann jedes Mitglied seine eigenen Forderungen durchzusetzen versuchen“ (Merton 1967, S. 265) – und genau dieser Umstand ist es, der die Schulbegleitung zum Spielball der unterschiedlichen Interessen werden lässt und vor dem ihr Handeln stets selbst widersprüchlich und defizitär bleiben wird.

Nun argumentiert Merton jedoch, dass zu dem Zeitpunkt, an dem die unterschiedlichen Rollensektoren für einander sichtbar werden (auf der Makro-Ebene etwa durch den wissenschaftlichen und/oder öffentlichen Diskurs, auf der Mikro-Ebene z.B. durch das Thematisieren der widersprüchlichen Erwartungen durch die Schulbegleitung selbst), die Rollensektoren dazu gezwungen werden, ihre unterschiedlichen Erwartungen miteinander auszuhandeln.

> „Zuvor im Brennpunkt des Konfliktes stehend, kann er [der Rolleninhaber, A.L.] jetzt praktisch zum Zuschauer werden, dessen Funktion darin liegt, die Widersprüchlichkeit der Forderungen seines Rollen-Set ins Rampenlicht zu rücken. Die Versöhnung dieser widersprüchlichen Erwartungen wird eher den anderen zum Problem als ihm.“ (Merton 1967, S. 265)

Möglicherweise wurde auf der Mikro-Ebene in Bezug auf einzelne Fälle bereits eine Annäherung der jeweiligen Rollensektoren aneinander erreicht, etwa im Rahmen von Hilfeplangesprächen oder runden Tischen. Auf der Makro-Ebene scheint der Diskurs über die Rolle von Schulbegleitung dagegen jedoch gerade erst zu beginnen und eine gegenseitige Wahrnehmung der einzelnen Positionen findet bislang nur begrenzt statt.[24]

4.5 Gegenseitige soziale Unterstützung zwischen den Statusinhabern

In den seltensten Fällen ist eine soziale Position wirklich einzigartig. In der Regel gibt es weitere Inhaber einer Position, die mit ähnlichen Intra- (und Inter-)Rollenkonflikten konfrontiert sind. Dementsprechend haben sich in einer funktional ausdifferenzierten Gesellschaft häufig auch Organisationen gleichgestellter Positionsinhaber entwickelt, z.B. in Form von Berufsverbänden oder Interessensvertretungen. Die Funktion solcher Organisationen besteht darin, die Positionsinhaber zu unterstützen, möglicherweise bereits bewährte Bearbeitungsstrategien für regelmäßig auftretende, widersprüchliche Erwartungen an die jeweilige Rolle zu verbreiten und in der öffentlichen Wahrnehmung für Belange der Positionsinhaber eintreten zu können.

Eine einem Berufsverband ähnelnde Struktur existiert für die Schulbegleitung bis dato nicht, was unter anderem ihrer dezentralen Organisation und den lokal stark variierenden Rahmenbedingungen geschuldet sein dürfte (vgl. Kap. 3.1). Soziale Unterstützung unter Schulbegleiterinnen und Schulbegleitern findet daher bislang hauptsächlich in informeller Weise statt, etwa in Internetforen oder Facebook-Gruppen, im Rahmen von (Fortbildungs-)Veranstaltungen oder Supervisionsangeboten durch die Leistungserbringer und, im Alltag vermutlich die wichtigste Form gegenseitiger Unterstützung, innerhalb von Gesprächen von Schulbegleiterinnen und Schulbegleitern an ein und derselben Schule, etwa während der Pause oder nach dem Unterricht.

24 Beispiele für die gegenseitige Wahrnehmung der Rollensektoren von Schulbegleitung sind unter anderem die vom Bundesverband für Erziehungshilfe organisierten „Expertengespräche“ (vgl. AFET – Bundesverband für Erziehungshilfe e.V. 2016) sowie eine Anhörung im Bayerischen Landtag (2013). Zu diesen Anlässen waren Vertreterinnen und Vertreter aller die Schulbegleitung betreffenden Positionen geladen.

4.6 Beschränkungen der Rollensektoren

Der letzte von Merton genannte Mechanismus zur Stabilisierung einer Rolle ist zugleich der drastischste: Er besteht im Abbruch von Rollenbeziehungen und der damit verbundenen größeren Übereinstimmung der verbliebenen Rollensektoren.

In Bezug auf die Schulbegleitung wird immer wieder diskutiert, inwiefern die Jugend- bzw. die Sozialhilfe überhaupt für die individuelle Unterstützung einzelner Kinder im Regelschulsystem beauftragt werden kann und im Zuge dieses Auftrags finanziell für die Maßnahme zur Verantwortung gezogen werden muss, oder ob nicht vielmehr die Schule selbst dafür Sorge tragen muss, a) entweder entsprechende Vorkehrungen zu treffen, damit eine individuelle Begleitung überflüssig wird oder b) die individuelle Begleitung aus eigenen Mitteln zu finanzieren. Letzteres, also die Verortung der Schulbegleitung im Schul- statt im Sozialsystem, käme einer Beschränkung der Rollensektoren gleich, da mit dieser ein bislang einflussreicher Akteur aus dem Positionsnetz der Schulbegleitung wegfallen würde, nämlich die Sozial- bzw. Jugendhilfe als Leistungsträger. Gleichzeitig ist dies ein Akteur, der häufig gegenüber den Logiken des Schulsystems entgegengesetzte Erwartungen hegt, allen voran die bereits vielfach zitierte Exklusivität der Unterstützungsleistung für ein einzelnes Kind. Eine andere Form der Beschränkung von Rollensektoren besteht in der zunehmenden Etablierung von Pool-Modellen, bei denen je nach Konzeptionierung z.B. die Beantragung durch die Eltern entfällt (vgl. Lindmeier 2016).

Eine Beschränkung der Rollensektoren ist angesichts der Vielzahl an Akteuren rund um die Schulbegleitung fraglos begrüßenswert, kann aber unter der Berücksichtigung der in Kap. 3 genannten Einflussfaktoren konsequenterweise nur dahin gehen, die Schulbegleitung organisatorisch stärker im Schulsystem zu verankern und ihre soziale Rolle vorrangig aus einer pädagogischen, denn aus einer sozial- bzw. jugendhelferischen Perspektive zu denken.

Obwohl sämtliche sechs genannten Mechanismen in der ein oder anderen Weise auch in Bezug auf die Schulbegleitung Anwendung finden oder zumindest theoretisch Anwendung finden können, bedeutet dies nicht zwangsläufig, dass ihr Rollenprekariat damit in ausreichender Form gemildert oder gar aufgelöst werden kann. Auch Merton selbst konstatiert, dass

> „[…] auch wenn diese und etwaige andere Mechanismen am Werk sind, sie die Konflikte der Erwartungen vielleicht nicht in allen Fällen unter das Maß drücken können, das die Sozialstruktur erst wirklich wirksam funktionieren läßt. Dieser verbleibende Konflikt innerhalb des Rollen-Set kann so groß sein, daß er eine wirksame Rollen-Leistung des betreffenden Statusinhabers wesentlich stört.“ (Merton 1967, S. 267)

Mit Blick auf die Empirie ist nun zu fragen, ob bzw. welche von Mertons Mechanismen zur Stabilisierung einer Rolle sich auch in der Fallstudie nachweisen lassen, ob ggf. weitere Mechanismen sichtbar werden und welchen Einfluss das Wirken solcher Mechanismen auf das postulierte Rollenprekariat der Schulbegleitung nimmt.

5 Fragestellung und Herangehensweise der Arbeit

Im empirischen Teil dieser Arbeit soll nun die Frage im Fokus stehen, wie die Akteure trotz des Rollenprekariats der Schulbegleitung versuchen, deren Rolle in der Schule und im Unterricht zu definieren, um miteinander arbeitsfähig zu werden, und ob sie dabei ggf. auf weitere, bislang noch nicht aufgedeckte Einflussfaktoren in Bezug auf ihr Rollenprekariat stoßen.

Als rollentheoretischer Bezug dient die interpretative Rollentheorie nach Mead, die insbesondere das Prozesshafte der Rollenfindung theoretisch zu rahmen vermag und die im folgenden Kapitel 5.1 dargestellt werden soll. Im Anschluss daran wird das methodische Vorgehen erläutert (vgl. Kap. 5.2).

5.1 Die interpretative Rollentheorie von George Herbert Mead

Der interpretativen Rollentheorie von George Herbert Mead (1973) nach werden soziale Rollen interpretativ und interaktiv immer wieder neu ausgehandelt. Diese theoretische Perspektive erlaubt es, insbesondere das Prozesshafte der Rollenfindung und -entwicklung in den Fokus zu rücken, was für die Thematik der Schulbegleitung ungemein vielversprechend erscheint.

Wie in Kap. 2 bereits angedeutet soll auch hier bei der Darstellung seiner Theorie zugunsten des Erkenntnisinteresses dieser Arbeit ein wenig pragmatisch vorgegangen und auf eine Reflexion in Bezug auf den allgemeinen rollentheoretischen Diskurs verzichtet werden. Zudem ist es nicht leicht, sich im Werk von George Herbert Mead zurechtzufinden, unter anderem, da er seine Forschung nie selbst systematisch aufgearbeitet hat. Der für sein Werk zentrale Band „Geist, Identität und Gesellschaft" („Mind, Self and Society") basiert auf Vorlesungsmitschriften seiner Studenten und wurde 1934, drei Jahre nach seinem Tod unter der Herausgeberschaft von Charles Morris veröffentlicht. Die Tatsache, dass es sich eben um Vorlesungsmitschriften handelt, birgt einige Tücken: So ist anzunehmen,

A. Lübeck, *Schulbegleitung im Rollenprekariat*, Rekonstruktive Bildungsforschung 24, https://doi.org/10.1007/978-3-658-25262-5_5

dass die Inhalte, die Mead in dieser Vorlesung thematisierte, womöglich gar nicht mehr seinem Forschungsstand zu jener Zeit entsprachen. Darüber hinaus ist der Band geprägt von Wiederholungen, die dem ursprünglichen Format der Vorlesung entspringen, die jedoch innerhalb des Bandes für Unübersichtlichkeit und Redundanzen sorgen.

Die Rezeption des Werkes im deutschsprachigen Raum litt insbesondere an Schwierigkeiten in der Übersetzung. So beklagt Jörissen, dass die Übersetzung von *sense* in *Sinn* anstelle von Bedeutungen einige Inhalte verfälscht; ebenso wie die Übersetzung von *self* in *Identität*, obwohl Mead das Wort *identity* später in einer anderen Bedeutung als *self* verwendet. Zudem trägt die Übersetzung von *I* und *Me* in *Ich* und *ICH* dazu bei, dass das entsprechende Kapitel äußerst schwer zu lesen ist und es mit dieser Terminologie fast unmöglich ist, sich verbal in deutscher Sprache über diese Konzepte auszutauschen (vgl. Jörissen 2010, 91ff.). Um diese Hürden zu umschiffen und ein besseres Textverständnis zu ermöglichen, werden daher im Folgenden Meads Fachtermini in englischer Sprache verwendet.

Die intensive Aufarbeitung von Meads interpretativer Rollentheorie durch viele Forscherinnen und Forscher hat einen großen Beitrag dazu geleistet, dass diese zu so großer Verbreitung gefunden hat – denn das Werk „Geist, Identität und Gesellschaft“ allein hätte dies wohl aufgrund der genannten Unzulänglichkeiten kaum vermocht. Inzwischen existieren einige systematische Überblicksartikel über die zentralen Aussagen Meads, die es ungemein erleichtern, sich in seinem ‚Originaltext‘ zurechtzufinden. Dies sei an dieser Stelle deshalb erwähnt, da es in den folgenden Ausführungen nicht ausbleiben wird, aus dieser unerlässlichen Sekundärliteratur zu zitieren.

5.1.1 Zeichen, Gesten und Symbole

Grundlegend für das Verständnis von Meads Konzeption sind zunächst die Begriffe Zeichen, Gesten und Symbole sowie darauf aufbauend die Abgrenzung tierischer und menschlicher Kommunikation. Während auch Tiere mithilfe von Zeichen (einfachen Reizen) und Gesten (situationsimmanente, handlungsanleitende Kommunikation) kommunizieren können, so ist es ausschließlich Menschen anhand von Symbolen möglich, auf Dinge zu verweisen, die jenseits einer konkreten Situation stehen. So ist es uns Menschen anhand von Sprache, also dem System, in dem Symbole organisiert sind, möglich, uns über Dinge zu verständigen, die nicht gerade in unserer unmittelbaren Nähe sind, die es nur in unserer Fantasie gibt oder die sehr abstrakt sind. Wenn ein Symbol in allen Interaktionspartnern die gleiche Bedeutung auslöst, so spricht Mead von einem signifikanten Symbol. Diese sind notwendig für eine gelingende Kommunikation (vgl. Mead 1973, S. 191).

5.1.2 Die Übernahme von Rollen

Warum ist dieser Exkurs so wichtig für die Rollentheorie? Laut Mead ist eine gemeinsame Sprache bzw. sind geteilte, signifikante Symbole die Voraussetzung für Selbst- und Fremdwahrnehmung, denn nur mit Sprache ist es uns möglich, uns in die Perspektive eines Gegenübers hineinzuversetzen. Genau diese Fähigkeit zur Perspektiv- bzw. Rollenübernahme ist Grundlage für Meads Verständnis von Rollen und rollenförmigem Handeln:

> „Solange ego und alter die gleichen Symbole verwenden, kann alter natürlich auch die Reaktion egos antizipieren, und beide wissen, dass der Andere dies auch tut. Ego versetzt sich in die Rolle alters, und alter versetzt sich in die Rolle egos. Diese Fähigkeit, von der Position des Anderen aus zu denken, nennt Mead *Rollenübernahme* („taking the role of the other")." (Abels 2010, S. 22)

Die Fähigkeit der gegenseitigen Rollenübernahme ist essentiell für das Handeln von Menschen. Die Möglichkeit, zu antizipieren, wie das Gegenüber auf das eigene Handeln reagiert und damit verbunden die Fähigkeit, das eigene Handeln darauf abzustimmen, bewirkt, dass sich das Handeln der beteiligten Interaktionspartner miteinander verschränkt und ein sinnvolles Miteinander überhaupt erst möglich wird. Doch die Fähigkeit zur Rollenübernahme ist über die reine Handlungsebene hinaus auch Voraussetzung für Identitätsbildung, denn nur durch die Fähigkeit, sich selbst durch die Augen eines anderen wahrzunehmen, wird man sich selbst zum Objekt, über das man reflektieren kann:

> „[…] er wird für sich selbst nur zum Objekt, indem er die Haltungen anderer Individuen gegenüber sich selbst innerhalb einer gesellschaftlichen Umwelt oder eines Erfahrungs- und Verhaltenskontextes einnimmt, in den er ebenso wie die anderen eingeschaltet ist." (Mead 1973, S. 180)

Es benötigt also den Umweg über die (vermutete) Wahrnehmung anderer, um die eigene Identität zu entwickeln.

5.1.3 *Die Bildung von Rollenbewusstsein und Identität: Die Konzepte play und game*

Mead veranschaulicht an den Handlungen eines Kindes, wie es Identität entwickelt. So verweist er zunächst auf ein Kind, das sich, häufig in aller Seelenruhe, in die Rollen von nahestehenden Personen hineinversetzt und sie ‚spielt'. Es spielt die Mutter, den Vater, vielleicht den bekannten Arzt. Es entsteht ein Dialog zwischen dem Kind selbst und den von ihm eingenommenen Rollen, der jedoch stets situationsimmanent bleibt:

> „Das Kind sagt etwas in einer Eigenschaft und reagiert in einer anderen, worauf dann seine Reaktion in der zweiten Eigenschaft ein Reiz für es selbst in der ersteren Rolle ist, und so geht der Austausch weiter. So entwickelt sich in ihm und in seiner anderen, antwortenden Identität eine organisierte Struktur. Beide Identitäten pflegen einen Dialog mit Hilfe von Gesten." (Mead 1973, S. 193)

Durch dieses Spiel erhält das Kind eine Vorstellung davon, wie es von anderen Menschen wahrgenommen wird, was diese von ihm erwarten und folglich, wie es sich ihnen gegenüber verhalten sollte. Diese erste Stufe von Identitätsbildung bezeichnet Mead als *play*; es ist der „fundamentale […] Prozess, sich (metaphorisch gesprochen) mit den Augen anderer zu sehen und dabei ein Bewusstsein seiner selbst zu entwickeln." (Jörissen 2010, S. 98)

Aufbauend auf das freie Spiel *play* gilt es beim Wettkampf, dem *game*, mehrere Rollen miteinander zu koordinieren und den eigenen Platz im Zusammenhang zu verstehen. Mead selbst führt hier als Beispiel das Fußballspiel an: Eine Mannschaft spielt gegen eine andere und beide Mannschaften verfolgen Ziele. Das Kind, das einer Mannschaft angehört, muss nun zunächst verstehen, was die Ziele sind, die die eigene Mannschaft verfolgt (Tore schießen, gleichzeitig dafür sorgen, selbst kein Tor zu kassieren), und darauf aufbauend muss es erkennen, wie die Mitspielerinnen und Mitspieler auf dem Feld, es selbst eingeschlossen, zu diesen Zielen beitragen. Anders als im *play* kann sich das Kind nicht mehr entlastet von Handlungsdruck in die anderen Rollen hineinversetzen – vielmehr gilt es, das *Handlungsprinzip* der Mitspieler zu verstehen, welches bei Wettkampfspielen explizit in Form von Spielregeln niedergelegt ist. Nicht mehr einzelne Spieler und einzelne Rollen interessieren an sich, sondern es geht um das abstrahierte, generelle Handlungsprinzip, welches Mead den *verallgemeinerten Anderen* nennt.

> „Der grundlegende Unterschied zwischen dem Spiel und dem Wettkampf liegt darin, daß in letzterem das Kind die Haltung aller anderen Beteiligten in sich haben muß. [...] Sein Tun und Lassen wird durch den Umstand kontrolliert, daß er gleichzeitig auch jedes andere Mitglied der Mannschaft ist, zumindest insoweit, als diese Haltungen seine eigenen spezifischen Haltungen beeinflussen. Wir stoßen somit auf ein ‚anderes', das eine Organisation der Haltungen all jener Personen ist, die in den gleichen Prozeß eingeschaltet sind. Die organisierte Gemeinschaft oder gesellschaftliche Gruppe, die dem Einzelnen seine einheitliche Identität gibt, kann ‚der (das) verallgemeinerte Andere' genannt werden. Die Haltung dieses verallgemeinerten Anderen ist die der ganzen Gemeinschaft." (Mead 1973, 196f.)

Es wäre jedoch vorschnell anzunehmen, dass sich das Individuum eben jene Identität fraglos aneignet, die ihm von seiner Einbettung in die Umwelt nahegelegt wird – andernfalls hätten all jene Menschen, die in ähnlichen Gruppen partizipieren, folglich ähnliche Identitäten. Wie erklärt sich dann, dass Menschen trotz ähnlicher Umwelten dennoch völlig verschieden sein können? Hier unterscheidet Mead die Konstrukte *I* und *me*, „zwei korrespondierende Seiten des Ich einander gegenübergestellt" (Abels 2010, S. 33). Abels beschreibt das *I* als „impulsives Ich" (2010, S. 34), das „nie vollständig sozialisierbar [ist] und [dazu] tendiert – in Traum, Phantasie oder spontaner Aktion – [...] die soziale Selbstdisziplinierung des Individuums, die ja mit der Orientierung am generalisierten Anderen erfolgt, aufzuheben." (Abels 2010, S. 34) Das *me* hingegen ist die innere Reflexion bzw. Spiegelung dessen, was ich glaube, wie andere mich sehen; es ist die „internalisierte Vorstellung von dem Bild, das sich der Andere wahrscheinlich von mir gemacht hat" (Abels 2010, S. 34) und damit auch eine Verinnerlichung von Erwartungen anderer an mich (Abels 2010, S. 35). Beide Instanzen sind wechselseitig voneinander abhängig – das *I* kann sich widerständig zu den *mes* verhalten, während die *mes* kontrollierend auf das *I* einwirken.

Der Plural von *me* verdeutlicht: Es ist selbstverständlich nicht nur eine einzelne Rolle, bzw. ein einzelnes Set an Erwartungen, das im Laufe des Lebens auf ein Individuum trifft. Neue Umgebungen und damit neue Mitmenschen, verschiedene Aktivitäten in Beruf und Freizeit bringen unterschiedliche Rollen und damit unterschiedliche *mes* mit sich. Identität kann nach Mead dann gelingen, wenn diese verschiedenen *mes* „zu einem einheitlichen Selbstbild synthetisiert werden"

(Joas 1991, S. 139), wenn also *I* und *mes* „in einer typischen Weise dauerhaft vermittelt werden" (Abels 2010, S. 36) und es nicht zu Inter-Rollenkonflikten kommt (vgl. Kap. 2). Fokus dieser Arbeit ist jedoch nicht die Entwicklung einer stabilen Identität eines Individuums, sondern die Entwicklung einer einzelnen Rolle bzw. eines einzelnen *me*.

5.1.4 Eignung von Meads interpretativer Rollentheorie für die Thematik der Schulbegleitung

Meads Ansatz ist in seinem Ursprung ein Konstrukt, das die Identitätsbildung von Kindern und jungen Menschen theoretisch zu fassen versucht. Gleichwohl hat diese Theorie auch Potenzial für eine Analyse von Rollenbildungsprozessen bei erwachsenen Menschen und somit auch, wie die vorliegende Arbeit zeigen will, bei Schulbegleiterinnen und Schulbegleitern. So betont Meads Theorie den *Prozess* der Rollenfindung. Wie in Kap. 2 gezeigt wurde, existiert für die *Position Schulbegleitung* keine vorgefertigte, einfach einzunehmende Rolle – stattdessen müssen die Beteiligten unter zum Teil hochgradig widersprüchlichen Rollensektoren und unter häufig prekären Beschäftigungsbedingungen selbst die Rolle der Schulbegleitung erarbeiten und definieren. Daher scheint der prozessuale Ansatz von Mead besonders geeignet, die Frage nach der Rollenklärung von Schulbegleitung zu bearbeiten. Darüber hinaus ist ein zentraler Punkt von Mead die Annahme, dass Identität nicht als Einzelleistung gebildet wird, sondern in komplexen Prozessen von Perspektivübernahme und Handlungsverschränkung in der Interaktion mit anderen geschieht. Es gilt zu prüfen, ob die Konstrukte *play* und *game,* die mit Blick auf die Identitätsentwicklung von Kindern konzipiert wurden, sich auch auf die Bildung neuer Rollen bei Erwachsenen bzw. auf die Herausbildung neuer *mes* übertragen lassen. So wäre zu vermuten, dass sich die Mechanismen, die Mead im *game* beschreibt, grundsätzlich auch auf Gruppenarbeitsprozesse anwenden lassen. Im *game* steht das Individuum vor der Herausforderung, hinter den Erwartungen der Anderen deren geteiltes Handlungsprinzip zu erkennen und darauf aufbauend Rückschlüsse für die eigene Rolle zu ziehen. Für die vorliegende Thematik scheint dieser Ansatz besonders vielversprechend und brisant vor dem Hintergrund komplexer Akteurskonstellationen, widersprüchlicher Rollensektoren und fehlender Professionalisierung der Schulbegleitung.

5.2 Methodische Vorgehensweise

Ein zentrales Kriterium für die Qualität von Forschung ist die Angemessenheit der gewählten Methode gegenüber dem Forschungsgegenstand (vgl. Lamnek 2010, S. 130). Der Forschungsgegenstand der vorliegenden Arbeit ist der Prozess der Rollenfindung von Schulbegleitung im Unterricht trotz ihres konstatierten Rollenprekariats. Eine Forschungsmethode, die diesen Gegenstand erschließen soll, muss einerseits die subjektiven Sinnkonstruktionen der Beteiligten als auch die objektiven Bedeutungsstrukturen ihres Handelns methodisch verfügbar machen. Darüber hinaus muss sie einen Zugriff auf den Prozesscharakter des Gegenstandes erlauben.

Da unter anderem die verschiedenen Rollensektoren zum Rollenprekariat der Schulbegleitung beitragen ist es sinnvoll, nicht nur die Schulbegleitung selbst zu befragen, sondern auch andere mit ihr vernetzte Positionen. Wie in Kap. 3.1 aufgezeigt wurde ist die Schulbegleitung mit einer Vielzahl an Rollensektoren konfrontiert – forschungspragmatisch müssen allerdings hier für die Bearbeitung der Fragestellung Setzungen vorgenommen werden. Die Setzung viel auf Interview mit Lehrkräften und Schulbegleitungen, da diese Konstellation in zweierlei Hinsicht vielversprechend zu sein scheint: Zum einen aufgrund der gemeinsam verbrachten Zeit im Unterricht und den damit einhergehenden Fragen nach Absprachen und Arbeitsteilung (vgl. Kap. 3.2.2.2), zum anderen aufgrund des Professionalisierungsgefälles zwischen den beiden Akteuren und den damit einhergehenden Fragen nach Anleitung der Schulbegleitung durch die Lehrkraft (vgl. Kap. 0.). Ausgewertet wurden die Interviewtranskripte mit der Methode der Objektiven Hermeneutik, da mit deren Fokus auf objektive Bedeutungsstrukturen auch Bearbeitungsmodi der mit dem Rollenprekariat der Schulbegleitung verbundenen Krise aufgedeckt werden können, die den Interviewten selbst (noch) nicht zwangsläufig reflexiv verfügbar sein müssen, die also auf manifester Ebene möglicherweise gar nicht methodisch zugänglich wären.

In den folgenden Kapiteln sollen die hier skizzierten methodischen Entscheidungen näher ausgeführt und begründet werden.

5.2.1 Das Interview als forschungsmethodischer Zugang zum Gegenstand

Die vorliegende Arbeit setzt problemzentrierte Interviews mit gemeinsam arbeitenden Akteuren des inklusiven Unterrichts ein. Dabei ist dies kein ‚Umweg' gegenüber einer Methode, die auf das alltägliche Handeln der Akteure fokussieren würde, wie etwa eine teilnehmende Beobachtung, denn nicht der Alltag mit seinen faktischen Handlungsabläufen, sondern die Sinnkonstruktionen der Akteure sind von Interesse. Gleichzeitig würde eine beobachtende Methode keinen Aufschluss über die Motiviertheit der beobachteten Handlungen bieten. So wäre es durchaus möglich, dass die beobachteten Akteure in der Vergangenheit bereits praktische Lösungen für Strukturprobleme in Bezug auf die Rolle der Schulbegleitung gefunden haben – die Beobachtung würde jedoch lediglich die Bearbeitung, nicht aber die ursprüngliche Problematik und den Prozess der Lösungsfindung aufzeigen.

Das Interview hingegen erlaubt es, spezifisch nach Prozessen, Herausforderungen und Problemen zu fragen, die vielleicht in einem Beobachtungszeitraum nicht oder nicht signifikant genug in Erscheinung treten – Handeln wird nicht beobachtet, sondern aus der Perspektive der Handelnden beschrieben und ggf. auch begründet.

Da nach Mead die Rollen- bzw. Identitätsbildung stets als Wechselspiel zwischen verschiedenen Akteuren geschieht (vgl. Kap. 5.1), muss diese Multiperspektivität auch in der Methode berücksichtigt werden. Daher ist die Studie so angelegt, dass gemeinsam arbeitende Akteure getrennt voneinander interviewt werden und dabei auch konkret nach ihrer Deutung der Rollen in der Akteurskonstellation befragt werden. Dies erlaubt es, die individuellen Deutungen der einzelnen Interviewten bezüglich ihrer eigenen Rolle (im Meadschen Sinne: deren *me*) sowie deren Deutung zu den Rollen anderer in den Fokus zu rücken; zudem lassen sich die jeweiligen Deutungen der einzelnen Akteure zueinander in Bezug setzen.

Der Zugang zum Forschungsgegenstand über Interviews beschränkt sich jedoch nicht auf subjektive Deutungen der Interviewpartner. Aus Sicht der Objektiven Hermeneutik ist ein Interview nicht lediglich als Befragung anzusehen, bei der dem Gesprächspartner die benötigten Informationen entlockt werden. Vielmehr stellt das Interview eine Interaktion zwischen Interviewer und Interviewee dar, in der sich indirekt auch jene Handlungen protokollieren, die im Interview zur Sprache kommen (vgl. Wernet 2009, S. 58). Diese Argumentation über den Protokollstatus des Interviews kommt nur dann zum Tragen, wenn nicht nur die auf manifester Ebene gelieferten Informationen analysiert werden, sondern auch berücksichtigt wird, *wie* der Interviewpartner sagt, was er sagt; wenn also auch die objektive Bedeutungsstruktur rekonstruiert wird (vgl. Oevermann 1981, 44f). Dies unterscheidet eine objektiv-hermeneutische *Fallrekonstruktion* von einer auf subsumtionslogisch agierenden Verfahren beruhenden *Fallbeschreibung* (vgl. Kap. 5.2.2).

5.2.1.1 Die Fallauswahl

Dadurch, dass mit dem Verfahren der Objektiven Hermeneutik keine Generalisierungen hinsichtlich statistischer Häufigkeiten angestrebt werden, sondern Generalisierungen auf der Strukturebene vorgenommen werden, spielt ein spezifisches Sampling nur eine untergeordnete Rolle (vgl. Kap 5.2.2.5). Der Fall kann somit vergleichsweise frei gewählt werden, solange er sich für die Annäherung an den Forschungsgegenstand eignet. Für die vorliegende Arbeit wurden für den auszuwählenden Fall zunächst lediglich zwei Setzungen vorgenommen: Die Interviewpartner sollten in einer Klasse in der Sekundarstufe I arbeiten und die Schulbegleiterin bzw. der Schulbegleiter sollte einem Kind zugewiesen sein, dem ein Förderbedarf in den Schwerpunkten emotionale-soziale Entwicklung, Lernen oder geistige Entwicklung diagnostiziert wurde. Leitend für die erste Setzung war die Annahme, dass sich der Prozess der Rollenklärung in der Sekundarstufe durch das Fachlehrersystem besonders prekär gestaltet, da sich hier die Anzahl der beteiligten Akteure im Vergleich zur Grundschule potenziert. Zudem widmet sich das Gros der Forschung zur inklusiven Beschulung bislang der Grundschule, sodass mit dem Fokus auf die inklusive Beschulung in der Sekundarstufe einem Forschungsdesiderat, wenn auch eher beiläufig, begegnet wird. Die Setzung der Förderschwerpunkte geschah in der Annahme, dass insbesondere bei diesen Unterstützungsbedarfen die rechtlich geforderte Abgrenzung zwischen genuin pädagogischen und lediglich assistierend-zuarbeitenden Tätigkeiten besonders schwammig ist (vgl. Kap. 3.1.3), was folglich für das Verhältnis bzw. die Rollenverteilung zwischen Lehrkraft und Schulbegleitung eine besondere Brisanz aufweisen dürfte.

Durch einen im kollegialen Netzwerk gestreuten Interviewaufruf kamen insgesamt zehn Interviews von vier Teams an drei Schulen zustande. Jenseits der oben genannten Setzungen wiesen diese Teams in Hinsicht auf mehrere Aspekte große Unterschiede auf:

- die Qualifikation, die Arbeitserfahrung sowie die Anzahl der Einsatzstunden der Schulbegleiterin bzw. des Schulbegleiters,
- die Zusammensetzung des Teams bzw. die Frage, welche Personengruppen sich als gemeinsam arbeitendes Team verstanden und sich für ein Interview zur Verfügung stellten,
- die Dauer der gemeinsamen Arbeit als Team,
- die Größe und Zusammensetzung der Klasse,
- den konkreten Unterstützungsbedarf der begleiteten Schülerin / des begleiteten Schülers,
- die Vorerfahrungen der Lehrkräfte in Bezug auf Inklusion bzw. die gemeinsame Unterrichtung von Schülerinnen und Schülern mit und ohne Beeinträchtigungen,
- die Schulform sowie die schulischen Rahmenbedingungen.

Nach Oevermann „reichen wenige Fälle, um zu umfassenden Aussagen zu gelangen" (2002b, S. 30). Für die vorliegende Arbeit soll tatsächlich ein einzelner Fall genügen, um sich der Forschungsfrage zu nähern, die Fallstruktur in den professionstheoretischen Diskurs sowie in Bezug auf Meads interpretative Rollentheorie einzuordnen und zu prüfen, inwieweit die aus diesem Fall herauspräparierten Strukturgesetzlichkeiten tatsächlich spezifisch für die Maßnahme der Schulbegleitung gültig sind oder ob sie nicht darüber hinaus einen Erkenntniswert für die Entwicklung eines inklusiven Schulsystems aufweisen. Die Beschränkung der Auswertung auf einen einzigen Fall ist zwar auch rein forschungspragmatisch dadurch motiviert, dass die Auswertung mit der Methode der Objektiven Hermeneutik und der hier geforderten Extensivität der Analyse sehr zeitintensiv ist, sodass keine großen Mengen an Material mit dieser Methode bearbeitet werden können. Dies soll für das Erkenntnisinteresse jedoch nicht von Nachteil sein, da mittels der Objektiven Hermeneutik eben keine reine *Darstellung* eines einzelnen Falls vorgenommen wird, sondern indem durch die *Rekonstruktion* eines konkreten Falls über diesen hinaus auch immer Aussagen über dessen „erklärende wie erzeugende Gesetzes-Allgemeine" (Oevermann 2000, S. 74) getroffen werden. In diesem Sinne können anders als bei rein subsumtionslogisch agierenden Verfahren auch unabhängig von der Häufigkeit des Vorkommens der herausgearbeiteten Struktur verallgemeinerbare Aussagen getätigt werden (vgl. ausführlicher Kap. 5.2.2.5).

Von den vier interviewten Teams fiel schließlich die Entscheidung für die Fallrekonstruktion auf dasjenige Team, bei dem sich die oben genannten Aspekte jeweils als besonders brisant darstellten (vgl. Kap. 6.1), da davon auszugehen ist, dass dies die Problematik der Rollenfindung der Schulbegleitung zusätzlich verschärft. Die übrigen Interviews gehen nicht näher in die vorliegende Arbeit ein. Die Interviews wurden mithilfe eines Diktiergeräts aufgenommen und im Anschluss angelehnt an das Regelwerk der erweiterten inhaltlich-semantischen Transkription von Dresing und Pehl (2015, S. 23) transkribiert (vgl. Anhang). Im Zuge der Transkription wurden alle Namen von Personen, Einrichtungen und Städten anonymisiert.

5.2.1.2 Das problemzentrierte Interview

Es existiert eine Vielzahl verschiedener Interviewformen, die sich insbesondere in Hinblick auf ihren Grad der Strukturierung, die Gesprächsanteile von Interviewer und Interviewee und den Umgang mit Vorwissen und Deutungen des Interviewers unterscheiden. Grundlegend muss sich die Wahl der Interviewform selbstverständlich an der Art des Erkenntnisinteresses der Forscherin bzw. des Forschers orientieren, wenngleich Helfferich (2011, S. 13) treffend darauf hinweist, dass es unter den klassifizierten Interviewformen vielfach Überschneidungen gibt und sich in der Praxis zunehmend Mischformen etablieren.

Die vorliegende Arbeit orientiert sich am Vorgehen des *problemzentrierten Interviews nach Witzel* (2000), welches zunächst davon ausgeht, dass das Interview eine besondere Form der Kommunikation darstellt und als solche bewusst gestaltet werden muss. Zentral ist hierfür eine vertrauensvolle Atmosphäre, in der sich die interviewte Gesprächspartnerin bzw. der interviewte Gesprächspartner wohl und ernst genommen fühlt und die Möglichkeit hat, ohne die Gefahr von Bewertung oder gar Abwertung ihre bzw. seine Perspektive zum Thema darzulegen. Mit dem Aufbau einer solchen Atmosphäre entsteht für die interviewte Person gleichsam die Gelegenheit zur Selbstreflexion, zum Entwickeln „neuer Aspekte zum gleichen Thema, [von] Korrekturen an vorangegangenen Aussagen, Redundanzen, und Widersprüchlichkeiten" (Witzel 2000, S. 3), was nicht erreicht werden könnte, würde lediglich eine vorgefertigte Liste mit Fragen abgearbeitet. Vielmehr geht es darum, im Interview gemeinsam die Haltung der bzw. des Interviewten zum Thema zu entwickeln und zu reflektieren und dabei sowohl induktiv als auch deduktiv vorzugehen:

> „Das unvermeidbare, und damit offenzulegende Vorwissen dient in der Erhebungsphase als heuristisch-analytischer Rahmen für Frageideen im Dialog zwischen Interviewern und Befragten. Gleichzeitig wird das Offenheitsprinzip realisiert, indem die spezifischen Relevanzsetzungen der untersuchten Subjekte insbesondere durch Narrationen angeregt werden." (Witzel 2000, S. 2)

Konkret geschieht dies in der vorliegenden Arbeit dadurch, dass zunächst der Leitfaden (vgl. Anhang) aufbauend auf vorhandenem Vorwissen und dadurch anzunehmender Phänomene im Alltag der befragten Akteure gestaltet wurde. So findet sich beispielsweise im Leitfaden für die Interviews mit Schulbegleitungen die Frage nach der jeweiligen Vorbereitung auf die Tätigkeit, da aus der theoretischen Literatur bekannt ist, dass keine Standards zur Einarbeitung von Schulbegleitungen existieren (vgl. 3.1). Auch Fragen zur Abstimmung von Arbeitsprozessen und der Organisation der Arbeit im Team bauen auf theoretisches Vorwissen auf.

Gleichzeitig wurde darauf geachtet, dass die interviewte Person einerseits immer wieder dazu eingeladen wurde, zu einzelnen Aspekten Begebenheiten aus dem eigenen Alltag zu erzählen, andererseits jedoch auch die Möglichkeit hatte, selbst Relevanzsetzungen vorzunehmen. Letzteres gelang dadurch, dass viele Fragen des Leitfadens hinreichend offen formuliert waren. So findet sich beispielsweise im Leitfaden für Lehrkräfte die Aufforderung, die entsprechende Klasse bzw. Lerngruppe zu beschreiben – hier war es den Lehrkräften selbst überlassen, wo sie den Fokus ihrer Beschreibung setzten. Daten und Fakten, die für einen späteren Vergleich verschiedener Interviews für die Interviewerin von Interesse sind, konnten, falls sie nicht schon Gegenstand der Erzählung waren, durch Nachfragen im Anschluss an die Erzählung erhoben werden. Die Funktion des Leitfadens ist folglich nicht als starre Strukturierung des Interviews, sondern vielmehr als Gedächtnisstütze für die Interviewerin zu interpretieren.

5.2.1.3 Konfrontation durch dilemmatische Geschichte

Aufbauend auf die erzählgenerierenden Impulse zu Beginn des Interviews wurde zusätzlich mit dem Mittel der Konfrontation gearbeitet, um „weitere Detaillierungen von Sichtweisen der Befragten zu fördern" (Witzel 2000, S. 4) und die Interviewten dazu zu motivieren, die bis dahin erfolgten Erzählungen und Beschreibungen auch vor einem übergeordneten, theoretisch begründeten Kontext zu reflektieren. In der Erhebung orientierte sich diese Konfrontation an der Technik des Dilemma-Interviews, wie sie Heinrich (2006) für die Schulentwicklungsforschung beschrieb. Das Dilemma-Interview hat zum Ziel, individuelle Haltungen und Bearbeitungsformen von strukturell angelegten Widersprüchlichkeiten in der pädagogischen Praxis aufzudecken. Eine für die Rolle der Schulbegleitung essenzielle Widersprüchlichkeit, so eine aus der theoretischen Literatur abgeleitete Annahme, ist die Anlage der Schulbegleitung als Einzelfallhilfe, die sich, rein rechtlich gesehen, nur auf das ihr zugewiesene Kind fokussieren darf, während sie jedoch gleichzeitig auch in die das Kind umgebenden sozialen Strukturen eingebettet ist:

> „Vonseiten der Leistungsträger wird eine rein heilpädagogische Tätigkeit in strikter Einzelfallhilfe gefordert. In der Praxis führt das zu großen Widersprüchlichkeiten. Denn erfüllt der Schulbegleiter seinen Auftrag, den zu begleitenden Schüler wirklich zu integrieren, so kann er dies nicht ohne dessen Einbindung in Gruppenstrukturen und -prozesse tun. Öffnet sich der Schulbegleiter mit seiner Arbeit der Gruppe, verlässt er sein Aufgabengebiet als Einzelfallhelfer. Tut er dies nicht, isoliert er durch seine ständige Anwesenheit als Erwachsener und Begleitperson für ein bestimmtes Kind dieses vom Rest der Klasse. Eine soziale Integration findet nicht statt." (Keil 2011, S. 48)

Diese Widersprüchlichkeit wurde im dilemmatischen Szenario durch zwei konkrete Personen sichtbar gemacht. In einem fiktiven Gespräch unterhalten sich zwei Lehrerinnen bzw. zwei Schulbegleiterinnen, die jeweils eine Extremposition in der Bearbeitung des Dilemmas einnehmen. Die eine Position orientiert sich stark an rechtlichen Vorgaben und vertritt die Ansicht, dass die Schulbegleitung sich aufgrund ihrer Verortung als Einzelfallmaßnahme ausschließlich dem zu betreuenden Kind widmen sollte, wohingegen die andere Position die universalistischere Sichtweise vertritt, dass die Schulbegleitung bei Bedarf auch andere Schülerinnen und Schüler unterstützen kann. Eventuelle fachliche Mängel können dabei durch Supervision oder durch Anleitung durch die Lehrkraft abgefangen werden. Diese fiktive Unterhaltung greift damit die strukturellen Widersprüchlichkeiten im Einsatz von Schulbegleitungen als Einzelfallmaßnahme im inklusiven Unterricht auf und inszeniert eine „prototypische Konfliktlage" (Heinrich 2006, S. 85), wie sie – so die Hoffnung – grundsätzlich auch in der alltäglichen Praxis vorfindbar sein könnte und mit der sich die Befragten identifizieren können müssten. In der Geschichte kommen jeweils beide Positionen ausreichend zu Wort und es wurde bei der Konzeption darauf geachtet, keine unterschwellige Favorisierung einzelner Positionen vorzunehmen.

Die Befragten wurden gebeten, sich diese kurze Unterhaltung zunächst in Ruhe durchzulesen. Anschließend wurden sie gefragt, ob sie diese Unterhaltung und die darin geschilderten Situationen als realistisch und lebensweltnah einschätzen und wie sie die einzelnen Argumente für sich persönlich bewerten. Ziel war es zunächst zu prüfen, inwiefern das angenommene Dilemma sich tatsächlich in der täglichen Praxis der Interviewten widerspiegelt; jedoch auch, zu erfahren, wie sie dieses Dilemma bearbeiten und folglich, wie sich das Dilemma und seine Bearbeitung auf die Rolle der Schulbegleitungen auswirkt.

Alle Befragten gaben an, dass die fiktive Unterhaltung realistisch sei und so oder ähnlich auch in ihrem direkten Umfeld stattgefunden haben könnte. Trotz der so gegebenen Lebensweltnähe bewirkte die Arbeit mit der Dilemmageschichte jedoch keine positive Entwicklung des Interviews im Sinne einer weiteren Erkenntnisgenerierung. Die sorgsame Vorbereitung des Dilemmas schien die für jede Position verfügbaren Argumente bereits vollständig ausgeschöpft zu haben, sodass die Befragten dem nicht viel hinzufügen konnten. Die eigene Verortung der Interviewten in diesem dilemmatischen Szenario wurde darüber hinaus bereits im vorangegangenen Interview deutlich. Die Vorlage des Dilemmas bewirkte folglich keine Weiterentwicklung des Gesprächs, was jedoch keine negativen Auswirkungen auf den Erkenntnisgehalt der Interviews als solche hatte.

Dilemmatische Geschichte – Perspektive der Lehrkräfte

Frau Ullrich und Frau Enders sind beide Fachlehrerinnen in der 5a einer IGS. Die Klasse besteht aus 25 Schülerinnen und Schülern. **Tim** hat als einziger einen diagnostizierten Förderbedarf im Schwerpunkt *Lernen*; er wird während der gesamten Unterrichtszeit von der **Integrationshelferin Helena** begleitet. Jetzt, 2 Monate nach Schulbeginn, tauschen sich die Lehrerinnen darüber aus, wie sie im Unterricht mit Helena zusammenarbeiten.

Frau Ullrich: „Ich bin wirklich froh, dass Helena da ist! Ich fühle mich durch sie total entlastet. Jetzt kann ich mich auch mal in Ruhe mit einzelnen Kindern beschäftigen wenn ich weiß, dass sie die ganze Klasse im Blick hat."

Frau Enders: „Wie, du lässt sie auch mit den anderen Kindern arbeiten? Das ist doch gar nicht ihr Job! Ich dachte, sie ist nur für Tim da."

Frau Ullrich: „Offiziell schon, aber eigentlich kann doch auch die ganze Klasse davon profitieren dass sie da ist. Zum Beispiel auch Jasmin und Svenja, die sind doch immer so unkonzentriert und können fast gar nicht selbständig arbeiten. Da hilft es doch schon, dass noch jemand in der Klasse ist, der sie im Blick hat und ihnen ab und an bei ihren Aufgaben hilft. Alleine kriege ich das doch kaum auf die Reihe."

Frau Enders: „Ich sehe das anders. Jasmin und Svenja haben keinen offiziellen Förderbedarf, also brauchen sie auch keine Schulbegleitung. Außerdem ist Helena ja fachlich auch gar nicht ausgebildet! Neulich habe ich mitbekommen, wie sie Jasmin etwas völlig falsch erklärt hat! Das macht mir dann ja nur noch mehr Arbeit, wenn ich das wieder ausbügeln muss."

Frau Ullrich: „Naja, fachlich muss man halt ein Auge auf sie haben, aber so komplex ist der Stoff in der fünften Klasse ja noch nicht. Und ein bisschen können wir Helena doch auch anleiten..."

Frau Enders: „Nein, das ist doch nicht unser Job! Ich habe auch so schon genug um die Ohren, da muss ich nicht auch noch Personalentwicklung betreiben. Außerdem will ich ja auch wissen, was in meinem Unterricht passiert. Die Kinder sollen zu mir kommen, wenn sie Fragen haben, damit ich Bescheid weiß wo Schwierigkeiten und Probleme sind. Wenn jetzt aber ein paar damit anfangen, zu Helena zu gehen, dann kriege ich das nicht mehr mit und kann dann meinen Unterricht auch nicht entsprechend anpassen."

Frau Ullrich: „Ja aber was ist die Alternative? Wenn sie die ganze Zeit nur neben Tim sitzt ist das auch nicht gut. Sie nimmt ihm oft viel zu viel Arbeit ab und hilft viel zu früh. So lernt er nie, eigenständig zu arbeiten. Und ich habe gesehen, dass die anderen Kinder nicht so gerne mit ihm zusammen sein wollen, wenn Helena ständig mit dabei ist – ich glaube sie fühlen sich dann immer beobachtet und kontrolliert."

Frau Enders: „Trotzdem ist sie für die anderen Kinder nicht zuständig. Soweit ich weiß steht das auch in ihrem Arbeitsvertrag. Ich finde, sie sollte sich auf Tim konzentrieren – schließlich verstehen die beiden sich auch gut und ich kann so in Ruhe mit den anderen Kindern arbeiten."

Dilemmatische Geschichte – Perspektive der Schulbegleitung

Kira und **Leonie**, die beide als Integrationshelferinnen an der gleichen Schule arbeiten, unterhalten sich nach der Arbeit. Kira betreut **Benjamin** in der Klasse 5a; Leonie begleitet **Nadja** in der Klasse 5b. Beide Kinder haben einen diagnostizierten Förderschwerpunkt im Bereich *Lernen.*

Leonie: „Ich weiß nicht wie es dir geht, aber mir wird auch oft ganz schön langweilig im Unterricht. Wenn Nadja gerade arbeitet und gut alleine klarkommt, dann gehe ich auch gerne mal rum und helfe den anderen Kindern."

Kira: „Wirklich? Ich traue mich das nicht. Schließlich ist es mein Job, mich um Benjamin zu kümmern. Dafür hat er ja extra den Antrag bewilligt bekommen, damit ich ihn begleiten kann. Die anderen Kinder brauchen mich nicht. Ich glaube, rein rechtlich gesehen dürfen wir das noch nicht mal, uns um die anderen Kinder kümmern."

Leonie: „Ja schon, aber für Nadja ist es doch nicht gut, wenn ich die ganze Zeit daneben sitze. Sie soll sich ja schließlich in die Klasse integrieren und ich glaube, dass die anderen Kinder Hemmungen ihr gegenüber haben wenn ich ständig danebensitze. Das mit dem Arbeitsvertrag sehe ich nicht so eng, der ist doch nur wegen der komplizierten Finanzierung so. Reine Bürokratie."

Kira: „Ich sehe das anders. Es ist gut, wenn ich mich auf Benjamin konzentriere. Ich komme mit ihm inzwischen sehr gut klar, viel besser als die Lehrer. Die haben keine Ahnung, wie sie mit ihm reden müssen oder wie sie ihm was erklären müssen damit er was versteht. Es ist wichtig, dass ich da bin – da kann ich ihn nicht einfach im Stich lassen und zu den anderen Kindern gehen. Dafür bin ich ja auch gar nicht qualifiziert, mit den anderen Kindern zu arbeiten. Letzte Woche wurde ich von einer Schülerin was gefragt, und ich glaube ich habe ihr dann was völlig Falsches erklärt... Fünfte Klasse hin oder her, aber ich bin ja nunmal keine Lehrerin! Und dafür werde ich ja auch überhaupt nicht bezahlt. Ein paar Lehrer haben mich schon mal gefragt, ob ich nicht auch rumgehen und helfen kann oder auch mal ne Gruppe beaufsichtigen kann. Ich sage dann immer, dass das nicht meine Aufgabe ist."

Leonie: „Hm, also ich freue mich immer wenn mich die Lehrer in ihre Arbeit mit einbeziehen. Ich kriege ja auch mit, wie viel die zu tun haben und ich habe das Gefühl, dass sie froh sind, wenn ich da bin – schließlich kann ich sie ja auch ein bisschen entlasten. Ich bin neulich mit einer kleinen Gruppe und mit Nadja in die Bibliothek gegangen und sollte da mit ihnen etwas recherchieren. Und ich habe auch schon mal geholfen, Vokabeltests zu korrigieren. Das finde ich viel wertschätzender als wenn ich da einfach so mit Nadja alleine gelassen werde."

Kira: „Ich glaube, Benjamin braucht meine volle Aufmerksamkeit. Ich trage da doch auch eine hohe Verantwortung! Ohne mich könnte Benjamin ja gar nicht auf eine Regelschule gehen. Deswegen muss ich meinen Job gut machen und das heißt eben laut Arbeitsvertrag, dass ich nur für ihn da bin. Da mache ich lieber keine Experimente. Außerdem bin ich sicher, dass auch Benjamins Eltern was dagegen hätten, wenn die hören dass ich mich zwischendurch auch um andere Kinder kümmere."

5.2.2 Objektive Hermeneutik – Methodologie

Die Auswertung des erhobenen Interviewmaterials geschieht mit der Methode der Objektiven Hermeneutik. Ausgehend vom postulierten Rollenprekariat der Schulbegleitung und der damit einhergehenden Krise der Akteure, dieses Rollenprekariat bearbeiten zu müssen, erscheint die Methode der Objektiven Hermeneutik als Forschungszugang gleich in mehrerlei Hinsicht besonders geeignet.

Zunächst spielen Situationen der Krise in der Objektiven Hermeneutik eine besondere Rolle, da die Methode davon ausgeht, dass Krisensituationen im Sinne von Situationen, in denen Individuen handeln müssen, ohne dass sie auf bewährte Handlungsstrategien zurückgreifen können, jeglichen Routinen immer vorgängig sind (vgl. Kap. 5.2.2.3). Darüber hinaus trägt das sequentielle Vorgehen der Methode auch dem Prozesscharakter in der Entwicklung der Schulbegleiterrolle Rechnung (vgl. Kap. 5.2.2.4). Zudem können mit dem Fokus der Methode auf die Rekonstruktion objektiver Bedeutungsstrukturen auch Formen der Bearbeitung der Krise aufgedeckt werden, die den Interviewten selbst etwa aufgrund mangelnder Professionalität und/oder Reflexivität nicht zwangsläufig bewusst und explizit verfügbar sein müssen (vgl. Kap. 5.2.2.1), die also durch einen andere Auswertungsmethode, die sich auf die manifeste Bedeutungsebene beschränkt, gar nicht zugänglich wären. Nicht zuletzt ist die Objektive Hermeneutik als Zugriffsmethode auf das Erkenntnisinteresse wertvoll, da sie darauf abzielt,

> „[…] auf wenig erforschten Gebieten und bei neuen, noch wenig bekannten Entwicklungen und Phänomenen, die typischen, charakteristischen Strukturen dieser Erscheinungen zu entschlüsseln und die hinter den Erscheinungen operierenden Gesetzmäßigkeiten ans Licht zu bringen. Es handelt sich um eine Methodologie, die bewußt und strategisch darauf aus ist, die Ebene der bloßen Deskriptivität, die im 19. Jahrhundert methodisch die Erfahrungswissenschaften von der sinnstrukturierten Welt bestimmt hat, zu verlassen und zu überwinden zugunsten einer erschließenden und aufschließenden Gegenstandsanalyse." (Oevermann 2002b, S. 1)

5.2.2.1 Sinn und Regeln

Was versteht Oevermann nun unter einer „sinnstrukturierten Welt“? Im Gegensatz zum stochastischen Gegenstandsbereich der Naturwissenschaften ist der Gegenstandsbereich von Geistes-, Kultur- und Sozialwissenschaften sinnstrukturiert insofern, als dass er von objektiv geltenden und intersubjektiv überprüfbaren Regeln durchzogen ist. Diese Regeln sind ein „Amalgam von universalen und historischen Strukturen“ (Wagner 2001, S. 51) mit unterschiedlicher historischer und kultureller Reichweite, denen jede Lebenspraxis unterworfen ist und die diese gleichsam wieder hervorbringt:

> „Die fundamentale Bedeutung der Regelgeleitetheit ist in ihrer *Nichthintergehbarkeit* zu sehen. Die Lebenspraxis kann sich ihr weder entziehen, noch kann sie die Regelgeltung außer Kraft setzen. Sie kann die regelgeleitete Welt nicht verlassen. Sie kann und muss einen Ort in dieser Welt einnehmen. Und dieser Ort ist nur bestimmbar unter Rekurs auf Regeln. Das Konzept der Regelgeleitetheit formuliert, anders als das der sozialen Normen, nicht, *was zu tun ist*, sondern *was es heißt, etwas zu tun*. Die Regelgeleitetheit verleiht der Handlung erst Bedeutung.“ (Wernet 2009, S. 13)

Dass jegliches menschliches Handeln regelgeleitet ist, bedeutet jedoch im Gegenzug nicht, dass sich handelnde Individuen dieser Regelgeleitetheit stets bewusst sind. Die Ordnungen und Strukturen konstituieren sich weitgehend unabhängig vom Bewusstsein der in Rekurs auf diese Regeln handelnden Individuen (vgl. Oevermann 2013, S. 81). Die Namensgebung der Objektiven Hermeneutik leitet sich aus ihrem Ziel ab, jene objektiven Regeln, die das menschliche Handeln konstituieren, am konkreten, interessierenden Phänomen bzw. Gegenstand herauszuarbeiten. Es geht also weniger darum nachzuvollziehen, was ein Individuum mit einer Aussage oder einer Handlung *meint*, sondern vielmehr, welcher *objektive Bedeutungsgehalt* dieser Aussage oder Handlung innewohnt. Das bedeutet gleichsam nicht, dass die Subjektivität des Individuums von keinerlei Interesse ist. Vielmehr muss der Forscher, will er den subjektiven Sinn des handelnden Individuums nachvollziehen, immer zunächst den objektiven Sinn dieser Handlung rekonstruieren, da der objektive Sinn dem subjektiven konstitutionstheoretisch vorausgeht:

> „Wenn man erfahrungswissenschaftlich das Meinen bzw. die Phänomene der Subjektivität überhaupt methodenkritisch untersuchen will, und eben auf entscheidende Weise über die Praxis des bloßen Meinens hinausgelangen will, dann

> muss man sich an die Objektivität des Sagens oder Sich-Ausdrückens halten, worin das Meinen sich zur Geltung gebracht hat oder bringen kann. Alles andere bleibt uns methodisch von vornherein verschlossen. Das heißt aber auch, dass wir methodologisch immer mit der Entzifferung und d.h. der Rekonstruktion des objektiven Sinns beginnen müssen. Erst wenn wir ihn entschlüsselt haben, um welchen Gegenstand es im Einzelnen auch immer geht, können wir geregelt damit beginnen, aus ihm die darin repräsentierte, u.a. auch mentale Seite der Praxis des Handelns zu erschließen." (Oevermann 2013, S. 72)

Dass die „mentale Seite der Praxis des Handelns", also die manifeste Bedeutungsebene, und die objektive, also latente Bedeutungsebene vollständig deckungsgleich sind, ist zwar theoretisch möglich, dies stellt jedoch „den idealen Grenzfall der vollständig aufgeklärten Kommunikation in der Einstellung der Selbstreflexion dar" (Oevermann et al. 1979, S. 380) und würde bei ihrem Eintreten das Verfahren der objektiv-hermeneutischen Analyse überflüssig machen, da diese ja gerade darauf abzielt, die Unterschiede zwischen beiden Bedeutungsebenen herauszuarbeiten (vgl. Wernet 2009, S. 18).

5.2.2.2 *Das Protokoll als Gegenstand der Analyse*

Um methodisch kontrolliert die objektive Bedeutungsstruktur einer Handlung, einer Aussage oder eines Phänomens zu untersuchen, muss zunächst anerkannt werden, dass es niemals der interessierende Gegenstand selbst ist, der – mit welcher Methode auch immer – aufgeschlüsselt werden kann. Das Phänomen selbst ist

> „[…] einmalig an eine unwiederbringliche Raum-Zeit-Stelle des Sich-Ereignens gebunden und außerhalb des flüchtigen Hier und Jetzt des unmittelbaren Erlebens und der unmittelbaren Erfahrung als solcher endgültig vergangen und nicht mehr greifbar, es sei denn in hinterlassenen Protokollen." (Oevermann 2002b, S. 4)

Nur mithilfe eben jener hinterlassenen Protokolle ist ein methodisch kontrollierter Zugang und somit eine den wissenschaftlichen Gütekriterien genügende, intersubjektiv überprüfbare Analyse des interessierenden Phänomens überhaupt möglich.

Was ist nun ein Protokoll? Nach Ulrich Oevermann fällt zunächst das

> „[…] Gesamt an Daten, in denen sich die erfahrbare Welt der Sozial-, Geistes- und Kulturwissenschaften präsentiert und streng methodisch – im Unterschied zu: praktisch – zugänglich wird, in denen also die sinnstrukturierte menschliche

> Praxis in all ihren Ausprägungen erforschbar wird, […] in die Kategorie der Ausdrucksgestalt.“ (Oevermann 2002b, S. 3)

Unter dem Aspekt des symbolischen Charakters von Ausdrucksgestalten, dessen also, was sie bedeuten, werden Ausdrucksgestalten als *Texte* verstanden (wobei anzumerken ist, dass der Textbegriff maximal weit gefasst wird und auch solche Ausdrucksgestalten mit beinhaltet, die nicht rein sprachlich dokumentiert sind, vgl. hierzu Oevermann 2013, S. 73 sowie Oevermann 2002b, S. 3). Deren Objektivierung jedoch, also deren Festhalten in gegenständlichen Produkten, bezeichnet Oevermann als *Protokoll.*

> „Text- und Protokollbegriff bezeichnen also denselben Sachverhalt aus unterschiedlicher Perspektive. Der Textbegriff ist in einer Konstitutionstheorie der sinnhaften Welt angesiedelt, während der Protokollbegriff den empirisch-methodischen Zugriff auf diese Welt thematisiert.“ (Wernet 2009, S. 12)

Da das Phänomen selbst sich einem methodisch kontrollierten Zugang aufgrund seiner Gebundenheit an Raum und Zeit sowie der Erfahrung der konkreten Lebenspraxis entzieht, ist es nicht das Phänomen selbst, das mit der Objektiven Hermeneutik aufgeschlüsselt wird, sondern das Protokoll dieses Phänomens. Dabei stellt das Protokoll beim Versuch, die *Sache* zu verstehen, keinen Umweg dar; denn wollte man

> „[…] die protokollierte Sache in ihrer Unmittelbarkeit ergreifen, dann hätten wir sie im Gegensatz zur Methode der Rekonstruktion ihres Protokolls verloren, denn da wir die Flüchtigkeit des Ereignisses, erst recht des inneren Ereignisses immer nur einmal, in der mit dem Ereignis praktisch geteilten gemeinsamen Handlungs-Raum-Zeitlichkeit unmittelbar subjektiv erfahren, können wir es intersubjektiv überprüfbar nicht festhalten. Jeder Versuch, es direkt zu indizieren, läuft zwangsläufig darauf hinaus, es unter vorgeprägte allgemeine Kategorien zu subsumieren. Der Versuch, die Grenze des Protokolls zu überspringen, führte zum Gegenteil der Absicht: statt die Sache selbst unverstellt zu vergegenwärtigen, ginge sie endgültig in der Subsumtion unter das Allgemeine verloren.“ (Oevermann 1991, S. 303)

Um der protokollierten Lebenspraxis nun auch methodisch gerecht zu werden, muss dieses Protokoll sequenzanalytisch analysiert werden, da

> „Sequentialität […] für humanes Handeln konstitutiv ist. Dabei wird unter Sequentialität nicht ein triviales zeitliches oder räumliches Nacheinander bzw. Hintereinander verstanden, sondern die mit jeder Einzelhandlung als Sequenzstelle

sich von neuem vollziehende, durch Erzeugungsregeln generierte Schließung vorausgehend eröffneter Möglichkeiten und Öffnung neuer Optionen in eine offene Zukunft." (Oevermann 2002b, S. 6)

5.2.2.3 Krise und Routine

Bedingt durch diese laufende Abfolge solcher Schließungen eröffneter Möglichkeiten und Öffnungen neuer Optionen ist das Individuum laufend damit konfrontiert, Entscheidungen über sein Handeln zu treffen und seine Entscheidung zu begründen. In der Alltagspraxis ist dies dem Individuum nicht zwangsläufig bewusst, da es in der Vergangenheit handlungsentlastende *Routinen* entwickelt hat und in den entsprechenden Situationen auf diese Routinen zurückgreifen kann. Subjektiv empfundene Situationen der *Krise* entstehen dann, wenn ein Individuum auf eine Situation trifft, in der die etablierten Entscheidungskriterien nicht mehr greifen und die Routine folglich versagt.

Während in der Alltagspraxis die Routine den Normalfall und die Krise die Ausnahme darstellt, geht die Objektive Hermeneutik bewusst von einem entgegengesetzten Verhältnis von Krise und Routine aus. Die Krise ist allein deshalb konstitutiv der Normalfall, als dass sie der Entwicklung von Routine vorgängig ist:

> „Das kann man sich daran klar machen, daß jeweils die Routine die Schließung einer offenen Krisensituation bedeutet und umgekehrt die Krise die Öffnung einer geschlossenen Routinisierung. Deshalb ist nicht die Krise aus der Routine material abgeleitet, sondern die Routine aus der Krise." (Oevermann 2002b, 9f)

In einer manifesten Krisensituation ist das Individuum also aufgefordert, auch ohne die Verfügbarkeit von entscheidungsleitenden Argumenten oder Begründungen eine Entscheidung zu treffen, die jedoch nichtsdestotrotz grundsätzlich begründbar sein muss. Eben diese widersprüchliche Einheit von Begründungsverpflichtung und Entscheidungszwang stellt nach Oevermann Ausgangspunkt für die Autonomie der Lebenspraxis dar:

> „Widersprüchlich ist diese Einheit von Begründungsverpflichtung und Entscheidungszwang, weil im offen zum Vorschein kommenden, manifesten Entscheidungsfalle der Rekurs auf eingerichtete Standards der Rationalität verstellt ist, der routinisierte Rückschritt auf sie im Hinblick auf die mögliche neuartige Handlungsweise gerade – aber erst nachträglich als solche erkennbar – irrational wäre,

> ohne daß eine ausgebildete konkurrierende oder überwindende neue Überzeugung schon an deren Stelle hätte treten können." (Oevermann 1991, 297f.)

In Kap. 3.3.2.3 wurde vor dem Hintergrund von Hubermans Modell beruflicher Entwicklung von Lehrkräften (vgl. Huberman 1991) argumentiert, dass viele Schulbegleiterinnen und -begleiter aufgrund der häufig nur kurzen Beschäftigungsdauern in vielen Fällen wohl gar nicht erst ein Stadium ihrer beruflichen Entwicklung erreichen, in dem Stabilität und Selbstsicherheit eintreten können. Stattdessen wird sich die bedeutende Mehrheit an Schulbegleiterinnen und Schulbegleitern in ihrer Berufseinstiegsphase befinden, in der es vornehmlich darum geht, schlicht zu ‚überleben'. Die Schulbegleiterinnen und Schulbegleiter werden laufend vor Entscheidungssituationen gestellt, für die sie keine bewährten Strategien haben. Auch seitens der mit ihnen zusammenarbeitenden Akteure sind vergleichbare Krisenfälle zu vermuten, da auch sie keine Routinen in der Zusammenarbeit mit dieser neuen Personengruppe haben, aber dennoch gezwungen sind, Entscheidungen zu treffen und die Zusammenarbeit zu gestalten. Mithilfe der Objektiven Hermeneutik ist es möglich, solche Entscheidungssituationen aus den Protokollen herauszupräparieren und zu rekonstruieren, wie sich die jeweilige Lebenspraxis auch in Momenten der Krise entscheidet und entwickelt, also, wie sich das ‚Überleben' im ‚Überlebensmodus' gestaltet.

5.2.2.4 Sequentialität

Das Anerkennen dieser laufenden Konfrontation mit Entscheidungssituationen, die jeweils die Schließung bereits eröffneter Möglichkeiten und die Neueröffnung von Optionen mit sich bringen, findet ihre methodische Entsprechung in der Objektiven Hermeneutik in der konsequenten Sequenzanalyse des Datenmaterials. Hier wird zwischen zwei unterschiedlichen Parametern in der Determination von Sequenzen unterschieden: Parameter I bezeichnet dabei das „Gesamt an Sequenzierungsregeln" (Oevermann 2002b, S. 7), also folglich auch das Gesamt an Optionen, das einem Individuum an dieser Sequenzstelle seines Lebens und Handelns zur Verfügung steht. Parameter II analysiert darauf aufbauend die getroffene Auswahl des Individuums unter diesen Möglichkeiten. Die Differenzierung der beiden Parameter und damit einhergehend die radikale Anerkennung von Sequentialität menschlichen Handelns unterscheidet den Ansatz der Objektiven Hermeneutik von kategorienbildenden Verfahren der Textanalyse:

> „Indem an jeder Sequenzstelle auf der Ebene des Parameters I die je eröffneten Möglichkeiten gedankenexperimentell expliziert werden müssen, bevor man sich anschaut, welche dieser Möglichkeiten faktisch eingetreten ist, gewinnt man die Folie, auf der der tatsächliche Sequenzablauf, der sich ja immer in Abhängigkeit von Parameter II als vollzogene Auswahl bzw. Entscheidung unter den möglichen Alternanten ergibt, seine fallspezifische, präzise Kontur und Bedeutung. Dadurch gelangt die Sequenzanalyse zu einer genauen Bestimmung des protokollierten Ablaufs, eine Bestimmung, die bei allen anderen Verfahren, die, statt sequenzanalytisch vorzugehen, die erhobenen Daten immer nur statisch-klassifikatorisch einordnen können, in dieser Präzision nicht möglich ist. Schärfer ausgedrückt: Die realitätsaufschließende Kraft klassifikatorischer, die Sequentialität von Sozialität ausblendender Verfahren ist in den Humanwissenschaften von vornherein sehr begrenzt. Diese verbleiben in der Deskriptivität." (Oevermann 2002b, S. 9)

Ziel der objektiv-hermeneutischen Fallanalyse ist nun die „Rekonstruktion der Strukturiertheit der Selektivität einer protokollierten Lebenspraxis" (Wernet 2009, S. 15), oder, anders ausgedrückt, das Herausarbeiten der Struktur, nach der der analysierte Fall von Sequenzstelle zu Sequenzstelle unter den je gegebenen Möglichkeiten seine Auswahl trifft: Wie entscheiden sich die Akteure des vorliegenden Falls unter der Krise des Rollenprekariat der Schulbegleitung zu handeln? Die durch die Rekonstruktion herauszuarbeitende Struktur lässt sich auch bezeichnen als „Identitätsformel der jeweiligen Lebenspraxis als Ergebnis ihres bisherigen Bildungsprozesses" (Oevermann 2013, S. 75).

5.2.2.5 Generalisierbarkeit der Ergebnisse

Die Unterscheidung von Parameter I und II markiert zugleich die Dialektik von Allgemeinem und Besonderem. Dadurch, dass mithilfe der Sequenzanalyse sowohl die theoretisch zur Verfügung stehenden Handlungsmöglichkeiten als auch die tatsächlich erfolgte Auswahlstruktur des vorliegenden Falles herausgearbeitet wird, ist der analysierte Fall

> „[...] immer schon allgemein und besonders zugleich. Denn in jedem Protokoll sozialer Wirklichkeit ist das Allgemeine ebenso mitprotokolliert wie das Besondere im Sinne der Besonderheit des Falls. Der konkrete Fall ist insofern schon

> mehr als ein Einzelfall, als er ein sinnstrukturiertes Gebilde darstellt." (Wernet 2009, S. 19)

Hierin unterscheidet sich eine objektiv-hermeneutische Fallrekonstruktion wiederum von subsumtionslogisch arbeitenden qualitativen Verfahren insofern, als dass letztere lediglich *Fallbeschreibungen* leisten und keine Aussagen über den konkreten Fall hinaus treffen können, wohingegen die Objektive Hermeneutik sowohl die Besonderheit des konkreten Falls als auch dessen „erklärende wie erzeugende Gesetzes-Allgemeine" (Oevermann 2000, S. 74) aufschließt. Aus ihrem Standpunkt heraus kann sich das Allgemeine nur und ausschließlich im Besonderen artikulieren:

> „Jede objektiv-hermeneutische Fallrekonstruktion nimmt in der Rekonstruktion der Fallstruktur immer und notwendigerweise eine Strukturgeneralisierung vor, eine Formulierung allgemeiner Strukturen, Regeln oder sozialer Problemkonstellationen, bezüglich derer der konkrete Fall eine besondere Stellung, eine besondere Antwort, eine besondere Variante darstellt." (Wernet 2012, S. 184)

Somit beansprucht die Objektive Hermeneutik keine empirische Generalisierung im Sinne von Häufigkeiten oder Repräsentativität; sie zielt stattdessen, aufbauend auf die Dialektik von Allgemeinem und Besonderem, auf *Strukturgeneralisierung* ab und kann somit unabhängig von der Häufigkeit des Vorkommens der herausgearbeiteten Struktur verallgemeinerbare Aussagen treffen. Der Fokus auf *Strukturgeneralisierung* statt auf Repräsentativität begründet auch die Auswahl eines einzelnen Falles als Datengrundlage für das vorliegende Erkenntnisinteresse, da dessen Rekonstruktion zwangsläufig auch auf über diesen Fall hinausgehende, allgemeine Strukturen Auskunft zu geben vermag.

Oevermann selbst unterscheidet verschiedene Dimensionen, unter denen Aussagen aus objektiv-hermeneutischen Fallrekonstruktionen als verallgemeinerbar betrachtet werden können (vgl. Oevermann 2002b, 13ff). So führt, wie bereits erläutert, jede Fallrekonstruktion aufgrund der Dialektik von Allgemeinem und Besonderem automatisch zur Bestimmung eines allgemeinen Typus. Darüber hinaus werden in der Sequenzanalyse aufgrund der Bildung gedankenexperimenteller Anschlüsse Szenarien entworfen, wie der Fall hätte ebenfalls verlaufen können; somit sind mit einer Fallrekonstruktion immer auch weitere, hypothetisch mögliche, Fälle bekannt.

Die objektiv-hermeneutische Fallrekonstruktion trifft darüber hinaus jedoch auch Aussagen über die „höher aggregierten Fallstrukturen" (Oevermann 2002b, S. 15), in die ein Fall eingebettet ist. In Kapitel 2.1 wurde deutlich, dass die Schulbegleitung in ein „Vieleckverhältnis" (Knuf 2013, S. 94) eingebettet ist, zu dem unter anderem neben den konkreten Akteuren der täglichen Arbeit wie etwa den Lehrkräften, Schülerinnen und Schülern sowie dem zu begleitenden Kind auch Akteure auf anderen Ebenen zählen, so u.a. die Eltern, der Arbeitgeber der Schulbegleiterin bzw. des Schulbegleiters, das Jugend- bzw. das Sozialamt und flankierend Therapeutinnen und Therapeuten bzw. Ärztinnen und Ärzte. Mit dieser Vielzahl an Akteuren geht eine erhöhte Wahrscheinlichkeit für Missverständnisse, Widersprüchlichkeiten und unklaren Zuständigkeiten einher, für die in der Praxis eine Bearbeitung gefunden werden muss. Hier liegt ein klarer Vorteil der Objektiven Hermeneutik, da die Rekonstruktionen

> „[...] nicht segmental oder ausschnitthaft nur Teilaspekte oder spezifische Schichten eines konkreten Gebildes bzw. eines Falles (Person, Gruppe, Firma, Organisation, Verwaltung, Institution, Anstalt, etc.) [erhellen], sondern [sie] thematisieren immer mit dessen Fallstrukturgesetzlichkeit dessen Gesamtgestalt, seine Totalität." (Oevermann 2002b, S. 31)

Insbesondere für die Thematik der Schulbegleitung in der inklusiven Schule ist dieser Aspekt ausschlaggebend. Subsumtionslogisch agierende Verfahren stünden zunächst vor der Herausforderung, unter Berücksichtigung der Vielzahl von beeinflussenden Faktoren auf die Tätigkeit der Schulbegleitung (u.a. Förderschwerpunkt des zu begleitenden Kindes, Schulform, Klassenstufe und -größe, Anstellungsverhältnis, Dauer und Umfang der Maßnahme etc.) ein angemessenes Sample zu generieren, auf dessen Grundlage sie zu übertragbaren und aussagekräftigen Erkenntnissen gelangen könnten. Für das rekonstruktive Verfahren der Objektiven Hermeneutik ist eine derart detaillierte Sample-Bildung nicht erforderlich, da bereits anhand eines einzelnen, sogar willkürlich gewählten Falles allgemeine Strukturgesetzlichkeiten in der Tätigkeit von Schulbegleitungen herausgearbeitet werden können und zugleich auch Erkenntnisse über die umgebenden, den Fall einbettenden Aggregate generiert werden.

Ebenfalls für die vorliegende Thematik von Bedeutsamkeit im Sinne einer Verallgemeinerung ist der praktische Wert, der einer objektiv-hermeneutischen Fallrekonstruktion zugesprochen werden kann. Jede erarbeitete Fallstruktur stellt ein Beispiel für das Bewältigen einer konkreten Situation oder eines Problems dar und kann somit, zumindest potentiell, als Vorbild dienen:

> „Der Fallrekonstruktion käme hier sogar eine außerordentlich wichtige praktische Funktion zu, die gerade nicht in einer theoretischen und zugleich technokratischen Bevormundung der Praxis bestünde, sondern darin, gleichsam geburtshelferisch einer von der Praxis gefundenen vernünftigen Lösung durch Explikation erfolgreich zur größeren Bekanntheit und zur größeren Konturiertheit zu verhelfen und damit auch die Voraussetzung für eine schnellere und/oder stärkere Verbreitung zu schaffen.“ (Oevermann 2000, S. 126)

Die Akteure der inklusiven Schule sind, wie in Kap. 2 beschrieben, dazu aufgefordert, unter höchst komplexen und teils widersprüchlichen Bedingungen arbeitsfähig zu werden und Lösungen zur Bearbeitung und Bewältigung dieser komplexen Situation zu finden. Unabhängig davon, ob im empirischen Material tatsächlich eine „vernünftige Lösung“ aufscheint, die anschließend als Vorbildfunktion weiter verbreitet werden kann, lassen sich durch die objektiv-hermeneutische Fallrekonstruktion die in der Praxis vorgefundenen Bearbeitungsansätze konturiert herausarbeiten und dahingehend prüfen, welche Strukturen jeweils hemmend oder förderlich wirken beim Versuch, die Situation zu bearbeiten. Dieses Wissen kann, auch ohne Verfügbarkeit einer „optimalen Lösung“, dazu genutzt werden, die unterschiedlichen Akteure für diese Strukturen zu sensibilisieren. Dies könnte durch fallbezogene Workshops und/oder Fortbildungen geschehen.[25] Der konkrete Nutzen für die Praxis ist evident.

[25] Dieses Konzept verfolgt etwa das BMBF-Projekt „Professionalisierung durch Fallarbeit für die inklusive Schule – Fortbildungskonzept zur Rollenklärung pädagogischer Akteure durch Fallarbeit anhand governanceanalytischer Rekonstruktionen zur neuen Akteurskonstellation durch Schulbegleitung“ (Förderkennzeichen 01NV1702A), vgl. Demmer und Lübeck i.E.

5.2.3 *Einordnung der Methodologie in Meads interpretative Rollentheorie*

Greifen wir noch einmal die Oevermann'sche Konstruktion von Krise und Routine der menschlichen Lebenspraxis auf. Als Krise bezeichnet Oevermann die Situation, vor die sich ein Individuum gestellt sieht, wenn es mit einer Entscheidung konfrontiert ist, für die es keine rationalen, auf bewährten Mustern beruhenden Kriterien gibt. Das Individuum kann sich nicht nicht entscheiden, hat aber gleichsam auch keinerlei Handhabe für die zu treffende Entscheidung, die dennoch zumindest rückwirkend begründbar sein muss – dies ist die widersprüchliche Einheit von Entscheidungszwang und Begründungsverpflichtung. Es stellt sich die Frage: Wie kann man sich entscheiden, wenn man keine Kriterien für die Entscheidung hat? Wie wird man handlungsfähig, wenn die bewährten Muster versagen?

Hier nun bezieht sich Oevermann konkret auf die Identitätstheorie von Mead bzw. spezifisch auf dessen Konstrukte von *I* und *me*. Das *me* ist, wie bereits in Kap. 5.1.3 angedeutet, das rekonstruierte und reflektierte Bild des eigenen Selbst. Oevermann rechnet das *me* in Momenten der Krise „zum krisenhaften Alten, zu den objektiven Bedingungen der Krisenkonstellation“ (1991, S. 315), da es ja aufruht auf Rekonstruktionen des eigenen Handelns in Zeiten, die der Krise vorgängig waren und in denen die damals etablierten Kriterien der Entscheidungsfindung noch gültig waren. Das *me* ist somit dieser krisenvorgängigen Zeit verhaftet und bietet keine Ressourcen, die Krise selbst zu meistern.

Dahingegen ist das *I* als nicht-reflektierte Instanz des Selbst impulsiv und spontan. Somit ist das *I* die Instanz, die einzig handlungsfähig ist in Momenten, in denen die Rationalität versagt; es ist die „Instanz der emergierenden Krisenbewältigung“ (Oevermann 1991, S. 315). Durch die Fähigkeit des *I*, auf Situationen spontan und impulsiv zu reagieren entsteht die Möglichkeit, auch ohne zunächst verfügbare Kriterien der Entscheidung die Krise zu bearbeiten und zu bewältigen, in dem neue Muster des Handelns entdeckt werden. Das bedeutet jedoch gleichsam nicht, dass im Moment der Krise das *me* gänzlich überflüssig würde, denn „soll das Emergente als Neues Bestand haben, muß es in sein Gegenteil: das Determinierte, übergegangen sein, als das es durch Rekonstruktion fixiert wird“ (Oevermann 1991, S. 299).

> „Die spontane Krisenlösung nachträglich rekonstruieren bedeutet also zwingend, daß das krisenlösende Subjekt sich selbst vergegenwärtigt und zu Bewußtsein

> bringt. Es erscheint dann nicht mehr im Nominativ der ursprünglichen Krisensituation (das *I* im Sinne von Mead), sondern im Akkusativ der nachträglichen Objektivierung (das *me* im Sinne von Mead), wobei immer zu bedenken ist, daß durch keine Reflexion die Unmittelbarkeit der Gegenwärtigkeit des *I* aufgehoben wird." (Oevermann 2000, S. 142)

Das reflektierende Einholen der spontanen Handlungen des *I* durch das *me* ist somit zwangsläufig erforderlich, soll die gefundene Bearbeitung der Krise dauerhaft Eingang finden in das Handlungsrepertoire des Selbst.

Für die vorliegende Thematik ist zunächst anzunehmen, dass der im Zuge der Inklusion neu auftretende Akteur Schulbegleitung einen Einfluss auf alle weiteren mit ihm in Verbindung stehenden Akteure hat. Als neues Element der Akteurkonstellation fordert er zwangsläufig neue Verhaltensweisen der übrigen Akteure und somit auch eine Veränderung der Fallstruktur heraus. Doch was ist schon Veränderung, was ist wirklich ‚neu'?

Nach Oevermann ist die Reproduktion einer Fallstruktur im Sinne einer exakten Wiederholung ein „empirisch nicht anzutreffender Grenzfall, denn in der human-sozialen empirischen Wirklichkeit ist jede Wiederholung zugleich als Form der Praxis wegen deren Reflexivität immer ein ‚bißchen' neu, ein ‚bißchen' Veränderung" (Oevermann 1991, S. 275). Die Entstehung des Neuen sei daher nichts, was den Zeiten der Krise und des Umbruchs vorbehalten ist; vielmehr ist es in Zeiten der Stabilisierung möglich, dieses Neue an die vorhandene Fallstruktur zu binden bzw. es zu absorbieren (vgl. Oevermann 1991, S. 299). Solange das Neue also anschlussfähig an das bekannte Alte ist, ist somit eine Rekonstruktion der bestehenden Fallstruktur (wenn auch mit leichten Veränderungen) noch möglich.

‚Echte' Transformationen bzw. ‚echte' Neuerungen sind nun dadurch gekennzeichnet, dass sie einer Handlungsentscheidung bedürfen, für die keine bewährten und rationalen Kriterien verfügbar sind. Soll die gefundene Handlung als Krisenbewältigung jedoch dauerhaft in das Handlungsrepertoire des Individuums übergehen, soll das Emergente also als Determiniertes fixiert werden, muss sie in das *me* durch Reflexion integriert werden. Dies bedingt zwangsläufig ein „Umschreiben der bisherigen Vergangenheit [...], denn nur als praktisch aus der Vergangenheit motivierte ist sie in das *me* integrierbar" (Oevermann 1991, S. 301, Hervorhebung A.L.) Die Notwendigkeit der Umschreibung der Vergangenheit ist es, was die Transformation von einer Reproduktion einer Fallstruktur im Sinne einer Stabilisierung unterscheidet. Durch Transformation ist der Fall „nicht mehr derselbe […], der er vorher war. Es ist ein neuer Entscheidungsmodus entstanden, der dem alten nicht mehr entspricht“ (Wernet 2012, S. 187):

> „Die Entscheidung, die vorher im Handlungsrepertoire des Falles nicht enthalten und insofern neu und transformatorisch war, wird nun ex post in die Fallstruktur mit aufgenommen. Der Fall ist zwar zu etwas anderem geworden, als er vorher war, aber er bleibt sich insofern gleich, als das Neue zum Bestandteil des Alten geworden ist. Nachträglich lässt sich das Neue nur auf der Folie des Alten verstehen; und dieses Alte war die Bedingung der Möglichkeit der Hervorbringung des Neuen.“ (Wernet 2012, S. 188)

Das entscheidende Potential des sequenzanalytischen Vorgehens der Objektiven Hermeneutik liegt nun darin, solche impulsiven, spontanen Formen der Krisenbearbeitung entlastet von Zeitdruck und Handlungszwang aufzuspüren und zunächst zumindest methodisch aufgrund der Rekonstruktion in ein Determiniertes zu überführen. Die Objektive Hermeneutik kann somit als „Geburtshelfer beim Festhalten des emergierenden Neuen“ (Oevermann 1991, S. 330) fungieren und im hier konkreten Fall Bearbeitungsmodi der Krisensituation aufdecken, die den Akteuren selbst noch nicht zwangsläufig reflexiv verfügbar sein müssen.

Für den hier interessierenden Gegenstand ergeben sich zusammenfassend also folgende Überlegungen:

- Der neue Akteur Schulbegleitung initiiert eine manifeste Krisensituation für sämtliche in der inklusiven Klasse arbeitenden Akteure, sich selbst eingeschlossen.
- Anlass für diese Krise ist die zwangsläufige Notwendigkeit, die Rolle der Schulbegleitung und in Abhängigkeit davon auch die Rolle der übrigen Akteure (neu) zu definieren, ohne dass hierfür bewährte Strategien zur Verfügung stünden.
- Dies bedeutet, dass mit dieser Krisensituation die bis zu diesem Zeitpunkt eingespielte Fallstruktur aufgebrochen werden muss; wobei davon auszugehen ist, dass im Sinne einer Beharrung auf das Bewährte zunächst versucht wird, die alte Fallstruktur trotz der neuen Situation zu reproduzieren.

- Der Versuch, die alte Fallstruktur zu reproduzieren, ist zwangsläufig zum Scheitern verurteilt – spätestens in diesem Moment muss den Handelnden selbst subjektiv bewusst werden, dass sie sich in einer Situation der Krise befinden.
- In dieser Situation des akuten Krisen-Erlebens müssen die Beteiligten neue und ungewöhnliche Handlungen entwickeln, um diese Krisensituation zu bearbeiten. Diese können keimhaft entstehen und müssen den Handelnden selbst noch nicht zwangsläufig bewusst verfügbar sein, lassen sich jedoch in der zeitentlasteten objektiv-hermeneutischen Rekonstruktion herausarbeiten.

5.2.4 Methodik der Objektiven Hermeneutik

Basis der objektiv-hermeneutisch Auswertung des Falls sind extensive Sequenzanalysen ausgewählter Interviewpassagen. Die Interpretation der Interviewtranskripte erfolgte in Kleingruppen von wissenschaftlichen Mitarbeiterinnen und Mitarbeitern sowie vereinzelt auch mit Lehrkräften der Versuchsschule Oberstufen-Kolleg in Bielefeld[26]. Die Auswahl der zu interpretierenden Textpassagen unterlag der Autorin. Für die Herausarbeitung der Fallstruktur ist die Wahl des Anfangs einer Passage theoretisch beliebig, da sie sich an jeder Sequenzstelle neu reproduziert – „die Fallstruktur wird durch Sequenzanalyse in jedem Falle sichtbar gemacht, gleich, an welcher Sequenzstelle man mit der Rekonstruktion beginnt." (Oevermann 1991, S. 281) Somit ist die Interpretation nicht gezwungen, am Anfang eines Interviewprotokolls zu beginnen. Leitend für die Auswahl der zu interpretierenden Passagen waren sowohl für das Interview mit der Lehrkraft als auch für das Interview mit dem Schulbegleiter jene Passagen, in denen die Rolle des Schulbegleiters explizit thematisch wurde; so etwa, wenn dessen Aufgaben beschrieben wurden oder wenn ein Vergleich zur Rolle der Lehrkräfte zur Sprache kam. Während der Anfang der zu interpretierenden Interviewpassagen bewusst anhand des Erkenntnisinteresses gewählt wurde, ergab sich das Ende der Passage

26 Für die produktive und durchaus auch heitere Mitarbeit in der Interpretationsgruppe möchte ich mich herzlich bedanken bei Monika Palowski, Ramona Lau, Wiebke Fiedler-Ebke, Gabriele Klewin, Sebastian Udo Kuhnen und Bianca Kronhardt.

stets im Zuge der Interpretation, nämlich dann, wenn sich eine zunächst vorläufig postulierte Fallstruktur im weiteren Verlauf bestätigte.

5.2.4.1 Interpretationsprinzipien

In dem Bestreben, das Verfahren der Objektiven Hermeneutik für Forscherinnen und Forscher transparenter und nachvollziehbarer zu machen, hat Andreas Wernet die methodentechnischen Kernoperationen des Verfahrens expliziert und anhand von fünf Interpretationsprinzipien dargestellt (vgl. Wernet 2009) Dies sind die Prinzipien der *Kontextfreiheit, Wörtlichkeit, Sequentialität, Extensivität* und *Sparsamkeit,* die im Folgenden lediglich kurz skizziert werden sollen.

Das Prinzip der *Kontextfreiheit* soll Zirkularität im Forschungsprozess dadurch vermeiden, dass im ersten Schritt der Interpretation des Datenmaterials Wissen über den Kontext bewusst ausgeblendet wird und sich die Interpretierenden dem Text in „künstlicher Naivität" (Wernet 2009, S. 22) zuwenden. Erst im Anschluss an eine solche kontextfreie Interpretation, die den Fall selbst zur Sprache kommen lässt und ihn nicht mit aus dem Kontext stammenden Annahmen verfälscht, wird das Wissen um den Kontext methodisch kontrolliert hinzugezogen. Praktisch bedeutet dies, dass in der Interpretationsgruppe nicht vorab geklärt wird, um welches Material es sich beim vorgelegten Protokoll handelt; insbesondere wird nicht erläutert, um wen es sich bei der interviewten Person handelt. Das Bedürfnis nach der Klärung eben dieser Frage bringt mit sich, dass die Interpretierenden bereits früh in der Interpretation versuchen, am Material Rückschlüsse auf die Person der Sprecherin bzw. des Sprechers zu ziehen: Handelt es sich um eine Schulbegleitung oder eine Lehrkraft? Insbesondere vor dem Hintergrund, dass Schulbegleiterinnen und -begleiter nachweislich auch pädagogisch-unterrichtlichen Tätigkeiten nachgehen (vgl. Kap. 3.1.3 sowie Kap. 3.2.2.2), kann das Vorenthalten der Information über den jeweiligen Sprecher / die jeweilige Sprecherin höchst aufschlussreich sein. Feinheiten im Material finden dadurch mehr Beachtung und führen zum frühzeitigen Aufstellen von Hypothesen, die durch eine vorzeitige Klärung des Kontextes möglicherweise verloren gegangen wären.

Ebenso wie das Prinzip der Kontextfreiheit soll das Prinzip der *Wörtlichkeit* sicherstellen, dass der Text als „Ausdruck von Wirklichkeit" (Wernet 2009, S. 23) und damit als wissenschaftliche Datenbasis ernst genommen wird. Es „macht sich den Umstand zunutze, dass ein Text dazu in der Lage ist, sowohl seine Intention, als auch die Abweichung davon zum Ausdruck zu bringen“ (Wernet 2009, S. 25). Die Rekonstruktion des genauen Wortlauts zielt damit auf die Rekonstruktion der latenten Bedeutungsstruktur des Protokolls, während innertextliche (nicht kontextuelle!) Zusammenhänge Aufschluss über die manifeste Bedeutungsebene liefern. Durch die Verpflichtung der Interpretierenden darauf, genau das zu analysieren, was der Text hergibt, wird die Differenz zwischen manifester und latenter Bedeutungsebene aufgedeckt.

In Kap. 5.2.2.4 wurde aus methodologischer Perspektive bereits auf die Bedeutung der *Sequentialität* für die Objektive Hermeneutik eingegangen. Die interpretationspraktische Anwendung dieses Prinzips besteht nun darin, dass die Interpretation „streng dem Ablauf, den ein Text protokolliert“ (Wernet 2009, S. 27) folgt, also nicht im Text hin- und her springt. Denn nur eine Analyse, die bei jeder einzelnen Sequenz verschiedene Lesarten aufstellt und gedankenexperimentell Anschlussmöglichkeiten konstruiert, ermöglicht es, die Gewordenheit des Falles methodisch kontrolliert nachzuvollziehen und die Fallstruktur als spezifisch motivierte Auswahl unter den verfügbaren Anschlussoptionen herauszuarbeiten. Der in dieser Arbeit interessierende Gegenstand der Rollenentwicklung von Schulbegleitung und somit dessen Prozesscharakter findet folglich seine methodische Entsprechung im Prinzip der Sequentialität.

Das *Extensivitätsprinzip* verlangt von den Interpretierenden, kein Element des Protokolls unberücksichtigt zu lassen und mögliche Lesarten und gedankenexperimentelle Anschlüsse erschöpfend zu benennen. Dies bedeutet zwangsläufig einen hohen Zeitaufwand für einige wenige Textzeilen, ist jedoch, in Zusammenhang mit den Prinzipien der Wörtlichkeit und der Sequentialität, unumgänglich, will man den Text als Datenbasis und als Protokoll von Wirklichkeit ernst nehmen.

Das letzte Prinzip schließlich ist das Prinzip der *Sparsamkeit*:

> „Es schreibt vor, dass nur solche Lesarten gebildet werden dürfen, die ohne Zusatzannahmen über den Fall von dem zu interpretierenden Text erzwungen sind. […] Dabei ist es das Gebot des Prinzips der Sparsamkeit, diejenigen Geschichten auszuschließen, die darauf angewiesen sind, fallspezifische Außergewöhnlichkeiten zu unterstellen.“ (Wernet 2009, S. 35)

Das Prinzip der Sparsamkeit kann somit als forschungsökonomisches Gegengewicht zum Prinzip der Extensivität gedeutet werden, ist jedoch erneut gleichermaßen ein Verweis darauf, den Text als Datenbasis ernst zu nehmen, da es jene Lesarten als unzulässig einstuft, die Zusatzannahmen über den Text erfordern. Dies bedeutet nicht, dass solche Lesarten zwangsläufig falsch oder nicht zutreffend wären. Es bedeutet jedoch, dass sie für die Fallrekonstruktion unnötig sind, da sie nicht am Text überprüft werden können und damit beliebig sind, wohingegen die Fallrekonstruktion entlang zu explizierender Regeln vorgenommen wird (vgl. Wernet 2009, S. 37)

5.2.4.2 Zur Darstellung der Rekonstruktion

Die Nachnamen der jeweiligen Interviewpartnerinnen und -partner wurden jeweils so anonymisiert, dass deren Anfangsbuchstaben nur einmal auftauchen. Dadurch kann in Form von Kurzbelegen auf entsprechende Passagen oder Sequenzen aus den jeweiligen Interviews verwiesen werden. Auf die beiden Passagen aus dem Interview mit der sonderpädagogischen Lehrkraft Svenja Rodenkamp wird folglich mit den Kürzeln R1 bzw. R2 verwiesen; die Kürzel K1 und K2 beziehen sich auf die Interviewpassagen des Schulbegleiters Bastian Kaminski. Die einzelnen Sequenzen der rekonstruierten Interviewpassagen wurden durchnummeriert, sodass sich der Kurzbeleg K2:4 folglich auf die vierte Sequenz der zweiten rekonstruierten Interviewpassage mit Bastian Kaminski bezieht. In der Fallstrukturhypothese sowie in der theoretischen Einordnung wird zusätzlich zu den rekonstruierten Passagen auf weitere Stellen des Interviewtranskripts Bezug genommen. Der Verweis bezieht sich dann auf die Zeilennummer des entsprechenden Interviewtranskripts, also beispielsweise R:375. Beide Transkripte finden sich im Anhang.

5.2.5 Analyseschritte

Ausgangspunkt für die Analyse des Interviewmaterials bildet in Kap. 6.2 die objektiv-hermeneutische Sequenzanalyse von insgesamt vier ausgewählten Passagen. Im Anschluss daran werden diese zunächst unabhängig voneinander interpretierten Passagen zueinander in Bezug gesetzt und unter Rückgriff auf das gesamte Interviewprotokoll wird eine fallimmanente Fallstrukturhypothese gebildet (vgl. Kap. 6.3), die anschließend mit dem weiteren Interviewprotokoll kontextualisiert wird (Kap. 6.4). Aufbauend auf diese Fallstrukturhypothese wird anschließend in Kap. 6.5 analysiert, inwiefern die von Mead beschriebene Theorie der Rollenfindung auf die Situation des Teams bzw. des Schulbegleiters übertragbar ist und ob die Konzepte *play* und *game* sich im empirischen Material wiederfinden lassen.

6 Fallstudie

6.1 Das Team

Das Team arbeitet in der sechsten Klasse einer Realschule im ländlichen Gebiet. Die Klasse besteht aus 22 Schülerinnen und Schülern. Zwei Schüler, Mikke und Erik, haben einen sonderpädagogischen Förderbedarf und jeweils eine eigene Schulbegleitung: Für Mikke ist der Schulbegleiter Bastian Kaminski zuständig, um Erik kümmert sich die Schulbegleiterin Tatjana Schwarz. Außerdem gibt es noch mehrere Schülerinnen und Schüler, die laut Bastian Kaminski unter den Begriff *GU* fallen, also vermutlich Schülerinnen und Schüler mit besonderem Förderbedarf, die jedoch keine Einzelfallhilfe zur Seite haben. Klassenlehrerin ist Janina Zeiss, eine noch recht junge Regelschullehrkraft. Außerdem ist eine sonderpädagogische Lehrkraft, Svenja Rodenkamp, täglich in der Klasse. Die sonderpädagogische Lehrkraft war es auch, die auf die Suche nach Interviewpartnerinnen und -partnern zum Thema Schulbegleitung per E-Mail reagierte und ihre eigene und Bastian Kaminskis Bereitschaft für ein Gespräch erklärte. Beide Interviews, die vor Ort in der Realschule geführt wurden, dauerten jeweils ca. eine Stunde. Seitens der Klassenlehrerin wurde kein Interesse an der Teilnahme geäußert, dies wurde auch seitens der Forscherin nicht forciert. In den geführten Interviews wurde zudem wenig über sie gesprochen. Dies legt den Schluss nahe, dass in diesem Fall die Zusammenarbeit mit und die Verantwortlichkeit für Schulbegleitungen hauptsächlich im Bereich der sonderpädagogischen Lehrkraft liegt. Die Schulbegleiterin Tatjana Schwarz konnte nach Angaben von Svenja Rodenkamp aus zeitlichen Gründen nicht an der Studie teilnehmen.

A. Lübeck, *Schulbegleitung im Rollenprekariat*, Rekonstruktive Bildungsforschung 24, https://doi.org/10.1007/978-3-658-25262-5_6

6.1.1 Sonderpädagogische Lehrkraft: Svenja Rodenkamp

Svenja Rodenkamp ist seit 25 Jahren sonderpädagogische Lehrkraft. Studiert hat sie Sonderpädagogik mit dem Förderschwerpunkt Sprache, wurde jedoch anschließend in einer Förderschule mit dem Schwerpunkt körperliche und motorische Entwicklung im Primarstufenbereich eingesetzt. Später arbeitete sie an einem Kompetenzzentrum und wurde entsprechend auch in anderen Schulen im Rahmen der Einzelintegration von Schülerinnen und Schülern des Förderschwerpunkts körperliche-motorische Entwicklung eingesetzt. Im Zuge der Inklusion wurden schließlich Stellenabordnungen an Regelschulen notwendig. Aufgrund ihrer Erfahrungen in der Einzelintegration konnte sich Svenja Rodenkamp gut vorstellen, an einer Regelschule zu arbeiten und bewarb sich schließlich auf die Ausschreibung einer Realschule. Diese Entscheidung war jedoch auch durchaus pragmatisch motiviert: Eigentlich hätte sie gern weiterhin im Primarstufenbereich gearbeitet, doch schien es für sie aussichtslos, dort eine Stelle zu bekommen. Außerdem war abzusehen, dass zukünftig immer mehr Stellen abgeordnet würden, und die Realschule war immerhin wohnortnah. Zusätzlich hatte die Entscheidung gesundheitliche Gründe, da sie aufgrund von zunehmenden Rückenproblemen nicht mehr in der Verantwortung sein wollte, Schülerinnen und Schüler zu heben. Inzwischen ist sie davon überzeugt, die richtige Entscheidung getroffen zu haben (R:76f.).

Zum Zeitpunkt des Interviews ist Svenja Rodenkamp seit etwa anderthalb Jahren an der Schule. Sie ist mit 23 Stunden pro Woche angestellt, die sie zur Hälfte in der 6a verbringt. Zusätzlich betreut sie ein lebenspraktisch orientiertes Förderangebot sowie eine AG und in einzelnen Fällen bietet sie auch Sprachtherapie an. In der 6a übernimmt sie zwar auch individuelle Förderangebote für einzelne Schülerinnen und Schülern, sie erteilt jedoch auch Unterricht für die gesamte Lerngruppe in den Fächern Politik, Kunst, Englisch und Deutsch (R:139ff.). Aufbauend auf dieses Tätigkeitsprofil lässt sich Frau Rodenkamp eher als „Lehrkraft mit sonderpädagogischem Hintergrund“ einordnen; auf sie wird in der Analyse als „sonderpädagogische Lehrkraft“ oder auch abkürzend von „Lehrkraft“ verwiesen. Dort, wo die Regelschullehrkraft Janina Zeiss gemeint ist, wird dies explizit deutlich gemacht.

6.1.2 Schulbegleiter: Bastian Kaminski

Bastian Kaminski ist 34 Jahre alt. Zum Zeitpunkt des Interviews arbeitet er seit etwa einem halben Jahr als Schulassistent für Mikke. Bastian Kaminski sagt über sich selbst, er hätte einen „bunten Lebenslauf" (K:11), auf den er im Interview jedoch nur kurz eingeht – deutlich wird, dass er sowohl im handwerklichen Bereich als auch in der Industrie gearbeitet hat und längere Zeit im Sicherheitsdienst tätig war. Dort wollte er jedoch nicht bleiben und entschloss sich zu einer Tätigkeit im sozialen Bereich. Nach einer kurzen Orientierungsphase in der Altenpflege bewarb er sich bei einem freien Träger für eine Stelle als Schulbegleiter.

Eingestellt ist Bastian Kaminski mit 25 Wochenstunden. Sein Arbeitsverhältnis ist stets für sechs Monate befristet, denn nach diesem Zeitraum muss die Förderung für Mikke jeweils neu beantragt werden. Mit dem Lohn von etwa zehn Euro pro Stunde ist er zufrieden, auch wenn ihm bewusst ist, dass er in der freien Marktwirtschaft mehr verdienen könnte und wohl zuvor auch mehr verdient hat. Bastian Kaminski wurde vor der Aufnahme der Tätigkeit als Schulbegleiter nicht gezielt geschult, er berichtet jedoch von einem guten Angebot an Fortbildungen seitens des Trägers, wobei jedoch auch hier nicht deutlich wird, inwieweit er diese Angebote auch in Anspruch nimmt (K:51f).

6.1.3 Der zu begleitende Schüler: Mikke

Der Schüler, der von Bastian Kaminski im Schulalltag begleitet wird, ist elf Jahre alt und leidet an Asperger-Autismus. Die Beschulung von Mikke zeigte sich in der Vergangenheit als schwierig, da es ihm sehr schwer fällt, seine Emotionen zu kontrollieren und er schnell aggressiv wird. Für sein Alter ist er bereits sehr stark und bei Wutausbrüchen entsprechend schwer zu beruhigen. Seine Mitschüler reagierten in der Vergangenheit darauf, indem sie auf Distanz zu ihm gingen. Diese Wutausbrüche scheinen auch für Schulbegleiterinnen und Schulbegleiter eine große Herausforderung zu sein – in der Vergangenheit gab es hier mehrere Wechsel. Nach eigenen Angaben ist Bastian Kaminski inzwischen der siebte oder achte Schulbegleiter von Mikke (K:143f.).

6.2 Sequenzanalysen

Im Folgenden werden die objektiv-hermeneutischen Interpretationen von je zwei Interviewpassagen der sonderpädagogischen Lehrkraft Svenja Rodenkamp und des Schulbegleiters Bastian Kaminski dargestellt. Dabei ist herauszustellen, dass im Sinne einer Fallbestimmung nicht die einzelnen Personen an sich den zu rekonstruierenden Fall darstellen, sondern das Rollenprekariat des Schulbegleiters und die Versuche des Teams, trotz des Rollenprekariats arbeitsfähig zu werden.

Die Interpretation der Passagen erfolgte wie in Kap. 5.2.4.1 beschrieben zunächst kontextfrei und unabhängig voneinander, d.h. die Interpretationen der jeweiligen Passagen bauen nicht aufeinander auf. Eine Zusammenführung der im Rahmen der Interpretationen gesammelten Erkenntnisse findet im Rahmen der Fallstrukturhypothese (Kap. 6.3) statt; eine Einbettung der Fallstrukturhypothese in den Kontext der Interviews erfolgt in Kap. 6.4.

6.2.1 Sonderpädagogische Lehrkraft, Passage 1: „Die Schulbegleitung ist eine erwachsene Person.“

1) Und da haben wir uns auch ganz eindeutig so positioniert,
2) dass die Schulbegleitung
3) auch ne ERWACHSENE PERSON ist,
4) die AUCH ähm in ähm äh in Abstimmung mit der Lehrkraft handeln darf
5) und auch handeln soll,
6) und auch autorisiert ist, dies äh zu tun,
7) ABER, ähm, natürlich trotzdem vorrangig die Aufgabe darin besteht
8) dass sie das alleinig das Kind äh betreut was sie zu betreuen hat
9) aber immer, wenn es zu ähm so groben Verhaltensauffälligkeiten kommt
10) äh die in irgendner Form beantwortet werden müssen,
11) dass äh da auch ne Schulbegleitung nicht so völlig außen vor sein darf
12) sondern so ne (.) gro/ gesunde (.) Zivilcourage äh
13) in nem guten Maß auch ähm für die Schüler erkennbar sein muss
14) und auch ähm, ja sie muss immer n Respekt haben
15) ne Person bleiben ne?
(R:603-612)

1) Und da haben wir uns auch ganz eindeutig so positioniert,

Diese Sequenz beschreibt die Positionierung einer Gruppe zu einem bestimmten, noch nicht genannten Sachverhalt. Zunächst wäre zu fragen, wer mit „wir" wohl gemeint ist. Vor dem Hintergrund, dass die Sprecherin eine sonderpädagogische Lehrkraft ist, kommt hier die Schule als Gesamteinheit in Frage, aber auch das Lehrkollegium oder das Team der unterrichtenden Lehrerinnen und Lehrer in einer Klasse. Die sonderpädagogische Lehrkraft ist Teil dieser Gruppe und offenbar herrscht hier einheitlicher Konsens über die Position, die man als Gruppe „ganz eindeutig" eingenommen hat.

Die Erfordernis, eine Position zu beziehen, lässt darauf schließen, dass es mindestens zwei theoretisch mögliche Positionierungen zu einem Thema gibt. Eine eindeutige Positionierung beschreibt somit die Festlegung auf eine von mehreren Optionen. Es muss folglich für die Gruppe mehrere Möglichkeiten gegeben haben, sich zu verhalten und gleichzeitig muss es wohl auch einen Anlass gegeben haben, der diese konkrete Festlegung erforderlich gemacht hat – das „und da" scheint sich auf einen solchen Anlass zu beziehen. Ob der Anlass von der Gruppe selbst wahrgenommen wurde und somit einem eigenen Bedürfnis zur Positionierung entspricht oder ob eine solche Positionierung von außen gefordert wurde, ist an dieser Stelle unklar. Als Anlass wäre eine konflikt- oder problemhafte Situation denkbar, die erst dadurch entstehen konnte, dass die Gruppe vorher keine klare Position zu diesem Thema hatte und es innerhalb der Gruppe womöglich individuell unterschiedliche Positionierungen gab. In diesem Sinne hätte die eindeutige Positionierung der Gruppe den Zweck, ähnlichen Konflikten und Problemen in Zukunft vorzubeugen. Gleichzeitig wäre jedoch auch möglich, dass die Gruppe sich quasi vorsorgend oder auch strategisch zu einem Thema positioniert hat, bevor dieses Thema die Gruppe als solche konkret betroffen hätte. In Hinblick auf Inklusion wäre beispielsweise denkbar, dass sich eine Schule damit rühmt, sich bereits vor der verpflichtenden Umstellung auf inklusive Schulstrukturen positiv zur Beschulung von Schülerinnen und Schülern mit sonderpädagogischen Förderbedarfen positioniert zu haben.

2) dass die Schulbegleitung

Das Thema bzw. der Sachverhalt, zu dem die Gruppe inklusive der Sprecherin sich positioniert hat, ist die Schulbegleitung. Es klingt jedoch nicht danach, als sei die Schulbegleitung ein Teil dieser Gruppe – wenn dem so wäre, hätte sich als Formulierung eher „unsere Schulbegleiterin“ oder auch der konkrete Name der Schulbegleiterin / des Schulbegleiters angeboten statt der hier verwendeten, auf die Funktion reduzierte Formulierung.

Weshalb jedoch muss sich die Gruppe zur Schulbegleitung positionieren? Es muss offenbar Unklarheiten bzw. verschiedene Positionen gegenüber der Schulbegleitung geben, die eine solche Positionierung erst erforderlich machen. So wäre es beispielsweise undenkbar, dass sich eine Schule bzw. ein Kollegium einer neuen Chemielehrerin gegenüber positionieren müsste – diese Rolle ist so etabliert, dass es hier keinen Positionierungsbedarf gibt. Anders nun bei der Schulbegleitung, wo offenbar so viel Interpretationsspielraum besteht, dass eine Festlegung für die Gruppe notwendig erscheint.

Dies wird deutlich, wenn man versucht, den Satz zu vervollständigen: „… ein Teil unseres Teams ist“, „… auch einen Schlüssel zum Lehrerzimmer bekommen sollte“, „… nur in Absprache mit den Lehrkräften im Unterricht helfen darf“: Es können eigentlich nur Eigenschaften, Aufgabenbereiche oder Befugnisse der Schulbegleitung folgen, die diese nicht selbst bestimmt oder bestimmen kann, sondern die von außen gedeutet werden müssen. Der Anlass für die Positionierung wäre demnach schlichtweg die Präsenz der Schulbegleitung, deren Rolle für die Gruppe noch nicht von sich aus hinreichend geklärt ist.

Dementsprechend existiert an dieser Stelle folglich ein Machtverhältnis: Die Gruppe hat die Deutungshoheit über die Schulbegleitung. Da die Schulbegleitung offenbar nicht in die Positionierung mit einbezogen wurde, könnte man scharf formulieren, dass sie sich den Deutungen der Gruppe beugen muss.

3) auch ne ERWACHSENE PERSON ist,

Diese Aussage wirkt höchst irritierend. Für Schulbegleitungen in Deutschland gelten grundsätzlich nur zwei Anforderungen: Sie müssen volljährig sein und dürfen keine Vorstrafen aufweisen. Dass die Schulbegleitung eine erwachsene Person ist zählt also zu den wenigen Eindeutigkeiten, die für diese Tätigkeit überhaupt existieren. Trotzdem schien die Gruppe, der die Sprecherin angehört, die Notwendigkeit zu sehen, sich zu dieser Tatsache positionieren zu müssen – folglich muss der Erwachsenenstatus also grundsätzlich als anzweifelbar wahrgenommen worden sein. Dass die Anerkennung des Erwachsenenstatus der Schulbegleitung der Deutungshoheit Anderer obliegt wirkt dabei entmündigend und demütigend. Gleichzeitig wirkt die Gruppe, die diesen Status anerkennt, durch die Zubilligung des Erwachsenseins äußerst gönnerhaft.

Etwas weniger problematisch für den Status der Schulbegleitung wird diese Sequenz unter der Lesart, dass es nicht um den Status der Erwachsenseins an sich geht, sondern um die Implikationen, die das Erwachsensein mit sich bringt. Je nachdem, wem gegenüber man sich positioniert (der Schülerschaft, dem Kollegium oder auch der Schulbegleitung selbst gegenüber), birgt die Betonung der Volljährigkeit eigene Auswirkungen.

1) *Schülerschaft*. Gegenüber der Schülerschaft bedeutet die Volljährigkeit der Schulbegleitung eine Differenz – die Schulbegleitung gehört einer anderen Statusgruppe an als die minderjährigen Schülerinnen und Schüler. Auf diese Differenz hinzuweisen mag beispielsweise zum Ziel haben, die Autorität und Weisungsbefugnis der Schulbegleitung gegenüber den Schülerinnen und Schülern zu betonen: „Die Schulbegleitung ist eine erwachsene Person, auf die ihr hören müsst!" Dadurch, dass Schulbegleitungen oft in der Klasse neben dem von ihnen zu betreuenden Kind sitzen, mag es tatsächlich notwendig sein, diesen Unterschied der Statusgruppe hervorzuheben.

2) *Kollegium*. Die räumliche Nähe zu den Schülerinnen und Schülern mag auch die Lehrkräfte dazu verleiten, in der Schulbegleitung einen weiteren Schüler / eine weitere Schülerin zu sehen, sodass man sich auch hier die Volljährigkeit der Schulbegleitung explizit vor Augen führen muss. Die Anerkennung des Erwachsenseins mag hier implizieren, der Schulbegleitung Selbständigkeit und die Fähigkeit zur Übernahme von Verantwortung zuzutrauen. Ebenfalls könnte es jedoch auch bedeuten, der Schulbegleitung eine Zugehörigkeit im Kollegium zuzubilligen: „Sie ist erwachsen, also ist sie eine von uns."

3) *Schulbegleitung*. Wie bereits erwähnt hat es etwas Demütigendes, einen Erwachsenen an seinen Status als Erwachsenen zu erinnern. Die Notwendigkeit, dies zu tun, kann jedoch darin bestehen, dass sich die angesprochene Person nicht den Erwartungen gemäß verhält, die an sie als Erwachsene gestellt werden. Bei einer Schulbegleitung, die in räumlich nächster Nähe zu den Schülerinnen und Schülern sitzt, könnte es beispielsweise passieren, dass sie sich in ihrem Verhalten der Schülerschaft annähert – man denke etwa an eine kaugummikauende, auf dem Stuhl wippende Schulbegleiterin. Hier wäre eine ‚Erinnerung' an den Erwachsenenstatus im Sinne einer Ermahnung denkbar (insbesondere bei noch jungen

Schulbegleiterinnen und Schulbegleitern, deren eigener Schulbesuch möglicherweise erst kurze Zeit zurückliegt). Ebenfalls mag der Verweis auf das Erwachsensein ein Versuch sein, die Rechte, Pflichten und Verantwortlichkeiten der Schulbegleitung zu klären.

Grundsätzlich scheint also an dieser Stelle ein gewisser Interpretationsspielraum zu existieren, den die Gruppe durch ihre klare Positionierung vereindeutigen möchte.

4) die AUCH ähm in ähm äh in Abstimmung mit der Lehrkraft handeln darf

Wider Erwarten bringt diese Sequenz nicht die Klarheit, die man nach den vorangegangenen Passagen an dieser Stelle vermutet hätte. Auf der performativen Ebene fällt zunächst auf, dass die Sprecherin nun zum ersten Mal in ihrem Redefluss stockt und offenbar nach der richtigen Formulierung sucht. Dies lässt vermuten, dass es für sie entweder gar nicht so leicht ist, die richtigen Worte zu finden oder dass sie sich selbst gar nicht ganz klar darüber ist, was sie eigentlich sagen möchte – und das, obwohl sie zuvor von einer sehr eindeutigen Positionierung gesprochen hat. Aber auch inhaltlich wirkt diese Sequenz widersprüchlich. So wurde in der vorigen Passage der Schulbegleitung seitens der Gruppe der Erwachsenenstatus zugestanden, wahrscheinlich im Hinblick auf Anerkennung von Autonomie und Zuweisungen von Verantwortlichkeiten. Doch ist die Schulbegleitung scheinbar keineswegs autonom – sie *darf* (ausschließlich?) in Abstimmung mit der Lehrkraft handeln. Die Tatsache, dass die Schulbegleitung eine erwachsene Person ist, scheint nicht auszureichen, um eigenständig handeln zu dürfen. Stattdessen gibt es offenbar eine Hierarchie, in der die Schulbegleitung im Gegensatz zu den Lehrkräften nicht unabhängig von einer Abstimmung handeln darf. In diesem Sinne dürfte es sich bei der „Abstimmung" vermutlich eher um eine „Erlaubniseinholung" handeln. Das „dürfen" erinnert stark an Zubilligungen Erwachsener gegenüber Kindern („Ja, du darfst heute bis 10 Uhr aufbleiben") und unterläuft somit wieder die vorhin noch zugestandene Erwachsenenrolle mit Verweis auf ein eindeutiges Machtverhältnis.

Die Notwendigkeit einer Abstimmung selbst ist jedoch unbestreitbar, nicht zuletzt da es sich bei Schulbegleitungen in der Regel um nicht pädagogisch qualifiziertes Personal mit nur unzureichend bestimmten Aufgabenbereichen handelt. An dieser Stelle wäre nun kritisch zu hinterfragen, in welcher Form die Abstimmung des Handelns tatsächlich vollzogen wird. Geht es hier um grundlegende

Aufgabenbereiche, über die eine Entscheidung getroffen werden muss, z.B. im Hinblick auf die Unterstützung von Mitschülerinnen und Mitschülern, sodass in diesem abgestimmten Bereich tatsächlich annähernd autonomes Handeln im Sinne einer Autorisation möglich ist? Oder besteht die Position der Gruppe darin, dass die Schulbegleitung tatsächlich einzelne Handlungen immer wieder erneut mit der Lehrkraft abzustimmen hat?

Ebenfalls interessant ist die Frage nach anderen möglichen Positionen. Die Gruppe hat sich dazu entschieden, dass die Schulbegleitung durch ihr Erwachsensein in Abstimmung mit den Lehrkräften handeln darf. Wie sähe hier eine alternative Position aus? Gäbe es tatsächlich Szenarien, in denen die Schulbegleitung gar nicht handeln darf bzw. lediglich auf Zuweisung durch die Lehrkraft, während sie bei der Einigung auf eine Handlungsabstimmung immer noch die Möglichkeit hätte, eine solche Abstimmung selbst zu initiieren? Oder gäbe es gar Szenarien, in denen die Schulbegleitung vollumfängliche Handlungsfreiheit ohne jegliche Abstimmungsnotwendigkeiten hat?

Neben all diesen Unklarheiten ist jedoch deutlich, dass die Gruppe, die sich auf eine Position geeinigt hat, die Deutungshoheit über den Aufgabenbereich der Schulbegleitung innehat.

5) und auch handeln soll,

Die Schulbegleitung *darf* nicht nur in Abstimmung mit der Lehrkraft handeln, sie *soll* es sogar tun. Dies bestärkt erneut den Eindruck eines hierarchischen Verhältnisses zwischen der Schulbegleitung und der Lehrkraft. Offenbar geht es in diesem hierarchischen Verhältnis nicht nur darum, dass die Schulbegleitung sich die Erlaubnis zum Handeln von der Lehrkraft einholen darf, sondern sie erhält von der Lehrkraft auch einen Handlungsauftrag. Dies impliziert eine Weisungsbefugnis der Lehrkraft gegenüber der Schulbegleitung.

6) und auch autorisiert ist, dies äh zu tun

Die letzten Sequenzen folgen einer Steigerungslogik: Die Schulbegleitung *darf* nicht nur handeln, sie *soll* es sogar, und sie ist sogar *autorisiert*, dies zu tun. Somit wird die Handlungsfähigkeit der Schulbegleitung stark hervorgehoben. Was jedoch autorisiert die Schulbegleitung? Ist es die Tätigkeit der Schulbegleitung als solche? Dies kann nahezu ausgeschlossen werden, denn würde die Tätigkeit selbst diese Autorisation erfordern, so gäbe es keine Notwendigkeit, sich zu solchen Fragen zu positionieren. Es ist naheliegender, dass die Autorisation durch den Beschluss der Gruppe, die Schulbegleitung als „erwachsene Person“ zu behandeln, erfolgte – diese Status-Anerkennung ermächtigt die Schulbegleitung, „dies zu tun“. Somit *wurde* die Schulbegleitung durch die Gruppe autorisiert, sie *war* es nicht von vornherein.

Letzteres klingt nicht sehr wohlgeformt. Worauf bezieht sich „dies“? Konkrete Handlungsfelder wurden in der Interviewsequenz noch nicht benannt; daher wäre es naheliegender, dass sich „dies“ auf die Abstimmung mit der Lehrkraft bezieht: „Die Schulbegleitung ist autorisiert, in Abstimmung mit der Lehrkraft zu handeln.“ Diese Lesart erscheint jedoch als ziemlich redundant. Wenn die Schulbegleitung sich ohnehin regelmäßig mit der Lehrkraft abstimmt, erhält sie ja in diesen Abstimmungsgesprächen die Autorisation für ihr jeweiliges, konkretes Handeln. Eine weitere Lesart an dieser Stelle wäre, dass die Schulbegleitung autorisiert ist, auf die Lehrkraft zuzugehen und diese Abstimmungsgespräche selbst zu initiieren, also eigene Ideen und Ansätze selbst aktiv zu verfolgen. Hier wäre die Kehrseite interessant: Gibt es tatsächlich Positionierungen, die es der Schulbegleitung versagen, auf die Lehrkraft zuzugehen und eigene Ideen zu äußern?

7) ABER, ähm, natürlich trotzdem vorrangig die Aufgabe darin besteht

Mit dem „aber“ wird nun eine Einschränkung eingeleitet, was die zuvor beschriebene Autorisation zur Abstimmung betrifft. Offenbar handelt es sich bei dieser Autorisation zur Abstimmung, dem „handeln dürfen und sollen“, um ein Element, das nichts mit der Hauptaufgabe der Schulbegleitung zu tun hat – und diese Hauptaufgabe muss weiterhin Priorität haben. Diese Sequenz weckt den Eindruck, als wäre die Erlaubnis, nach Abstimmung mit der Lehrkraft zu handeln, tatsächlich ein Privileg, das der Schulbegleitung seitens der Gruppe zugebilligt wird – schließlich geht dies ja offenbar über ihre eigentliche Hauptaufgabe hinaus. Nun darf jedoch trotz dieses zugestandenen Privilegs die eigentliche Aufgabe nicht aus den Augen verloren werden.

Diese Sequenz erinnert stark an Erziehungsverhältnisse, in denen die Eltern ihren Kindern ebenfalls Privilegien einräumen, aber gleichzeitig darauf achten, dass gewisse Grenzen eingehalten werden und sie in ihrer Rolle als Erziehende nicht kompromittiert werden: „Wir ermutigen unsere Kinder, Vorschläge für unser nächstes Urlaubsziel zu machen und beziehen das gerne in unsere Überlegungen mit ein. Wohin es aber dann tatsächlich geht, ist aber natürlich trotzdem unsere Entscheidung.“

Somit klingt auch hier wiederum ein gewisses Machtverhältnis gegenüber der Schulbegleitung an. Möglicherweise existiert an dieser Stelle auch ein Bezug zur eingangs genannten Positionierungsbedürftigkeit – so könnte die Gruppe durch die Autorisation der Schulbegleitung zur Abstimmung auf eine Problematik reagieren, die im Rahmen der Tätigkeit der Schulbegleitung entstanden ist bzw. hätte entstehen können. Durch diese Abstimmungserlaubnis möchte man möglicherweise dieser Problematik entgegenwirken, jedoch muss allen Beteiligten bewusst sein, dass es sich hier um ein Privileg bzw. um einen ‚Bonus‘ handelt, der mit der eigentlichen Aufgabe der Schulbegleitung nichts zu tun hat.

8) dass sie das alleinig das Kind äh betreut was sie zu betreuen hat

An dieser Stelle wird nun explizit genannt, worin die eigentliche Aufgabe der Schulbegleitung besteht – in der Betreuung des Kindes, „was sie zu betreuen hat“. Diese Formulierung betont die Unhinterfragbarkeit dieser Aufgabe. Spannend ist in dieser Sequenz jedoch die Wortwahl. Für die Schul*begleitung* hätte sich als Verb in dieser Sequenz das Wort *begleiten* angeboten, stattdessen verwendet die Sprecherin das Wort *betreuen.* Während bei einer Begleitung im Vordergrund steht, jemanden bei einer konkreten Handlungsanforderung zu unterstützen und somit zu ermächtigen, etwas zu leisten, was er oder sie ohne diese Begleitung vermutlich nicht leisten könnte, fokussiert eine Betreuung nicht auf eine solch spezifische Aufgabe. Hier geht es vorrangig um die Beschäftigung und Umsorgung eines Menschen, wie etwa in der Kinderbetreuung bei Arbeitgebern, in Fitnessstudios oder bei Ämtern, wo sich die Eltern für einen begrenzten Zeitraum nicht um ihre Kinder kümmern können und die Aufsicht an andere abgeben. So könnte man hier also vermuten, dass die Aufgabe der Schulbegleitung in den Augen der Sprecherin in eben einer solchen Beschäftigung und Umsorgung gesehen wird, ohne dass ihrer Tätigkeit eine darüber hinausgehende pädagogische Zweckmäßigkeit zugesprochen wird.

Darüber hinaus fällt auf, dass der erste Teil der Sequenz nicht ganz wohlgeformt ist durch ein überflüssiges „das“. Denkbar wäre, dass sich die Sprecherin hier selbst korrigiert, um noch das Wort „alleinig“ einzufügen. Worauf sich das „alleinig“ bezieht, ist jedoch unklar. Hier können drei Lesarten aufgestellt werden. a) Es ist die alleinige Aufgabe der Schulbegleitung, das ihr zugewiesene Kind zu betreuen. b) Die Schulbegleitung darf keine anderen Kinder betreuen außer dem, das ihr zugewiesen wurde. c) Niemand außer der Schulbegleitung selbst darf das Kind betreuen. Vor dem Hintergrund der zuvor thematisierten Handlungsabstimmungen scheinen die ersten zwei Lesarten wahrscheinlicher zu sein. Hier wäre also denkbar, dass sich die Handlungsabstimmung mit der Lehrkraft darauf bezieht, dass a) die Schulbegleitung auch andere Aufgaben wahrnehmen kann, die über die reine Betreuung des Kindes hinausgehen und somit als pädagogisches Handeln theoretisch unter die Hoheit der professionalisierten Lehrkräfte fallen, was eine Abstimmung sinnhaft macht, oder b) dass sich die Schulbegleitung auch anderen Kindern zuwendet, für die sie nicht direkt eingestellt ist, wodurch sie ebenfalls ihren arbeitsrechtlich definierten Aufgabenbereich verlässt.

So oder so gehen die Handlungen, die zuvor mit der Lehrkraft abgestimmt werden müssen, über den eigentlichen, theoretisch gesteckten Arbeitsbereich der Schulbegleitung hinaus und gelten damit als Privileg bzw. als ‚Bonus'. Dadurch dürfen sie erst dann wahrgenommen werden, wenn die eigentliche Aufgabe, nämlich die nicht-pädagogische Betreuung des Kindes, sichergestellt ist.

9) aber immer, wenn es zu ähm so groben Verhaltensauffälligkeiten kommt

Zusammenfassend lauten die vorigen Sequenzen „Die Schulbegleitung darf in Abstimmung mit der Lehrkraft handeln, ihre Hauptaufgabe ist jedoch, das ihr zugewiesene Kind zu betreuen". Durch die erneute Einschränkung durch das „aber" in dieser Sequenz wirkt die Argumentationsstruktur der Sprecherin hier sehr irritierend – an welche der bisherigen Argumentationen knüpft sie hier an? Diese Frage kann hier nicht beantwortet werden, da unklar bleibt, wer diese Verhaltensauffälligkeiten zeigt – ist es das von der Schulbegleitung zu betreuende Kind oder sind es die Mitschülerinnen und Mitschüler in der Klasse? Deutlich ist in jedem Fall, dass es offenbar mit einer gewissen Regelhaftigkeit zu solchen Verhaltensauffälligkeiten kommt, sodass damit zu rechnen ist. „Immer wenn" hat somit einen technologisierenden, rezeptartigen Charakter. Unklar ist weiterhin, worauf sich „so" bezieht. Einerseits könnte es lediglich beispielhaft gemeint sein im Sinne von „wenn es zu solchen groben Verhaltensauffälligkeiten kommt" (dies weckt den Wunsch nach der Nennung von Beispielen für solche Verhaltensauffälligkeiten); andererseits könnte es auch vergleichend/einordnend gemeint sein, also „wenn es zu derart groben Verhaltensauffälligkeiten kommt". In jedem Falle ist klar, dass es sich hier um deutlich ausgeprägte Auffälligkeiten und nicht um Bagatellen handeln muss.

Grundsätzlich kommen nun zwei Variablen in Frage: Wer die Verhaltensauffälligkeiten zeigt, also das zu betreuende Kinder oder ein Mitschüler / eine Mitschülerin; sowie die Frage, ob die Schulbegleitung nun in solchen Fällen zuständig ist oder nicht. Daraus ergeben sich vier unterschiedliche Interpretationsmöglichkeiten bzw. Anschlüsse für diese Sequenz:

a) Es ist das zu betreuende Kind, welches regelmäßig Verhaltensauffälligkeiten zeigt und es fällt in den Aufgabenbereich der Schulbegleitung, darauf zu reagieren. Handelt es sich beispielsweise um ein Kind mit einem diagnostizierten sonderpädagogischen Förderbedarf im Bereich emotionale und soziale Entwicklung wäre es denkbar, dass es der spezifische Auftrag der Schulbegleitung ist, auf diese Verhaltensauffälligkeiten zu reagieren und das Kind beispielsweise vorübergehend aus der Klasse zu nehmen, damit es sich beruhigen kann. Dies wäre anschlussfähig an die zuvor aufgestellte Lesart, dass es die Aufgabe der Schulbegleitung ist, das Kind zu beschäftigen und zu umsorgen, unter anderem auch in einer solchen Situation.
b) Es ist das zu betreuende Kind, welches die Verhaltensauffälligkeiten zeigt, jedoch erfordert die Schwere dieser Auffälligkeiten eine professionelle pädagogische Intervention. Diese kann die in der Regel nicht qualifizierte Schulbegleitung nicht leisten und es muss eindeutig sein, dass es an dieser Stelle die pädagogisch ausgebildeten Lehrkräfte sein müssen, die eingreifen. Der Schulbegleitung kommt hier lediglich die Aufgabe zu, die Lehrkräfte über diese Verhaltensauffälligkeiten (rechtzeitig) zu informieren.
c) Es sind Mitschülerinnen bzw. Mitschüler, die verhaltensauffällig sind, und es fällt aufgrund der Verortung der Schulbegleitung als Einzelfallhilfe ohnehin nicht in den Aufgabenbereich der Schulbegleitung, hier einzuschreiten. Selbst wenn sie sich in Absprache mit der Lehrkraft auch den übrigen Schülerinnen und Schüler in der Klasse widmet, muss allen Beteiligten klar sein, dass es bei groben Verhaltensauffälligkeiten die Lehrkraft ist, die hier zuständig ist, nicht zuletzt aufgrund ihrer pädagogischen Professionalität.
d) Es sind Mitschülerinnen bzw. Mitschüler, die verhaltensauffällig sind, und aufgrund der Schwere der Auffälligkeiten wird von der Schulbegleitung erwartet, trotz ihrer formellen Nicht-Zuständigkeit einzuschreiten, etwa um

gewalttätige Auseinandersetzungen zwischen Schülerinnen und Schülern oder auch grobe Sachbeschädigungen zu unterbinden. Dass sie dies zu tun hat, ergibt sich schlichtweg aus der Tatsache heraus, dass sie eine *erwachsene Person* ist und in diesem Sinne naturwüchsig eine Autorität gegenüber den Mitschülerinnen und Mitschülern darstellen sollte, selbst wenn sie ursprünglich nur für die Begleitung eines konkreten Kindes eingestellt wurde.

Aufgrund der inkohärenten Argumentationsstruktur der Sprecherin bleibt unklar, um welche dieser vier Möglichkeiten es sich handelt. Jedoch lässt sich aus der Formulierung schließen, dass es in der Vergangenheit regelmäßig zu Situationen gekommen ist, in denen auf Verhaltensauffälligkeiten reagiert werden musste und in denen die Zuständigkeit der Schulbegleitung in Frage stand. Dies könnte wiederum ein Anlass für die Sprecherin bzw. für die Gruppe, der sie angehört, gewesen sein, sich zu dieser Frage zu positionieren. Nun nahm die Positionierung Bezug auf den Erwachsenenstatus der Schulbegleitung, was im Sinne einer halbwegs schlüssigen Argumentationsstruktur die Variante d) stützen würde.

10) äh die in irgendner Form beantwortet werden müssen,

Das Zeigen von Verhaltensauffälligkeiten wird hier als eine Situation dargestellt, die zwangsläufig eine Reaktion erfordert. Nun kann die Formulierung „in irgendner Form" unterschiedlich interpretiert werden. Naheliegend wäre hier zunächst, dass es hauptsächlich darum geht, dass in die vorliegende Situation eingegriffen wird, egal in welcher Form. In dieser Lesart könnte man hier also auch eine pädagogisch nicht ausgebildete Schulbegleitung bitten, bei groben Verhaltensauffälligkeiten einzuschreiten, was erneut Lesart d) stützen würde. Gleichzeitig wäre es aber auch denkbar, dass die Sprecherin es einfach nicht als Gegenstand des Interviews ansieht, auf die Formen der Intervention näher einzugehen und diese folglich bewusst ausklammert. Die tatsächliche Form der Beantwortung solcher auftretenden Situationen kann also weiterhin auch dem pädagogisch professionalisierten Lehrkräften vorbehalten sein.

11) dass äh da auch ne Schulbegleitung nicht so völlig außen vor sein darf

An dieser Stelle klärt sich, dass es die Mitschülerinnen und Mitschüler sein müssen, die verhaltensauffällig werden. Wäre es das zu betreuende Kind, so wäre die Schulbegleitung nicht per se „völlig außen vor", und offenbar sind es eben diese groben Verhaltensauffälligkeiten, die den eigentlichen Auftrag, „alleinig das Kind zu betreuen, das sie zu betreuen hat“, zumindest ein Stückweit relativieren. Somit ist die Schulbegleitung zumindest in solch drastischen Situationen gefordert, diese „irgendwie zu beantworten“ – pädagogische Expertise scheint hier sekundär hinter dem grundsätzlichen Eingreifen zu stehen.

Schlüssig wird dies, wenn die Situation auf anderes, potentiell anwesendes nicht-pädagogisches Personal der Schule übertragen wird. Angenommen, es entstünde währen der Pause eine Schlägerei auf dem Schulhof, so müsste auch ein zufällig anwesender Hausmeister sofort eingreifen und die Beteiligten voneinander trennen (was man vergleichsweise von anderen bzw. auch älteren Schülerinnen und Schülern nicht unbedingt erwartet). Auch die Schulbegleitung kann sich also, zumindest nachdem ihr der Erwachsenenstatus explizit zugebilligt worden ist, solchen grundlegenden Verantwortungen nicht entziehen, selbst wenn ihr Auftrag sich eigentlich auf ein spezifisches Kind richtet.

Besonders relevant mag die Klärung solcher Situationen vor allem deshalb sein, da die Schulbegleitung sicherlich häufigeren Kontakt zu den Schülerinnen und Schülern pflegt, da sie selbst ja einen Schüler / eine Schülerin begleitet. Während Lehrkräfte, abgesehen von einigen wenigen zur Pausenaufsicht berufenen, sich in der Pause oft im Lehrerzimmer aufhalten, ist die Schulbegleitung je nach Bedarf in der Nähe der Schülerinnen und Schüler. Möglicherweise sieht sie sich aufgrund dieser Nähe häufiger solchen Situationen ausgesetzt, in denen sie möglicherweise eingreifen müsste. Nun wäre an dieser Stelle jedoch kritisch zu fragen, ob eine eindeutige Grenze gezogen werden kann zwischen „milden“ Verhaltensauffälligkeiten, auf die eine Schulbegleitung nicht unbedingt zu reagieren hat, und solchen groben Ausschreitungen, die unbedingt „in irgendner Form“ einer Antwort bedürfen.

Die Formulierung, dass „auch ne Schulbegleitung“ im Sinne von „sogar ne Schulbegleitung“ in manchen Situationen nicht so „völlig außen vor sein darf“, lässt weiterhin den Umkehrschluss zu, dass die Schulbegleitung in den meisten Situationen nun tatsächlich völlig außen vor ist. Dies bestätigt sich schon in den vorangegangenen Sequenzen: So hat sich die Gruppe, der die Sprecherin angehört, ja offenbar über den Kopf der Schulbegleitung hinweg ihr gegenüber positioniert. Auch die Sequenzen über die Handlungsfähigkeiten der Schulbegleitung stützen diese Vermutung.

Weiterhin ist anzumerken, dass auch diese Passage vergleichsweise schwammig erscheint im Vergleich zu der doch recht eindeutigen Positionierung, die eingangs angekündigt wurde. Bislang waren die positiven Formulierungen der Sprecherin sehr unspezifisch (die Schulbegleitung darf und soll *handeln*), und es gibt nun halbherzige negative Abgrenzungen (sie darf *nicht völlig* außen vor sein). So lässt sich also die Eindeutigkeit der Positionierung immer stärker in Frage stellen.

12) sondern so ne (.) gro/ gesunde (.) Zivilcourage äh

Die „gesunde Zivilcourage" ist für die Sprecherin das Gegenstück zum „völlig außen vor sein". Dieses Spannungsfeld zwischen innen und außen scheint in Bezug auf die Rollendefinition der Schulbegleitung von besonderer Bedeutung zu sein. Hervorzuheben ist dabei für den hier interessierenden Fall, dass für ein zivilcouragiertes Eingreifen gerade nicht *Professionalität* erforderlich ist – die Notwendigkeit des Eingreifens wird rein dadurch legitimiert, dass Situationen gibt, in denen *jede / jeder Mensch* aus humanen Gründen eingreifen muss – es kann folglich in Bezug auf Zivilcourage auch niemanden geben, der hier „außen vor" ist.

Wenn nun von einer Schulbegleitung zivilcouragiertes Handeln explizit verlangt wird, lässt das zwei Schlüsse zu. Erstens: Es scheint regelmäßig in der Schule bzw. im Wirkungsbereich der Schulbegleitung zu Situationen zu kommen, die Zivilcourage erfordern – somit scheinen Auseinandersetzungen zwischen Schülerinnen und Schülern, die eines couragierten Eingreifens bedürfen, an der Tagesordnung zu sein (möglicherweise fallen solche Auseinandersetzungen auch unter die Kategorie der „groben Verhaltensauffälligkeiten, die in irgendner Form beantwortet werden müssen"). Zweitens: Es wird von der Schulbegleitung offenbar explizit verlangt, ein solches zivilcouragiertes Handeln zu zeigen und folglich in den jeweiligen Situationen einzugreifen. Zwar fehlt in dieser Sequenz noch das entsprechende Verb, doch gedankenexperimentell können eigentlich nur Ergänzungen folgen, die in Richtung „haben", „aufweisen" etc. gehen.

Nun kann die Schulbegleitung sicherlich nicht das schulinterne Sondereinsatzkommando für Auseinandersetzungen zwischen Schülerinnen und Schülern sein. Schließlich wird hier auch nur eine „gro/ gesunde (.) Zivilcourage" gefordert. Das abgebrochene Wort mag an dieser Stelle „grobe" gewesen sein, also eine Zivilcourage, die zumindest in rudimentären Ansätzen vorhanden ist; wurde jedoch von der Sprecherin ersetzt durch „gesunde". Dieses Wort scheint hier jedoch ebenfalls nicht ganz stimmig zu sein – worauf bezieht sich „gesund"? Angenommen, dass es körperliche Auseinandersetzungen zwischen zwei Schülern gibt – für die Schulbegleitung selbst wäre es sicherlich gesünder, dort nicht einzugreifen, da sie sich andernfalls auch selbst in Gefahr begibt. Stimmiger wird es, wenn man „gesund“ als „gesundes Maß“ interpretiert, sodass es nicht mehr um das „ob“ des Eingreifens geht, sondern um eine rationale Einschätzung der Situation und wohlüberlegtes, dosiertes Handeln. So muss die Schulbegleitung auch nicht unbedingt bei jedem einzelnen Konflikt eingreifen sondern bis zu einem gewissen Punkt darauf vertrauen, dass die Schülerinnen und Schüler diesen Konflikt eigenständig klären; gleichfalls könnte man sich auch vorstellen, dass es bei einer eskalierenden körperlichen Auseinandersetzung zwischen Schülern aus höheren Klassenstufen angebrachter wäre, die Polizei zu rufen, als selbst einzugreifen.

13) in nem guten Maß auch ähm für die Schüler erkennbar sein muss

Diese Sequenz kann in zwei Richtungen gedeutet werden: a) Das „gute Maß“ bezieht sich auf die Zivilcourage; also muss für die Schüler ein gutes Maß an Zivilcourage der Schulbegleitung erkennbar sein; b) das „gute Maß“ bezieht sich auf die Erkennbarkeit: Die Zivilcourage der Schulbegleitung muss in einem guten Maß für die Schüler erkennbar sein.

Die erste Lesart scheint in Anschluss an die Überlegungen zur „gesunden Zivilcourage“ zunächst deutlich stimmiger. Die Schülerinnen und Schüler sollen sich der Tatsache bewusst sein, dass die Schulbegleitung, die sich ja eigentlich auf das ihr zugewiesene Kind konzentriert und damit außen vor wäre, ab einem gewissen Punkt nicht mehr nur zusieht und passiv ist, sondern auch eingreift. Möglicherweise soll dieses Bewusstsein auch der Eskalation von Konflikten vorbeugen in dem Wissen, dass die Schulbegleitung nicht alles hinnimmt.

Die zweite Lesart verdient jedoch auch nähere Betrachtung. Hier wird nicht die Zivilcourage als solche ‚dosiert‘, sondern deren Erkennbarkeit für die Schülerinnen und Schüler. Ihnen soll demnach nicht gänzlich transparent sein, dass die Schulbegleitung zivilcouragiert handelt. Was zunächst widersprüchlich und konfus scheint klärt sich ein wenig, wenn man diese Forderung als Abgrenzungsversuch zu den Befugnissen und Verantwortlichkeiten von Lehrkräften interpretiert. Eine Schulbegleitung sollte zwar bei groben Verhaltensauffälligkeiten einschreiten und dies soll den Schülerinnen und Schülern auch bewusst sein; gleichzeitig hat sie jedoch nicht die Erlaubnis, ihnen Sanktionen aufzuerlegen oder anderweitige Maßnahmen zu ergreifen. Das ist Aufgabe der Lehrkräfte, und dies müssen die Schülerinnen und Schüler ebenfalls wissen, damit sie möglicherweise gar nicht erst in die Versuchung kommen, diese Dinge mit der Schulbegleitung auszuhandeln.

Grundsätzlich thematisieren beide Lesarten die Rollenbestimmung der Schulbegleitung in Abgrenzung zu Lehrkräften. Bei Lehrkräften stünde es außer Frage, dass diese bei eskalierenden Konflikten eingreifen. Nicht zuletzt sind Pausenaufsichten auch dafür da, solchen Eskalationen schlichtweg durch die Anwesenheit einer Autoritätsperson vorzubeugen. Diesen Präventionscharakter in einem „guten Maß“ auch auf die Schulbegleitung zu übertragen liegt offenbar im Interesse der Sprecherin und der Gruppe, der sie angehört.

14) und auch ähm, ja sie muss immer n Respekt haben

Auch diese Sequenz kann aufgrund einer schwammigen Formulierung in zwei Lesarten gedeutet werden. a) Die Schulbegleitung muss immer den Respekt *von* anderen haben, etwa von Schülerinnen und Schülern oder auch vom Kollegium, oder b) die Schulbegleitung muss immer Respekt haben *vor* anderen – im Anschluss an die Schilderung von Konflikten könnte man sich hier vorstellen, dass sie auch bei einer Intervention nicht respektlos gegenüber den Konfliktparteien werden darf. Pädagoginnen und Pädagogen werden in der Regel dafür sensibilisiert, stets nur das Verhalten als solches zu verurteilen, nicht aber die Personen, die dieses Verhalten zeigen. Von einer nicht qualifizierten Schulbegleitung kann eine solche Haltung nicht grundlegend vorausgesetzt werden, sodass man sie vielleicht daran erinnern muss, auch bei Konflikten den einzelnen Beteiligten gegenüber immer noch respektvoll zu bleiben. Ganz geht diese Lesart jedoch nicht auf, denn was wäre hier die Bedeutung von „n“? Es müsste für diese Lesart die Abkürzung für „einen“ sein, was aber nicht wohlgeformt scheint, da man „Respekt“ nicht zählen kann.

Im Anschluss an die vorangegangene Schilderung von Zivilcourage bei Schülerkonflikten scheint die erste Lesart in Bezug auf Schülerinnen und Schüler am Stimmigsten zu sein: Die Schulbegleitung muss den Respekt der Schülerinnen und Schüler haben. Auch hier ist es bemerkenswert, dass diese Forderung als solche überhaupt erhoben werden muss: Sollte man nicht grundlegend jedem Menschen Respekt zollen? Der Respekt gegenüber der Schulbegleitung muss also zumindest ansatzweise in Frage gestellt sein, um eine solche Forderung überhaupt erst erheben zu müssen. Ebenfalls eindrucksvoll ist, dass diese Sequenz aus Sicht der Schulbegleitung formuliert ist, als wäre das ‚Besitzen von Respekt' eine Art Eigenschaft der Schulbegleitung und nicht etwas, was ihr aktiv seitens der Schülerinnen und Schüler entgegengebracht werden muss (im Sinne von: Die Schülerinnen und Schüler müssen die Schulbegleitung respektieren).

Etwas stimmiger wird die Sequenz, wenn „Respekt haben" durch „Autorität besitzen" ersetzt wird. Dies würde anschließen an die Positionierung, dass eine Schulbegleitung bei Konflikten zwischen Schülerinnen und Schülern autorisiert ist zu intervenieren – die Schülerinnen und Schüler müssen diese Autorität jedoch anerkennen und dürfen sich nicht darauf berufen, dass der eigentliche Auftrag der Schulbegleitung ein anderer ist (etwa im Sinne von: „Von dir lasse ich mir nichts sagen, du bist nicht meine Lehrerin"). Dass die Schulbegleitung den Mitschülerinnen und Mitschülern ihres zu begleitenden Kindes zumindest ansatzweise in Krisensituationen gegenüber weisungsbefugt ist, bedarf – anders als der jedem Menschen zustehende Respekt – tatsächlich einer eindeutigen Klarstellung.

15) ne Person bleiben ne?

Vergleichbar mit der vorangegangenen Forderung nach Respekt fällt es auch hier schwer, die Argumentation der Sprecherin nachzuvollziehen. Die Schulbegleitung soll eine Person bleiben – was jedoch gefährdet ihren Personenstatus? Ist dieser nicht unverhandelbar? Was veranlasst die Sprecherin, sich dazu positionieren zu müssen? Es fällt schwer, Alternativen zum Person-Sein zu finden. Denkbar wäre höchstens die Betonung des Person-Bleibens in Abgrenzung zur reinen Fokussierung auf die Funktion von Schulbegleitung. Dies scheint in gewissem Maße anschlussfähig zu sein an die vorangestellte Forderung nach Zivilcourage und Respekt – die Schulbegleitung darf nicht ausschließlich auf ihre Funktion, ihren Schützling zu betreuen, reduziert werden, sondern muss ebenfalls Aufgaben nachkommen, die ihr als erwachsener Person bzw. schlicht auch als Mensch naturwüchsig zukommen, wie etwa das Eingreifen bei Konflikten.

6.2.2 *Schulbegleiter, Passage 1: „Ich bin eher hier so der unkonventionelle Knallkopp."*

1) Ääh ich glaube ich bin eher hier so

2) der unkonventionelle Knallkopp,
3) der sich immer auf die dollsten Sachen einlässt
4) und dann guckt was, HMM, könnte funktionieren
5) haarscharf
6) wir haben's überlebt super.
7) Halt ne, und, jaa, äh, meine Rolle,
8) wie gesagt ist ja meistens immer sehr subjektiv.
9) Obwohl man versucht sich immer objektiv zu reflektieren
10) aber das ist immer schwer.
11) Vor allem die Svenja natürlich hilft bei Reflexionsgesprächen
12) die zwischendurch auch immer stattfinden aber,
13) ja ich glaub ich bin da eher so wirklich so der unkonventionelle Hardliner.
14) Äh, mir manchmal meinen Aufgaben nich selber treu.
(K:567-574)

1) Ääh ich glaube ich bin eher hier so

Der Sprecher beginnt mit einer sehr vagen Aussage über sich selbst. Möglicherweise muss er erst einmal darüber nachdenken, was genau er über sich sagen möchte und das „ääh" verschafft ihm ein wenig mehr Zeit. Es wäre denkbar, dass ihm zuvor eine Frage gestellt worden ist, über die er noch nie so genau nachgedacht hat und er seine eigene Haltung nun erst während der Beantwortung der Frage findet. Dabei ist er folglich noch vage und zurückhaltend. Das „ich glaube" kann, ebenso wie das „eher" als tendenziöse Verortung bzw. als Mechanismus einer Einspruchvorwegnahme dienen, was ihm erlaubt, seine Äußerung bei Bedarf korrigieren zu können.

Das „hier" kann sich sowohl auf einen institutionellen als auch geographischen Ort beziehen. In beiden Fällen würde die Reflexion, dass man „hier" eher „so" ist möglicherweise bedeuten, dass man an einem anderen Ort entsprechend anders ist – somit wäre hier eine bewusste Rollenförmigkeit impliziert, die der Sprecher offenbar auch auch reflexiv einholen kann. Dass der Ort, der für diese Positionierung relevant ist, mit „hier" und nicht mit „da" bezeichnet wird lässt vermuten, dass an diesem Ort auch das Interview geführt wurde.

2) der unkonventionelle Knallkopp,

In dieser Sequenz beschreibt der Sprecher die Art und Weise, *wie* er *hier* ist: Der „unkonventionelle Knallkopp“. Die beiden Worte scheinen in einem Widerspruch zueinander zu stehen. Als „unkonventionell“ wird jemand bezeichnet, der anders ist bzw. anders handelt als seine „konventionellen“ Mitmenschen; jemand, der um die Ecke denkt und der die üblichen Routinen durchbricht. Dabei ist „unkonventionell“ tendenziell positiv konnotiert; ggf. kann hier auch ein Hauch von Bewunderung mitschwingen, wenn man eine andere Person als unkonventionell bezeichnet. Es setzt voraus, dass der Handelnde sich seines Handelns genau bewusst ist; er handelt nicht einfach „drauflos“, sondern hat sich explizit für sein Handeln entschieden und dies als zweckdienlich bzw. stimmig für das für ihn zu erreichende Ziel erachtet. Unkonventionelles Handeln zeichnet sich dadurch aus, dass man trotz einer bewussten Entscheidung gegen die üblichen Verfahrensweisen genauso gut oder vielleicht sogar besser die mit dem Handeln intendierten Ziele erreicht.

Der Begriff „Knallkopp“ hingegen scheint nicht so recht zu dieser bewussten und zielorientierten Unkonventionalität passen zu wollen. Die mit diesem Begriff verbundenen Assoziationen gehen eher in Richtung Schrägheit, Durchgeknalltheit, Unberechenbarkeit; gleichzeitig hat der Begriff jedoch auch etwas liebenswürdiges, sympathisches und freundliches. Ein Knallkopp ist jemand, der immer für Überraschungen gut ist, den man vielleicht als ‚Scherzkeks‘ bezeichnen kann, mit dem es nie langweilig wird. Doch wirkt der Begriff auch verniedlichend; anders als bei zu bewundernder Unkonventionalität ist man beim Knallkopp womöglich eher dazu geneigt, ihn nicht ganz ernst bzw. ‚für voll‘ zu nehmen und ihn zu belächeln.

Interessant ist an dieser Stelle nun die Überlegung, wie der Sprecher zu dieser Selbstbeschreibung eigentlich kommt. „Ich glaube ich bin eher hier so der unkonventionelle Knallkopp“ lässt ja darauf schließen, dass diese Zuschreibung möglicherweise *nur hier* zutreffend ist, jedoch an anderen Orten (beispielsweise im Privaten) nicht mehr greift. Dies mag unter anderem an den Menschen liegen, mit denen er sich *hier* umgibt – zusammen mit der Tendenzbeschreibung „eher“ wäre es gut denkbar, dass seine Kolleginnen und Kollegen tendenziell konventionelle, ernste Menschen sind, sodass seine Charaktereigenschaften hier besonders stark wahrgenommen werden, während er im Privatleben von Gleichgesinnten umgeben ist und gar nicht sonderlich auffällt, da dort andere Maßstäbe gelten. In diesem

Fall wäre es interessant, ob die Beschreibung „unkonventioneller Knallkopp" tatsächlich von ihm selbst stammt und er sie quasi an seinen Arbeitsplatz ‚mitgebracht' hat oder ob diese Beschreibung das Resultat unzähliger Spiegelungsprozesse durch und möglicherweise auch Gesprächen mit Kolleginnen und Kollegen ist, sodass es sich dabei um eine Interpretation dessen, wie die anderen ihn als Sprecher wohl wahrnehmen, handelt (und er diese Interpretation vielleicht auch gerne bedient, weil sie ihm gefällt).

3) der sich immer auf die dollsten Sachen einlässt

Was sind die „dollsten Sachen"? Ein wenig in die Kerbe der Unkonventionalität schlagend denkt man bei „dollen Sachen" an Nicht-Alltägliches, Herausragendes, Erinnerungswürdiges und irgendwo auch Verrücktes – jemand, der sich immer auf die dollsten Sachen einlässt, hat auf jeden Fall spannende und berichtenswerte Erlebnisse auf Lager. Sich auf die dollsten Sachen einzulassen steht in gewisser Verwandtschaft zu unkonventionellem Handeln, jedoch müssen hier zwei Abgrenzungen gezogen werden. Zum einen wird unkonventionellem Handeln eine gewisse Zielorientierung unterstellt, während bei den „dollsten Sachen" vermutlich eher das Handeln und weniger das Ergebnis im Vordergrund steht – man weiß oft nicht, was am Ende dabei rauskommt, wenn man sich auf eine dolle Sache eingelassen hat (so wird erst das Erlebnis selbst zeigen, ob es eine gute Idee war, z.B. eine Fahrradtour durch den Iran zu machen). In dem Sinne klingen die dollsten Sachen nach Nervenkitzel, Risiko und Abenteuer, während unkonventionelles Handeln durchaus Kosten und Nutzen sorgfältig gegeneinander abwägen kann. Zum anderen beschreibt der Sprecher sich selbst als unkonventionell, aber auf die dollsten Sachen lässt er sich lediglich ein – die Ideen für diese Dinge kommen also nicht von ihm selbst, sondern von anderen, und er lässt sich „immer" darauf ein. Im Kontext Schule und Unterricht sind nun zwei Optionen denkbar: Einerseits könnten es Schülerinnen und Schüler sein, die regelmäßig mit Ideen an den Sprecher herantreten, und er stimmt jedes Mal zu und macht mit. In diesem Sinne trifft er eine bewusste Entscheidung; er lässt sich nicht in irgendetwas „hineinziehen", sondern lässt sich ganz bewusst darauf ein. Möglicherweise ist genau dieses Sich-Einlassen im Vergleich zu seinen Kolleginnen und Kollegen, deren Maßstab er möglicherweise zum Vergleich heranzieht, unkonventionell. Hier wäre nun zu fragen, ob dies in den Inhalten, den „dollsten Sachen" selbst, begründet ist, oder ob es sich auf die offenbar regelmäßige Interaktion zwischen dem Sprecher und den

Schülerinnen und Schülern bezieht („Also eigentlich sollte ja der Kollege sagen wo es langgeht, und nicht die Schüler!“).

Andererseits ist jedoch auch möglich, dass diese „dollsten Sachen“, bei denen er mitmacht, von Lehrerinnen und Lehrern in der Klasse kommen. Denkbar ist dies z.B. dann, wenn es sich um methodische oder didaktische Vorgehensweisen handelt, die dem Sprecher als verrückt oder abwegig erscheinen oder bei denen er die Zielsetzung nicht auf den ersten Blick nachvollziehen kann. Fraglich ist in dieser Lesart jedoch, weshalb er sich selbst als „unkonventionell“ beschreibt, wenn er letztlich den Vorschlägen der Lehrkräfte folgt.

Es entsteht der Eindruck, als sei der Sprecher stolz auf die Art und Weise, wie er sich selbst wahrnimmt bzw. wie er wahrgenommen wird. Während andere ihn in seiner Unkonventionalität und seiner ‚Verrücktheit‘ möglicherweise kritisieren, so sieht er diese Eigenschaften als Stärke – sich einlassen zu können mag ein Zeichen sein für die eigene Flexibilität, einen offenen und neugierigen Geist und ein gelassenes Vertrauen darin, dass die Dinge schon gut gehen werden.

4) und dann guckt was, HMM, könnte funktionieren

Der Sprecher lässt sich *erst* auf die dollsten Sachen ein und *dann*, zu einem späteren Zeitpunkt, schaut er sich näher an, *worauf* genau er sich da eigentlich gerade eingelassen hat. Das eingeschobene „HMM“ lässt an dieser Stelle zwei Lesarten zu:

1) Das „HMM“ ist ein Einschub in einem ansonsten funktionalen Satz, was möglicherweise schlicht einem Nachdenken in der Interviewsituation geschuldet ist. In dieser Lesart liegt der Fokus nun darauf, *wie* dieses Unterfangen, auf dass sich der Sprecher eingelassen hat, gestaltet werden kann, damit es funktioniert. Mit dem Beispiel der Fahrradtour durch den Iran könnte man etwa überlegen, welche Maßnahmen zur eigenen Sicherheit getroffen werden können, ob man vielleicht im Voraus Kontakte vor Ort herstellen kann und welches Equipment möglicherweise hilfreich wäre. Jedoch wirkt das „hmm“ an dieser Stelle sehr deplatziert; stimmiger wäre für diese Lesart gewesen: „und dann guckt, hmm, was könnte funktionieren“.
2) Das „HMM“ markiert einen Abbruch im Satz. Somit hätte der erste Satzteil auch anders fortgeführt werden können, z.B. „und dann guckt was genau machen wir hier eigentlich“ oder „und dann guckt was brauchen wir dafür“.

> Dieser Gedankengang wurde jedoch abgebrochen und nach dem „HMM“ geht es nur noch um die grundlegende Einschätzung: Kann das Ganze überhaupt funktionieren? So könnte man bei der Fahrradtour durch den Iran auch zu dem Schluss kommen, dass dies trotz guter Vorbereitung und Ausrüstung schlichtweg zu gefährlich ist. Der Fokus liegt in dieser Lesart also darauf, *ob* das Unterfangen überhaupt durchführbar ist – allerdings *nachdem* sich der Sprecher darauf eingelassen hat.

So oder so ist es bezeichnend, dass sich der Sprecher erst bereit erklärt, mitzumachen, und dann erst über diese „dollsten Sachen“ nachdenkt – und das wohl mit einer gewissen Regelmäßigkeit, wenn es „immer“ so ist. Er handelt offenbar eher emotional-impulsiv und nicht rational durchdacht, was an dieser Stelle den Gedanken aufkommen lässt, dass das Wort „Knallkopp“ seinem Charakter eher gerecht wird als die vorstehende Interpretation von „unkonventionell“ – schließlich wurde letzterem eine gewisse zielorientierte Rationalität unterstellt, die der Sprecher allerdings eher vermissen lässt. Stattdessen scheint für ihn vielmehr das Erlebnis, das Handeln selbst, anstelle einer Zielorientierung im Zentrum zu stehen. Möglicherweise ist seine Verwendung des Wortes „unkonventionell“ ein Versuch, seine Handlungsweisen dennoch professionell positiv zu rahmen – wirklich zutreffend scheint diese Rahmung allerdings nicht zu sein. Dadurch, dass er erst handelt und dann nachdenkt, geht er freilich das Risiko ein, dass dieses Handeln auch mal nicht funktioniert und er entsprechend hämische Bemerkungen von anderen kassiert („Das hätte dir ja von Anfang an klar sein müssen, dass das eine dumme Idee ist!“). Jedoch scheint dies bislang entweder noch nicht passiert zu sein oder die Konsequenzen waren derart milde, dass der Sprecher keinen Grund hat, seine Impulsivität in Frage zu stellen.

5) haarscharf

Dieser Zusatz bestätigt zunächst die Lesart, dass es dem Sprecher primär um die Überlegung geht, ob ein solches Unterfangen, auf das er sich einlässt, überhaupt funktionieren kann. Offenbar steht hier wohl jedoch regelmäßig eine ganze Menge auf dem Spiel: Wenn etwas „haarscharf“ funktioniert hat, dann wandelte man wohl auf einem ganz schmalen Grat. Für einen pädagogischen bzw. schulischen Kontext wirkt diese Formulierung sehr hoch gegriffen, schließlich impliziert sie ein deutliches Risiko, welches, wenn die Aktion eben doch nicht „funktioniert“, folgenschwere Konsequenzen mit sich bringt. So könnte man durchaus sagen, dass man bei einem Verkehrsunfall noch „haarscharf mit dem Leben davongekommen ist“ oder dass ein Komet „haarscharf an der Erde vorbeigezogen ist“. Diese durchaus angebrachte Dramatik bei den Beispielsätzen lässt sich jedoch nur schwerlich auf pädagogische Kontexte übertragen. So wirkt es doch stark überdramatisiert zu sagen: „Die Klassenarbeit war haarscharf – es sind noch alle mit 'ner Vier durchgekommen“. Angemessen wirkt die Formulierung jedoch dann, wenn für eine einzelne Person ein großes Risiko besteht, etwa im Sinne von „sie hat haarscharf die erforderliche Punktzahl für die Zulassung zum Abitur erreicht“. So wäre hier also zu fragen: Was steht auf dem Spiel, wenn sich der Sprecher auf diese „dollsten Sachen“ einlässt? Was sind diese ernsthaften Konsequenzen, denen er (oder andere?) nur „haarscharf“ entgeht? Oder handelt es sich hierbei vielmehr um eine überdramatisierte Darstellung des Alltagsgeschäfts, welches, gespickt mit ein bisschen Action und Nervenkitzel, doch viel interessanter klingt? In letzterem Sinne wäre es auch interessant zu untersuchen, weshalb der Sprecher diese dramatische Inszenierung vornimmt – ob er sich damit seine eigene Tätigkeit etwas schönredet oder ob es um eine gezielte Darstellung nach außen geht (und, wenngleich sich dies nicht in dieser Analyse feststellen lässt, ob er sich lediglich im Interview so inszeniert oder ob sich dieser erlebnisorientierte Habitus auch in den Interaktionen mit seinen Kolleginnen und Kollegen wiederfinden lässt).

6) wir haben's überlebt super.

Der dramatisierende, „haarscharfe“ Stil wird hier als wörtliche Rede, quasi die geschilderten Situationen nacherlebend, weitergeführt und auf die Spitze getrieben – das, was durch das Einlassen auf eine „dolle Sache“ aufs Spiel gesetzt wurde, ist nicht weniger als das Leben aller Beteiligten selbst. Anders als „haarscharf“ ist diese Formulierung jedoch durchaus aus dem schulischen Kontext bekannt – etwa von Lehrkräften, die ihren Schülerinnen und Schülern bewusst etwas zumuten, jedoch wissen, dass zumindest die meisten von ihnen mit einem Lerneffekt aus der Situation herausgehen und niemand daran Schaden nehmen wird, selbst wenn es mit ein wenig Leiden verbunden ist. So kann sich ein Musiklehrer beispielsweise dazu entscheiden, mit seinem Kurs eine vierstündige Wagner-Oper zu besuchen, obwohl dieser Vorschlag auf großen Widerstand im Kurs stößt. Nachdem die Oper von allen durchgestanden wurde, kann der Musiklehrer sagen: „Seht ihr? War doch gar nicht so schlimm – wir haben es alle überlebt.“ Dieser Hinweis dient folglich als bewusste Kontrastierung, dass nie ein ernsthaftes Risiko zu befürchten gewesen war.

Der Unterschied zum Sprecher besteht jedoch darin, dass der Musiklehrer von vornherein genau wusste, was er seinen Schülerinnen und Schülern mit dem Besuch der Wagner-Oper zumutet und dass er sorgsam die Vor- und Nachteile gegeneinander abgewogen hat. Bastian Kaminski jedoch ist ja nicht derjenige, der mit pädagogischer Sorgfalt Unternehmungen plant, sondern er ist lediglich derjenige, der sich auf die von anderen an ihn herangetragenen Vorschläge einlässt und erst *nach* der Einwilligung anfängt, sich über mögliche Gefahren und Risiken Gedanken zu machen. Nicht zuletzt geschieht dies wohl auch durchaus regelmäßig (nämlich „immer“). Denkbar wäre, dass er sich schlichtweg über die Abwechslung und vielleicht auch den Nervenkitzel freut, die ihm solche spontanen Aktionen bieten, da sie seinem offenbar eher impulsiven und erlebnisorientiertem Charakter eher gerecht werden als das „konventionelle“, im Voraus geplante und durchdachte pädagogische Handeln. In diesem Sinne besteht der Erfolg einer gemeinsamen Unternehmung für den Sprecher tatsächlich hauptsächlich darin, dass niemand gestorben ist (bzw. niemand ernsthaften Schaden genommen hat) – eine tiefergehende pädagogische Zielsetzung wird hier nicht verfolgt.

7) Halt ne, und, jaa, äh, meine Rolle,

An dieser Stelle folgt nun ein Bruch in der Erzählung. Das „halt ne“ kann in dem Sinne als Abschluss der vorigen Schilderung gesehen werden („so ist das halt, ne?“) und nun besinnt er sich offenbar auf die Frage, die er eigentlich bearbeiten wollte und von der er sich durch seinen vorigen Exkurs offenbar entfernt hat. Doch während er die vorangegangene Schilderung flüssig und ohne Stocken dargestellt hat, braucht er nun scheinbar etwas Zeit, sich neu zu orientieren; „meine Rolle“ scheint dabei das Stichwort zu sein, auf das er Bezug nehmen möchte – gut denkbar wäre, dass die Interviewerin ihn zu einem vorigen Zeitpunkt explizit nach seiner Rolle gefragt hat und er sich zwischendurch in Ausschweifungen verloren hat, nun aber auf diese Frage zurückkommen möchte.

Der Sprecher hat jedoch in der vorangegangenen Schilderung von Situationen, in denen er sich „auf die dollsten Sachen einlässt“, ja nicht unbedingt am Thema vorbeigeredet – im Gegenteil ist diese Schilderung tatsächlich sehr aufschlussreich darüber, wie er sich selbst im Gefüge sieht bzw. glaubt, wie er von anderen wahrgenommen wird. Denkbar wäre, dass er diese eher konkrete Erzählung nun auch reflexiv einholen und theoretisieren will, möglicherweise in dem Denken, dass dies in einem Interview so gewünscht sei. Nun lässt sich hier die These aufstellen, dass die vorige, nacherlebende und inszenierende Schilderung ihm deutlich näher liegt und dies eher sein Element ist als eine theoretisch-abstrahierende Reflexion, was sich in dem Stocken und Zögern dieser Sequenz widerspiegelt.

8) wie gesagt ist ja meistens immer sehr subjektiv.

Was genau ist subjektiv? Die Aussage wirkt nicht sonderlich ‚rund', da Rollen an und für sich nicht subjektiv sein können. Naheliegend wäre, dass etwas in Bezug auf eine Rolle subjektiv sein kann, so etwa „die Wahrnehmung meiner Rolle ist subjektiv" – in diesem Sinne könnte es sein, dass der Sprecher Schwierigkeiten hat, von seiner Rolle zu sprechen, weil es unterschiedliche Wahrnehmungen seiner Rolle von allen Beteiligten gibt. So könnte er selbst seine Rolle anders wahrnehmen als seine Kolleginnen und Kollegen das tun, was es erschwert, einem Außenstehenden eine kurze und pointierte Definition der Rolle zu liefern. Diese unterschiedlichen Wahrnehmungen seiner Rolle können eine Quelle für Konflikte und Missverständnisse sein, wenn keine gemeinsame Rollendefinition gefunden und kommuniziert wird. In diesem Sinne würde sich die Wahrnehmung der Rolle auch auf die konkrete Ausgestaltung der Rolle beziehen. Selbst bei einer detaillierten Stellenbeschreibung bleiben Spielräume, die individuell auszugestalten sind und möglicherweise auch unterschiedlichen Ansprüchen und Vorstellungen seitens der Kolleginnen und Kollegen unterliegen. So wäre es denkbar, dass der Sprecher sich der Tatsache bewusst ist, dass es zwischen ihm und seinen Kolleginnen und Kollegen eine wechselseitige Beeinflussung gibt und sich dies auch auf seine Rolle auswirkt.

Durch das „wie gesagt" knüpft der Sprecher an bereits Erzähltes an – jedoch lässt sich in der ausgewählten Passage kein solcher Anknüpfungspunkt finden. Möglich wäre hier, dass bereits in einer vorigen Interviewpassage über Subjektivität in Bezug auf seine Rolle gesprochen wurde, oder aber, dass der Sprecher meint, implizit bereits diesen Umstand berichtet zu haben. So könnten bereits die ersten beiden Sequenzen „ääh ich glaube ich bin eher hier so der unkonventionelle Knallkopp" darauf hinweisen, dass dies die individuelle Ausgestaltung seiner

Rolle ist, die jedoch sicherlich nicht von allen Schulbegleiterinnen und Schulbegleitern im Allgemeinen geteilt wird.

In dieser Sequenz verfestigt sich der Eindruck, dass es Bastian Kaminski schwerfällt, sich auf einer abstrakteren, theoretischen Ebene zu bewegen. Es scheint, als wolle er beweisen, dass er sich auch mit professionellem Vokabular auszudrücken vermag – leider gelingt ihm dies nicht sonderlich überzeugend. Auffällig ist, dass er sich trotz des Versuchs einer reflektierten Darstellung dem dramatisierenden bzw. übertreibenden Stil nicht entkommt: Das relativierende „meistens“ wird durch „immer sehr“ gleich wieder ausgehebelt.

9) Obwohl man versucht sich immer objektiv zu reflektieren

Trotz des Versuches der objektiven Reflexion bleibt die eigene Rolle subjektiv – auch diese Sequenz ist ein Beispiel für den misslingenden Versuch des Sprechers, die eigene Rolle theoretisch einzuholen und sich professionell darzustellen. Zunächst ist es interessant, dass der Sprecher hier zum ersten Mal statt „ich“ von „man“ spricht – möglicherweise ein Versuch, sich durch die Berufung auf eine Allgemeinheit (jeder?) bzw. auf eine Gruppe, der er angehört (seine Berufsgruppe?) abzusichern: „Man versucht sich immer objektiv zu reflektieren“. Doch wie auch zuvor seine Aussage, dass seine Rolle immer sehr „subjektiv“ sei, ist auch diese floskelhaft anmutende Formulierung, sich „objektiv zu reflektieren“ schlichtweg dysfunktional – es drängt sich der Eindruck auf, dass der Sprecher sich bemüht, professionell klingendes Vokabular zu verwenden, ohne jedoch selbst genau durchdrungen zu haben, was dieses Vokabular überhaupt bedeutet und wie man es angemessen verwendet. Denkbar wäre, dass er in seinem beruflichen Kontext mit diesem Vokabular umgeben ist und als Anpassungsleistung versucht, es ebenfalls zu verwenden um zu zeigen, dass er ebenfalls Teil dieses beruflichen Kontexts ist.

Was könnte der Sprecher jedoch nun versuchen, auszudrücken? Eine mögliche Lesart wäre, dass er sich durchaus der Tatsache bewusst ist, dass „unkonventioneller Knallkopp“ seine persönliche Wahrnehmung der Rolle ist (mit der er sich offenbar recht wohlfühlt, vergleicht man die Authentizität der ersten Passagen mit der hier sehr hölzern und unnatürlich wirkenden theoretischen Einholung). In diesem Sinne wäre die „objektive Reflexion“ ein Versuch, sich selbst auch aus der Perspektive anderer wahrzunehmen: Wie deuten die anderen eigentlich meine

Rolle? Bin ich für meine Kolleginnen und Kollegen ebenfalls der „unkonventionelle Knallkopp“, oder sehen sie in mir etwas / jemand anderes?

Diese Versuche der „objektiven Reflexion“ finden seiner Aussage nach „immer“ statt – hier wäre nachzufragen, was „immer“ eigentlich genau bedeutet. Die ersten Sequenzen der Interviewpassage, die den Sprecher als impulsiv Handelnden darstellen, lassen kaum vermuten, dass er zu jedem Zeitpunkt abwägt, wie seine Kolleginnen und Kollegen sein Handeln wohl gerade interpretieren mögen (nicht zuletzt würde er sich dann vermutlich auch auf viele Aktionen wohl kaum einlassen). Vielmehr wäre es denkbar, dass in den Situationen, *nachdem* er sich auf „die dollsten Dinge“ eingelassen hat und anfängt, näher über diese Dinge nachzudenken, auch versucht, die Perspektive der anderen einzunehmen, oder auch, dass *immer wenn* er reflektiert, er versucht, dies „objektiv“ zu tun.

Gleichzeitig beinhaltet diese Sequenz auch die Vorwegnahme des Misslingens – „obwohl“ man versucht, sich objektiv zu reflektieren, kann sich hier eigentlich nur eine Erfahrung des Scheiterns anschließen. Dies würde bedeuten, dass dem Sprecher ein Nachempfinden der Perspektiven anderer verwehrt bleibt und er, was die Beschreibung seiner Rolle angeht, lediglich auf sein eigenes, „subjektives“ Empfinden zurückgreifen kann.

10) aber das ist immer schwer.

Hier kommt nun die vorhergesehene Kehrseite: Es ist immer schwer. Interessant ist hier, dass zum einen offen bleibt, wem es eigentlich schwer fällt – geht es nur ihm so (was einem Eingeständnis von eigener Unfähigkeit bzw. mangelnden Kompetenzen in diesem Bereich gleichkäme) oder haben alle mit der „objektiven Reflexion“ zu kämpfen, die es versuchen? Gleichzeitig lässt der Sprecher offen, warum es überhaupt schwer ist. Durch seine Formulierung ist die Schwierigkeit der Sache einfach inhärent; es sind nicht etwa externe Bedingungen (z.B. Zeitmangel, Arbeitsbelastung), die einem dieses Unterfangen erst erschweren. Dies legt also den Schluss nahe, dass es in den Augen des Sprechers allen so gehen muss, die versuchen, sich „objektiv zu reflektieren“.

Was sind die Konsequenzen dieser Erkenntnis? Versucht der Sprecher, sich trotz der Schwierigkeiten weiter regelmäßig „objektiv zu reflektieren“, weil dies nunmal ein wichtiger Bestandteil seiner Arbeit ist und es möglicherweise schlichtweg von ihm erwartet wird? Kann er jenseits des professionellen Images, das er durch diese Reflexionsversuche möglicherweise aufzubauen bzw. zu wahren versucht, trotz der Schwierigkeiten einen Nutzen hinter diesen Bemühungen erkennen?

11) Vor allem die Svenja natürlich hilft bei Reflexionsgesprächen

Deutet man die „objektive Reflexion“ als Versuch, einen Perspektivwechsel vorzunehmen und sich auch aus den Augen anderer zu betrachten, so sind Reflexionsgespräche mit anderen hierzu durchaus sinnvoll. Solche Gespräche scheint es offenbar auch zu geben; die Formulierung hier lässt jedoch offen, in welcher Häufigkeit und auch, mit welchem Fokus und mit welchen Teilnehmern diese Gespräche stattfinden. So wäre es denkbar, dass es institutionalisierte Reflexionsgespräche gibt, die regelmäßig stattfinden und Gelegenheit bieten sollen, als Team die gemeinsame Arbeit zu reflektieren; oder auch im Sinne einer Supervision Entlastung bei möglicherweise belastenden Arbeitsumständen bieten sollen, so wie dies häufig bei Mitarbeiterinnen und Mitarbeitern von sozialen oder pflegenden Einrichtungen der Fall ist. Gegen diese Lesart spricht jedoch der fehlende Artikel: Würde es sich tatsächlich um fest institutionalisierte und terminierte Gespräche handeln, so wäre es naheliegender gewesen zu sagen, „vor allem die Svenja natürlich hilft bei *den* Reflexionsgesprächen“.

So wäre eher zu überlegen, ob diese Reflexionsgespräche informellerer Art sind und möglicherweise lediglich der Reflexion des Sprechers selbst dienen sollen. Spannend ist hier auch die Frage danach, wer eigentlich Svenja ist und in welcher Beziehung sie zum Sprecher steht, wenn sie *natürlich* hilft –und ob sie ihm tatsächlich im Sinne eines unterstützenden Beistands während solcher Gespräche zur Seite steht oder ob sie nicht vielmehr diejenige ist, die diese Reflexionsgespräche mit ihm initiiert.

Zwar scheint es auch andere zu geben, die Reflexionsgespräche mit dem Sprecher führen, da die Formulierung darauf schließen lässt, dass es nicht sie alleinig ist, die „hilft“. Doch scheint Svenja zum Sprecher in einer rollenförmigen Beziehung zu stehen, die eine besondere Verantwortlichkeit für solche Gespräche beinhaltet. Da der Sprecher in dieser Sequenz nicht näher auf die Identität von Svenja eingeht wäre zu vermuten, dass ihr Name bereits zuvor im Interview gefallen und der Interviewerin somit bekannt ist. So könnte sie seine Vorgesetzte sein; möglicherweise auch die Klassenlehrerin oder eine Sonderpädagogin, eventuell wäre auch ein Posten in der Schulleitung denkbar. Gleichzeitig scheinen sich beide zu Duzen, was nahelegt, dass sie sich gut miteinander verstehen und die Beziehung möglicherweise auch diffuse Anteile beinhaltet.

Denkbar wäre weiterhin, dass Svenja nicht nur dem Sprecher, sondern auch anderen bei solchen Reflexionsgesprächen hilft; schließlich formuliert Bastian Kaminski in dieser Sequenz keinen alleinigen Anspruch. Weiterhin wäre nun zu fragen, wann denn diese Gespräche überhaupt stattfinden, wenn sie nicht in einem institutionalisierten Rhythmus angesetzt sind. Denkbar wäre nun, dass es der Sprecher selbst ist, der bei Bedarf um solche Gespräche bittet, oder auch dass Svenja diejenige ist, die diese Gespräche initiiert. Möglicherweise haben sich beide darauf geeinigt, dass es diese Gespräche halbwegs regelmäßig geben sollte und es liegt beiden daran, nach Verstreichen eines gewissen Zeitraums mal wieder ein solches Gespräch anzusetzen, oder aber es sind konkrete Anlässe, die solche Gespräche erforderlich machen (z.B. dann, wenn sich der Sprecher mal wieder auf eine „dolle Sache" eingelassen hat).

12) die zwischendurch auch immer stattfinden aber,

Diese Sequenz bestätigt die Vermutung, dass die Reflexionsgespräche nicht institutionalisiert sind – sie finden lediglich zwischendurch statt (offen ist auch an dieser Stelle noch, wer diese Gespräche initiiert). Nun wäre zu fragen, worauf sich „zwischendurch" bezieht. Denkt man an den üblichen, hektischen und zeitlich stark fordernden Schulbetrieb, so liegt der Schluss nahe, dass diese Reflexionsgespräche möglicherweise ‚zwischen Tür und Angel' stattfinden, also in kleinen Atempausen, die die Beteiligten haben: Beispielsweise in den Pausen, zwischen zwei Unterrichtsstunden oder wenn die Schülerinnen und Schüler gerade in einer Gruppenarbeit sind. Sollte dem so sein, so lässt sich bezweifeln, ob sich die Unterhaltung dann wirklich als „Reflexiongespräch" bezeichnen lassen kann. Reflexion als ruhiges Nachdenken über sich selbst und hier auch als Betrachtung der eigenen Rolle, ja auch als Kontemplation, benötigt eine gewisse Zeit und Ruhe, die in diesen Situationen kaum gegeben sein kann, sind ja beide Beteiligten eigentlich „auf dem Sprung". Möglicherweise ist „zwischendurch" jedoch auch synonym zu „immer mal wieder" zu lesen; zwischendurch, wenn vielleicht im Schuljahr ruhigere Zeiten anstehen, die es den Beteiligten erlauben, sich beispielsweise nach der letzten Unterrichtsstunde in Ruhe zusammenzusetzen.

So oder so scheinen diese Reflexionsgespräche jedoch in den Augen des Sprechers nicht unbedingt von Erfolg gekrönt zu sein – das direkt und ohne Pause anschließende „aber“ lässt vermuten, dass eine Einschränkung oder Relativierung folgen wird, etwa im Sinne von „aber das bringt meist eh nichts“ oder „aber es ist immer noch schwer“ oder auch „aber das hilft mir einfach nicht weiter“.

13) ja ich glaub ich bin da eher so wirklich so der unkonventionelle Hardliner.

In dieser Sequenz schlägt der Sprecher nun einen Rahmen zurück zur ersten Sequenz dieser Interviewpassage mit einigen leichten Unterschieden. Ursprünglich hatte er begonnen mit „Ääh ich glaube ich bin eher hier so der unkonventionelle Knallkopp“. Nun scheint er nach einigem Überlegen diesen Gedanken hier festigen zu wollen: „ich glaub ich bin da eher so *wirklich so*“. Dies würde für die zuvor aufgestellte These sprechen, dass sich der Sprecher tatsächlich erst im Laufe des Interviews über seine Rolle Gedanken macht. Dabei gewinnt er in der vorliegenden Sequenz zunehmend an Sicherheit, vom tentativen „eher so“ zum bekräftigenden „wirklich so“.

In der ersten Sequenz des Interviews sprach er von sich als „unkonventionellem Knallkopp“; hier ist es nun der „unkonventionelle Hardliner“. So wäre zunächst zu überlegen, was man unter einem Hardliner versteht. Hier denkt man an jemanden, der eine ‚harte Linie‘ fährt und der sich nicht davon abbringen lässt. Dabei kann sich diese ‚harte Linie‘ einerseits auf ein Ziel beziehen, von dem man sich nicht abbringen lässt und für das man alle erdenklichen Mittel und Wege einsetzt, um es zu erreichen; gleichzeitig kann die ‚harte Linie‘ auch auf eine übermäßig deutliche Haltung, Einstellung oder Handlungsweise verweisen, von der sich der Hardliner nicht abbringen lässt. In keinem Fall ist der Hardliner zu Kompromissen bereit. Ein Hardliner mag für Kolleginnen und Kollegen, die anderer Ansicht sind, sehr anstrengend sein; gleichzeitig ist jederzeit klar, ‚woran man ist‘.

In welchen Zusammenhängen steht nun dieses Bekenntnis zum „Hardlinertum“ in der vorliegenden Interviewpassage?

1) <u>Hardliner, Unkonventionalität und Zielorientierung.</u> Der Begriff „unkonventionell“ tauchte bereits zu Beginn der Interviewpassage auf und es wurde in diesem Zusammenhang diskutiert, inwiefern dem Sprecher eine Orientierung auf ein Ziel hin unterstellt werden kann, welches er auf unkonventionellem Wege zu erreichen versucht. In einer folgenden Sequenz schließlich wurde die These aufgestellt, dass der Sprecher, der sich „immer auf die dollsten Sachen einlässt“, kein konkretes Ziel verfolgt: Im Fokus

stehen für ihn spannende und abwechslungsreiche Unternehmungen und die damit verbundene „Action“. Daran anlehnend kann man auch in dieser Sequenz unterstellen, dass sich das Hardlinertum des Sprechers vielmehr auf eine persönliche Einstellung oder Haltung bezieht als auf ein konkretes, mit allen Mitteln zu erreichendes Ziel. Denkbar wäre an dieser Stelle jedoch auch, dass sich „unkonventionell“, jenseits der Frage nach der Zielorientierung, als Abgrenzung gegenüber Kolleginnen und Kollegen versteht, die nicht als Hardliner gelten: Der Sprecher ist allein dadurch, dass er ein Hardliner ist, unkonventionell; Kolleginnen und Kollegen verfolgen eher einen gemäßigten Kurs. Auch diese Lesart hat vor der übrigen Interviewpassage durchaus ihre Berechtigungsgrundlage – es wurde zuvor deutlich, dass der Sprecher den regelmäßigen Reflexionsgesprächen über sich und seine Rolle nicht sonderlich viel abgewinnen kann, obwohl diesen Gesprächen in seinem Arbeitsumfeld offenbar ein hoher Stellenwert zugesprochen wird. Grundlage von Reflexionsgesprächen ist die Überzeugung, dass das eigene Handeln immer wieder erneut hinterfragt werden und den sich wandelnden Gegebenheiten anpassen sollte; erwartet wird also in gewisser Hinsicht auch Kompromissbereitschaft, Flexibilität und eine kritische Distanz zum eigenen Handeln. Dies widerspricht jedoch der Charakterisierung des Hardliners. Der Sprecher wäre also folglich unkonventionell, weil er trotz der Reflexionsgespräche, die regelmäßig von ihm gefordert werden, nicht von seiner Art und Weise zu Handeln abweicht. In der Erkenntnis, dass er halt „eher so wirklich so“ ist, wird er zum Hardliner – er lässt diese Gespräche zwar über sich ergehen, ist sich aber gleichzeitig der Tatsache bewusst, dass diese Gespräche ihn nicht ändern werden. Diese Lesart wird zudem gestützt durch einen Vergleich dieser Interviewsequenz mit der Sequenz zu Beginn der Interviewpassage. In der vorliegenden Sequenz spricht er von „ich bin *da* eher so“, zu Beginn war es „ich bin eher *hier* so“. Während das „hier“ zu Beginn des Interviews wahrscheinlich für die Schule als Institution steht und sich der Sprecher folglich als Abgrenzung zum Kollegium als „unkonventionellen Knallkopp“ charakterisiert, ist das „da“ in der vorliegenden Sequenz möglicherweise als Bezug zu konkreten Situationen zu verstehen. Umformuliert: „Bei den regelmäßigen Reflexionsgesprächen bin ich eher so wirklich so der unkonventionelle Hardliner.“

2) Hardliner vs. Knallkopp. In eine ähnliche Richtung zielt auch die folgende Überlegung. Aus dem „unkonventionellen Knallkopp“ zu Beginn der Interviewpassage wurde hier der „unkonventionelle Hardliner“. In welcher Verbindung stehen nun „Knallkopp“ und „Hardliner“? Es wurde weiter oben argumentiert, dass mit einem „Knallkopp“ eher jemand assoziiert wird, der auf der einen Seite „schräg“ ist, vielleicht auch etwas „durchgeknallt“, möglicherweise auch unberechenbar; der andererseits jedoch auch sympathisch und freundlich ist – also jemand, den man vielleicht nicht immer „für voll nehmen“ kann. Dies scheint nun der Deutung des Wortes „Hardliner“ stark entgegenzustehen. Ein Hardliner ist ernst, aufgrund seiner für alle Beteiligten bekannten ‚harten Linie‘ durchaus berechenbar, aber eben nicht unbedingt freundlich und sympathisch. Ein Schlüssel zur Aufklärung dieses vermeintlichen Widerspruchs liegt möglicherweise in der Betrachtung unterschiedlicher Perspektiven. So kann jemand, der sich selbst als Hardliner definiert, von seinem Umfeld tatsächlich als „Knallkopp“ wahrgenommen werden – so etwa, wenn die von ihm gefahrene ‚harte Linie‘ den anderen als lächerlich erscheint. Auch dies würde durch die leicht unterschiedliche Formulierung der beiden Sequenzen gestützt. Im Kollegium, also „hier“, sieht sich der Sprecher eher als „Knallkopp“ verortet. Diese Wahrnehmung ergibt sich dadurch, dass er „da“, in den Reflexionsgesprächen, ein Hardliner ist – und diese Position ist den Kolleginnen und Kollegen unverständlich und erscheint ihnen vielleicht auch als ‚verrückt‘. In dem Sinne wäre der Begriff des „Hardliners“ die Eigenbeschreibung des Sprechers, während der Begriff „Knallkopp“ eher das wiedergibt, was der Sprecher meint, wie die anderen ihn sehen.

Mit Blick auf die vorigen Interviewsequenzen soll jedoch auch nicht ausgeschlossen werden, dass der Begriff des Hardliners wiederum einem dem Setting fremden Vokabular geschuldet ist, so wie dies auch in früheren Passagen mehrfach der Fall war. In diesem Sinne macht Bastian Kaminsi bereits auf der sprachlichen Ebene deutlich, dass er dem Kontext Schule fremd ist.

14) Äh, mir manchmal meinen Aufgaben nich selber treu.

Die letzte Sequenz dieser Interviewpassage ist geprägt von vielen Widersprüchen, einerseits in der Sequenz selbst, andererseits auch im Zusammenhang mit den vorangegangenen Sequenzen.

Zunächst ist dieser Satz nicht ‚rund' formuliert; hier scheinen zwei Objekte miteinander zu konkurrieren: Ist der Sprecher sich selbst oder seinen Aufgaben nicht treu? Der Begriff der Treue scheint den Aufgaben gegenüber unangemessen – Treue bzw. Untreue bezieht sich eher auf Menschen oder auf Ziele und Werte (was wiederum anschlussfähig an den Begriff des Hardliners wäre), und das Eingeständnis von Untreue kommt der Beichte einer moralischen Verfehlung gleich. Dies scheint für eine Verfehlung hinsichtlich konkreter Aufgaben deutlich zu hoch gegriffen. Hier könnte man eher davon sprechen, seinen Aufgaben nicht gerecht zu werden oder sie zu vernachlässigen. Aufgaben können Tätigkeiten, Pflichten oder Zuständigkeitsbereiche sein, die jemandem in einem arbeitsteilig organisierten Umfeld zugeordnet werden. Diese Formulierung kennt man beispielsweise aus Stellenanzeigen: „Ihre Aufgabe ist die Pflege der Kundendatenbank." Solche Aufgaben kommen in der Regel ‚von außen', werden einem also von jemand anderem auf*gegeben* bzw. in Abstimmung mit dem Kollegium zugeteilt.

Wie kommt nun aber diese Vermischung der Objekte in der vorliegenden Sequenz zustande? Denkbar wäre, dass sich der Sprecher in einem Dilemma befindet, da sich die Anforderungen, die die ihm zugewiesenen Aufgaben an ihn stellen, nicht mit seiner Persönlichkeit vereinbaren lassen: Entweder er erfüllt seine Aufgaben und handelt entgegen eigener Prinzipien und Ideale, verrät sich also selbst, oder er bleibt sich selbst treu, was dann jedoch wiederum auf Kosten seiner Aufgaben geht. Diese Lesart scheint nach den vorangegangenen Diskussionen um Reflexionsgespräche und unbelehrbares Hardlinertum gut anschlussfähig. Zu seinen Aufgaben gehört es offenbar, in regelmäßigen Reflexionsgesprächen seine Handlungen zu reflektieren und darauf aufbauend in Zukunft ggf. anzupassen. Dies entspricht aber nicht seiner Persönlichkeit, denn eigentlich handelt er lieber einfach ‚drauf los' und spontan, anstatt sorgfältig abzuwägen und zu planen.

Setzen wir diese Sequenz in Verbindung mit der vorangegangenen Interviewpassage, so steht das hier gezeichnete Dilemma zwischen Selbsttreue und Aufgabenorientierung in scheinbarem Widerspruch zum zuvor postulierten Hardlinertum – ein Hardliner ist unbeirrbar, nicht kompromissbereit, und dennoch scheint es hier, als würde der Sprecher lediglich „manchmal“ sich selbst bzw. seinen Aufgaben nicht gerecht. Dieses „manchmal“ lässt sich möglicherweise wiederum mit den Reflexionsgesprächen in Verbindung bringen. Denkbar wäre, dass er im beruflichen Alltag keinerlei Probleme sieht; lediglich die regelmäßigen Reflexionsgespräche führen ihm immer wieder vor Augen, dass seine Hardlinerpersönlichkeit nicht so recht vereinbar ist mit den Ansprüchen, die an ihn und seine Arbeit gestellt werden. Gestützt wird dies durch den Widerspruch zwischen dem zuvor relativ stolzen Statement, ein Hardliner zu sein (denn welcher Hardliner steht nicht stolz zu seiner Haltung?) und dem Beichtcharakter der Untreue in der vorliegenden Sequenz.

6.2.3 Sonderpädagogische Lehrkraft, Passage 2: „Er hat manchmal selbst so'n bisschen Konzentrationsschwächen.“

1) Hm ich finde dass er sehr ähm glaubhaft
2) sehr viel sich äh Gedanken macht um Mikke
3) und ganz ähm (.) GUT auch vieles von Mikke untersch/ äh durchschaut
4) auch vieles verbalisieren kann,
5) hm, und ähm äh da auch äh recht dicht so bei ihm ist
6) das gefällt mir gut,
7) wenn's um schulische Lernsachen geht
8) ähm also er hat manchmal selbst so'n bisschen Konzentrationsschwächen
9) so kommt mir das vor,
10) und ähm dann ähm, äh, hm, (..) ähm,
11) benötigt er oft auch ähm viel An/ äh Regung oder Anleitung
12) um ähm entsprechend das zu tun
13) was äh vielleicht da auch äh so notwendig ist ne?
(R:290-297)

1) Hm ich finde dass er sehr ähm glaubhaft

Zunächst beginnt die Sprecherin mit einem zögerlichen „hm“, welches möglicherweise einem Nachdenken oder einer inneren Sammlung geschuldet ist. Denkbar wäre, dass dieser Sequenz ein Impuls seitens der Interviewerin vorausgeht, über den sie hier erst einmal nachdenken muss, oder aber dass diese Sequenz einen

Bruch in einer längeren Schilderung ihrerseits markiert und das „hm" ihr dazu dient, ihre Gedanken zu sortieren und die folgende Erzählung vorzustrukturieren.

Mit „ich finde" bekundet die Sprecherin eine persönliche Meinung, die, in Abgrenzung zu „ich denke", noch nicht gründlich durchdacht und mit rationalen Argumenten unterfüttert ist, sondern eher intuitiv und emotional und durchaus auch vorläufig sein kann: „Ich finde" bietet immer noch die Möglichkeit, diese erste Bewertung zu revidieren und sich umstimmen zu lassen. In jedem Fall ist das Folgende keine Bekanntgabe eines allgemeinen Kenntnisstands oder objektiven Sachlage, sondern vielmehr eine persönliche Einschätzung und unterliegt folglich auch keinem Universalisierungsanspruch.

Gegenstand der Meinungsäußerung ist die Bewertung von jemandem. Wenngleich die Interpretation der vorliegenden Interviewpassage in einer Interpretationsgruppe selbstverständlich kontextfrei geschehen ist, soll während der Rekonstruktion an dieser Stelle aus dem Kontext die Information über diese zu bewertende Person hinzugezogen werden. Grund hierfür ist, dass die explizite Benennung dieser Person die folgenden Ausführungen sprachlich deutlich erleichtert und während der Interpretation durch die Kontextfreiheit bereits sichergestellt wurde, dass das Vorenthalten dieser Information im Interpretationsprozess zu keinen Lesarten geführt hat, die mit dieser Information nicht auch hätten aufgestellt werden können. Es handelt sich also bei der hier zu bewertenden Person um den Schulbegleiter Bastian Kaminski, der in der Klasse von Svenja Rodenkamp einen Schüler begleitet.

Interessant ist nun, dass die Sprecherin mit „sehr" zunächst ein steigerndes Adverb verwendet, dann aber mit „ähm" ein Zögern ausdrückt – offenbar muss sie erst noch nach dem passenden Adjektiv suchen, weiß aber bereits zuvor, dass eine gesteigerte Form dieses Adjektivs erforderlich ist. Das Adjektiv, das sie anschließend wählt, ist „glaubhaft".

Die Glaubhaftigkeit einer Person anzusprechen ist nur in solchen Situationen notwendig, in denen diese Glaubhaftigkeit grundsätzlich auch angezweifelt werden kann. Der Schulbegleiter möchte der Lehrkraft etwas glaubhaft machen; der Schulbegleiter will, dass die Lehrkraft ihm etwas „glaubt" – es muss hier also um etwas gehen, das die Lehrkraft nicht überprüfen kann oder möchte und folglich auf die Aussage des Schulbegleiters angewiesen ist.

Da sich der Sprecherin eine Überprüfung der Sachlage entzieht, steht bei der Formulierung „glaubhaft" der Prozess des „Glaubhaft-machens" bzw. der Darstellung des zu glaubenden Sachverhalts im Vordergrund. Ausschlaggebend ist, wie glaubhaft der Schulbegleiter *wirkt*, also wie überzeugend und authentisch er den Sachverhalt präsentiert. Ob die Glaubhaftigkeit mit der Sachlage tatsächlich übereinstimmt ist zweitrangig. So besteht natürlich grundsätzlich auch die Option, dass der Schulbegleiter nicht die Wahrheit sagt, jedoch so überzeugend in seiner Darstellung ist, dass die Lehrkraft trotz anderer Sachlage dennoch überzeugt wird. Andererseits wäre es ebenso denkbar, dass eine Person einen Sachverhalt zwar korrekt wiedergibt, ihr jedoch keine glaubhafte Darstellung gelingt und folglich dubios bzw. unglaubwürdig wirkt.

Dass die sonderpädagogische Lehrkraft nun zu Beginn dieser Interviewpassage auf die Glaubhaftigkeit des Schulbegleiters hindeutet legt also zunächst einmal nahe, dass es etwas gibt, was er ihr glaubhaft machen muss oder will – worum es dabei geht wird vermutlich in der anschließenden Sequenz aufgeklärt. Jedoch wird gerade durch den expliziten Verweis der Sprecherin auf seine Glaubhaftigkeit deutlich, dass trotz der gelungenen Präsentation des Schulbegleiters noch immer Zweifel im Raum stehen bzw. dass Darstellung und Sachverhalt nicht zwangsläufig kongruent sein müssen, schließlich ist sie ja auch von seiner Glaubhaftigkeit nichtmals überzeugt, sondern „findet" lediglich, dass er glaubhaft ist. So wäre hier also die These aufzustellen, dass die Sprecherin ihm gegenüber eine gewisse Skepsis hegt und möglicherweise im Verlauf der Interviewpassage Einwände kommen, die seine Glaubhaftigkeit relativieren bzw. in Frage stellen.

2) sehr viel sich äh Gedanken macht um Mikke

Gegenstand der Glaubhaftigkeit ist, dass sich der Schulbegleiter „Gedanken macht" um Mikke. Doch auch hier ist die Sprecherin, wie bereits in der ersten Sequenz, offenbar auf der Suche nach den richtigen Worten. Erneut steigert sie zuerst durch „sehr viel", bevor sie, ausgedrückt durch das folgende „äh" wohl doch erst nach dem passenden Objekt für diese Steigerung suchen muss. Für ihre Zögerlichkeit sind zwei Begründungen denkbar. Entweder weiß die Sprecherin gar nicht genau, was sie eigentlich sagen will: Möglicherweise, weil sie sich bislang noch nicht so explizit mit dem Aspekt, der hier im Interview thematisiert wird, auseinandergesetzt hat und nun erst während des Sprechakts inhaltlich darüber nachdenkt; oder aber sie kennt ihre eigene Haltung zu diesem Thema ganz genau, ringt aber mit der angemessenen Formulierung („Wie sag ich's?").

Die Sprecherin drückt also aus, dass sich der Schulbegleiter glaubhaft Gedanken um Mikke macht. Sich „Gedanken um jemanden/etwas machen" ist in Abgrenzung zu „nachdenken über jemanden/etwas" tendenziell krisenhaft charakterisiert, was folgendes Beispiel erläutern soll: Ein Paar möchte zusammen in den Urlaub fahren. Sie sagt zu ihm: „Ich habe über unseren Urlaub nachgedacht." Dies ist relativ neutral – so könnte es sich dabei um Überlegungen zum Reiseziel, zur Route oder auch zur Unterkunft handeln, die nun gemeinsam besprochen werden sollen. Im Gegensatz dazu scheint die Formulierung „Ich habe mir Gedanken um unseren Urlaub gemacht" die Planung grundsätzlich in Frage zu stellen; es könnte nun folgen, dass sie nach reiflicher Überlegung zu dem Schluss gekommen ist, dass es z.B. aus finanziellen oder zeitlichen Gründen besser wäre, auf den Urlaub zu verzichten. In diesem Sinne wäre nun Mikke, um den sich Gedanken gemacht wird, möglicherweise ein herausfordernder Schüler. Das muss nicht zwangsläufig bedeuten, dass er ein ‚Problemfall' ist oder besonders auffälliges Verhalten zeigt. So könnte Mikke beispielsweise auch ein hochbegabter Schüler sein, bei dem das Krisenhafte darin besteht, dass die derzeitige Form der Förderung seinen Begabungen nicht ganz gerecht wird und man sich „Gedanken macht" um Alternativen. In jedem Falle scheint Mikke ein Schüler zu sein, bei dem in irgendeiner Form Handlungsbedarf besteht. Naheliegend ist die Annahme, dass Mikke der Schüler ist, der durch Bastian Kaminski im Schulalltag begleitet wird.

Nun steht jedoch durch den zuvor erfolgten expliziten Hinweis auf die Glaubhaftigkeit ein Zweifel hinsichtlich dieses „Gedanken-machens" im Raum. So ist dieses „Gedanken-machen" eine Tätigkeit, die sich grundsätzlich der Überprüfung durch andere entzieht – man kann jemandem also tatsächlich nur *glauben*, dass er oder sie sich Gedanken gemacht hat. Die Zweifel kommen vermutlich jedoch dann auf, wenn dieses „Gedanken-machen" keinerlei Früchte zeigt, wenn also keine Möglichkeiten des Umgangs mit dem Krisenhaften gefunden werden und trotz des glaubhaft vermittelten Engagements Ergebnisse ausbleiben. In Bezug auf Mikke scheint der Schulbegleiter diesen Handlungsbedarf also trotz glaubhafter Bemühungen nicht bedienen zu können – was auf allen Seiten zu Ratlosigkeit oder auch Hilflosigkeit führen kann.

3) und ganz ähm (.) GUT auch vieles von Mikke untersch/ äh durchschaut

Beginnen wir zunächst mit dem Verb dieser Sequenz: „durchschaut". Durchschauen impliziert, dass es sowohl eine Oberfläche gibt als auch einen Kern – man muss durch die Oberfläche „durch schauen", um diesen Kern zu sehen. Hier bezieht sich das „durchschauen" auf „vieles von Mikke", also somit auf Verhaltensweisen, die Mikke zeigt; Dinge, die *von* Mikke kommen. Dementsprechend ist das, was man von Mikke wahrnimmt, zunächst einmal nur eine Oberfläche, eine Fassade: Das Eigentliche liegt eine Schicht tiefer. Kennzeichnend für „durchschaut" ist jedoch weiterhin, dass demjenigen, der durchschaut wird, eine Intentionalität und somit auch eine bewusste Täuschung unterstellt wird. So kennt man den Ausruf „Ich habe Sie durchschaut!" beispielsweise aus Krimis, in denen der Kommissar einem Tatverdächtigen, der ihn bis dahin mehrmals in die Irre geführt hat, endlich auf die Schliche gekommen ist.

Inwiefern das Verb „durchschauen" jedoch in Bezug auf einen Schüler angebracht ist, ist höchst fraglich. Sollten tatsächlich auffällige Verhaltensweisen von Mikke hier im Vordergrund stehen so wäre zu vermuten, dass Mikke einen diagnostizierten Förderbedarf im Bereich emotionale-soziale Entwicklung hat, aufgrund dessen ihm auch ein Schulbegleiter zur Seite gestellt wurde. Nun ist es jedoch vermessen zu behaupten, dass Mikke bewusst und intentional im Sinne einer Taktik bestimmte Verhaltensweisen an den Tag legt, um etwas zu erreichen – viele Handlungslogiken von Mikke entziehen sich sicherlich dessen eigenem rationalem Zugang. Von einem durchdachten Täuschungsmanöver kann hier kaum gesprochen werden, jedoch scheint die Sprecherin durch ihre Wortwahl Mikke genau dies zu unterstellen. Deutlich wird dies, wenn das Wort „durchschauen" probeweise ersetzt wird: So wäre es in Bezug auf ein Kind mit Schwierigkeiten im Verhalten sicherlich angemessener, dieses Verhalten „verstehen" statt durchschauen zu wollen.

Hier wäre nun auch zu überlegen, was „untersch/" für ein Verb hätte werden können. In der Logik des „Durchschauens", also der Annahme von vordergründigem Verhalten und davon abweichenden, eigentlich zugrundeliegenden Absichten, wäre „unterscheiden" eine Option: In diesem Sinne könnte der Schulbegleiter, von dem in dieser Sequenz noch immer die Rede ist, vieles von Mikke unterscheiden, also differenzieren, wie die von Mikke gezeigten Verhaltensweisen zu interpretieren sind.

Ein Muster, das bereits aus den vorangegangen Interviewsequenzen bekannt ist, wiederholt sich auch hier: Erneut beginnt die Interviewsequenz zunächst mit einem Adverb, gefolgt von einem Ausdruck des Zögerns oder des Nachdenkens und hier sogar einer kleinen Pause, bevor das Adjektiv mit Betonung nachgeliefert wird: „ganz ähm (.) GUT". Gerade durch das Adjektiv „GUT" assoziiert man hier schnell eine Situation der Leistungsbewertung: Man stelle sich eine Gruppe SchülerInnen vor, die soeben im Geschichtsunterricht ein Referat gehalten hat und wo nun das Feedback der Lehrkraft ansteht. Wenn die Lehrkraft nun sagt: „An diesem Referat war vieles ganz ähm (.) GUT" ist deutlich, dass im Anschluss massive Kritik am Referat folgen wird und dieses einleitende Statement möglicherweise schlicht dem pädagogischen Ethos geschuldet ist, ein Feedback stets mit positiven Aspekten zu beginnen. So drängt sich auch in der vorliegenden Sequenz der Eindruck auf, dass die Sprecherin nicht sonderlich beeindruckt ist von den Fähigkeiten des Schulbegleiters; schließlich durchschaut er nur „vieles" (nicht alles), und das auch nur „ganz ähm (.) GUT." Ein deutlich glaubwürdigeres, positives Feedback wäre es gewesen, wenn statt „GUT" ein elaborierteres Adjektiv gefunden worden wäre. In Bezug auf die vorliegende Passage wäre etwa auch möglich gewesen: „und ganz ähm (.) SENSIBEL auch vieles von Mikke wahrnimmt".

So festigt sich der Eindruck, dass die Sprecherin zwar versucht, Mikkes Schulbegleiter in einem positiven Licht darzustellen, ihr dies jedoch kaum gelingt – offensichtlich ist sie von seinen Leistungen nicht sonderlich überzeugt. Es wäre denkbar, dass sie als Lehrerin ebenfalls dem pädagogischen Ethos folgt, zunächst positive Aspekte darzustellen, bevor sie auf Kritikpunkte eingeht. Diese positive Schilderung fällt ihr jedoch offensichtlich schwer und wirkt nicht authentisch.

4) auch vieles verbalisieren kann,

Die Sprecherin führt ihren Versuch, Mikkes Schulbegleiter positiv darzustellen, weiter fort: Nicht nur durchschaut der Schulbegleiter vieles von Mikke, sondern er kann auch vieles verbalisieren. Etwas zu verbalisieren bedeutet, etwas per se nicht-sprachliches (non-verbales) in Worte zu fassen – so könnte man etwa diffuse Wahrnehmungen oder Gefühle versuchen zu verbalisieren. Als deutlich differenziertere Formulierung im Vergleich zu „gut" wäre „verbalisieren" tatsächlich geeignet, die Kompetenzen des Schulbegleiters positiv hervorzuheben: Die Fähigkeit, abstraktere bzw. non-verbale Dinge in Worte zu fassen bildet schließlich die Grundlage für die Kommunikation über diese Dinge mit anderen. Doch auch hier wird durch das „vieles“ erneut ein Defizit ausgedrückt – er kann offenbar dann doch auch nicht *alles* verbalisieren.

5) hm, und ähm äh da auch äh recht dicht so bei ihm ist

Auffällig sind in dieser Sequenz die vielen „ähms“, die den Redefluss stören. Es festigt sich der Eindruck, dass es der Sprecherin schwer fällt, die richtigen Worte zu finden. Unter der These, dass sie zunächst etwas Positives über den Schulbegleiter von Mikke sagen will, bevor sie ihre eigentliche, eher negative Meinung äußert, könnte man hier vermuten, dass ihr allmählich die positiven Aspekte ausgehen und sie während des Sprechakts überlegt, was sie denn noch auf der „Haben-Seite“ formulieren könnte.

Der so gefundene Aspekt bezieht sich darauf, dass der Schulbegleiter „recht dicht so bei ihm ist“; das „ihm“ wird sich weiterhin auf den Schüler Mikke beziehen. „Dicht“ in Abgrenzung zu „nah“ muss nicht zwangsläufig bedeuten, dass sich der Schulbegleiter jederzeit in unmittelbarer physisch-räumlicher Nähe zu Mikke befindet. Vielmehr lässt „dicht“ an „engmaschig“ denken: Möglicherweise ist der Schulbegleiter immer wieder bei Mikke, gibt ihm aber zwischendurch auch ebenso Raum für sich. Durch das „recht“ nimmt die Sprecherin außerdem eine Relativierung vor: Der Schulbegleiter ist eben nicht permanent dicht bei seinem Schützling, sondern vielmehr „relativ dicht“ oder „ziemlich dicht“. Dies wird offenbar von der Sprecherin als positiv empfunden bzw. als ein geeigneter Aspekt, der noch auf der „Haben-Seite“ mit aufgeführt werden kann.

6) das gefällt mir gut,

Diese Sequenz scheint nun die vorangegangenen Schilderungen der Sprecherin abzurunden: Das, was sie bislang genannt hat, gefällt ihr gut. Wie bereits in der ersten Sequenz der Interviewpassage stellt die Sprecherin hier erneut jedoch lediglich eine subjektive Einschätzung dar. Bei der Formulierung „das *macht* er gut“ hätte sie objektive Kriterien gebraucht, um diese Bewertung zu belegen. *Gefallen* hingegen ist etwas Subjektives und muss wie „Geschmack“ nicht von anderen in der gleichen Form geteilt werden. Ihre gewählte Darstellung mit der Berufung auf Subjektivität könnte dadurch auch als Schutz vor Einwänden gegen ihre Einschätzung dienen.

Gleichzeitig leitet diese Sequenz eine Wende in ihrer Erzählung ein. Bisher ging es um Aspekte, die der Sprecherin gut gefallen – jetzt öffnet diese Formulierung eine Fortführung hinsichtlich jener Dinge, die der Sprecherin möglicherweise nicht so gut gefallen. In diesem Sinne würde die Schilderung der Sprecherin tatsächlich wie bereits zuvor vermutet der pädagogischen Feedback-Regel folgen, zunächst positive Dinge zu nennen, bevor Kritikpunkte angesprochen werden. Jedoch war bislang ja auch die vermeintlich positive Schilderung des Schulbegleiters durchsetzt von unterschwelliger Kritik. So wäre nun zu erwarten, dass diese Kritik deutlich direkter ausfällt.

7) wenn's um schulische Lernsachen geht

Die Spezifizierung „wenn's um schulische Lernsachen geht" lässt hinsichtlich des Gegenstands, der hier spezifiziert wird, zwei Lesarten zu. Die erste Möglichkeit wäre, dass sich die Sprecherin hier weiterhin auf die vorab genannten Punkte bezieht und die vorliegende Sequenz eine Ergänzung darstellt. Paraphrasiert: „Wenn es um schulische Lernsachen geht gefällt es mir gut, wenn er recht dicht bei Mikke ist, sich Gedanken um ihn macht und auch vieles verbalisiert." Folglich wäre zu erwarten, dass das Verhalten des Schulbegleiters unterschiedlich zu bewerten ist, je nachdem, ob es um schulische Lernsachen geht oder nicht. Gedankenexperimentell wäre es beispielsweise möglich, dass sie die Nähe zu Mikke während des Unterrichts positiv bewertet, jedoch in Bezug auf soziale Kontakte zu den Mitschülerinnen und Mitschülern als hinderlich einstuft. Gegen diese Lesart spricht jedoch die Zäsur vor dieser Sequenz, während der Anschluss zur noch folgenden Sequenz 8 offenbar fließend erfolgt. Somit liegt eine zweite Lesart nahe, nämlich, dass an dieser Stelle bereits eine Differenz markiert wird. Die Schilderung der vergangenen Zeilen handelte von Aspekten, die der Sprecherin „gut gefallen"; wenn es jedoch um schulische Lernsachen geht scheint sie eine (noch) kritischere Haltung zu haben. Paraphrasiert: „Wenn es hingegen um schulische Lernsachen geht, dann…" Dies bedeutet, dass die zuvor geschilderten Aspekte sich nicht auf schulische Lernsachen bezogen.

Die Formulierung „Lernsachen" charakterisiert die Dinge, die sich auf das Lernen beziehen, als nebensächlich und unbedeutsam. Denkbar wäre diese Formulierung beispielsweise in einer eher bildungsfernen Familie, in der die Mutter über die schlechten Leistungen ihres Sohnes sagt, „Ja, diese schulischen Lernsachen liegen ihm halt nicht so". Da die Sprecherin hier jedoch Lehrerin ist und das

Unterrichten bzw. das Anleiten zum Lernen ihr Kerngeschäft ist, überrascht diese abwertende Formulierung hier. Es lassen sich zwei Erklärungsansätze für dieses Phänomen finden. Einerseits wäre denkbar, dass ihre Formulierung den Grad der Wichtigkeit für das schulische Lernen widerspiegelt, den sie beim Schulbegleiter wahrnimmt. So wäre es gut möglich, dass der Schulbegleiter diesem Aspekt seiner Tätigkeit nicht sonderlich viel Beachtung schenkt und ihn neben all den anderen Dingen, die nicht zu „schulischen Lernsachen" zählen, eher als Nebensache interpretiert. Somit wäre die eher abwertende Formulierung der Lehrerin hier eine Interpretation der Haltung des Schulbegleiters. Ebenso wäre jedoch auch denkbar, dass sich in der Formulierung die Haltung der Lehrerin selbst widerspiegelt: So könnten die Aspekte, die sich auf das Lernen beziehen, in der Bewertung des Schulbegleiters von niedrigerem Stellenwert sein, wenn die Unterstützung von Lernprozessen in ihren Augen nicht in dessen Kernbereich liegt. Eine noch schärfere These legt den Fokus auf den Schüler Mikke: Möglicherweise steht dessen stark herausforderndes Verhalten für die Lehrerin derart im Vordergrund, dass „schulische Lernsachen" dadurch zur Nebensache werden.

8) ähm also er hat manchmal selbst so'n bisschen Konzentrationsschwächen

In dieser Sequenz klärt sich, dass die Sprecherin nun auf Kritikpunkte zu sprechen kommt: „Wenn es um schulische Lernsachen geht hat er manchmal selbst so'n bisschen Konzentrationsschwächen." Auffällig ist hier die mehrfache Abschwächung dieser Kritik: Zum einen sind es Konzentrations*schwächen* und keine großen Probleme, dann hat er sie lediglich *manchmal* und dann auch nur *so'n bisschen.* Hier wäre zu fragen, ob diese vorsichtige Formulierung tatsächlich gezielt der Abschwächung einer eigentlich fundamentalen Kritik dient („Er kann sich nicht konzentrieren!") und so euphemisierend wirken soll oder ob hier vielmehr ein inneres Ringen der Sprecherin deutlich wird, die nicht weiß, wie sie ihre Kritik am besten ausdrücken soll, da sie ihn trotz dieser Äußerung nicht völlig diskreditieren will.

Interessant ist in dieser Sequenz auch der Hinweis auf „selbst". Einerseits könnte das „selbst" lediglich zur Klärung dienen, dass es der Schulbegleiter ist, der Konzentrationsschwächen hat und nicht etwa Mikke. Dies wäre zwar denkbar, jedoch angesichts der Tatsache, dass sich die gesamte Interviewpassage der Beschreibung des Schulbegleiters widmet, unnötig. Gleichzeitig könnte das „selbst" auch auf eine Gemeinsamkeit zwischen dem Schulbegleiter und einer anderen Person, hier wahrscheinlich am ehesten sein Klient Mikke, hinweisen. So wäre es denkbar, dass Mikke als Schüler mit Förderbedarf im emotionalen-sozialen Bereich Schwierigkeiten hat, sich auf den Unterricht (auf „schulische Lernsachen“) zu konzentrieren, was möglicherweise ein Beweggrund dafür war, ihm einen Schulbegleiter zur Seite zu stellen. Nun hat dieser jedoch offenbar *selbst* Konzentrationsschwächen – und ist Mikke im besten Fall keine Hilfe; im schlimmsten Fall lenkt er den Schüler sogar noch zusätzlich ab. Dies wirft auch ein anderes Licht auf die zuvor als positiv bewertete Nähe zwischen dem Schulbegleiter und Mikke: Während diese Nähe, dieses „dicht-bei-ihm-sein“ dem Schüler theoretisch dabei helfen sollte, sich zu fokussieren, ist die Nähe eines Menschen, der sich selbst leicht ablenken lässt, hier absolut kontraindiziert.

Dass dies ein massiver Grund für Kritik seitens der Lehrkraft ist, ist sofort ersichtlich. Selbst wenn der Schulbegleiter, wie in den ersten Sequenzen angedeutet, sich in vielerlei Hinsicht Mühe gibt und möglicherweise auch das Verständnis zwischen seinem Schüler und der Lehrkraft und/oder Mitschülerinnen und Mitschülern fördert, so wäre seine mangelnde Fähigkeit, Mikke im Unterricht bzw. in Bezug auf „schulische Lernsachen“ zu unterstützen, ein durch nichts zu kompensierendes Defizit, das die zuvor mühevoll genannten positiven Punkte zu Recht überschattet. Diese Lesart von „selbst“ mag auch die vorsichtige Formulierung mit den mehrfachen Abschwächungen erklären: Schließlich würde die Lehrkraft hier dem Schulbegleiter bescheinigen, dass er seinen Auftrag nicht erfüllt.

9) so kommt mir das vor,

Mit „so kommt mir das vor“ bezieht sich die Sprecherin hier erneut auf die Subjektivität ihrer Schilderungen – ein Muster, das bereits aus den vorangegangenen Sequenzen bekannt ist. Sie nimmt etwas wahr bzw. beobachtet etwas und stellt anschließend eine These über diese Wahrnehmungen und Beobachtungen auf. In dieser Formulierung wird jedoch auch deutlich, dass diese Interpretation noch verhandelbar ist und man sich, falls nötig, auch gern eines besseren belehren lässt. Gedankenexperimentell lässt sich das an folgendem Dialog zeigen: Er: „Es kommt mir so vor, als hättest du überhaupt keine Lust, mit mir auf diese Party zu gehen.“ Sie: „Doch doch, ich hab schon Lust, ich hatte nur einen anstrengenden Tag und bin in Gedanken noch bei der Arbeit.“

Gleichzeitig wird durch diese Formulierung deutlich, dass der subjektive Eindruck noch nicht mit anderen kommuniziert wurde: Hätte sie bereits den Austausch mit Kolleginnen und Kollegen oder sogar direkt mit dem Schulbegleiter gesucht, so hätte sie diese These selbstsicherer vertreten können.

Die Frage, die sich hier stellt, ist nun: Worin bestehen die Wahrnehmungen und Beobachtungen, die die Sprecherin zu dieser These geführt haben; was ist das *das* in dieser Sequenz? Denkbar wäre, dass der Schulbegleiter regelmäßig Nachfragen stellen muss, was denn nun genau zu bearbeiten sei, oder dass er sich von Mikke und/oder den übrigen Schülerinnen und Schülern in der Klasse ablenken lässt; oder auch einfach nur, dass sie beobachtet, wie er mit tagträumerischem Blick in der Klasse sitzt, während sein Klient nicht an der eigentlichen Aufgabe arbeitet.

10) und ähm dann ähm, äh, hm, (..) ähm,

Wenngleich die Sprecherin auch schon zuvor stellenweise mit „ähm" ein Zögern oder ein Überlegen ausgedrückt hat, ist diese Sequenz in dieser Hinsicht ein absoluter Höhepunkt. Das einzige Wort, das kein Füllwort ist, ist das Wort „dann". Denkbar wäre hier, dass es sich um den Anschluss zur Sequenz 7 handelt: „wenn es um schulische Lernsachen geht, dann…". In diesem Sinne wäre die Schilderung ihres Eindrucks in den Sequenzen 8 und 9, dass der Schulbegleiter selbst Konzentrationsschwächen hat, ein Einschub: „wenn es um schulische Lernsachen geht – manchmal kommt es mir übrigens so vor, als hätte er selbst Konzentrationsschwächen – dann…". Es wäre nun zu vermuten, dass im Anschluss die negativen Auswirkungen der Konzentrationsschwäche des Schulbegleiters thematisiert werden, was an dieser Stelle auch das ausgeprägte Zögern erklären könnte. So wurde zuvor die These aufgestellt, dass der Schulbegleiter durch seine Konzentrationsschwäche Mikke möglicherweise zusätzlich ablenkt. Sollte die Kritik der Sprecherin nun tatsächlich in diese Richtung gehen, so wäre ihr Zögern gut nachvollziehbar: Entweder als Versuch, die kommende Kritik in angemessene Worte zu fassen, oder aber als Ringen mit sich selbst, ob sie tatsächlich eine solch fundamentale Kritik überhaupt äußern kann.

11) benötigt er oft auch ähm viel An/ äh Regung oder Anleitung

Diese Sequenz vervollständigt den Anschluss an Sequenz sieben: „Wenn es um schulische Lernsachen geht, benötigt er oft auch viel Anregung oder Anleitung".

Beginnen wir mit dem Begriffspaar „Anregung" und „Anleitung". Die Sprecherin beginnt zunächst mit „An/", bricht dann ab, überlegt und ergänzt mit „Regung" und fügt gleich „oder Anleitung" hinzu. Beide Begriffe beschreiben einen Einfluss von außen, die laut der Sprecherin von ihm offenbar benötigt werden. Anregung beschreibt dabei einen grundlegenden Impuls an eine Person, eine Handlung zunächst überhaupt einmal aufzunehmen. Anders als „Anweisung" hat „Anregung" hier jedoch lediglich einen vorschlagenden Charakter, beispielsweise: „Wie wäre es, wenn du den Schrank aufbaust?" Eine Anregung ist somit auf den Impuls zum Beginnen einer Tätigkeit beschränkt. Eine Anleitung hingegen begleitet einen Prozess Schritt für Schritt von Anfang bis Ende, die der Ausführende nur noch befolgen muss („Zunächst stecken Sie die Dübel in die dafür vorgesehenen Bohrungen in den Seitenteilen A und B"). In diesem Sinne ist eine Anleitung sehr technisch, während eine Anregung zunächst einmal darauf vertraut, dass der Ausführende mit diesem Handlungsimpuls von nun an selbständig weiterarbeiten kann.

Der Schulbegleiter benötigt laut der Sprecherin also Anregung *oder* Anleitung. Spannend wäre nun, ob das *oder* darauf verweist, dass in unterschiedlichen Situationen unterschiedliche Impulse benötigt werden oder ob es vielmehr eine Korrektur der Sprecherin darstellt, im Sinne von, „treffender wäre eigentlich das Wort Anleitung". Der Hinweis auf die Konzentrationsschwächen lässt die These aufstellen, dass letzteres zutreffen könnte. Bei Konzentrationsschwächen mag es einfacher sein, eine Handlung unter Anleitung auszuführen, da die einzelnen Anleitungsschritte den Handelnden regelmäßig zur Tätigkeit zurückführen, während eine Anregung lediglich den Startimpuls setzt und man von dort an eigenständig weiterarbeiten muss.

Das Wort „oft" hat interessanterweise in dieser Passage zwei Funktionen. Einerseits wird hier deutlich, dass der Schulbegleiter regelmäßig Anregung bzw. Anleitung benötigt; gleichzeitig hat es jedoch auch abschwächenden Charakter, was deutlich wird, wenn man es gedankenexperimentell auslässt.

Ebenfalls beachtenswert ist das Wort „auch" in dieser Passage. Es lassen sich zwei Lesarten aufstellen: a) der Schulbegleiter benötigt *ebenso wie jemand anderes* Anregung und Anleitung, oder b) der Schulbegleiter benötigt *unter anderem*

Anregung oder Anleitung. Die erste Lesart lässt sich an eine vorangegangene Lesart anschließen: In Sequenz 8 beschrieb die Sprecherin, dass der Schulbegleiter *selbst* Konzentrationsschwächen hat, und es wurde argumentiert, dass dieses „selbst“ möglicherweise als Vergleich zum zu begleitenden Schüler gelesen werden kann. Auch das Benötigen von Anregung und / oder Anleitung rückt den Schulbegleiter hier in eine schülernahe Rolle: Er muss offenbar von der Lehrerin unterwiesen werden, was eine klassische Lehrer-Schüler-Beziehung konstituiert. Würde man die vorangegangenen Sequenzen ausblenden, wäre auch durchaus denkbar, dass die Sprecherin in der vorliegenden Sequenz über einen Schüler spricht. Doch auch Lesart b) ist nicht von der Hand zu weisen, dass also das „auch“ dafür steht, dass der Schulbegleiter neben den Handlungsimpulsen auch noch anderes benötigt, selbst wenn dieses „andere“ hier (noch) nicht genannt ist. Gedankenexperimentell mag man sich hier eine Person vorstellen, die sagt, dass sie vor Auftritten „oft auch ganz viel Angst“ hat. Die Angst ist zwar eindeutig da, gleichzeitig schwingt aber noch etwas anderes mit, beispielsweise Vorfreude oder Stolz. So wäre hier denkbar, dass es für den Schulbegleiter durchaus auch Situationen gibt, in denen er keiner Handlungsimpulse von außen bedarf, sondern vielleicht auch Freiraum zum Ausprobieren oder vielleicht auch nur die Erlaubnis, etwas zu tun, was er sich selbst überlegt hat.

Offen ist jedoch, woran die Sprecherin die ‚Not‘ des Schulbegleiters bzw. sein Bedürfnis nach Anregung und Anleitung festmacht. Denkbar wäre einerseits, dass der Schulbegleiter sie regelmäßig offen darum bittet („Kannst du mir gerade erklären, wie Mikke das Arbeitsblatt ausfüllen soll?“), oder aber, dass dies eine Erkenntnis aus den Beobachtungen und Erfahrungen, die sie mit ihm gemacht hat, ist – möglicherweise hat sie ihn in den Momenten, in denen er ihr abgelenkt vorkam, etwas engmaschiger angeleitet und hat dabei die Erfahrung gemacht, dass dies hilfreich ist. Vielleicht ist es jedoch auch das Ausbleiben von Ergebnissen des „sich Gedanken Machens“, das die Sprecherin davon überzeugt, den Schulbegleiter anregen bzw. anleiten zu müssen.

In der ersten Hälfte der vorliegenden Interviewpassage ist es der Sprecherin kaum gelungen, überzeugend von positiven Aspekten des Schulbegleiters zu berichten. Hier wäre nun die These aufzustellen, dass die ständige Notwendigkeit, den Schulbegleiter anzuregen und / oder anzuleiten, die geschilderten positiven Aspekte überschattet – denn offenbar ist mit seinem Einsatz für die Sprecherin eine Menge Arbeit verbunden.

12) um ähm entsprechend das zu tun

Die Sprecherin beginnt hier mit der Spezifizierung dessen, wozu der Schulbegleiter genau die Anregung bzw. Anleitung benötigt – es geht offenbar um konkretes Handeln, was jedoch voraussichtlich erst in der darauffolgenden Sequenz genannt werden wird. Dabei scheint dieses Handeln logisch gut von z.B. einer Beobachtung ableitbar zu sein, worauf das „entsprechend" hindeutet. Wenn Mikke beispielsweise nicht mehr konzentriert an einer Aufgabe arbeitet, sondern abgelenkt wurde, wäre die aus dieser Beobachtung entsprechend resultierende geforderte Handlung des Schulbegleiters, Mikke wieder zurück zu seiner Aufgabe zu führen. Dieser Handlungsbedarf ist dabei sehr eindeutig: Es geht darum, „das" zu tun, was (gedankenexperimenteller Anschluss) Mikke gerade braucht oder was gerade schlichtweg getan werden muss. Die Sprecherin scheint in diesen Situationen also von einer absoluten, objektiv wahrnehmbaren Eindeutigkeit dessen auszugehen, was die Situation an Handlung erfordert; es sind keine Situationen, in denen vorsichtig abgewogen werden muss, wie nun am Besten vorzugehen sei oder in der eine intensive Diskussion mit der Lehrkraft erforderlich wäre.

Offenbar kann der Schulbegleiter diese sehr offensichtlich erforderlichen Handlungen jedoch nicht ohne Anregung und Anleitung der Lehrkraft aufnehmen; er kann also nicht selbständig auf die wohl simpelsten Handlungserfordernisse reagieren. Da er ja nun dazu eingestellt wurde, auf die individuellen Bedürfnisse von Mikke zu reagieren und ihn da, wo es erforderlich ist, zu unterstützen, ist diese Interviewsequenz eine Kritik der Sprecherin an den Kompetenzen des Schulbegleiters, die massiver kaum ausfallen könnte – selbst wenn der Schulbegleiter, wie im ersten Teil des Interviews geschildert, den Jungen oft gut versteht und sich ehrlich bemüht, so stellt seine fehlende Handlungskompetenz seine Eignung für diese Tätigkeit grundlegend in Frage.

13) was äh vielleicht da auch äh so notwendig ist ne?

Diese Sequenz liefert die Spezifizierung dessen, was getan werden muss, jedoch gespickt mit mehreren Abschwächungen. Würde man diese aus der Sequenz streichen, ergäbe sich „was notwendig ist" – dies würde nahtlos an die zuvor angestellten Überlegungen anknüpfen, dass der Handlungsbedarf ein sehr eindeutiger ist. Anders als in vorangegangenen Sequenzen geht es hier nicht mehr um subjektive Empfindungen und Beurteilungen („ich finde", „das gefällt mir gut", „so kommt mir das vor“), sondern es geht um eine objektive Bedarfsfeststellung: Das *ist* notwendig.

Jedoch wird diese Eindeutigkeit mehrfach abgeschwächt und erneut drängt sich der Eindruck auf, als hätte die Sprecherin große Schwierigkeiten damit, dem Schulbegleiter eine derart starke Kritik zu bescheinigen. Sie ist hin und her gerissen zwischen dem Wunsch, den Schulbegleiter nicht allzu schlecht dastehen zu lassen (daher womöglich auch der vorangegangene, jedoch auf latenter Ebene misslungene Versuch einer positiven Schilderung in den Sequenzen 1-6) und dem Bedürfnis, ihre fundamentale Kritik an seinen Kompetenzen zu äußern, die nicht weniger besagt als seine Unfähigkeit, seiner Tätigkeit nachzukommen. So versucht sie, diese Kritik abschwächend ‚zu verpacken‘, hofft aber gleichzeitig darauf, dass sie von der Interviewerin verstanden wird – sie sucht in dem abschließenden „ne?“ die Bestätigung, dass ihre Dilemma bei der Interviewerin angekommen ist („verstehst du, was ich dir sagen will?“).

6.2.4 Schulbegleiter, Passage 2: „Ich behandle die Kids gleichberechtigt.“

1) Ich quatsch dann auch
2) diesbezüglich mit den Kids
3) so als wär
4) hätt ich auch so n bisschen die Altersstufe hal/
5) also ich (.) das liegt aber daran
6) dass ich se halt gleichberechtigt behandel.
7) Das kriegen die Kids auch mit,
8) finden se auch gut
9) weil ich denen dann n Forum schaffe.
10) Muss aber dann halt
11) weil (.) manchmal dieses Forum
12) auch n bisschen an/ angetestet und ausgetestet wird,
13) halt mal n Autoritären auspacken.
(K:275-280)

1) Ich quatsch dann auch

Mit „quatschen" werden informelle und ungezwungene Gespräche assoziiert; hier geht es nicht um das Wälzen von Problemen oder um das Besprechen ernsterer Themen. Im Vordergrund steht eher der Aspekt des Beisammenseins, eventuell auch des angenehmen und entlastenden Austauschs über vergleichsweise banale Dinge. Um quatschen zu können braucht es eine Beziehung, die diesen Austausch zulässt, die also starke diffuse Anteile hat, wie es zum Beispiel unter Freunden der Fall ist. Es braucht außerdem von Handlungsdruck entlastete Zeitfenster, in denen keine grundlegenden zu bearbeitenden Themen anstehen. So könnten zwei Freundinnen miteinander am Telefon oder bei einem Kaffee quatschen – jedoch nur dann, wenn sie nicht gerade eine Meinungsverschiedenheit austragen müssen oder wenn wichtige Entscheidungen zu treffen sind. Bei letzterem würde man eher miteinander *reden* statt miteinander zu *quatschen.* Konstituierend ist auch, dass alle Gesprächspartner in der Situation gleichberechtigt sind, in etwa zu gleichen Anteilen sprechen und sich dabei hierarchiefrei auf Augenhöhe befinden.

Das „dann" in dieser Sequenz kann auf spezifische Situationen hindeuten, in denen der Sprecher quatscht. Möglicherweise handelt es sich hier um eine Gewohnheit, z.B.: „Wenn ich nach Hause komme, dann quatsch ich immer erstmal mit meinen Mitbewohnern." Bei dem Wort *auch* wäre zu überlegen, ob das Quatschen nur eine von mehreren Tätigkeiten in diesem Moment ist (Kaffee trinken, nebenbei die Arbeitstasche auspacken o.ä.), oder ob es auch noch andere Leute gibt, die quatschen. Die erste Lesart scheint wahrscheinlicher, denn sollte es auch noch andere quatschende Leute geben, so würde eine Umstellung des Satzes („auch *ich* quatsch dann…") dies treffender ausdrücken.

2) diesbezüglich mit den Kids

Hier klärt sich zunächst, mit wem der Sprecher „quatscht" – mit „den Kids". In offiziellen / professionellen Kontexten ist die Bezeichnung „Kinder und Jugendliche" oder im Kontext Schule auch „Schülerinnen und Schüler" gängig, worin sich die Rollenförmigkeit der Beziehungen bzw. das Bewusstsein über diese Rollenförmigkeit und somit auch die Wahrung einer professionellen Distanz ausdrückt. „Kids" hingegen ist eine deutlich kürzere Formulierung, die beide Geschlechter mit einschließt und somit tauglicher für den informellen und alltäglichen Sprachgebrauch ist. Statt der professionellen Distanz entsteht durch diese Formulierung der Eindruck einer gemeinsamen Ebene und dadurch von Vergemeinschaftung und Nähe des Sprechers mit den Genannten. Dass der Sprecher mit den „Kids" quatscht deutet ebenfalls auf Vergemeinschaftung hin, da unter „quatschen" ja der ungezwungene Austausch auf Augenhöhe gemeint ist.

Doch bereits in dieser zweiten Sequenz wird deutlich, dass es sich hierbei lediglich um eine Pseudo-Nähe, um eine Farce handeln kann. Die Augenhöhe und das Gemeinschaftsgefühl, die für das „Quatschen" erforderlich sind, können hier nicht gegeben sein – der Sprecher selbst ist kein Kind bzw. kein Jugendlicher (andernfalls wäre die Sequenz nicht wohlgeformt; er hätte stattdessen „mit den *anderen* Kids" sagen müssen), sondern ist erwachsen, sodass bereits auf der rein physischen Ebene eine gemeinsame Augenhöhe nur durch Veränderung, also Absenkung der eigenen Position des Sprechers künstlich hergestellt werden kann. Der Sprecher muss sich, um sich auf eine Ebene mit „den Kids" zu begeben, „verstellen".

Ein weiterer Ausdruck dieses Verstellens findet sich auch in Hinblick auf das Wort „diesbezüglich". Während die beiden vorliegenden Sequenzen eher locker und informell wirken, bricht das Wort „diesbezüglich" diesen Eindruck. Es ist ein Wort, das hauptsächlich in der Schriftsprache in sehr formellen Kontexten verwendet wird und einem gehobenen Sprachduktus angehört („Wir bitten Sie, diesbezüglich Kontakt zu Ihrem Sachbearbeiter aufzunehmen"). Im alltäglichen Sprachgebrauch jedoch würde man eher simplere Formen wie „darüber" oder „was das angeht" verwenden. Wie kommt also hier die Brechung zustande? Eine erste, sehr vorsichtige These wäre, dass der Sprecher hier versucht, die von ihm angenommenen unterschiedlichen Erwartungen zweier Zielgruppen erfüllen zu wollen: Einerseits will er hier darstellen, dass er mit „den Kids" auf einer Ebene ist, will womöglich ‚cool' und jugendlich wirken – andererseits ist er sich des eher formellen Charakters des Interviews bewusst und möchte zeigen, dass er in der Lage ist, einem gehobeneren Sprachduktus gerecht zu werden. Beides gelingt ihm jedoch nicht. Letzteres misslingt aufgrund des Umstands, dass auch in formelleren Kontexten in gesprochener Sprache selten das Wort „diesbezüglich" gebraucht wird und hier äußerst deplatziert wirkt. Ersteres misslingt, da der Sprecher die hier proklamierte Augenhöhe erst künstlich herstellen muss, und, da er „diesbezüglich" mit „den Kids" *über* etwas „quatscht", das „Quatschen" dann doch nicht so themen- bzw. anlassfrei sein kann, wie es der Begriff eigentlich beschreibt. Vielmehr scheint es einen konkreten Gegenstand zu geben, über den der Sprecher mit den

Kindern und Jugendlichen bzw. mit den Schülerinnen und Schülern spricht; ggf. sogar verbunden mit einer konkreten Vorstellung darüber, welches Ziel mit dem Gespräch erreicht werden soll. Es ist davon auszugehen, dass dieses Thema im Vorlauf der hier rekonstruierten Interviewpassage genannt wurde und der Sprecher an dieser Stelle darauf verweist. Doch er versucht in Form einer künstlichen Vergemeinschaftung mit seinen Gesprächspartnerinnen und -partnern und einer pseudohaften Zwanglosigkeit dem anlassbezogenen Gespräch den ernsthaften Charakter zu nehmen.

3) so als wär

Durch das Quatschen mit den Kids suggeriert der Sprecher etwas, von dem er sich bewusst ist, dass es de facto nicht gegeben ist. Führt man sich mögliche Fortführungen vor Augen, so kann diese Suggestion eigentlich nur auf eine Pseudo-Vergemeinschaftung, wie sie auch schon in der vorangegangenen Sequenz vermutet wurde, hinauslaufen („so als wär ich einer von ihnen"); ggf. wäre auch noch die Euphemisierung einer Situation denkbar („so als wär das alles nicht so schlimm"). Es drängt sich die Frage danach auf, warum der Sprecher also offensichtlich bewusst etwas suggerieren will, was nicht der Fall ist – was ist die Motivation für sein Verhalten?

4) hätt ich auch so n bisschen die Altersstufe hal/

Zunächst fällt hier ein Bruch im Redefluss auf – statt den Satz flüssig weiterzuführen, setzt der Sprecher hier neu an. Inhaltlich zielt die Sequenz dennoch wie angenommen in Richtung Vergemeinschaftung mit den „Kids". Das, was nun also vom Sprecher suggeriert wird, ist „die Altersstufe" (auch wenn nicht explizit darauf verwiesen wird, ist davon auszugehen, dass es sich dabei um die Altersstufe der „Kids" handelt). Durch das Quatschen tut Bastian Kaminski also so, als hätte er „auch so *n bisschen* die Altersstufe". Wie kann man jedoch lediglich „ein bisschen" eine Altersstufe haben? Der Begriff *Altersstufe* lässt an entwicklungspsychologische Modelle denken, die treppenartig aufgebaut sind – im Zuge der eigenen Entwicklung klettert man auf den unterschiedlichen Stufen immer höher. Menschen unterschiedlicher Altersstufen stehen folglich auf unterschiedlichen Ebenen. „Ein bisschen" eine Altersstufe zu haben ist in diesem Modell nicht möglich; vielmehr wäre denkbar, dass der Sprecher ein *bisschen so tut*, als hätte er die

Altersstufe der „Kids“ und sich damit zumindest zeitweise auf deren (niedrigere) Stufe hinabbegibt. Vor allem in Verbindung mit dem zuvor rekonstruierten Begriff des Quatschens ist das Stufenmodell interessant. Geht man davon aus, dass lockeres und ungezwungenes Quatschen nur auf Augenhöhe stattfinden kann, so wäre in diesem Sinne das Quatschen von Menschen unterschiedlicher Altersstufen nicht möglich bzw. nur dann, wenn sich die Beteiligten künstlich einander annähern und eben „so tun“, als wären sie auf einer Altersstufe. Das Stufenmodell impliziert gleichzeitig auch eine unterschiedliche Wertigkeit der einzelnen Stufen und eine Hierarchie, in denen Menschen auf einer niedrigeren Altersstufe auch auf rein physischer Ebene niedriger angesiedelt sind als Menschen auf einer höheren Altersstufe.

Gibt es also in den Augen des Sprechers nur dann eine Chance von Vergemeinschaftung und Nähe, wenn sich alle auf der gleichen Altersstufe befinden? Wenn ja, warum sieht er sich bemüßigt, diese künstlich herstellen zu wollen; was ist also das Ziel dieser Suggestion?

5) also ich (.) das liegt aber daran

Mit „also ich“ scheint der Sprecher zunächst zu einer Erklärung anzusetzen, doch erneut scheint die Formulierung, mit der er hier startet, nicht geeignet zu sein. Er bricht diesen Erklärungsversuch ab und startet neu mit „das liegt aber daran“. Dieser Bruch ist jedoch möglicherweise nicht lediglich einer revidierten Formulierung geschuldet. Während „also ich“ sich gut als *Erklärung* des zuvor beschriebenen Verhaltens und dessen Zielsetzung geeignet hätte, z.B. im Sinne von „also ich mache das, weil…“, ist im Gegensatz dazu „das liegt aber daran“ keine Erklärung, sondern vielmehr eine *Rechtfertigung*. Der Sprecher scheint also zu erwarten, dass man sein Verhalten kritisiert, und noch bevor das Gegenüber dazu die Gelegenheit bekommt, liefert er eine Rechtfertigung seines Verhaltens als Einspruchvorwegnahme hinterher. Gedankenexperimentell könnte man sich beispielsweise eine Mutter vorstellen, die ihre Tochter fragt, wie weit sie mit ihrer in diesem Semester anzufertigenden Hausarbeit ist, und die Antwort lautet, „ich habe noch nicht richtig angefangen; das liegt aber daran dass ich vorher noch zwei Klausuren schreiben muss“. In dieser Art der Rechtfertigung schwingt jedoch insbesondere durch das „aber“ das Bewusstsein des Sprechenden mit, dass man selbst vielleicht diese Situation auch eigentlich lieber anders hätte. Würde die Tochter formulieren, „ich habe noch nicht angefangen, weil ich erst noch zwei Klausuren schreiben muss“, so hätte man deutlich stärker das Gefühl, dass sie mit dieser Arbeits- und Zeiteinteilung zufrieden ist und sie so akzeptieren kann. Die größere Emotionalität, die durch das „aber“ ausgedrückt wird, könnte auch darauf hindeuten, dass es vielleicht doch auch noch andere Ursachen für die nicht zufriedenstellende Situation gibt, die hier jedoch nicht genannt werden (zum Beispiel, dass die Tochter bislang einfach noch keine Lust hatte, sich ihrer Hausarbeit zu widmen).

Doch *was* liegt denn eigentlich „daran“, also worauf genau bezieht sich der Sprecher hier? Er kann sich ja eigentlich lediglich auf sein „Quatschen“ mit den „Kids“ beziehen; jedoch klingt es nicht wohlgeformt, dass das „Quatschen“ einer Ursachenerklärung bedarf. Es wäre höchstens zu überlegen, ob er sich hier auf eine möglicherweise empfundene Notwendigkeit dieses Verhaltens bzw. auf die noch zu klärende Frage der Motivation bezieht, z.B. „das liegt aber daran, dass ich sonst nicht anders an sie rankomme“ oder „das liegt aber daran, dass das von mir erwartet wird.“

6) dass ich se halt gleichberechtigt behandel.

Die hier genannte Ursache irritiert – erwartet wurden äußere Bedingungen, die Einfluss auf das Verhalten des Sprechers nehmen; jedoch wird hier wiederum eigenes Verhalten als Ursache genannt. Dieses eigene Verhalten, also die gleichberechtigte Behandlung anderer, scheint für den Sprecher jedoch in höchstem Maße unverhandelbar zu sein, da sie zwangsläufig alles weitere Verhalten beeinflusst. Die Selbstverständlichkeit und Unhinterfragbarkeit dessen spiegelt sich auch in dem Wort „halt“ wider: Es ist *halt* so, daran lässt sich nichts ändern, und es ist auch nicht notwendig, an dieser Stelle näher darauf einzugehen.

Nun wäre zu fragen, worauf sich das „gleichberechtigt“ bezieht: Entweder werden alle Kinder gleichberechtigt von ihm behandelt; also erfährt Schüler A die gleiche Behandlung wie Schüler B; oder aber, was mit dem Vorlauf des Quatschens und der Pseudo-Vergemeinschaftung des Sprechers mit den „Kids“ deutlich wahrscheinlicher ist, behandelt der Sprecher die „Kids“ so, als hätten sie die gleichen Rechte wie er selbst. Letzteres kann jedoch erneut nur eine Farce sein. Das zunächst so positiv klingende Wort „Gleichberechtigung“ wird innerhalb der Sequenz gleich wieder relativiert: Der Sprecher *behandelt* die „Kids“ gleichberechtigt; sie sind folglich nur passive Behandlungsempfänger. Zudem ist die Beziehung des Sprechers mit den „Kids“ rollenförmig und mit den jeweiligen Rollen sind auch spezifische Rechte verbunden; auch aus dieser Perspektive ist eine

Gleichberechtigung der unterschiedlichen Rollen gar nicht möglich. Ebenso wäre anzuführen, dass die *Entscheidung*, die „Kids" gleichberechtigt zu behandeln, nur von den Erwachsenen ausgehen kann, nicht jedoch von den „Kids" selbst. Faktische Gleichberechtigung kann es nur unter faktisch gleich Berechtigten geben. Was jedoch tatsächlich existieren kann ist eine gleich*wertige* Behandlung aller, die eben trotz rollenspezifisch bedingten unterschiedlichen Rechten jedem einzelnen den gleichen *Wert* zuspricht.

Der Sprecher verfolgt also die Illusion sowohl sich selbst als auch den Schülerinnen und Schülern gegenüber, mit ihnen auf gleicher (nämlich deren) Ebene zu stehen und sich durch die Suggestion einer Gleichberechtigung und Begegnung auf Augenhöhe mit ihnen zu vergemeinschaften. Dies kann er seiner Auffassung nach offenbar nur tun, indem er sich selbst auf deren Ebene begibt, also so tut, als hätte er deren (niedrigere) Altersstufe und als hätten dort alle die gleichen Rechte. Für letzteres wird er eigene, an seine Rolle geknüpfte Rechte entweder negieren oder diese auch den Schülerinnen und Schülern zugestehen müssen.

7) Das kriegen die Kids auch mit,

Die Formulierung „mitkriegen" beschreibt, dass es sich bei dem, was es „mitzukriegen" gilt, um etwas handelt, wovon man eher zufällig erfährt und woran man zunächst nicht aktiv beteiligt ist. Dies wird deutlich an Gedankenexperimenten mit dieser Formulierung. So könnte man sich vorstellen, dass zwei Schüler im Unterricht heimlich unter ihren Tischen an etwas basteln. Die Lehrkraft bemerkt dies und sagt: „Ich kriege genau mit, was ihr da macht." Zweites Beispiel: Die Chefin einer Firma hat beschlossen, ihre Position aufzugeben und soll innerhalb der nächsten Monate ersetzt werden. Die Mitarbeiterinnen und Mitarbeiter unterhalten sich aufgeregt darüber, wer ihr neuer Chef bzw. ihre neue Chefin werden soll. Eine Mitarbeiterin hört völlig überrascht ein solches Gespräch mit und ruft: „Frau Müller geht? Das habe ich ja noch gar nicht mitgekriegt!" Wenn man also etwas „mitkriegt", dann wird man sich eines Prozesses oder eines Umstands gewahr, der bereits vorhanden war und in den man bislang nicht eingebunden war, der also ohne die eigene Beteiligung existiert hat. Eventuell wird dieser Prozess bzw. dieser Umstand ab dem Zeitpunkt des Gewahrwerdens auch für die eigene Person relevant; dies ist aber nicht unbedingt zwangsläufig der Fall. Es wird nicht sichergestellt, dass alle möglicherweise von dem Prozess Betroffenen davon erfahren; die Weitergabe dieses Wissens basiert häufig stark auf informellen Strukturen („das spricht sich rum“).

Übertragen auf den hier vorliegenden Kontext sind nun folgende Überlegungen interessant: *Was genau* kriegen die „Kids“ eigentlich mit? In Frage kommen zwei Möglichkeiten: Entweder, dass der Sprecher so tut, als hätte er ein bisschen die Altersstufe, oder, dass er sie gleichberechtigt behandelt. Wenn es also bei „mitkriegen“ um etwas geht, das zunächst ohne einen stattfindet, wäre gut vorstellbar, dass es sich unter den Schülerinnen und Schülern herumspricht, dass man mit Bastian Kaminski beispielsweise gut „quatschen“ oder herumalbern kann, so als wäre er einer von ihnen.

Woher jedoch weiß der Sprecher selbst, dass die „Kids“ das mitbekommen? Denkbar wäre, dass es ihm in direkten Gesprächen zurückgemeldet wird; dass er Gespräche der „Kids“ untereinander mithört oder aber, dass sich deren Verhalten verändert, was er auf sein eigenes Verhalten zurückführt (wenn beispielsweise im Laufe der Zeit immer mehr „Kids“ zu ihm kommen, um mit ihm zu quatschen). Zudem ist das Wort „auch“ hier von Interesse. Es lässt vermuten, dass es gar nicht oberste Priorität ist, dass die „Kids“ es „mitbekommen“ – der Sprecher könnte sie ebensogut gleichberechtigt behandeln, ohne dass sie es merken; sie müssen in diesen Prozess nicht aktiv involviert sein. Dies knüpft wiederum an die zuvor aufgestellte These an, dass die hier vom Sprecher postulierte Gleichberechtigung bzw. Augenhöhe eine reine Farce ist, da sie lediglich von ihm ausgeht und an der das Gegenüber bzw. hier die „Kids“ nicht selbst aktiv beteiligt sein müssen.

8) finden se auch gut

Die Reaktion der „Kids“ ist offenbar positiv; sie finden es „gut“. Es handelt sich hierbei um eine noch nicht näher reflektierte oder ausdifferenzierte Meinung, die nicht auf objektiven Kriterien beruht; vielmehr ist „gut finden“ ein erster, subjektiver Eindruck und ähnlich wie Geschmack bedarf dieser keiner näheren Rechtfertigung.

Interessant ist in dieser Sequenz das erneut auftauchende Wort „auch“, das hier mehrere Lesarten zulässt:

1) Nicht nur die „Kids“, sondern auch noch *andere* (z.B. der Sprecher selbst) finden es gut. Für diese Lesart wäre jedoch eine Umstellung des Satzes treffender gewesen, also „auch die Kids finden das gut“.
2) Die „Kids“ finden es *unter anderem* gut, d.h. sie finden auch noch andere Dinge an diesem Umstand, die nicht gut sind. Somit könnte sich hier ein erster Einspruch bzw. eine Einschränkung andeuten. Man denke beispielsweise an die Rückmeldung zu einer erbrachten Leistung in Schule oder Studium: „Ich fand es auch gut, wie Sie an das Thema herangegangen sind, *aber* Sie müssen Ihre Methodik stärker explizieren!“ So müsste, wenn diese Lesart zutrifft, eine Einschränkung folgen, z.B. „… aber manchmal wird es ihnen auch zu viel“, oder auch, „… aber es bringt ihnen eigentlich nichts.“
3) Es ist für den Sprecher *nachrangig*, wie die „Kids“ das finden. Es ist zwar eine nette Information für ihn, doch beeinflusst dies nicht sein Verhalten, d.h. er würde die „Kids“ auch weiterhin gleichberechtigt wie auf einer gemeinsamen Altersstufe behandeln, auch wenn diese es nicht gut fänden: „…finden se auch gut, aber das ist für mich gar nicht so ausschlaggebend.“
4) Das „auch“ folgt einer *Steigerungslogik* in der Erzählstruktur des Sprechers: Er behandelt sie gleichberechtigt, das kriegen sie auch mit, und sie finden es auch gut.

Weiterhin bleibt auch in dieser Sequenz offen, woher der Sprecher das Wissen, dass die „Kids“ es gut finden, bezieht.

9) weil ich denen dann n Forum schaffe.

Der Sprecher schafft den „Kids“ ein Forum, und dies zieht er als Begründung dafür heran, weshalb die „Kids“ sein Verhalten gut finden. Vermutlich bedeutet das „dann“ in dieser Sequenz vielmehr ein „dadurch“; zumindest wäre es in diesem Sinne besser anschlussfähig an die vorangegangenen Sequenzen. Dementsprechend würde der Sprecher durch sein Verhalten den „Kids“ ein Forum schaffen. Die Begründung für das Urteil des Sprecherverhaltens liegt also erneut in seinem Verhalten. Zu erklären wäre diese Verknüpfung dann, wenn das Schaffen eines Forums für den Sprecher etwas inhärent Gutes ist. Doch was kann hier mit Forum gemeint sein? Es gibt unterschiedliche Arten von Foren, doch allen gemeinsam ist der Fokus auf Kommunikation. Ein Forum ist zunächst einmal ein Ort, an dem

Menschen zusammenkommen und sich austauschen können. Der Grad der Formalität kann dabei variieren; es kann Moderatorinnen und Moderatoren geben oder die Teilnehmenden organisieren sich selbst; der Grad der Öffentlichkeit ist ebenso variabel wie die Bandbreite der Themen. Über die Art des Forums, von dem hier die Rede ist, kann nur spekuliert werden. Grundbedingung für die Existenz dieses Forums ist offenbar, dass der Sprecher die „Kids" gleichberechtigt behandelt bzw. so tut, als wäre er in ihrem Alter, denn dadurch erst schafft er ihnen das Forum. So wäre also anzunehmen, dass es hier um einen Austausch auf Augenhöhe geht, an dem er selbst auch beteiligt ist. Doch wie bereits in der Rekonstruktion der vorangegangenen Sequenzen herausgearbeitet wurde, ist auch hier diese Augenhöhe weiterhin lediglich Fassade; schließlich ist offenbar nur der Sprecher selbst in der Lage, dieses Forum zu schaffen, sodass auch hier eine Ungleichberechtigung bzw. -befähigung gegeben ist.

Worum könnte es in diesem Forum nun gehen? Eine vorsichtige These schlägt an dieser Stelle eine Brücke zurück zur zweiten Sequenz der Passage: Das Thema, über das der Sprecher „diesbezüglich" mit den „Kids" „quatscht", könnte hier auch Gegenstand oder sogar Anlass für das Forum sein. Denkbar wäre etwa, dass die Schülerinnen und Schüler etwas beschäftigt, was er zum Anlass nimmt, mit dem Forum einen Rahmen für einen Austausch zu eröffnen. Zieht man als Kontextwissen hinzu, dass der Sprecher als Schulbegleiter arbeitet, könnten etwa Fragen in Bezug auf das zu begleitende Kind Anlass und Inhalt des erwähnten Forums sein. In diesem Sinne würde für den Sprecher nicht, wie zuvor vermutet, die Vergemeinschaftung mit den „Kids" im Vordergrund stehen, sondern das Aufgreifen und die Bearbeitung von alltäglichen Problemen und Situationen, die die Schülerinnen und Schüler beschäftigen und die im sonstigen Schulbetrieb keinen Raum finden. Ggf. wäre dieses Forum dann weitergehend auch eine Option, Lehrkräfte über die Dinge in Kenntnis zu setzen, die dort besprochen wurden – in dem Sinne würde es sich bei dem Forum nicht nur um eine Austauschmöglichkeit handeln, sondern auch um eine Art Sprachrohr für Dinge, die sonst nicht zu Gehör kommen würden. Sollte das Forum jedoch zunächst themenfrei sein, sollte es also keinen konkreten inhaltlichen Anlass für die Schaffung des Forums geben, so wäre tatsächlich der bereits zuvor angenommene Wunsch nach Vergemeinschaftung mit den „Kids" die leitende Motivation des Sprechers.

10) Muss aber dann halt

An dieser Stelle beginnt der Sprecher nun, eine Einschränkung zu formulieren. Als gedankenexperimentellen Kontext kann man sich an dieser Stelle eine Gruppe vorstellen, die versucht, einen gemeinsamen Termin für ein nächstes Treffen zu finden. Dies gestaltet sich aufgrund der zeitlichen Belastungen der einzelnen Gruppenmitglieder als sehr schwierig, es wird längere Zeit hin und her überlegt und sich schließlich auf ein Datum geeinigt. Ein Gruppenmitglied sagt daraufhin: „Können wir so machen, ich muss aber dann halt eher gehen, ich hab euch ja gerade gesagt dass ich da noch einen wichtigen Termin habe." Somit markiert diese Sequenz einerseits einen Zwang durch das Wort „muss" (und nicht etwa „will", was eine deutlich höhere Gestaltungsmacht implizieren würde); des weiteren wird hier eine Einschränkung / Grenze oder auch ein Widerspruch zum Vorherigen eröffnet und letztlich wird die Unumstößlichkeit bzw. Unhintergehbarkeit des Zwanges insbesondere durch das Wort „halt" charakterisiert (welches sich auch bereits in Sequenz Nummer sechs findet). Es muss also etwas getan werden, was ursprünglich nicht gewollt war. Durch wen oder was ergibt sich dieser Zwang? Im Beispiel mit der Gruppe entsteht der Zwang durch einen bereits zuvor festgelegten, nicht verschiebbaren Termin. Für den vorliegenden Kontext wäre zu überlegen, ob die Einschränkung bzw. der Zwang, der hier geschildert wird, Resultat der Farce von Gleichberechtigung und Augenhöhe ist, die der Sprecher bislang versucht hat zu suggerieren. Denkbar wären hier außerdem mögliche Konsequenzen, die sich durch die Schaffung des Forums ergeben (beispielsweise: „Muss aber dann halt auch damit leben, dass ich oft länger bleiben muss, weil die Kids noch mit mir quatschen wollen").

11) weil (.) manchmal dieses Forum

Bevor die erwartete Schilderung des Zwangs folgt, die der Sprecher zuvor begonnen hat, wird hier als Einschub die Ursache des Zwangs erläutert. Dabei scheint es um etwas zu gehen, das konkret dieses Forum des Sprechers mit den „Kids" betrifft; er beschreibt hier keine allgemeingültige Gesetzmäßigkeit von Foren. Es scheint also in Bezug auf dieses spezifische Forum etwas zu geben, was einen Zwang oder eine Einschränkung auslöst. Diesen Umstand gibt es „manchmal", also weder sonderlich oft noch so selten, dass es vernachlässigbar wäre; es gibt offenbar auch keine Kausalität, die diesen Umstand erklären könnte im Sinne von,

„immer, wenn das passiert, dann…“. Es wäre jedoch gleichzeitig auch denkbar, dass „manchmal“ weniger als zeitliche Angabe zu lesen ist, sondern als vorsichtige und auch leicht abschwächende Rahmung dessen, was hier gesagt werden soll. So kennt man dies aus Versuchen, mit jemandem über dessen unangenehme Eigenschaften zu sprechen: „Also manchmal bist du ein bisschen zu direkt“. Diese Lesart wird durch die kurze Pause, das kurze Zögern vor „manchmal“ gestützt. Dementsprechend wäre davon auszugehen, dass das Folgende für den Sprecher nicht ganz leicht ist.

12) auch n bisschen an/ angetestet und ausgetestet wird,

Zunächst wird die zuvor begonnene Abschwächung noch weitergeführt: Nicht nur wird das Forum „manchmal“ an- und ausgetestet, sondern es passiert lediglich unter anderem („auch“) und dann auch nur „n bisschen“. Neben den hier geschilderten Negativaspekten des An- und Austestens will der Sprecher offenbar betonen, dass dies ja nun *so* schlimm auch wieder nicht sei – dennoch kommt er um die Nennung dieser Einschränkungen nicht umhin. Für den Wortabbruch „an/“ sind zwei Erklärungen denkbar: Entweder markiert dieser Abbruch einen Wortfindungsprozess (so hätte es auch „angegriffen“ oder „angegangen“ sein können; in jedem Fall aber offensichtlich eine nicht gewollte Form der *An*näherung an das Forum), oder aber es markiert ein Zögern vor der Aussprache, was den bereits dargestellten Versuch der Abschwächung dieser Äußerung entsprechen würde.

Die im Passiv formulierte Sequenz lässt die Frage offen, von wem dieses Forum an- und ausgetestet wird. In erster Linie ist hier an die „Kids“, also die Schülerinnen und Schüler zu denken, die an diesem Forum teilnehmen. Je nach tatsächlicher Funktion des Forums kämen theoretisch auch noch andere Akteure in Frage, so zum Beispiel, wenn das Forum als Vermittlung zu Lehrkräften oder anderen Personen im schulischen Alltag gedacht ist. Jedoch lässt das An- und Austesten stärker vermuten, dass es sich hier um die „Kids“ handelt statt um Lehrkräfte oder Eltern, da diese nicht direkt am Forum beteiligt sind. Gestützt wird diese These durch die bereits angeklungene Einschränkung in Sequenz 8, als es hieß, „finden se *auch* gut“ – obwohl die „Kids“ dieses Forum womöglich gut finden, testen sie es eben auch manchmal an bzw. aus.

Was bedeutet nun an- und austesten? Bei beiden Verben ist „testen“ der Kern, bei beiden geht es also um Versuche mit dem Forum. „Antesten“ beschreibt dabei ein vorsichtiges Annähern an den Versuch mit der Möglichkeit, diesen jederzeit abzubrechen oder zurückzuziehen. Gedankenexperimentell könnte man sich hier eine Gruppe Kinder vorstellen, die über einen kleinen Bach eine Brücke gebaut haben und nun vorsichtig mit einem Fuß versuchen, ob die Brücke trägt. Sollte sie einbrechen, so würde ein Großteil des eigenen Gewichts noch immer vom anderen Fuß getragen und man könnte sich schnell ganz auf diesen Fuß verlagern; es wurde also kein großes Risiko eingegangen und man kann schnell auf den Ausgang des Versuchs reagieren. Beim „Austesten" auf der anderen Seite wird bis an die Grenzen gegangen; es wird ausgelotet, was alles geht. Im Beispiel mit der Brücke würden die Kinder nun, da das „Antesten" erfolgreich gewesen ist, „austesten", ob die Brücke sie alle gleichzeitig tragen kann, ob man dann auch noch darauf hüpfen kann etc. Auch im vorliegenden Kontext wäre gut denkbar, dass das Forum zunächst an- und dann ausgetestet wird; dass der Sprecher also hier eine zeitliche Abfolge beschreibt. Doch wie sieht dieses An- und Austesten des Forums aus? Da nicht eindeutig ist, welche Form das Forum genau annimmt, kann hier nur gemutmaßt werden. Da Kommunikation und Austausch Kern des Forums sein dürfte, könnte das An- und Austesten hinsichtlich der Umgangsregeln und/oder Themen, die im Forum zur Sprache kommen können, geschehen. So könnte ein vorsichtiges „Antesten" darin bestehen, wie nebensächlich eine abfällige Äußerung einem Mitschüler gegenüber zu machen und anschließend, wenn eine sanktionierende Reaktion im Forum ausbleibt, „auszutesten", wie weit die Umgangsregeln zu strapazieren sind, bis eine eindeutige sanktionierende Reaktion erfolgt. Gut möglich ist jedoch auch, dass nicht das Forum als solches an- und ausgetestet wird, sondern der Sprecher selbst, so er denn eine moderierende Funktion im Forum einnimmt: Er ist eine erwachsene Person, die versucht, mit den „Kids" auf Augenhöhe zu agieren und sie gleichberechtigt zu behandeln. Es ist gut denkbar, dass er mit seinem Verhalten für die Schülerinnen und Schüler zunächst schwer einzuordnen ist, da er sich ja offenbar anders verhält als z.B. Lehrerinnen und Lehrer oder auch Erwachsene im Allgemeinen. Dementsprechend wird an- und ausgetestet, wie sie sich ihm gegenüber verhalten können, was ‚geht' und was nicht ‚geht': Können sie ihn wirklich so behandeln, wie sie jemanden ihresgleichen behandeln würden?

Aus „Antesten" wird also „Austesten", und offenbar ist dies nicht im Sinne des Sprechers, da sich daraus für ihn ein Handlungszwang bzw. eine Einschränkung des Forums ergibt, die von ihm nicht gewünscht ist. Die „Kids" tun also etwas mit dem Forum, auf das er zu reagieren hat, ohne dass er dies möchte. Es ist gut denkbar, dass dies für den Sprecher in seinem Wunsch, den „Kids“ mit dem Forum etwas Gutes zu tun und ihnen Gehör zu verschaffen, eine Enttäuschung darstellt, was erklären würde, warum er diese Beschreibung mehrfach abschwächt und es ihm eventuell auch schwer fällt, diese Einschränkung zu äußern.

Auch hier zeigt sich erneut, dass die Augenhöhe, bzw. der Versuch der Herstellung von Augenhöhe und Gemeinschaft mit den „Kids“ eine Farce ist, da de facto unterschiedliche Berechtigungen, Handlungslogiken und Handlungszwänge existieren.

13) halt mal n Autoritären auspacken.

Diese Sequenz bildet nach dem vorigen Einschub den Anschluss an Sequenz Nummer zehn: „Muss aber dann halt [...] halt mal n Autoritären auspacken.“ Die Abschwächung, die den Einschub gekennzeichnet hat, findet sich auch hier wieder, wenn er „*mal* n Autoritären auspacken“ muss – erneut ist dies der Hinweis darauf, dass diese für ihn ungewünschten Situationen nicht allzu häufig auftreten. Durch das letztlich doppelte „halt“ wird jedoch ebenso wieder die Zwangsläufigkeit betont, die diese Situationen mit sich bringen: dass er gezwungen ist, „n Autoritären auszupacken“, steht außer Frage.

Auch in dieser Sequenz wird das gespaltene Verhältnis des Sprechers bzw. dessen eigentlich gewünschte Vergemeinschaftung mit den „Kids“ und die faktisch gegebene, rollenbedingte Distanz zu ihnen deutlich. Die Situationen, in denen das Forum an- und ausgetestet wird, erfordern von ihm, die gewünschte Vergemeinschaftung, die er zuvor durch das Quatschen und die gleichberechtigte Behandlung zu schaffen versucht hat, aufzubrechen und in das genaue Gegenteil zu verkehren: Als „Autoritärer“ muss er durchgreifen, zur Ordnung rufen, sanktionieren. Folglich markiert das An- und Austesten des Forums durch die „Kids“ für ihn die Grenze, an der er die Farce der Gleichbehandlung und der gleichen Ebene aufgeben muss und den Handlungszwängen seiner Position als Erwachsener folgen muss; er muss hier also den „Autoritären“, der vorher durch das Trugbild der Gleichheit verdeckt wurde, der jedoch die ganze Zeit über da war, „auspacken“.

Interessanterweise jedoch beschreibt er diese Grenze nicht aus der dazu passenden, professionellen und ‚erwachsenen‘ Perspektive, sondern fasst sie sprachlich ganz in einem Stil, den man hier eher von Kindern und/oder Jugendlichen erwarten würde („Boah, jetzt haste hier ja voll den Autoritären ausgepackt!“). Der

„Autoritäre“ ist dazu auch negativ konnotiert; man erwartet einen unangenehmen, scharfen Befehlston, der keine Widersprüche zulässt. Anders als jemand, der *Autorität hat* und es versteht, auch ohne laut zu werden souverän eine Gruppe führen zu können, muss „*der „Autoritäre*“ Mittel von Einschüchterung und Strafe einsetzen, um andere dazu zu bringen, ihm zu folgen.

So zeigt sich auch hier die Ambivalenz der Rollen, in der sich der Sprecher befindet. Auf der einen Seite steht der starke Wunsch, sich mit den „Kids“ zu vergemeinschaften und von ihnen als jemand angesehen zu werden, mit dem man gut quatschen und zu dem man mit Schwierigkeiten und Problemen kommen kann; auf der anderen Seite gibt es jedoch eine Grenze dieser Vergemeinschaftung, die dadurch bedingt ist, dass der Sprecher de facto nicht auf einer Ebene mit den „Kids“ steht und andere Rechte und Pflichten hat als sie, denen er in gewissen Situationen auch nachkommen und somit die wacklige Pseudo-Vergemeinschaftung aufbrechen muss.

6.3 Fallstrukturhypothese: Schulbegleitung im „strukturellen Nirgendwo“ zwischen Schülerrolle und Lehrerrolle

In den vier rekonstruierten Passagen konnte herausgearbeitet werden, dass es sowohl der sonderpädagogischen Lehrkraft als auch dem Schulbegleiter schwer fällt, dessen Rolle zu definieren.

In den Passagen der sonderpädagogischen Lehrkraft wird deutlich, dass sie die Schulbegleitung als Fremdkörper im schulischen System wahrnimmt und Schwierigkeiten dabei hat, einen Umgang mit diesem Fremdkörper zu finden und ihn in das System zu integrieren. So zeigt sich in der ersten rekonstruierten Passage die von ihr (und mutmaßlich auch von ihren Kolleginnen und Kollegen) empfundene Notwendigkeit, sich überhaupt erst einmal zur Rolle der Schulbegleitung positionieren zu müssen – eine Notwendigkeit, die beispielsweise bei der Neueinstellung eines etablierten Akteurs, wie etwa einer Fachlehrerin oder einem Fachlehrer, nicht gegeben wäre. So scheinen grundlegende Dinge, wie etwa exemplarisch das ‚Erwachsen-Sein‘ (R1:3), bei der Schulbegleitung grundsätzlich zur Diskussion zu stehen und einer Entscheidung zu bedürfen.

Diese Entscheidungen über die Rolle der Schulbegleitung werden dabei nicht wechselseitig mit der Schulbegleitung selbst ausgehandelt, sondern von einer

Gruppe, der die Schulbegleitung nicht angehört – zu vermuten ist, dass es sich bei dieser Gruppe entweder um das Schulkollegium im Allgemeinen oder um die spezifischen Lehrkräfte der betroffenen Klasse handelt. Die sonderpädagogische Lehrkraft verortet folglich die Deutungshoheit über die Rolle der Schulbegleitung bei der Gruppe, zu der sie gehört.

In den weiteren Ausführungen der sonderpädagogischen Lehrkraft zeigt sich, dass sie die Schulbegleitung in einem hierarchisch untergeordneten Verhältnis zum Kollegium sieht. Zwar hat die Schulbegleitung die Möglichkeit, sich selbst einzubringen und Vorschläge zu machen, jedoch muss ihr Handeln grundsätzlich von den Lehrkräften abgesegnet werden bzw. sie muss ausführen, was die Lehrkräfte ihr auftragen. Trotz oder gerade aufgrund der zunächst liberal scheinenden Haltung („sie *darf* handeln", R1: 4) wird in dieser Passage deutlich, dass die Schulbegleitung in all ihrem Handeln abhängig ist von den Lehrkräften, die sogar über ihren Erwachsenen-Status die Deutungshoheit haben. So hat die Hierarchie auch durchaus demütigende und entmündigende Komponenten; eine gleichrangige Zusammenarbeit scheint hier nicht vorzuliegen. Vielmehr entsteht der Eindruck, die Schulbegleitung sei ein ‚verlängerter Arm' der Lehrkräfte, in dem sie Aufträge ausführt und aufgrund ihrer größeren Nähe zur Schülerschaft auch in Situationen eingreifen kann, von denen die Lehrkräfte sonst gar nicht unbedingt erfahren würden. Zudem scheint das „wir", also die Gruppe, der die Sprecherin angehört, eine unveränderliche Größe zu sein – das Hinzukommen einer Schulbegleitung scheint die bereits herrschenden Strukturen kaum zu tangieren; es ist vielmehr Aufgabe der Schulbegleitung, sich den Überlegungen und Positionierungen der Gruppe anzupassen. Zu diesen Überlegungen und Positionierungen gehört auch, dass pädagogische Tätigkeiten nicht in den Kernbereich der Schulbegleitung fallen. Zwar darf die Schulbegleitung manchmal auch pädagogisch tätig werden, aber nur, wenn sie dies mit den Lehrkräften abspricht bzw. sie um bestimmte pädagogische Unterstützung gebeten wird. Die „vorrangige Aufgabe" (R1:7) liegt eher in der „Betreuung" (R1:8) des ihr zugewiesenen Kindes, also der nicht zweckgebundenen Beschäftigung.

Soweit zunächst auf theoretischer Seite die Auffassung der sonderpädagogischen Lehrkraft zur Rolle des Schulbegleiters im Allgemeinen. Diese Auffassung relativiert sich jedoch in der zweiten rekonstruierten Passage, in der es nicht länger um die abstrakte Rolle der Schulbegleitung geht, sondern in der diese Erwartungen mit einer konkreten Person konfrontiert werden. Svenja Rodenkamp hat deutliche

Kritik an der Arbeit des Schulbegleiters Bastian Kaminski, doch fällt es ihr offenbar schwer, diese direkt zu äußern. So beginnt die Passage auf manifester Ebene mit der Nennung einiger Aspekte, die ihr an seiner Arbeit „gut gefallen" (R2:6), etwa sein Bemühen („sich Gedanken machen", R2:2) oder seine Fähigkeit, vieles von Mikke zu „verbalisieren" (R2:4). Doch auf latenter Ebene wird bereits an dieser Stelle Kritik deutlich, die sich im zweiten Teil der Passage auch auf manifester Ebene niederschlägt. Und diese Kritik könnte kaum fundamentaler ausfallen: Letztlich läuft sie darauf hinaus, dass Svenja Rodenkamp dem Schulbegleiter Bastian Kaminski bescheinigt, dass er seinen Job nicht gut macht. Möglicherweise sind die angeführten Konzentrationsschwächen (R2:8) Grund dafür, dass der Schulbegleiter in manchen Situationen, die ihrer Ansicht nach Handlungen erfordern, keine Handlungsnotwendigkeiten erkennt. Beispielhaft wäre denkbar, dass der zu begleitende Schüler Mikke schon seit mehreren Minuten nicht mehr an der aktuellen Aufgabe arbeitet, sondern abgelenkt ist, was dem Schulbegleiter jedoch nicht aufgefallen ist, da dieser „selbst" (R2:8) nicht konzentriert bei der Sache ist. Somit wird ein Eingreifen der Lehrkraft erforderlich – und hier stellt sich nun die folgenschwere Frage, inwieweit dann noch die Präsenz des Schulbegleiters überhaupt angezeigt ist, wenn die für Mikke erforderlichen Unterstützungshandlungen schlussendlich doch durch die Lehrkraft bzw. durch deren Anregung / Anleitung erfolgen.

Warum ist Svenja Rodenkamp nun in dieser Kritik so verhalten? So sehr die erste Hälfte der Interviewpassage (R2:1-6), in der es auf manifester Ebene um positive Aspekte der Tätigkeit des Schulbegleiters geht, von unterschwelliger Kritik durchzogen ist, so sehr ist die zweite Hälfte des Interviews, in der die Kritik manifest wird, durch Abschwächungen, Verzögerungen und Einspruchvorwegnahmen charakterisiert (R2:7-13). Ein Erklärungsansatz wäre, dass die Sprecherin sich in ihrer Einschätzung des Schulbegleiters tatsächlich unsicher ist. Dies würde bedeuten, dass sie über ihre Einschätzung noch nicht mit anderen, beispielsweise der Regelschullehrkraft oder gar dem Schulbegleiter selbst, gesprochen hat. Ein Grund, warum ein solcher Austausch bislang ausgeblieben ist, mag auch darin begründet sein, dass die Bestätigung bzw. das Eingestehen dieser doch fundamentalen Kritik eigentlich nur eine Konsequenz nach sich ziehen kann: Einen Personalwechsel und somit die Entlassung von Bastian Kaminski als Schulbegleiter. Es ist gut möglich, dass die Sprecherin noch nicht bereit zu einer solch drastischen Maßnahme ist, entweder, weil sie ihn vielleicht auf der persönlichen Ebene mag und ihm nichts Schlechtes wünscht, oder, weil aufgrund des Anstellungsverhältnisses die Verantwortung ohnehin nicht in ihren Händen liegt, sondern der externe Arbeitgeber in diese Entscheidung mit einbezogen werden muss, sodass die Hemmschwelle, diese Option in Betracht zu ziehen, noch einmal höher liegt. So mag es zunächst leichter sein, über die Defizite des Schulbegleiters hinwegzuschauen oder sie zu beschönigen. Möglich wäre zudem auch, dass sie sich der grundsätzlichen Widersprüchlichkeiten in der Rolle Schulbegleitung bewusst ist und sie Bastian Kaminski vor diesem Hintergrund kaum kritisieren kann, denn in diesem Bewusstsein wären seine Verfehlungen an ihren Vorstellungen nicht ihm als Person anzulasten, sondern lägen jenseits dessen, was er (und sie!) beeinflussen könnten.

Somit sind die Äußerungen der sonderpädagogischen Lehrkraft geprägt von einem Widerspruch zwischen dem, wie sie sich die Rolle des Schulbegleiters wünscht und dem, wie diese Rolle von der konkreten Person Bastian Kaminski und unter den gegebenen Rahmenbedingungen ausgefüllt werden kann.

Auch der Schulbegleiter Bastian Kaminski hat Schwierigkeiten, seine eigene Rolle zu vereindeutigen. In beiden rekonstruierten Passagen zeigt sich, dass er sich in einem Positionsdilemma befindet. In der ersten Passage beschreibt er sich als „unkonventionellen Knallkopp“ (K1:2), der sich immer „auf die dollsten Sachen einlässt“ (K1:3). Kennzeichnend für diese Position ist spontanes und impulsives Handeln, Unvoreingenommenheit; die Freiheit zu handeln, ohne vorher großartig zu planen und zu überlegen. Im Vordergrund stehen keine zu erreichenden Ziele oder pädagogische Absichten, sondern Neugier, Erleben und Erfahren. Der Schulbegleiter scheint sich in dieser Situation recht wohl zu fühlen, worauf seine flüssige Rede beim Beschreiben solcher „dollen Sachen“ sowie seine ohnehin recht dramatisierende, auf Erlebnisorientierung hindeutende Sprache schließen lassen. Naheliegend ist, dass diese Position bzw. diese Rollendefinition seitens der Schülerinnen und Schüler der Klasse an ihn herangetragen wird und er diese, da sie seinem Naturell gut entspricht, gerne annimmt.

Auf der anderen Seite jedoch steht die Position des Professionellen, Seriösen und Distanzierten, die durch seine Kolleginnen und Kollegen an ihn herangetragen wird. Dies zeigt sich bereits auf der sprachlichen Ebene durch den – nicht sehr überzeugenden – Versuch, sich professioneller Sprache zu bedienen (z.B. in K1:8-9, aber auch K2:2). Dreh- und Angelpunkt dieser Position sind jedoch vor allem offenbar die „Reflexionsgespräche, die zwischendurch auch immer stattfinden“

(K1:11-12). Die Reflexion des eigenen Handelns ist für den professionellen Pädagogen, der immer in Antinomien und Dilemmata agiert, unerlässlich, und es ist nur verständlich, dass auch vom Schulbegleiter als Teil des multiprofessionellen Teams die Bereitschaft zur Reflexion vorausgesetzt wird. Bastian Kaminski scheint sich hier auch zu bemühen, doch gibt er in der vorliegenden Interviewpassage offen zu, dass es ihm schwer fällt und es ist zu vermuten, dass diese Reflexionsgespräche keinen großen Einfluss auf sein Handeln haben. Durch seine Unbelehrbarkeit und seinen Hang zu spontanem, möglicherweise auch riskanten Handeln (die „dollsten Sachen“ (K1:3), die es zu „überleben“ (K1:6) gilt), ist es gut denkbar, dass die Beschreibung „unkonventioneller Knallkopp“ (K1:2) tatsächlich von seinen Kolleginnen und Kollegen stammt, wobei durchaus an dieser Stelle noch zu überlegen wäre, ob „unkonventionell“ nicht möglicherweise auch ein beschönigendes Adjektiv ist (denn, wie in der Rekonstruktion erarbeitet, setzt unkonventionelles Handeln eine klare Zielvorstellung und somit auch Planungsvermögen voraus, welches sich beim Sprecher bislang nicht belegen lässt).

Auch in der zweiten rekonstruierten Passage scheint ein ähnliches Positionsdilemma auf. Hier schildert der Schulbegleiter seinen Umgang mit den Schülerinnen und Schülern; er inszeniert sich als ihnen „gleichberechtigt“ (K2:6) und versucht, sich mit ihnen als Kumpel auf Augenhöhe zu vergemeinschaften (K2:1-6). Doch bereits in seiner Beschreibung dieses Umgangs wird deutlich, dass diese Vergemeinschaftung auf Augenhöhe nur eine Farce sein kann – eine Farce, die gleich von zwei Seiten bedroht wird: Einerseits stellen die Schülerinnen und Schüler selbst diese inszenierte Vergemeinschaftung auf die Probe, indem sie diese Beziehung „antesten und austesten“ (K2:12); andererseits erkennt auch der Schulbegleiter selbst eine Grenze in der Vergemeinschaftung, und zwar dort, wo er als „Erwachsener“ (R1:3) eingreifen und als „Autoritärer“ (K2:13) zur Ordnung rufen muss. Dementsprechend ist die Frage der Hierarchie nicht nur für die Beziehung zwischen dem Schulbegleiter und der sonderpädagogischen Lehrkraft relevant, sondern auch für die Beziehung zwischen dem Schulbegleiter und den Schülerinnen und Schülern der Klasse. Selbst wenn er sich gegen diese Hierarchie zu wehren versucht, indem er sich mit den Schülerinnen und Schülern zu vergemeinschaften und sich auf ihrer Ebene zu positionieren versucht, gelingt ihm dies nicht – die Hierarchie scheint als strukturelles Element der Beziehungskonstellation immer wieder auf und enttarnt ihn als Erwachsenen und folglich auch als „Autoritären“ (K2:13).

Letztendlich zeigt sich, dass die zunächst so ‚leer' scheinende Position der Schulbegleitung doch nicht, wie zunächst von der sonderpädagogischen Lehrkraft in der ersten Passage suggeriert, einfach durch eigene Entscheidungen gestaltet werden kann. Die betroffenen Akteure sind eben nicht frei darin, wie sie die Rolle des Schulbegleiters ausgestalten. Die Vorstellungen der sonderpädagogischen Lehrkraft treffen auf hierfür ungeeignete Rahmenbedingungen, mit denen sie sich arrangieren muss (etwa hinsichtlich der Qualifikation und der Persönlichkeitseigenschaften des Schulbegleiters); die Vorstellungen des Schulbegleiters treffen auf strukturelle Einschränkungen in Bezug auf die Beziehungsgestaltung in Schule zwischen Erwachsenen und Schülerinnen und Schülern sowie auf die Erwartungen, die die Lehrkräfte an ihn richten und in deren System er sich einfügen muss.

Die Rekonstruktionen bestätigen das Rollenprekariat der Schulbegleitung. Seitens der sonderpädagogischen Lehrkraft äußert es sich darin, dass diese zwar die Gestaltungshoheit der Rolle des Schulbegleiters bei den Lehrkräften verortet und spezifische Wünsche an diese stellt, gleichzeitig aber auch eine Gestaltungsohnmacht empfindet, da sie auf die Rahmenbedingungen und die Persönlichkeit des Schulbegleiters keinen Einfluss zu nehmen vermag. Der Schulbegleiter selbst hingegen befindet sich in einem Positionsdilemma zwischen den Schülerinnen und Schülern auf der einen Seite, mit denen er sich zu vergemeinschaften sucht, was ihm aber aufgrund seines Erwachsenen-Status nicht gelingt, und den Lehrkräften auf der anderen Seite, die an ihn als Erwachsenen Ansprüche professionellen Handelns stellen, die er aufgrund fehlender Professionalisierung nicht zu erfüllen vermag.

6.4 Kontextualisierte Falldarstellung

Die auf den vier rekonstruierten Passagen basierende Fallstrukturhypothese soll im Folgenden durch die Hinzunahme von Kontextinformationen aus den Interviewtranskripten weiter ausgeführt werden, um deren Bedeutung für Fragen der Rollenfindung der Schulbegleitung weiter auszuschärfen. Besonders aufschlussreich scheint dabei die Zuschreibung des Erwachsenen-Status an den Schulbegleiter zu sein, den die sonderpädagogische Lehrkraft in ihrem Interview betont

(R1:3). Diese Zuschreibung irritiert zunächst, da bei all den unterschiedlichen Ausgangslagen, etwa hinsichtlich der Qualifizierung und den Anstellungsverhältnissen von Schulbegleiterinnen und Schulbegleitern, die Volljährigkeit deren einzige, tatsächlich feststehende Eigenschaft ist. Wieso also scheint sich die Lehrkraft bzw. ihr Kollegium dahingehend positionieren zu müssen?

In der Rekonstruktion wurde herausgearbeitet, dass diese Positionierung womöglich auf die Implikationen der Volljährigkeit der Schulbegleitung verweisen soll und somit auf die handlungspraktische Ebene zielt. Gleichzeitig ist hier jedoch auch eine andere Lesart denkbar. Berücksichtigt man, dass die Schulbegleitung neu in ein Setting hinein kommt, in der es mit Lehrkräften und Schülerinnen und Schülern eigentlich nur zwei etablierte Rollen gibt, die sich unter anderem durch ihr Alter voneinander unterscheiden, mag der Hinweis auf die Volljährigkeit der Schulbegleitung ein Versuch sein, sie einer dieser beiden Rollen zuzuordnen.

Diesem Einordnungsversuch folgend lassen sich bei genauerem Hinsehen sowohl bei der sonderpädagogischen Lehrkraft als auch beim Schulbegleiter weitere Versuche aufdecken, die Rolle der Schulbegleitung in Abgrenzungs- und Annäherungsbewegungen an die etablierten Rollen zu definieren. Dabei werden verschiedene Kriterien für diese Abgrenzungs- und Annäherungsbewegungen herangezogen.

6.4.1 Unterscheidungskriterium Befugnisse

Sehr prominent in den Interviewpassagen von Svenja Rodenkamp sind Versuche, die Rolle der Schulbegleitung von den Lehrkräften abzugrenzen, insbesondere in Bezug auf Aufgaben und Zuständigkeiten. Dies wird auch auf manifester Ebene in einer weiteren Interviewpassage mit Svenja Rodenkamp deutlich: „[…] ich finde schon ähm dass äh sich äh die Schulbegleitung hauptsächlich auf das Kind ähm äh einstellen muss und dass das auch ganz wichtig ist, und dass der Schulbegleiter auch nicht äh die Rolle des Lehrers übernehmen darf. Ähm, das geht auch nicht.“ (R:437-440) Auch in den beiden rekonstruierten Passagen zeigen sich solche Abgrenzungsversuche, etwa gleich zu Beginn der ersten Interviewpassage, wo deutlich wird, dass die Schulbegleitung hinsichtlich der Frage, wie ihre Rolle auszugestalten sei, offenbar keinerlei Mitspracherecht hat – die Gruppe der bereits etablierten Berufe einigt sich untereinander darauf, wie mit der Schulbegleitung umzugehen sei (R1:2). Es besteht also eine Hierarchie, in der die Schulbegleitung auf den unteren Rängen platziert wird. Trotz oder gerade aufgrund der auf den ersten Blick liberal scheinenden Haltung (sie *darf* handeln, R1:4) wird deutlich, dass sie in all ihrem Handeln abhängig ist von den Lehrkräften, die sogar über ihren Erwachsenen-Status die Deutungshoheit haben. So hat die Hierarchie auch durchaus demütigende und entmündigende Komponenten; eine Zusammenarbeit auf Augenhöhe scheint hier nicht vorzuliegen. Des Weiteren traut Svenja Rodenkamp dem Schulbegleiter Bastian Kaminski offenbar auch nicht immer zu, erkennen zu können, welches Handeln in einer Situation gerade erforderlich ist (R2:12-13), sodass sie ihn ohnehin anleiten muss. Nicht zuletzt auch im Hinblick auf das massive Qualifikationsgefälle zwischen den Lehrkräften und der Schulbegleitung mag die Etablierung einer Hierarchie dadurch durchaus zweckmäßig sein (vgl. Kap. 3.4). Doch die Unfähigkeit des Schulbegleiters, eigenständig zu handeln und die daraus folgende Notwendigkeit der Abstimmung mit und der Anleitung von den Lehrkräften grenzt ihn somit nicht nur von diesen ab, sondern rückt ihn gleichzeitig in eine schülernahe Position: Ähnlich wie Schülerinnen und Schüler steht er damit in der Position, Weisungen zu empfangen, die die Lehrkräfte geben.

Jedoch muss Svenja Rodenkamp offenbar erkennen, dass diese Abgrenzungsversuche hinsichtlich der Autonomie des Handelns nur begrenzt alltagstauglich sind. So muss es Situationen gegeben haben, in denen „Zivilcourage" (R1:12) erforderlich gewesen ist, also womöglich Situationen, in denen zentrale Werte oder auch die physische und/oder psychische Integrität Einzelner verletzt wurden. In diesen Fällen muss „auch ne Schulbegleitung" (R1:11) eingreifen; sie darf sich nicht mit der Argumentation zurückziehen, dass sich ihre Aufgabe lediglich auf die nicht-pädagogische Umsorgung eines einzelnen Schülers / einer einzelnen Schülerin beschränkt. Dass dies auch für die Schülerinnen und Schüler ersichtlich sein muss, zeigt sich in einer weiteren Interviewpassage mit Svenja Rodenkamp. Sie beschreibt:

> „Gleichwohl sag ich auch den Schulbegleitern immer wenn sie anfangen dann zu arbeiten sind sie eine erwachsene Person. Und die Kinder müssen merken. Dass sie ne erwachsene Person sind. Und es geht nicht, dass wenn irgendetwas Gravierendes so vorfällt oder passiert, was im Raum ist und äh dass ähm sie dann gar nicht auf den Schulbegleiter hören. Das ähm geht also gar nicht. Und äh wir sagen auch den Kindern wenn mal irgendwann was äh gewesen ist haben wir das auch schon ALLEN Kindern gesagt, wenn Bastian euch etwas sagt, dann müsst ihr darauf hören." (R:441-448)

Hier wird deutlich, dass auch den Schülerinnen und Schülern gegenüber geklärt werden muss, welche Rolle die Schulbegleitung eigentlich im Klassengefüge einnimmt. Der sonderpädagogischen Lehrkraft ist es offensichtlich wichtig, dass für die Schülerinnen und Schüler die Hierarchie ersichtlich ist, wenn es um die Abgrenzung des Schulbegleiters zu den Lehrkräften geht. Dies beschreibt Svenja Rodenkamp indirekt, wenn sie davon spricht, dass die Schulbegleitung in einem „guten Maß“ (R1:13) eine Respekts- bzw. auch Autoritätsperson für die Schülerinnen und Schüler darstellen muss. Die Formulierung „gutes Maß“ ist hier gleichzeitig Annäherung als auch Abgrenzung der Schulbegleitung an die Rolle der Lehrpersonen. Für die Schülerinnen und Schüler muss offenbar ersichtlich sein, dass sie auf die Anweisungen des Schulbegleiters hören müssen, z.B. wenn dieser bei Raufereien dazwischen geht, dass es jedoch letzten Endes die Lehrkräfte sind, die weisungs- und sanktionsbefugt sind. Der Schulbegleiter fungiert hier als ‚verlängerter Arm‘ der Lehrkräfte, indem er Aufträge ausführt und aufgrund seiner größeren Nähe zur Schülerschaft auch in Situationen eingreifen kann, von denen die Lehrkräfte sonst gar nicht unbedingt erfahren würden; er bleibt jedoch auch hier nur Mittelsmann zu den eigentlichen Autoritäts- und Respektspersonen. Dass die Schülerinnen und Schüler die untergeordnete Position des Schulbegleiters erkannt haben, zeigt sich in einem weiteren Zitat aus dem Interview mit Frau Rodenkamp: „Er wird nicht ganz so ernst genommen wie wir als Pädagogen aber, immer wenn irgendetwas war haben wir dann ähm was so in die Richtung ging so äh Respektlosigkeit, haben wir schon auch äh sehr versucht ihn da in seiner Rolle so zu unterstützen ne?“ (R:453-456) Es scheint also eine Gratwanderung zu sein – weder soll der Schulbegleiter eine vollwertige Autoritätsperson darstellen, noch darf er Opfer von Respektlosigkeit werden. Um letzteres zu vermeiden ist offenbar der Schutz bzw. die Unterstützung der Lehrkräfte erforderlich.

6.4.2 Unterscheidungskriterium Aufgabenbereich

Ein weiterer Abgrenzungsversuch erfolgt in Hinblick auf den Aufgabenbereich der Schulbegleitung. Svenja Rodenkamp zufolge ist es die „vorrangige Aufgabe“ der Schulbegleitung, „alleinig“ das ihr zugewiesene Kind „zu betreuen“ (R1:7-8). Somit besteht die Hauptaufgabe der Schulbegleitung in der primär nicht-pädagogischen Umsorgung eines einzelnen Kindes, während die Lehrkräfte mit einer

Gruppe von Schülerinnen und Schülern pädagogisch tätig werden. Was zunächst nach einer probaten Unterscheidungsmöglichkeit für die Aufgabenbereiche von Lehrkräften und Schulbegleitung klingt, die auch von den rechtlichen Rahmenbedingungen des Einsatzes einer Schulbegleitung so gefordert wird, scheint im Alltag jedoch nicht so trennscharf umsetzbar zu sein, worauf die Formulierung der „vorrangigen Aufgabe“ verweist: Ist die *vorrangige* Aufgabe bearbeitet, hat also das zu begleitende Kind gerade keinen Betreuungsbedarf, so widmet sich die Schulbegleitung offenbar doch auch anderen, *nachrangigen* Aufgaben. Diese können einerseits in einer tatsächlich pädagogischen Arbeit am zu begleitenden Kind bestehen, jedoch könnte hier auch die Arbeit mit den übrigen Schülerinnen und Schülern gemeint sein. Beides würde Bastian Kaminski näher an die klassische Lehrerrolle rücken. Dass er in einem gewissen Maß tatsächlich auch mit einer pädagogischen Zielsetzung mit seinem Schützling Mikke arbeitet, zeigt sich an einer weiteren Interviewpassage von Svenja Rodenkamp. Angesprochen auf die Funktion von Bastian Kaminski antwortet sie:

> „Ja und ähm Bastian ähm, muss sich äh besonders um das Verhalten von Mikke kümmern muss sein Lernbegleiter oder (.) sein Schulbegleiter wirklich sein ähm, auch ähm seine (.) emotionalen Befindlichkeiten sehr im Blick haben und ähm und beantworten und begleiten, und nebenher muss er sicherlich auch ähm auch so n Lernpate sein ne?“ (R:281-285)

Während das Reagieren auf das Verhalten von Mikke sowie das Beobachten von dessen „emotionalen Befindlichkeiten“ sicherlich zum Kernbereich von Schulbegleitung gehören, so ist doch die Deutung der Rolle des Schulbegleiters als „Lernpate“, so schwammig dieser Begriff auch sein mag, deutlich pädagogisch geprägt und hat in diesem Sinne Schnittmengen mit der Rolle von Lehrkräften.

Dass Bastian Kaminski jedoch ebenso auch mit den anderen Schülerinnen und Schülern der Klasse arbeitet, wird ebenfalls durch die Interviews gedeckt. Interessanterweise unterscheiden sich hier jedoch die Einschätzungen der beiden Interviewpartner dahingehend, in welchem Ausmaß der Schulbegleiter dies tut. So beschreibt Svenja Rodenkamp: „Es kann auch Situationen geben in denen er äh auch äh was mit ähm mehreren Kindern macht aber es ist EIGENTLICH eher die Ausnahme ist eigentlich auch eher selten ne?“ (R:466-468) Bastian Kaminski hingegen äußert, dass er „meistens auch in größeren Gruppen“ arbeite (K:731f.). Das Ausmaß, in dem der Schulbegleiter auch mit mehreren Schülerinnen und Schülern arbeitet, lässt sich anhand des vorliegenden Materials nicht bestimmen. Interessant ist jedoch die Frage, wie sich diese unterschiedlichen Aussagen erklären lassen: Bekommt die Lehrkraft nicht immer mit, wenn sich der Schulbegleiter auch mehreren Kindern widmet, ist er also häufiger unbeobachtet? Oder schätzen sie die Zeit, die er mit anderen Kindern verbringt, einfach unterschiedlich ein? Trotz dieses Widerspruchs hinsichtlich der Häufigkeit des Arbeitens mit den übrigen Schülerinnen und Schülern wäre zu vermuten, dass dieses Arbeiten mit Gruppen stets davon abhängig ist, ob dies der Betreuungsbedarf des eigentlich zu begleitenden Schülers Mikke zu einem gegebenen Zeitpunkt erlaubt.

Spannend wäre an dieser Stelle die Überlegung, wer darüber urteilt, ob Bastian Kaminski bei seinem zu begleitenden Kind benötigt wird oder ob er anderweitig eingesetzt werden kann und auf welcher Basis eine solche Entscheidung getroffen wird. Dies könnte Bastian Kaminski selbst sein, der, beruhend auf zunehmender Erfahrung in der Arbeit mit Mikke, einzuschätzen gelernt hat, wann er ihn allein arbeiten lassen kann. Ebenso könnten es Lehrkräfte sein, die, beruhend auf Beobachtung und pädagogischer Expertise, den Schulbegleiter ggf. dazu auffordern können, Mikke für eine Weile eigenständig arbeiten zu lassen oder aber sich ihm intensiver zuzuwenden. Denkbar wäre aus der Perspektive der Lehrkräfte auch, dass man Bastian Kaminski möglicherweise zwischendurch daran erinnern muss, dass eben seine vorrangige Aufgabe in der Betreuung von Mikke besteht, sollte er sich zu sehr seinen „nachrangigen Aufgaben“ widmen. Letztlich wäre jedoch ebenso möglich, dass der Schüler Mikke selbst äußert, wann er Unterstützungsbedarf hat und wann er seinen Schulbegleiter ‚freigibt‘. Im schulischen Alltag wäre gut denkbar, dass sich eine Mischform aus all diesen Möglichkeiten etabliert.

Zu den Aufgaben des Schulbegleiters gehört darüber hinaus offenbar auch die Teilnahme an den Reflexionsgesprächen, die „zwischendurch auch immer stattfinden“ (K1:12). Aus dem Interviewtranskript mit Svenja Rodenkamp geht hervor, dass hierfür ein wöchentlicher Termin angesetzt ist (R:189f.). Eine Lesart dieser Reflexionsgespräche (so es denn wirklich Reflexionsgespräche und nicht etwa Planungs- und Absprachentermine sind) wäre, dass sie der Einsicht Rechnung tragen, dass der Schulbegleiter auch pädagogisch wirksam ist und damit ebenso wie die Lehrkräfte in pädagogischen Antinomien steht, ohne diese jedoch angemessen reflexiv einholen zu können. Diese Reflexionsgespräche können nun einerseits dem Zweck dienen, den Schulbegleiter überhaupt erst für diese Antinomien zu sensibilisieren, was ihn aufgrund des Unterweisungscharakters in eine

Lernenden-Rolle rücken würde, oder aber diese Gespräche sind vergleichbar mit kollegialen Fallberatungen, in denen Lehrkräfte auf Peer-Ebene konkrete Fälle und Situationen gemeinsam reflektieren und sich gegenseitig beraten – dies würde den Schulbegleiter folglich wiederum an die Lehrenden-Rolle annähern. Da er selbst jedoch deutlich macht, dass ihm diese Gespräche schwer fallen und offen bleibt, ob er aus ihnen überhaupt einen nachhaltigen Nutzen zieht (vgl. K1), ist eher anzunehmen, dass es sich um die erste Variante handelt.

6.4.3 Unterscheidungskriterium Habitus

Auch von Seiten des Schulbegleiters gibt es Annäherungs- und Abgrenzungsversuche an die etablierten Rollen, und ähnlich wie bei Svenja Rodenkamp werden zunächst Abgrenzungsbewegungen zur Rolle der Lehrkräfte stark gemacht. Ausschlaggebend ist hierfür offenbar seine Einsicht, dass er sich in seinem Habitus grundlegend von den Lehrkräften unterscheidet; dass er für alle ersichtlich deutlich ‚anders' ist. Diese Distanz zwischen ihm und den Lehrkräften zeigt sich deutlich in einer Interviewpassage:

> „Und das ist n Problem allgemein in der Schulwelt sag ich mal ne mit den ganzen Aristokraten so dass man sich erstmal ok da steht n Studium hinter da ist viel geleistet worden viel an Selbstdisziplin schön und gut. Sag ich ne äh wird auch honoriert auf jeden Fall hab auch Respekt vor dem was Sie hier machen. Ähm, die Sache ist aber an dem wen man sich n bisschen zu wichtig nimmt äh verliert man viele Sachen aus den Augen." (K:600-606)

Dass ihm bewusst ist, dass die unterschiedlichen persönlichen Hintergründe sich auch auf die Wahrnehmung bzw. Einschätzung von Situationen im Arbeitsalltag auswirken, zeigt sich in folgender Passage:

> „[...] die Sachen die manche, manche hier eventuell negativ benennen würden, würden mir gar nicht so auffallen, weil ich n ganz anderes Wertesystem diesbezüglich hab, auch n ganz anderes ethisches Empfinden halt ne und nicht ander sondern äh, (...) doch anders. Doch das triffts glaub ich am besten halt ne und ich würd sagen mir fallen da viele Missstände oder Kleinigkeiten diesbezüglich gar nicht auf." (K:983-988)

Auch in den rekonstruierten Interviewpassagen wird diese Differenz thematisiert, so beispielsweise in der ersten Passage, in der Bastian Kaminski beschreibt, wie er sich „immer auf die dollsten Sachen einlässt“ (K1:3). Sein Handeln ist impulsiv und spontan, während man von Lehrkräften erwartet, dass sie sich vorab über ihre pädagogischen Zielsetzungen klar werden und ihr Handeln dementsprechend sorgfältig auf dieses Ziel hin ausrichten. Bastian Kaminski hingegen gibt offen zu, dass geplantes Handeln und auch Reflektieren nicht seine Stärke sind: Er handelt einfach drauflos, lässt sich von dem Moment mitreißen und schaut später, worauf er sich dort eigentlich „eingelassen“ hat. An den zuvor thematisierten Reflexionsgesprächen nimmt er zwar teil, bezeichnet sich jedoch im selben Atemzug als „unkonventionellen Hardliner“, also als jemanden, der sich nicht von seiner Linie abbringen lässt und der bewusst ‚anders‘ ist als seine Kolleginnen und Kollegen. Die Abgrenzung zur Rolle der Lehrkräfte findet aus seiner Perspektive also zunächst nicht, wie bei Frau Rodenkamp, über sich unterscheidende Kompetenzen oder Aufgabenbereiche statt, sondern über eine Argumentation auf der Ebene der Wertvorstellungen. Besonders eindrucksvoll zeigt sich dies in der Rekonstruktion der Sequenz „mir manchmal meinen Aufgaben nich selber treu“ (K1:14) – offenbar besteht für ihn eine eindeutige Diskrepanz zwischen dem, was auf professioneller Ebene von ihm erwartet wird und dem, was er mit sich selbst und seiner Persönlichkeit vereinbaren kann.

Doch gibt es, trotz seiner auf manifester Ebene deutlichen Abgrenzung zu den Lehrkräften, hier auch Annäherungsbewegungen, insbesondere in sprachlicher Hinsicht. Zwar möchte er sich als unkonventionellen, lustigen und spontanen „Knallkopp“ (K1:2) präsentieren und somit deutlich machen, wie stark er sich vom Habitus der Lehrkräfte abgrenzt, andererseits fällt in beiden Passagen immer wieder auf, dass er stellenweise versucht, sich professionellen Vokabulars zu bedienen, was ihm jedoch nicht überzeugend gelingt. Denkbar wäre, dass der regelmäßige Kontakt zu den Lehrkräften und insbesondere auch seine Teilnahme an den Reflexionsgesprächen hier einen Einfluss zeigen; gleichzeitig wäre jedoch auch denkbar, dass er im Rahmen des Interviews unter Beweis stellen möchte, dass er gute Arbeit leistet, und somit auf ein Vokabular zurückgreift, was seiner Einschätzung nach für diese Interviewsituation gefordert ist, sodass er erst unter Rückgriff auf dieses Vokabular einen kompetenten Eindruck erwecken kann.

6.4.4 *Unterscheidungskriterium Schülernähe*

Eine andere Form der Abgrenzung von der Rolle der Lehrkräfte ist die Annäherung an die Rolle der Schülerinnen und Schüler, und auch diese Bewegung ist bei Bastian Kaminski deutlich zu finden. Nicht nur lässt er sich, wie in der ersten rekonstruierten Interviewpassage, auf die „dollsten Sachen" ein, die vermutlich von Schülerinnen und Schülern initiiert werden; in der zweiten Passage wird zudem ein aktives Bestreben seinerseits deutlich, eine solche Vergemeinschaftung selbst aktiv herzustellen. Sehr eindrücklich zeigt sich hier, wie dieses Bestreben jedoch grundlegend durch die Zwänge der Situation torpediert wird. Er versucht, zwanglos und informell eine Beziehung zu den „Kids" (K2:2) aufzubauen, was aber nur dadurch möglich wird, dass er seine eigene, erwachsene Position negiert und so tut, als stünde er mit ihnen auf deren „Altersstufe" (K2:4). Die postulierte gleichberechtigte Behandlung ist ebenso eine Farce, da de facto unterschiedliche Berechtigungen vorliegen (so dürften die Schülerinnen und Schüler nicht die Setzung vornehmen, dass alle gleichberechtigt sind), und, in der Wortwahl bereits inhärent, eine *Be*handlung der Schülerinnen und Schüler vorliegt; diese sind also lediglich passiv und somit allein dadurch schon unterschiedlich berechtigt. Jenseits dessen zeigen sich auch in der Beschreibung des Forums, das möglicherweise als Plattform des gleichberechtigten Austauschs fungieren soll, Schwierigkeiten der Schülerinnen und Schüler, die Position des Schulbegleiters einzuschätzen – sie boykottieren seinen Versuch der Vergemeinschaftung durch das „An- und Austesten" (K2:12). Hier bleibt ihm nichts anderes übrig als die Fassade der Gleichberechtigung und der Gemeinsamkeit aufzulösen und als Erwachsener einzugreifen, er muss, in seinem Sprachgebrauch, den „Autoritären auspacken" (K2:13). Die von ihm gewünschte Vergemeinschaftung mit den Schülerinnen und Schülern scheitert somit schlichtweg an den Zwängen, die sein ‚Erwachsen-Sein' mit sich bringt.

6.4.5 *Resümee*

Neben den in Kap. 3 aufgezeigten Einflussfaktoren auf das Rollenprekariat von Schulbegleitung sehen sich die Akteure des analysierten Falls folglich mit einem weiteren strukturellen Problem bei ihrem Versuch, die Rolle des Schulbegleiters zu definieren, konfrontiert: Mit der Wirkungsmacht der etablierten Rollen von

Lehrkräften und Schülerinnen und Schülern, in die der Schulbegleiter nicht funktional und situationsübergreifend eingeordnet werden kann.

In der Konsequenz ist es kaum möglich, situationsübergreifende Bewertungsmaßstäbe für die Tätigkeit des Schulbegleiters festzulegen. In dem Maße, wie die Rolle des Schulbegleiters zwischen Anlehnung und Abgrenzung an Lehrenden- und Lernendenrollen schwankt, so schwankt auch die sonderpädagogische Lehrkraft in dem Versuch, seine Arbeitsleistung zu bewerten, was eindrücklich in der Passage R2 zum Vorschein kommt. Kernthema ist hier die Kritik der Lehrkraft am Schulbegleiter. Doch obwohl in der zweiten Hälfte dieser Passage einleuchtende Gründe für die Kritik an der Arbeit von Bastian Kaminski genannt werden, fällt es der Lehrkraft offensichtlich schwer, diese Gründe offen zu beschreiben – so sehr ihr Versuch, ihn und seine Arbeit zu loben, von unterschwelliger Kritik durchzogen ist, so sehr ist ihr Versuch, ihn zu kritisieren, von Abschwächungen und Einspruchvorwegnahmen geprägt. Auch hier zeigt sich die Wirkungsmacht der bereits etablierten Rollen. Die Kritikpunkte, die sie anführt, sind typische Eigenschaften von Schülerinnen und Schülern (Konzentrationsschwäche, Bedürfnis nach Anleitung). Durch ihre Kritik wird deutlich, dass sie sich eigentlich nach einem ‚erwachsenen', d.h. qualifizierten und kompetenten Mitarbeiter sehnt, mit dem sie auf Augenhöhe zusammenarbeiten kann. Dies wird auch im weiteren Interviewverlauf deutlich:

> „Ich würde mir manchmal wünschen dass er da vielleicht n bisschen mehr (.) GEBEN könnte noch dann hätte ich's manchmal n bisschen leichter, ähm, aber ähm, äh es ist ähm nicht seine Aufgabe und ich darf es auf keinen Fall fordern [...] ich kann das ja überhaupt nicht ERWARTEN! Er ist (.) kein ausgebildeter Pädagoge er hat nicht studiert und ähm, das ähm, (.) ginge ja nicht dass ich das erwarten würde, ne? Wär auch verkehrt." (R:480-492)

Aus der Perspektive von Frau Rodenkamp bestünde folglich die ideale Auflösung der Rollenproblematik darin, dass eine Schulbegleitung über eben jene pädagogischen Kompetenzen verfügt, die es erlauben, diese Rolle stärker in Anlehnung an die Lehrendenrolle zu definieren. Ob jemand diese Voraussetzungen jedoch mitbringt, ist jedoch Zu- bzw. Glücksfall. So beschreibt Svenja Rodenkamp einen früheren Schulbegleiter: „das war n Student, und da merkte man so richtig das war auch so so absolut eingespielt dass der so'n (.) Feeling hatte für das was ähm im Unterricht ähm so ähm vom Stoff her gefordert war ne? Und das hat Bastian in dem Maße nicht so.“ (R:300-303) Während der hier beschriebene Student aufgrund seines „Feelings“ eine Unterstützung für sie war bzw. jemand, mit dem sie wirklich ein „eingespieltes“ Team bilden konnte, stellt der Schulbegleiter Bastian Kaminski durch das Fehlen dieses „Feelings“ offenbar auch eine Belastung für sie dar, da sie ihn regelmäßig anleiten und seine Arbeit überwachen muss. Dies mag also erklären, warum Svenja Rodenkamp so verhalten ist in ihrer Kritik an Bastian Kaminski: Sie ist sich des Missverhältnisses bewusst, das entsteht, wenn nicht-professionalisiertes Personal in professionell herausfordernden Situationen eingesetzt wird. Welchen Zweck hätte geäußerte Kritik, die sich an den professionellen Erfordernissen orientiert, die jedoch die Qualifikation des zu Kritisierenden außer Acht lässt? Es wäre zwecklos, sich über Bastian Kaminskis fehlendes pädagogisches „Feeling“ zu beklagen, wo dies doch für die Aufnahme der Tätigkeit überhaupt keine Voraussetzung ist. Doch auch jenseits der eigentlich erforderlichen, aber nicht einklagbaren pädagogischen Kompetenzen des Schulbegleiters hat die Lehrkraft Grund zu Kritik. Sie bemängelt darüber hinaus Situationen, die auch ohne pädagogische Expertise offensichtlich ein bestimmtes Handeln verlangen – doch dieses Handeln bleibt aus. Möglicherweise sind die von ihr angeführten Konzentrationsschwächen Grund dafür, dass der Schulbegleiter in diesen Situationen keine Handlungsnotwendigkeiten erkennt. Beispielhaft wäre denkbar, dass der zu begleitende Schüler Mikke schon seit mehreren Minuten nicht mehr an der aktuellen Aufgabe arbeitet, sondern abgelenkt ist, was dem Schulbegleiter jedoch nicht aufgefallen ist, da dieser „selbst“ nicht konzentriert bei der Sache ist. Somit wird ein Eingreifen der Lehrkraft erforderlich – und hier stellt sich nun die folgenschwere Frage, inwieweit dann noch die Präsenz des Schulbegleiters überhaupt angezeigt ist, wenn die für Mikke erforderlichen Unterstützungshandlungen schlussendlich doch durch die Lehrkraft bzw. durch deren Anregung und Anleitung erfolgen.

6.5 Rollentheoretische Analyse nach Mead

In der vorangegangenen Fallstrukturhypothese wurde herausgearbeitet, dass die Rolle des Schulbegleiters Bastian Kaminski häufig in Anlehnung oder Abgrenzung an die bereits etablierten Rollen der Lehrkräfte und der Schülerinnen und Schüler gedeutet wird; situativ imitiert er die eine oder die andere Rolle bzw. wird dazu angeregt, diese zu imitieren. Dabei ist diese Imitation in höchstem Maße dysfunktional, da allen Beteiligten offenbar stets bewusst ist, dass es sich lediglich um eine Imitation handelt, die spätestens mit dem Eintreten einer neuen Situation zwangsläufig enttarnt wird.

Diese Fallstruktur soll im Folgenden in Bezug gesetzt werden zu Meads interpretativer Rollentheorie. Nach Mead entwickelt sich Identität bei Kindern in zwei aufeinander aufbauenden Schritten, die er *play* und *game* nennt. Inwiefern diese beiden Identitätsbildungskonzepte auch auf das Ausgestalten einer Rolle bei Erwachsenen, spezifisch für den vorliegenden Fall für die Rolle des Schulbegleiters Bastian Kaminski, tragfähig sind, steht im Fokus der nun folgenden Analyse, die auf die Sequenz- und fallimmanente Analyse aufbaut.

6.5.1 Play

Play ist nach Mead die Aktivität einer einzelnen Person (des Kindes), welches spielerisch die Rollen anderer nachahmt. Im Zuge dieser Nachahmung vergewissert es sich zunehmend seiner eigenen Rolle und der Erwartungen anderer an es selbst und kann darauf aufbauend das eigene Verhalten entsprechend anpassen (vgl. Kap. 5.1.2).

Dass eine Imitation von Rollen auch auf den Schulbegleiter zutrifft, wurde im vorangegangenen Kapitel in Bezug auf Annäherungen und Abgrenzungen deutlich. Ein großer Unterschied zum Meadschen Konzept des *play* besteht jedoch in der Beteiligung des Umfelds bzw. in der Isolation der Imitation. Wenn das Kind beispielsweise die Mutter spielt und, in alternierenden Rollen, einen Dialog zwischen sich selbst und der Mutter inszeniert, so ist die Mutter selbst in diesem Spiel nicht beteiligt. Sie dient dem Kind lediglich als Impuls; der vom Kind gespielte Dialog zwischen ihr und sich selbst trägt für das Kind zur Klärung der Erwartungen der Mutter an es selbst und somit zur Rollenfestigung bei. Die Anwesenheit der Mutter und ihre Beteiligung sind jedoch für das Spiel selbst nicht erforderlich.

Im Falle des Schulbegleiters stellt sich dies jedoch anders dar. Zwar nimmt er Impulse aus seiner Umgebung auf und inszeniert sich selbst in den Rollen anderer, jedoch tut er dies nicht in einem geschützten Raum, sondern *interagiert* mit eben jenen anderen während des *play*. Während das Kind unbekümmert und für sich selbst in einen Dialog mit den von ihm eingenommen Rollen treten kann, so provoziert der Schulbegleiter aufgrund seiner Nicht-Isoliertheit Reaktionen aus seinem Umfeld. Es gibt für ihn keinen geschützten Raum, innerhalb dessen er spielerisch die Erwartungen und Haltungen anderer an ihn, gleich dem Kind, entdecken kann; stattdessen steht sein Rollenspiel aufgrund der Interaktion mit anderen laufend auf dem Prüfstand. Früher oder später trifft die imitierte Rolle auf ihr reales Pendant und erzeugt somit eine Konfrontation, in der die Imitation gegenüber dem Original nur verlieren kann und der Schulbegleiter als Resultat die imitierte Rolle wieder ablegen muss.

Beispielhaft soll dies an der Imitation der Rolle von Lehrkräften verdeutlicht werden. Sie zeigt sich vor allem in Situationen, in denen die Lehrkräfte selbst nicht anwesend sind und der Schulbegleiter ‚einspringt'. Diese Rollenübernahme ist seitens der Lehrkräfte für gewisse Situationen geduldet oder gar erwünscht, was sich darin zeigt, dass ihm die sonderpädagogische Lehrkraft Frau Rodenkamp gewisse Handlungsspielräume gestattet und den Schülerinnen und Schülern gegenüber verdeutlicht, dass sie ihn zu respektieren haben und auf ihn hören müssen (R1); gleichzeitig macht sie jedoch die Grenzen dieser Rollenimitation klar, wenn sie von ihm die Abstimmung seines Handelns einfordert statt ihm in dem Maße Autonomie zuzugestehen, wie sie es vermutlich bei einem gleichwertigen Lehrerkollegen tun würde. Die Motivation der Lehrkraft, dem Schulbegleiter zumindest situativ die Übernahme der Lehrerrolle zu gestatten, mag in den alltäglichen Anforderungen der Arbeit mit der Klasse begründet liegen. An anderer Stelle im Interview wird deutlich, dass sie sich wünschen würde, mehr Zeit in der Klasse zu verbringen und sich intensiver um die einzelnen Schülerinnen und Schüler kümmern zu können (R:729ff.). Da das jedoch nicht möglich ist, muss sie einen Teil dieser Aufgabe an den Schulbegleiter delegieren und gleichzeitig anerkennen, dass dieser diese Aufgabe qualitativ nicht vergleichbar erledigen kann, wie ein professionalisierter Lehrerkollege dies könnte. Die Grenzen der Lehrer-Imitation sind also klar gesteckt. Der Schulbegleiter kann die Rolle der Lehrkräfte so lange imitieren, wie er fachlich dazu in der Lage ist und wie die Lehrkräfte selbst nicht anwesend sind; er kann also gewissermaßen als deren Stellvertreter fungieren. Sobald er aber an seine fachlichen Grenzen stößt oder in der jeweiligen Situation eine professionalisierte Lehrkraft anwesend ist, wird der Schulbegleiter ‚enttarnt' und muss die zuvor übernommene Lehrerrolle wieder ablegen.

Die Übernahme von Rollen in akuten Handlungssituationen, das *play* ohne den geschützten Raum, ist folglich geduldet, findet seine natürliche Grenze jedoch sobald die eigentliche Rolleninhaberin / der eigentliche Rolleninhaber zurückkehrt und ihren bzw. seinen legitimen Platz wieder einnimmt; oder aber, bis das farcehafte der Situation nicht mehr ignoriert werden kann und das Schauspiel als solches auffliegt – dies lässt sich auch bei der Imitation der Schülerrolle belegen, wenn etwa das Gesprächsangebot auf Augenhöhe so stark „ausgetestet“ (K2:12) wird, dass der Schulbegleiter seine Schüler-Imitation beenden und als Autoritätsperson eingreifen muss.

Zusätzlich zum fehlenden Schonraum kommt für den Schulbegleiter als erschwerende Bedingung für *play* als Mittel der eigenen Rollenfindung hinzu, dass seine Umwelt sich bedeutend komplexer gestaltet als für das von Mead theoretisierte Kind. Die Menschen, die das Kind umgeben und die für es Impulsgeber für das *play* sind, haben – so ist anzunehmen – ein klares Bild davon, welche Rolle das Kind innehat und welche Erwartungen sie an das Kind stellen können. Dies ermöglicht dem Kind, aus dem Verhalten der es umgebenden Personen diese Erwartungen abzuleiten und sich im *play* darauf aufbauend der eigenen Rolle zu vergewissern.

Beim Schulbegleiter stellt sich dies anders dar: Im empirischen Material wurde deutlich, dass auf allen Seiten offensichtlich Klärungsbedarf darüber besteht, was vom Schulbegleiter erwartet werden kann, welche Aufgaben er übernehmen kann und in welchem Verhältnis er zu den übrigen Akteuren steht. Es gibt also seitens der übrigen Akteure nicht genügend Eindeutigkeit, aus der er seine eigene Rolle ableiten könnte. Es gibt also im Meadschen Sinne keinen *verallgemeinerten Anderen*, kein abstrahiertes, generelles Handlungsprinzip: Vielmehr könnte hier von einem *diffusen Anderen* gesprochen werden, das geprägt ist von Uneindeutigkeit und Widersprüchen. Das *play* bleibt dadurch auf die Imitation, das situative Hinein-Schlüpfen in die bereits etablierten Rollen beschränkt und kann sich nicht weiterentwickeln, weil sich daraus nicht ausreichend Erkenntnisgewinn für die Vereindeutigung der eigenen Rolle herleiten lässt.

Das Konstrukt des *play* ist zwar aufgrund seiner ursprünglichen Fokussierung auf die kindliche Identitätsentwicklung nicht 1:1 auf die Rollenbildung von Erwachsenen übertragbar; bildet jedoch offensichtlich eine geeignete Theoretisierungsfolie, mit deren Hilfe einige Schwierigkeiten bei der Rollenbildung des Schulbegleiters aufgedeckt werden konnten. Anders als bei Mead ist das ‚*play*‘ des Schulbegleiters also kein solistisches und mehr oder minder zielführendes Unterfangen, sondern interaktiv und vor allem ergebnisoffen. Nicht nur der Schulbegleiter selbst versucht, aus seiner Umgebung Erwartungen an ihn selbst abzuleiten, sondern auch seine Umgebung versucht, aus dem Verhalten des Schulbegleiters einen Erkenntnisgewinn darüber zu erhalten, wie man ihn behandeln soll, welche Erwartungen man legitim an ihn stellen kann etc. Dass er dabei aufgrund der laufend wechselnden Imitation bestehender Rollen ein höchst inkohärentes Verhalten zeigt scheint dabei natürlich wenig hilfreich und trägt womöglich zu der Wahrnehmung, es handle sich um einen „unkonventionellen Knallkopp“ (K1:2), bei.

6.5.2 Game

In der Meadschen Theorie stellt das *play* die Vorstufe zu *game* dar. Während das Kind im *play* sich in aller Seelenruhe und von Handlungsdruck entlastet der eigenen Rolle bewusst werden kann, so ist erst das *game* ein interaktiver Prozess, bei dem es gilt, die eigene Rolle in Einklang mit den Rollen anderer zu bringen und das eigene Handeln auf ein gemeinsames Ziel hin auszurichten. Durch den fehlenden Schonraum für den Schulbegleiter ist diese interaktive Komponente jedoch bereits Teil des Stadiums des *play*, und, wie oben gezeigt wurde, ist der Prozess der eigenen Rollenvergewisserung noch nicht genügend weit fortgeschritten, als dass von einer soliden Basis für *game* gesprochen werden könnte. Kann nun *game* überhaupt gelingen, wenn die Stufe des *play* noch nicht abgeschlossen ist?

Ungeachtet dieser in Frage stehenden Voraussetzung scheint es dennoch lohnenswert, sich dem Konstrukt des *game* im Zusammenhang mit der Rollenbildung von Schulbegleitungen im schulischen Team zu widmen, da hier, anders als bei *play*, nicht mehr nur der Schulbegleiter selbst, sondern auch die übrigen Teammitglieder in den Fokus gerückt werden. Lassen wir die These, dass es ohne eine vorausgehende eigene Rollenklärung durch *play* kaum gelingen wird, im Team zusammenzuarbeiten, zunächst einmal außen vor und fragen: Welche übrigen Voraussetzungen benötigt *game*?

Mead selbst nennt als Beispiel für *game* eine Gruppe, die zusammen Fußball spielt. Nun lassen sich auf Grundlage eines alltäglichen Verständnisses von Wettkampfspielen einige Grundvoraussetzungen aufstellen, die es braucht, damit ein gutes Fußballspiel gelingen kann:

1. *Mehrere Personen definieren sich als Team.* Das Fußballspiel wird nicht funktionieren, wenn sich mehrere Einzelkämpfer auf dem Fußballfeld versammeln und jeder gegen jeden spielt. Einerseits muss jeder Mitspielerin / jedem Mitspieler selbst bewusst sein, zu welchem Team sie oder er gehört; gleichzeitig muss jede andere Spielerin / jeder andere Spieler auf dem Feld eindeutig entweder der eigenen oder der gegnerischen Mannschaft zugeordnet werden können. Dies kann durch äußere Kennzeichen (farbliche Trikots etc.) verdeutlicht werden; mindestens aber muss dies einmal öffentlich für alle geklärt worden sein.
2. *Das Team verfolgt ein gemeinsames Ziel.* Im Fußball ist dies, Tore bei der gegnerischen Mannschaft zu erzielen und gleichzeitig zu vermeiden, selbst Tore zu kassieren. Dieses Ziel müssen alle Mitspielerinnen und Mitspielern zu jeder Zeit vor Augen haben, sodass sie ihr konkretes Handeln auf dieses Ziel hin ausrichten können.
3. *Das Ziel ist nur interdependent von allen Teammitgliedern zu erreichen.* Im Fußball braucht es dafür Stürmer, Abwehrspieler und Torwarte; jeder hat einen mehr oder minder klar umrissenen Aufgabenbereich und diese Aufgabenbereiche greifen bei einem gut funktionierenden Team wie Zahnräder ineinander. Ein Ziel, das theoretisch auch von einer Einzelperson ebenso gut oder gar besser erreicht werden könnte, erfordert keine Teamarbeit. Dabei besitzt jede Mitspielerin bzw. jeder Mitspieler Kompetenzen, die dem gemeinsamen Spiel von Nutzen sind. Jemand, der nichts zur Zielerreichung beitragen kann, ist im besten Fall lediglich überflüssig, im schlimmsten Fall jedoch hinderlich bei der Zielerreichung.
4. *Jedes Teammitglied kennt die Spielregeln und hält sich an sie.* Je professioneller die Mannschaft ist, desto stärker wird von ihren Mitgliedern erwartet, dass sie sich an ein umfassendes Regelwerk halten, welches für nahezu alle denkbaren Situationen angemessene Handlungsoptionen determiniert. Während man beispielsweise bei einem Fußballspiel von Kindern durchaus auf die Einhaltung einzelner Regeln verzichten kann (z.B. Mannschaftsstärke, Abseitsregel etc.), so ist das gesamte Regelwerk für eine professionelle Mannschaft unumgänglich und regelwidriges Verhalten wird scharf sanktioniert.

Greifen wir nun nacheinander die einzelnen Voraussetzungen auf und beleuchten sie anhand des vorliegenden Falls.

1. *Mehrere Personen definieren sich als Team*

Auf die (zugegebenermaßen suggestive) Frage, ob die sonderpädagogische Lehrkraft Frau Rodenkamp die Klassenlehrerin, sich selbst und die beiden Schulbegleitungen in der Klasse als Team bezeichnen würde, antwortet diese „Würde ich schon sagen. Ja." (R:176). Dies ist keine beherzte, uneingeschränkte Zustimmung; durch das „schon" klingt ein leichter Vorbehalt an. Ein naheliegender Grund für diesen Vorbehalt mag zunächst in der Einstellungssituation der Schulbegleitungen liegen, die aufgrund der immer wieder neu zu beantragenden Finanzierung lediglich befristet angestellt sind. Zusätzlich geht aus dem Interview mit dem Schulbegleiter Bastian Kaminski hervor, dass es in der Vergangenheit zahlreiche Personalwechsel gegeben hat. Im weiteren Verlauf des Interviews mit Svenja Rodenkamp wird deutlich, dass die beiden Schulbegleitungen aufgrund terminlicher Verpflichtungen und ihrer Gebundenheit an das jeweilige Kind deutlich eingeschränkter an regelmäßigen Besprechungsterminen teilnehmen können, sodass sie auch hierdurch zwangsläufig etwas außen vor sind.

Jedoch entsteht darüber hinaus im Interview mit der sonderpädagogischen Lehrkraft der Eindruck, dass diese sich selbst und die Klassenlehrerin möglicherweise als „Kern-Team" definiert, wenn sie beispielsweise sagt: „Wir als äh TEAM als solches ähm sind spürbar wenn wir Klassenlehrerstunde oder ähnliches erteilen und mit allen zusammen was machen" (R:205f.). Mit dem Begriff der „Klassenlehrerstunde" werden üblicherweise Stunden bezeichnet, in denen kein Fachunterricht erteilt wird, sondern über Dinge gesprochen wird, die die Klasse als Gruppe betreffen, so z.B. die Planung von Klassenausflügen, die Besprechung von Klassenregeln, die Klärung von Konflikten oder aber auch diverse organisatorische Dinge. Interessant ist hier, dass Svenja Rodenkamp dennoch davon spricht, dass diese Klassenlehrerstunde „erteilt" wird – ein Begriff, der der gemeinsamen Aushandlung von Inhalten widerspricht. Möglicherweise ist dies ein Beleg dafür, dass sie diese Zeiten doch eher als Form von Unterricht mit einem klar strukturierten Input seitens der Lehrkräfte interpretiert, was auch die eigentlich unpassende Bezeichnung der Klassen*lehrer*stunde wiederspiegeln würde (gängige alternative Bezeichnungen sind etwa „Klassenstunde" oder „Orientierungsstunde").

Darüber hinaus stellt sich in dieser Aussage die Frage, wer eigentlich zum „wir“ gehört und wer folglich was mit wem macht. Gedankenexperimentell hätte man sich an dieser Stelle auch ebenso gut die folgende Formulierung vorstellen können: „… wenn wir alle was zusammen machen“. Hier wäre eindeutig gewesen, dass alle in Frage kommenden Personen, also sowohl Lehrkräfte als auch Schulbegleitungen und Schülerinnen und Schüler, gemeinsam etwas unternehmen, so wie es auch der eigentlichen Logik dieser „Klassenlehrerstunde“ entspräche. Die Formulierung der Lehrkraft beinhaltet jedoch, dass eine bestimmte Gruppe etwas für eine andere Gruppe initiiert und dass diese Inhalte möglicherweise vorher exklusiv vorbereitet wurden. Hier wäre einerseits denkbar, dass es die beiden Lehrkräfte sind, die auf die Schulbegleitungen zugehen und mit ihnen gemeinsam diese Klassenlehrerstunde gestalten. Dies könnte auch unter Berücksichtigung der individuellen Bedürfnisse der zu begleitenden Schülerinnen und Schüler geschehen, was einen direkten Einbezug der Schulbegleitungen in die Planung der Klassenlehrerstunde legitimieren würde. Es sind in diesem Szenario jedoch eindeutig die Lehrkräfte, die auf die Schulbegleitungen zugehen und etwas mit ihnen zusammen machen. Ebenfalls wäre jedoch denkbar, dass mit der Aussage der sonderpädagogischen Lehrkraft gemeint ist, dass die beiden Lehrkräfte und die beiden Schulbegleitungen gemeinsam etwas vorbereitet haben, was sie dann mit den Schülerinnen und Schülern zusammen machen – dann wäre auch die Aussage, dass sie als Team in dieser Zeit „spürbar“ sind, nachvollziehbar und alle wären gleichwertige Teammitglieder. Es würde jedoch auch bedeuten, dass im alltäglichen Fachunterricht diese Gleichwertigkeit nicht gegeben ist und die Schulbegleitungen und die Lehrkräfte nicht als Team spürbar sind. So oder so entsteht der Eindruck, dass die Schulbegleitungen die schwächsten Glieder in dem nur temporär spürbaren Team sind. Eine naheliegende Vermutung ist an dieser Stelle, dass die beiden Lehrkräfte aufgrund ihrer unterrichtenden Tätigkeit und womöglich auch aufgrund ihrer Beständigkeit einen größeren Stellenwert in diesem Team haben als die beiden Schulbegleitungen.

Dies zeigt sich auch daran, dass die Lehrkräfte in gewissem Maße darüber entscheiden können, mit wem sie zusammenarbeiten möchten. So berichtet Frau Rodenkamp:

> „[…] nicht mit jeder Person möchte ich auch meinen Alltag so ähm in so ner Enge und in so ner engen Zusammenarbeit TEILEN […] Und ähm, da äh finde ich ähm hab ich es so erlebt dass auch wirklich so Grenzen sind ne, dass ich auch da ähm

> (.) gut im Gespräch sein muss mit dem Arbeitgeber und sagen muss ähm, ja wann es vielleicht auch nicht mehr geht“ (R:819-826)

Diese Macht, die Zusammenarbeit gegebenenfalls zu beenden, haben die Schulbegleiterinnen und Schulbegleiter ihrerseits ausschließlich in Form der eigenen Kündigung bzw. im Gesuch bei ihrem jeweiligen Arbeitgeber, an eine andere Schule versetzt zu werden.

Bastian Kaminski hingegen spricht im Interview mehrfach wie selbstverständlich vom Team; Abstriche oder unterschiedliche Wertigkeiten lassen sich trotz der von ihm beschriebenen Wahrnehmung unterschiedlicher Werte und Handlungslogiken hier nicht herausarbeiten.

2. *Das Team verfolgt ein gemeinsames Ziel*

Grundlegend muss vorausgesetzt werden, dass sich das Ziel des Teams am Erziehungs- und Bildungsauftrag des jeweiligen Bundeslandes orientiert – inwiefern diese doch recht abstrakten rechtlichen Grundlagen eine tatsächliche Handlungsorientierung für die tägliche pädagogische Arbeit darstellen, muss jedoch bezweifelt werden.

Ohne zunächst also das genaue Ziel der gemeinsamen Arbeit im Team zu kennen, ist deutlich, dass einige Schülerinnen und Schüler eine besondere Herausforderung für die Zielerreichung darstellen. Es ist für die Zielerreichung offenbar notwendig, Schulbegleiterinnen und Schulbegleiter mit ins Team aufzunehmen, da das Ziel andernfalls nicht oder nicht zufriedenstellend erreicht werden kann. Dass Inklusion, hier im engeren Sinne gedeutet als die gemeinsame Beschulung von Kindern mit und ohne sonderpädagogischen Förderbedarfen, Anlass für die Zusammensetzung des Teams ist, zeigt sich in Bastian Kaminskis Antwort auf die Frage, wann das Team aus Klassenlehrkraft, sonderpädagogischer Lehrkraft und den beiden Schulbegleitern zusammengestellt wurde: „Also seit dieses ähm seit dieses äh Inklusionsprinzip da ist so ne haben wir gesagt Integrationsprinzip da ist äh, muss es das wohl hier schon geben.“ (K:259ff.) Mit Eintreten des Integrations- bzw. Inklusionsprinzips (die Unterscheidung beider Begriffe scheint für Bastian Kaminski wenig Relevanz zu haben) war folglich eine Erweiterung des Teams um Schulbegleiterinnen und Schulbegleiter notwendig.

Jenseits der aus organisatorischer und rechtlicher Perspektive viel diskutierten Frage danach, was die Aufgabe der Schulbegleitung im inklusiven Setting überhaupt ist, hat der Schulbegleiter Bastian Kaminski ein sehr konkretes Ziel vor Augen: „ich möchte und ich hoffe dass ich's schaffe mit d/ äh für ihn n Regel, Regelrealschulabschluss zu erwirken. Damit er halt in ne Zukunft schauen kann die äh nicht so vorprogrammiert ist also sprich Werkstatt, äh Sozialamtsbezüge und und und halt ne?“ (K:193-196). Sein Ziel ist es also, den von ihm begleiteten Schüler Mikke zu einem Realschulabschluss und damit zu besseren beruflichen Perspektiven zu verhelfen.

Interessant ist hierbei, dass dieses Ziel ein genuin pädagogisches Ziel ist und somit eigentlich in den originären Zuständigkeitsbereich des schulischen Personals fallen müsste. Er formuliert dieses Ziel jedoch als sein persönliches Ziel („*Ich* möchte es für ihn erwirken“). Die Formulierung „erwirken“ wirkt hier höchst irritierend. Nicht nur ist er als Schulbegleiter und damit offiziell als Nicht-Lehrkraft überhaupt nicht in der Position, einen Abschluss für den Schüler Mikke zu „erwirken“ (er kann ihn zwar dabei unterstützen, kann jedoch nicht ausschlaggebende Kraft dafür sein, dass Mikke einen Regelrealschulabschluss erhält), sondern darüber hinaus ist es gar nicht möglich, einen Abschluss als solchen zu „erwirken“. Erwirken lassen sich vielmehr bürokratische Formalitäten wie etwa eine Zulassung oder eine Zeitverlängerung; ein Abschluss jedoch muss *erreicht* statt erwirkt werden. Zu spekulieren wäre an dieser Stelle, welches Verständnis der Schulbegleiter vom Realschulabschluss hat und ob er mit dieser Zielformulierung zum Ausdruck bringen möchte, dass er sich als treibende Kraft auf Mikkes Weg zum Realschulabschluss sieht.

Darüber hinaus stellt sich die Frage, warum er dieses Ziel als eigenes, persönliches Ziel formuliert und warum dieses zumindest seiner Wahrnehmung nach kein vom gesamten Team geteiltes Ziel ist. Zwar könnte man vermuten, dass für das Team das Erreichen eines Regelrealschulabschlusses aller Schülerinnen und Schüler der Klasse ein Ziel ist. Warum jedoch muss der Schulbegleiter den Schüler Mikke dann gesondert hervorheben und sich als treibende Kraft zur Erreichung dieses Ziels inszenieren?

An anderer Stelle wird deutlich, dass jenseits von der Langzeitperspektive des Schulbegleiters im Alltag zuvorderst die Herausforderung besteht, eine Abschulung des begleiteten Schülers Mikke auf die Förderschule zu verhindern (K:448ff.). Man könnte hier also von einem Minimal- und einem Maximalziel sprechen: Das Minimalziel ist, den Schüler Mikke auf der Regelschule zu halten; Maximalziel ist, ihn zum Realschulabschluss zu führen. Dass der Schulbegleiter das Erreichen eines Realschulabschlusses für Mikke als persönliches Ziel formuliert lässt vermuten, dass sich das schulische Team hauptsächlich auf die tägliche Herausforderung konzentriert, was durch das Interview mit der sonderpädagogischen Lehrkraft bestärkt wird. Diese beschreibt ausführlich die unterschiedlichen Lernausgangslagen verschiedener Schülerinnen und Schüler der Klasse (R:86ff.) sowie die Förderung, die sie für diese Schülerinnen und Schüler konzipiert und durchführt (R:141ff.). Sie nennt jedoch weder für ihre Arbeit mit all diesen Schülerinnen und Schülern im Allgemeinen noch für die spezifische Arbeit mit Mikke im Besonderen ein vergleichsweise deutlich formuliertes langfristiges Ziel. Denkbar wäre, dass sie als Pädagogin aufgrund ihrer diagnostischen Kompetenz die täglichen pädagogischen Herausforderungen detaillierter wahrnehmen kann als der nicht professionalisierte Schulbegleiter und durch den Fokus auf die individuellen Fördermaßnahmen die Langzeitperspektive möglicherweise in den Hintergrund rückt.

Für den Schüler Mikke kann diese Perspektivenkonstellation deutliche Vorteile haben. Auf der einen Seite erhält er durch die sonderpädagogische Lehrkraft täglich eine auf seine Bedürfnisse zugeschnittene Förderung; auf der anderen Seite stellt die langfristig orientierte Perspektive des Schulbegleiters sicher, dass über diese kleinschrittige pädagogische Förderung hinaus ein möglicher Schulabschluss nicht aus dem Blick gerät – unabhängig davon, wie realistisch dieses Ziel tatsächlich sein mag. Inwiefern das Team jedoch so gut kommuniziert, dass sich die beiden Perspektiven auch gelingend ergänzen, lässt sich am Material kaum überprüfen. Zu fragen wäre, ob sich das Team in der Praxis über das Ziel der gemeinsamen Arbeit überhaupt verständigt hat oder ob lediglich implizit angenommen wird, dass alle in die gleiche Richtung wollen.

3. *Das Ziel ist nur interdependent von allen Teammitgliedern zu erreichen.*

Die Annahme von Interdependenz geht davon aus, dass das Ziel nicht von einer Einzelperson erreicht werden kann. Folglich stellt sich die Frage, ob es für die Zielerreichung schlicht mehrere Personen und damit mehr Arbeitskraft braucht oder ob vielmehr unterschiedliche Fähigkeiten und Kompetenzen benötigt werden, die eine einzelne Person selbst gar nicht mitbringen kann. Welche Hinweise auf diese Frage finden sich im Material?

Die sonderpädagogische Lehrkraft Svenja Rodenkamp antwortet auf die Frage, welche Aufgaben die beiden Schulbegleitungen in der Klasse haben, wie folgt: „In dem Klassengefüge hat Bastian ganz klar die Funktion sich um Mikke zu kümmern und ähm äh Tatjana hat die Funktion sich um ähm, Erik zu kümmern" (R:275f.) Es gibt also aus ihrer Perspektive zunächst einmal eine klare Zuständigkeitsaufteilung, die vor allem an das „sich kümmern" um die jeweils zu begleitenden Kinder gebunden ist. Es geht aus diesem Abschnitt noch keine Information darüber hervor, ob das „sich kümmern" die spezifischen Kompetenzen der hier eingesetzten Schulbegleiter erfordert oder ob diese Aufgabe theoretisch auch von anderen, etwa den Lehrkräften selbst, übernommen werden könnte. Wenn dem tatsächlich so wäre, wenn also die Lehrkräfte zwar die Aufgaben der Schulbegleitung übernehmen könnten, andersherum jedoch die Übernahme von Aufgaben der Lehrkräfte durch die Schulbegleiterinnen und Schulbegleiter nicht möglich ist, entsteht eine eindeutige Asymmetrie. Dass die Schulbegleiter zur Erreichung des Ziels beitragen ergibt sich folglich lediglich dadurch, dass ihnen für die Aufgabe, sich um die Kinder zu kümmern, mehr Zeit zur Verfügung steht als den Lehrkräften, die sich um jene Aufgaben kümmern müssen, die deren Berufsgruppe vorbehalten bleiben. Zwar macht Svenja Rodenkamp an anderer Stelle in ihrem Interview deutlich, dass Schulbegleiterinnen und Schulbegleiter durchaus Kompetenzen mitbringen müssen, wenn sie sagt:

> „[…] es ist so dass ähm eigentlich alle Schulbegleiter egal mit was für nem Kind sie arbeiten, mitbringen müssen dass sie ähm eine ähm GUTE Empathie für das Kind haben, das finde ich ist das absolut Wichtigste dass sie n gutes Einfühlungsvermögen haben und ähm äh, (.) das Kind gut verstehen können. Gut auch interpretieren ke/ können was das Kind möchte wenn sich das Kind selbst nicht nur gut ausdrücken kann. Das ist äh, finde ich das absolut Wichtigste" (R:316-321)

Zu fragen wäre an dieser Stelle jedoch, inwieweit diese Kompetenzen nicht grundsätzlich von allen, die in diesem Team arbeiten, zu fordern wären: Sind dies wirklich spezifische Kompetenzen, die alleinig für die Funktion der Schulbegleiterinnen und Schulbegleiter benötigt werden? Sind dies nicht auch Kompetenzen, über die die im Team arbeitenden Lehrkräfte verfügen müssen? Es scheint daher, dass die Interdependenz bei der Zielerreichung hauptsächlich im Faktor Zeitressource begründet liegt, den die Lehrkräfte allein nicht ausreichend zur Verfügung stellen können.

Schulbegleiterinnen und Schulbegleiter tragen somit also in erster Linie durch die Zeit, die sie den einzelnen Kindern widmen können, dazu bei, das Ziel zu erreichen. Gerade bei Kindern mit sonderpädagogischen Förderbedarfen scheint der Faktor Zeit eine sehr wichtige Rolle dabei zu spielen, das Kind mit seinen Bedürfnissen kennenzulernen und darauf aufbauend zu verstehen, was es in einzelnen Situationen benötigt. Auf die Frage, inwieweit Schulbegleiterinnen und Schulbegleiter in einer inklusiven Klasse hilfreich sind, antwortet der Schulbegleiter Bastian Kaminski:

> „[…] um ne bessere Kommunikation zwischen Schüler und Lehrer herzustellen, wenn kein Sonderpädagoge mit dabei ist zur Unterstützung gibts auch in manchen Schulen, ähm, sozusagen auch als Anwalt zu agieren weil der Integrationshelfer individuell die Möglichkeit hat n n n Kind zu analysieren, kennenzulernen, im eigentlichen Sinne, und dann auch zu sagen hörmal Sie haben da gerade n bisschen was in den falschen Hals gekriegt äh, der kann das jetzt gerade nicht vermitteln dem gehts gerade so und so. Aus dem und dem Grund. Halt ne also muss man auch n bisschen verm/ vermitteln versuchen ne gewisse Diplomatie auch herzustellen.“ (K:715-723)

Der Hinweis „wenn kein Sonderpädagoge mit dabei ist“ bekräftigt in aller Deutlichkeit die oben aufgeführte These, dass Schulbegleiterinnen und Schulbegleiter in der Hauptsache die mangelnde Zeit der Lehrkräfte, sich extensiv mit einzelnen Kindern zu beschäftigen und sie in einem für Bildungsprozesse erforderlichen Grad kennenzulernen, kompensieren. Der Beitrag von Schulbegleiterinnen und Schulbegleitern speist sich somit nicht aus einer fachlichen Expertise, sondern rein aus dem Wissen über das Kind, das sie durch die gemeinsam mit ihm verbrachte Zeit gewonnen haben und welches sie somit in eine Vermittlerposition zwischen Kind und Lehrkräften bringt.

Doch im vorliegenden Fall scheint es für die Zielerreichung, insbesondere für die Vermeidung einer Abschulung des begleiteten Schülers Mikke, nicht auszureichen, lediglich Zeit und Empathie für den Schüler aufzubringen. In beiden Interviews wird deutlich, dass es in der Vergangenheit mehrere Schulbegleiterinnen und Schulbegleiter gab, die ihre Tätigkeit bald wieder aufgaben, weil sie mit Mikkes stark herausforderndem Verhalten, das teilweise auch manipulierend (R:784f.) oder gar körperverletzend (R:796) war, nicht angemessen umgehen konnten. So sagt Svenja Rodenkamp, dass es Schulbegleiterinnen und Schulbegleiter gibt, „die auch für viele Kinder gar nicht äh die richtige Beantwortung sein können“ (R:803f.). Orientiert man sich an den konkreten Bedarfen des jeweiligen

Kindes, so braucht es folglich doch mehr als Zeit und Empathie, um sowohl das begleitete Kind als auch das Team zu unterstützen.

Aufschlussreich ist an dieser Stelle eine weitere Passage aus dem Interview mit Svenja Rodenkamp, in der sie beschreibt:

> „[…] also wir hatten f/ DIVERSE Schulbegleiter für Mikke das ist jetzt insgesamt der fünfte, äh Schulbegleiter das ist nicht schön also und der erste das war einer der kam noch von der Grundschule mit, bis zu den Herbst einschließlich und das war n Student, und da merkte man so richtig das war auch so so absolut so eingespielt dass der so'n (.) Feeling hatte für das was ähm im Unterricht ähm so ähm vom Stoff her gefordert war ne? Und das hat Bastian in dem Maße nicht so. Aber er versucht sich da auch einzubringen und versucht auch manches zu übersetzen und (.) versucht auch da mitzumachen ähm äh so oder ähm oder das gut äh für Mikke zu erledigen ne und, das ähm, ist auch in äh weiten Teilen auch so (.) ordentlich sag ich jetzt mal so ne?“ (R:297-306)

Diese etwas längere Passage ist zunächst eine deutliche Belegstelle für das in R2 herausgearbeitete Dilemma, in dem sich die Lehrkraft befindet: Auf der einen Seite wünscht sie sich jemanden, mit dem sie auch in pädagogisch-unterrichtlicher Sicht gut zusammenarbeiten kann, auf der anderen Seite darf sie die dafür erforderlichen Kompetenzen für eine Schulbegleitung nicht voraussetzen. Auch sprachlich-performativ ist diese Passage gut anschlussfähig an die Passage R2. Zunächst spricht sie recht flüssig darüber, dass Mikke verschiedene Schulbegleiter hatte, und gerät bei der Beschreibung des Studenten geradezu ins Schwärmen – was es jedoch genau ist, was sie von dem Studenten so überzeugt hat, kann sie nur stockend und mit vagen Worten beschreiben: Er hatte „so'n Feeling“. „Feeling“ könnte aus ihrer Sicht bedeuten, dass jemand weniger angeleitet werden muss, weil er – möglicherweise auch ohne unterrichtliche Fachkenntnisse – intuitiv *spürt*, was die jeweilige Situation erfordert und wie er in dieser Situation unterstützend tätig werden kann, ohne dass er zunächst einen expliziten Auftrag dazu bedarf. Eine vorsichtige These, weshalb der von der Lehrkraft beschriebene Student dieses „Feeling“ hatte, ist, dass er einerseits offenbar schon länger als Schulbegleitung gearbeitet hat, da er Mikke bereits in der Grundschule begleitet hat; andererseits mag er als Student, der schließlich auch das Abitur abgelegt hat, einen differenzierteren Blick auf pädagogische Prozesse haben als Bastian Kaminski, über dessen Bildungshintergrund nichts Näheres bekannt ist. In ihrer Beschreibung von Bastian Kaminski ist sie, wie auch in der Passage R2, sehr verhalten und drückt sich vorsichtig aus; sie versucht, ihre Bewertung noch irgendwie positiv klingen zu lassen, aber es gelingt ihr keine Authentizität. Deutlich wird jedoch auch an dieser Stelle, dass sie für den Schulbegleiter auch eindeutig pädagogisch-unterrichtliche Aufgaben vorsieht, wenn sie wehmütig vom „Feeling“ des Studenten im Hinblick auf Unterricht und Stoff berichtet und sie Bastian dafür einsetzt, dass er Dinge für Mikke ‚übersetzt‘.

Unabhängig des nicht vorhandenen „Feelings“, dem die sonderpädagogische Lehrkraft hier augenscheinlich nachtrauert, verfügt Bastian Kaminski dennoch über Kompetenzen, die der Arbeit im Team bzw. der Arbeit mit dem Schüler Mikke zugutekommen. Welche Kompetenzen dies sind wird deutlich, als der Schulbegleiter von seinem Arbeitgeber den Auftrag erhält, Mikke zu begleiten: „Also äh da hat [Name des Arbeitgebers] auch dazuge/ ne hat auch gesagt Sie haben zehn Jahre Sicherheitsdienst gemacht bitte gehen Sie zu diesem Klienten hin.“ (K:170f.)

4. *Jedes Teammitglied kennt die Spielregeln und hält sich an sie*

Wer sich mit einem für ihn neuen Spiel auseinandersetzt, für den wird einer der ersten Schritte darin bestehen, sich mit dem entsprechenden Regelwerk vertraut zu machen. Idealerweise liegt das Regelwerk in schriftlicher Form vor oder ein erfahrener Spieler / eine erfahrene Spielerin kann die Regeln erklären. Das Verständnis der Regeln ist essentiell dafür, das Spiel selbst zu verstehen und daran teilzuhaben.

Nach Mead bezeichnen Regeln eine „Gruppe von Reaktionen, die eine bestimmte Haltung auslösen“ (Mead 1973, S. 194), bzw. „diejenigen Reaktionsmuster, die allen Beteiligten gemeinsam sind und den Rahmen ihrer Aktivität definieren“ (Schneider 2008, S. 214). (Spiel-)Regeln sind also nichts anderes als „generalisierte Erwartungserwartungen“ (Schneider 2008, S. 215): Das Individuum verhält sich regelkonform, wenn es durch Perspektivübernahme sein eigenes Handeln hinterfragt und auf die Erwartungen der Gesellschaft bzw. des Verallgemeinerten Anderen hin ausrichtet.

Vergleicht man nun die Zusammenarbeit eines Teams mit einem Spiel, ist es naheliegend, die am Spiel Beteiligten nach den konstituierenden Regeln zu fragen. Jedoch ist es, anders als bei Sport- oder Gesellschaftsspielen, höchst unwahrscheinlich, dass die Akteure über die handlungsleitenden Regeln bewusst verfügen können. Giddens konstatiert, dass das Wissen um diese alltäglichen Regeln „eher praktisch als theoretisch“ ist (Giddens 1988, S. 73): „Die meisten Regeln, die in die Produktion und Reproduktion sozialer Praktiken einbegriffen sind, werden von den Akteuren nur stillschweigend verstanden: sie wissen, sich zurechtzufinden.“ (Giddens 1988, S. 74) Giddens verweist folglich auf die Relevanz der Praxis an sich. Regeln existieren nicht autonom und losgelöst, etwa auf einem Blatt Papier; sie realisieren sich ausschließlich in der Handlung selbst (Schneider 2008, S. 214). Die Akteure selbst sind sich dieser Regeln nicht zwangsläufig bewusst oder können sie gar explizit formulieren.

Um die Frage nach den konstituierenden Regeln zu beantworten, bedarf es folglich einer Methode, die das praktische Handeln der Akteure in den Fokus nimmt. Die im Rahmen dieser Dissertation geführten Interviews zielten auf ein anderes Erkenntnisinteresse und können auf diese Fragestellung nur am Rande Aufschluss geben; deutlich vielversprechender scheint hier der Ansatz der ethnographischen Beobachtung, so etwa bei Kalthoff und Kelle (2000) für die Frage der Bedeutung von Regeln im Schulalltag oder Nina Blasse (2015) für die Positionen von Schulbegleitung im Unterricht.

Es braucht jedoch keine spezifischen Beobachtungen, um einige fundamentale, an Schule existierende Regeln herauszuarbeiten und auf ihre Bedeutung für die Zusammenarbeit mit Schulbegleitungen zu hinterfragen. Einige dieser Regeln wurden im Zuge der Fallrekonstruktion und -theoretisierung bereits deutlich, etwa: „Lehrkräfte haben das Recht, das Verhalten von Schülerinnen und Schülern zu sanktionieren“, oder, ganz grundlegend: „Lehrkräfte lehren, Schülerinnen und Schüler lernen.“ Die nun neue Anwesenheit des Akteurs Schulbegleitung stellt dieses bestehende Regelsystem zwar nicht gänzlich auf den Kopf, sorgt aber doch für einige Irritationen, da zu Beginn der Zusammenarbeit offen ist, inwieweit die bestehenden Regeln auch für den Schulbegleiter Gültigkeit haben und/oder inwiefern sie der neuen Situation entsprechend angepasst werden müssen. Die Regeln selbst müssen in diesem Prozess jedoch kaum explizit thematisiert oder gar bewusst werden: „Man lernt das Spiel, indem man zusieht, wie Andere es spielen.“ (Wittgenstein 1971, §54) Dem Schulbegleiter bleibt somit zunächst nur übrig, das *Spiel Schule* zu beobachten und sich durch Imitation einzufinden – eine Strategie, die beim Schulbegleiter Bastian Kaminski eindeutig nachzuweisen ist. Es kann somit, anders als etwa im Fußballspiel, kaum darum gehen, alle Regeln zu *kennen*, so als könne man sich das Regelwerk unabhängig von der eigentlichen Praxis aneignen. Vielmehr steht das Handeln selbst sowie das Lernen durch Beobachten,

Imitieren und Erfahren im Vordergrund. Dadurch, dass Regeln nicht autonom existieren, hat der Schulbegleiter als neuer Akteur jedoch auch durchaus Einfluss auf die Regeln. Dort, wo die existierenden Regeln für ihn nicht greifen bzw. wo sie nicht auf ihn übertragbar sind, müssen diese abgeändert werden. Ein bezeichnendes Beispiel liefert die Theoretisierung des vorliegenden Falles:

> „Der Schulbegleiter kann die Rolle der Lehrkräfte so lange imitieren, wie er fachlich dazu in der Lage ist und wie die Lehrkräfte selbst nicht anwesend sind; er kann also gewissermaßen als deren Stellvertreter fungieren. Sobald er aber an seine fachlichen Grenzen stößt oder in der jeweiligen Situation eine professionalisierte Lehrkraft anwesend ist, wird der Schulbegleiter wieder „enttarnt" und muss die zuvor übernommene Lehrerrolle wieder ablegen." (s.o., Kap. 6.5.1).

Gleichzeitig ist es erforderlich, dass neue Regeln geschaffen werden, die auf den Akteur Schulbegleitung spezifisch zugeschnitten sind, etwa: „Die vorrangige Aufgabe des Schulbegleiters ist die Betreuung des ihm zugewiesenen Kindes."

Ob die Zusammenarbeit im Team seitens der Lehrkräfte als angenehm empfunden wird oder nicht, mag maßgeblich mit der Frage zusammenhängen, wie mühelos sich die Schulbegleitung in das bestehende Regelsystem einzufinden vermag, ohne dass einzelne Regeln als solche explizit thematisch werden müssen, insbesondere, da es für die etablierten Akteure vermutlich ohnehin mühselig wäre zu versuchen, die existierenden Regeln bewusst einzuholen und sprachlich verfügbar zu machen. Es kann also nicht darum gehen, die Regeln des Spiels zu *kennen*, sondern vielmehr, ein „*Feeling*" dafür zu haben, nach welchen Strukturen das Spiel funktioniert und sich in diese Strukturen einzufinden.

Zu Beginn dieses Unterkapitels stellte sich die Frage, ob ein erfolgreiches *game*, hier also eine erfolgreiche zielorientierte Zusammenarbeit zwischen Schulbegleitung und Lehrkräften im Kontext der inklusiven Klasse, überhaupt gelingen kann, wenn das Stadium des *play*, also die eigene Rollenklärung, nicht abgeschlossen ist. Es zeigt sich, dass sämtliche Aspekte des *game* durch den Mangel einer soliden Basis geprägt sind. Das von Imitation der etablierten Rollen geprägte Handeln des Schulbegleiters mündet nicht in die eigene Rollenklärung und damit in eine souveräne Zusammenarbeit verschiedener Akteure; statt einer allgemeingültigen, handlungsleitenden Regelstruktur im Sinne eines Meadschen *verallgemeinerten*

Anderen ließe sich hier eher von einem *diffusen Anderen* sprechen, da Handlungsorientierung lediglich situationsbezogen existiert und die Erwartungen der Akteure an die Schulbegleitung von Widersprüchen geprägt sind.

6.5.3 Resümee

Obwohl Meads interpretative Rollentheorie sich vornehmlich auf die Identitätsbildung bei Kindern konzentriert, konnte hier gezeigt werden, dass sie sich auch als Analysefolie für die Rollenfindungsprozesse von Erwachsenen eignet. Zwar sind die Konzepte *play* und *game* nicht 1:1 auf die Schulbegleitung übertragbar, dennoch hat dieser theoretische Zugang einige neuralgische Punkte aufdecken können, die für die Herausbildung der Rolle von Schulbegleitung offensichtlich von hoher Bedeutung sind. Die fallimmanente Analyse gelangte zu der Erkenntnis, dass die sonderpädagogische Lehrkraft und der Schulbegleiter dessen Rolle laufend in Annäherungs- und Abgrenzungsbewegungen zu den etablierten und komplementär zueinander stehenden Rollen von Lehrkräften und Schülerinnen und Schülern zu definieren versuchen. Mithilfe von Meads Konzepten des *play* und *game* lässt sich diese Erkenntnis nun rollentheoretisch rahmen: Die Annäherungs- und Abgrenzungsbewegungen lassen sich als Identitäts-Bestimmungs-Versuch (*play*) deuten, der jedoch zwangsläufig fehlschlagen muss, da es kein „gemeinsames Anderes“ gibt, das eine dauerhafte Orientierung bieten kann. Die Imitation anderer Rollen kann aufgrund deren Präsenz im Feld und aufgrund der ‚Besetzung‘ der Rolle Schulbegleitung in Bezug auf Alter und fachlichen Hintergrund immer nur für einzelne Situationen, nie aber situationsübergreifend funktional sein und steht laufend vor der Gefahr einer Enttarnung. Damit ist der erste Schritt der Identitätsbildung, das *play*, zunächst nicht zufriedenstellend abschließbar, was gleichzeitig bedeutet, dass es für den zweiten Schritt, *game*, nicht die notwendige Basis gibt. Doch auch darüber hinaus zeigte sich in der Analyse, dass für *game* weitere wichtige Voraussetzungen fehlen – darunter ein geteiltes Ziel, die gemeinsame Wahrnehmung als Team sowie Regeln und Strukturen, die die Schulbegleitung dezidiert als *Mitspieler* im *Spiel Schule* vorsehen.

7 Schulbegleitung als Irritation „schulischer Grammatik“

Fassen wir die Erkenntnisse nochmal zusammen: Die Akteure des vorliegenden Falls stehen vor der Herausforderung, den Schulbegleiter in ein etabliertes Gefüge von Rollen zu integrieren, in dem er nicht vorgesehen ist. Die Irritation des Systems durch den Schulbegleiter wird dahingehend bearbeitet, als dass die Akteure versuchen, seine Rolle in Anlehnung und Abgrenzung an die in der Schule bereits etablierten Rollen von Lehrkräften und Schülerinnen und Schülern zu deuten. Situativ wird der Schulbegleiter mal eher als Lehrkraft, mal eher als Schüler gedeutet. Dabei zeigt sich jedoch, dass diese Deutungen stets nur auf eine konkrete Situation begrenzt sein können und situationsübergreifend kein stabiles Rollenbild bieten, an dem sowohl der Schulbegleiter selbst als auch die ihn umgebenden Akteure sich orientieren könnten.

Eine vielversprechende theoretische Einordnung dieser Erkenntnis bietet die von Tyack und Tobin postulierte Theorie der „schulischen Grammatik“ (Tyack und Tobin 1994). Hiermit bezeichnen sie bestimmte Strukturen und Regeln, die das schulische Leben und Arbeiten organisieren und definieren. Hierzu gehören beispielsweise die Organisation der Schülerschaft in Klassenstufen, Versetzung oder Nicht-Versetzung am Schuljahresende, feste Zeiteinheiten für den Unterricht, Unterrichtsorganisation nach Schulfächern etc. Ähnlich wie sprachliche Grammatik muss auch die schulische Grammatik nicht bewusst verfügbar und durchdrungen sein, um zu funktionieren; Abweichungen von dieser Grammatik werden jedoch als Irritation wahrgenommen und ziehen Aufmerksamkeit auf sich.

Den Autoren zufolge kann die Stabilität bzw. Veränderbarkeit schulischer Grammatik aus drei verschiedenen Perspektiven erläutert werden. Aus politischer Perspektive geht es um die Frage machthabender Gruppen, deren Interessen und Vorstellungen von Bildung und Schule. Die funktionalistische Sichtweise betont die Vernetzung schulischer Grammatik mit gesellschaftlichen Prozessen und den damit einhergehenden, sich verändernden Anforderungen an die Organisation Schule. Die dritte Perspektive, die die Autoren als „kulturelle Konstruktion von

A. Lübeck, *Schulbegleitung im Rollenprekariat*, Rekonstruktive Bildungsforschung 24, https://doi.org/10.1007/978-3-658-25262-5_7

Schule" (Tyack und Tobin 1994, S. 456, Übersetzung A.L.) bezeichnen, bezieht sich auf allgemeine öffentliche Vorstellungen davon, wie Schule zu sein hat, bzw. was eine „echte" Schule ausmacht.

Verschiedene reformatorische Ansätze haben in der Vergangenheit die etablierte schulische Grammatik herausgefordert; die meisten von ihnen sind jedoch mit der Zeit entweder gänzlich in Vergessenheit geraten oder bestehen lediglich in kleinen Nischen weiter[27]. Der Wandel hin zu einem inklusiven Schulsystem, der für Deutschland maßgeblich durch die Ratifizierung der UN-Behindertenrechtskonvention angestoßen wurde und dadurch insbesondere politisch motiviert ist (wenngleich diese Motivation nicht zwangsläufig auch von der lokalen Bildungspolitik geteilt wird, vgl. Johannsen 2018), stellt dabei einen ‚Großangriff' auf die etablierte schulische Grammatik an deutschen Schulen dar, da ein Ernstnehmen des Inklusionsparadigmas damit einhergehen muss, an vielen Stellschrauben zugleich drehen zu müssen – exemplarisch genannt seien hier das gegliederte Schulsystem und das parallel existierende Förderschulsystem, die damit zusammenhängende getrennte Lehramtsausbildung und nicht zuletzt eine bislang häufig auf homogene Lerngruppen zugeschnittene Unterrichtsgestaltung.

Auf Grundlage der Erkenntnisse aus der Fallstudie lässt sich nun hinzufügen, dass ein weiteres Element „schulischer Grammatik" womöglich in dem spezifischen Rollengefüge von Lehrkräften und Schülerinnen und Schülern besteht, in dem keine *Rolle Schulbegleitung* vorgesehen ist und es damit für den Einsatz von Schulbegleiterinnen und -begleitern – um im Bild der Grammatik zu bleiben – noch keine Syntax gibt. Bei näherer Betrachtung dieses etablierten Rollengefüges zeigt sich, dass die etablierten Rollenmuster von Lehrkräften und Schülerinnen und Schülern in vielerlei Hinsicht komplementär angelegt sind: Die Lehrkräfte lehren, die Schülerinnen und Schüler lernen; die Lehrkräfte sind ausgebildet bzw. professionalisiert, die Schülerinnen und Schüler nicht; die Lehrkräfte erteilen Weisungen und Sanktionen, die von den Schülerinnen und Schülern empfangen werden; die Lehrkräfte sind Teil des Kollegiums, die Schülerinnen und Schüler gehören der Schülerschaft an.

[27] Ein Beispiel für eine solche Reform ist etwa das Großraumkonzept, was einen drastischen Gegensatz zur üblichen Struktur von Schulen mit einzelnen Klassenräumen darstellt. Schulen, die mit einem Großraumkonzept arbeiten, sind Ausnahmen geblieben; dazu zählen z.B. die Bielefelder Versuchsschulen (vgl. Thormann 2012).

Die Schulbegleitung jedoch kann in keine dieser etablierten, komplementär zueinander stehenden Rollen eingeordnet werden. Weder darf sie unterrichtend tätig werden, noch ist es ihre Aufgabe, in der Schule zu lernen. In vielen Fällen ist sie nicht für ihre Aufgabe ausgebildet und verfügt schon gar nicht über den Status einer Profession, es ist jedoch auch nicht ihr Ziel, an der Schule eine Qualifikation zu erwerben. Sie gehört weder der Schülerschaft noch dem Lehrerkollegium an. Auch hinsichtlich der Weisungs- und Sanktionsbefugnis gibt es keine Eindeutigkeiten, die eine genaue Zuordnung der Schulbegleitung ermöglichen würden.

Nicht nur ist also die Rolle von Schulbegleitung im Schulsystem nicht vorgesehen, sondern im etablierten, wechselseitig aufeinander bezogenen Rollengefüge ist auch schlichtweg kein Raum bzw. keine Schnittstelle für eine neue *Rolle Schulbegleitung*.

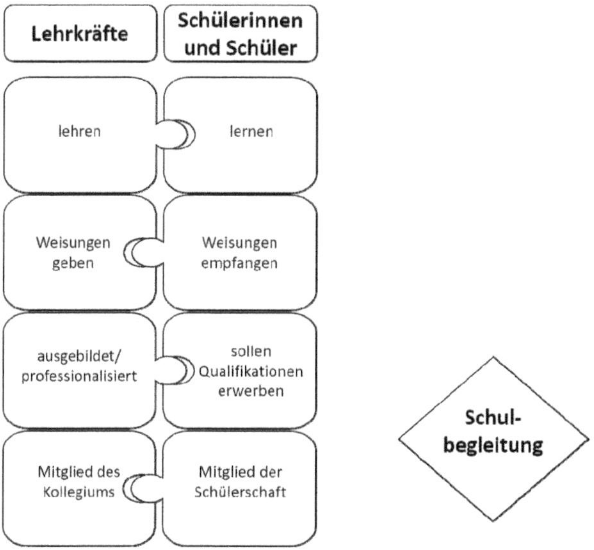

Abbildung 3: Komplementarität etablierter Rollen in der Schule; eigene Darstellung

Spannend ist nun die Frage, was mit dieser Irritation schulischer Grammatik durch die Schulbegleitung passiert. Grundsätzlich sind drei Verlaufsformen denkbar:

1. Die Schulbegleitung passt sich der vorherrschenden Grammatik an und fügt sich in die Komplementarität der etablierten Rollen ein, indem sie entweder die eine oder die andere Rolle übernimmt.
2. Die schulische Grammatik verändert sich und umfasst eine eigenständige Rolle von Schulbegleitung.
3. Die Schulbegleitung kann sich nicht dauerhaft etablieren und bleibt lediglich ein Übergangsphänomen.

In der Analyse des Falls wurde deutlich, dass sich die Akteure bemühen, die Irritation des Rollengefüges durch die Schulbegleitung im Sinne des ersten dargestellten Modus zu bearbeiten: Sie versuchen, die Rolle des Schulbegleiters in Anlehnung und Abgrenzung an die etablierten Rollen zu deuten. Es ist anzunehmen, dass diese Bearbeitungsform in der Praxis sehr häufig vorkommt; insbesondere in der Form, als dass Schulbegleiterinnen und Schulbegleiter bekanntlich genuine Lehrkraftaufgaben übernehmen und damit die Rolle von „Hilfslehrkräften“ (Lindmeier und Ehrenberg 2017, S. 141) einnehmen. Der Versuch, die Schulbegleitung in das bestehende Rollengefüge zu integrieren, ist nachvollziehbar insofern, als dass Systeme grundsätzlich zum Selbsterhalt neigen und eine gelungene Integration der Schulbegleitung in das bestehende Rollengefüge folglich das System unangetastet lässt. Dies ist auch an die Oevermann'schen Überlegungen anschlussfähig, dass in Zeiten der Krise im Sinne einer Beharrung auf das Bewährte zunächst versucht wird, die alte Fallstruktur trotz der neuen Situation zu reproduzieren (vgl. Kap. 5.2.3 sowie Oevermann 1991). Im vorliegenden Fall erweist sich diese Bearbeitungsform der Irritation jedoch nicht als funktional – Deutungen des Schulbegleiters als Lehrkraft bzw. als Schüler bleiben stets auf einzelne Situationen begrenzt; situationsübergreifend gibt es für ihn kein stabiles Rollenbild, an dem sowohl er als auch die ihn umgebenden Akteure sich orientieren können.

Gleichzeitig ist vor dem Hintergrund der Erkenntnisse aus der Fallanalyse und der in Kap. 3 geschilderten Einflussfaktoren auf die Rolle der Schulbegleitung anzuzweifeln, ob eine Integration der Schulbegleitung in das bestehende Rollengefüge überhaupt möglich ist. Der scheinbar ‚einfachste‘ Weg der Bearbeitung der Irritation im Sinne einer Anpassung der Schulbegleitung an die schulische Grammatik ist folglich eben nicht einfach, sondern sorgt nachhaltig für Verwirrung bei allen Beteiligten – bei den Lehrkräften, die nicht wissen, was sie vom Schulbegleiter erwarten und wie sie seine Leistung bewerten können; bei den Schülerinnen und Schülern, für die nicht ersichtlich ist, bis zu welcher Grenze der Schulbegleiter ihr ‚Kumpel' und ab wann er plötzlich dann doch ‚der Autoritäre' ist; und auch für den Schulbegleiter selbst, der zwischen den Stühlen steht und merkt, dass er den widersprüchlichen Erwartungen, nicht zuletzt seinen eigenen, nicht gerecht werden kann.

Die zweite Verlaufsform, die die Irritation des Rollengefüges durch die Schulbegleitung nehmen kann, ist, dass sich das Rollengefüge als Ganzes verändert und in Folge auch eine eigenständige *Rolle Schulbegleitung* umfasst. Diese Verlaufsform scheint dabei jedoch gleich in mehrerlei Hinsicht sehr unwahrscheinlich:

- Angesichts der widersprüchlichen Rollensektoren, ihres widersprüchlichen Beitrags zu inklusiver Schulentwicklung und fehlender Qualifikationsstandards (vgl. Kap. 3) fehlt derzeit jede Grundlage für die Etablierung einer eigenständigen, soliden Rolle von Schulbegleitung. Ohne diese Ausgangsbasis ist folglich auch eine entsprechende Veränderung des Gesamtgefüges schwer vorstellbar.
- Ebenfalls schwer vorstellbar ist, dass solch fundamentale Veränderungen des Systems im Sinne einer ‚Graswurzel-Bewegung' durch den schwächsten Akteur im Gefüge angestoßen werden können. Aufgrund der Vielzahl beteiligter Akteure und zusätzlich erschwert durch große regionale Unterschiede fehlt eine zentrale Instanz, die sich für die Weiterentwicklung der Maßnahme und deren Einbindung in Schulentwicklungsprozesse (sowohl auf Ebene der Einzelschule als auch über die Einzelschule hinaus) verantwortlich zeigt und steuernd handelt.
- Darüber hinaus würden die für diese Verlaufsform notwendigen deutlichen Veränderungen im System im Sinne von Tyack und Tobin massiv die „kulturelle Konstruktion von Schule" (Tyack und Tobin 1994, S. 456, Übersetzung A.L.) und somit das, was in der öffentlichen Vorstellung eine Schule zu einer „echten" Schule macht, herausfordern. Je größer die Diskrepanz zum gewohnten Modell von Schule, desto geringer fällt vermutlich die gesellschaftliche Akzeptanz aus und damit auch die Wahrscheinlichkeit zur nachhaltigen Implementation dieser Veränderungen.

Dies führt dann zur dritten möglichen Verlaufsform der Irritation des Systems durch die Schulbegleitung – ihrem Verschwinden. Dies scheint angesichts der zuvor skizzierten Alternativen und unter Rückgriff auf die in Kap. 0 dargestellten Überlegungen zur inklusiven Schulentwicklung tatsächlich als wünschenswerte Verlaufsform, wenn sie denn gleichzeitig mit einer entsprechenden Veränderung anderer schulischer Strukturen zugunsten eines inklusiven Systems und eben nicht zu Lasten der unterstützungsbedürftigen Kinder und Jugendlichen einherginge. Bislang jedoch lässt sich ein kontinuierlicher Zuwachs an Schulbegleiterinnen und Schulbegleitern verzeichnen, sodass zunächst davon auszugehen ist, dass das ‚Phänomen Schulbegleitung‘ vorerst Bestand haben wird. Möglich ist allerdings des Weiteren auch, dass die inklusive Schulreform selbst sich gegenüber der etablierten schulischen Grammatik nicht wird durchsetzen können – zum Zeitpunkt des Verfassens dieser Arbeit rudern bereits einige Landesregierungen in ihren Bemühungen, ein inklusives Schulsystem auszubauen, zurück (vgl. Johannsen 2018, S. 90). Sollte Inklusion als gesellschaftliches und schulisches Leitprinzip verblassen, würde sich damit sicherlich auch ein Stück weit die Schulbegleitung erübrigen.

Somit sind sowohl die aktuelle Lage als auch die Entwicklungspotenziale rund um die Rolle von Schulbegleitung höchst unbefriedigend. Bis zur Auflösung dieses unbefriedigenden Zustands „müssen sich die sozialen Systeme mit dem Maß an Unwirksamkeit und Unfähigkeit voranschleppen, das oft als unabänderlich hingenommen wird, weil die realistische Aussicht auf entscheidende Verbesserungen so fern liegt, daß sie manchmal gar nicht sichtbar ist.“ (Merton 1967, S. 267)

8 Ausblick

Die vorangegangenen Ausführungen der vorliegenden Arbeit werfen – zugegebenermaßen – ein düsteres Licht auf die Maßnahme Schulbegleitung. Dennoch ist ein Verzicht auf sie derzeit kaum möglich, will man angesichts der noch zu bewältigenden Entwicklungsaufgaben für ein inklusives Schulsystem Kinder und Jugendliche mit besonderen Lernausgangslagen weiterhin und verstärkt in Regelschulen beschulen. Dementsprechend besteht in Bezug auf die Schulbegleitung ein großer Bedarf,

> „[…] gesetzliche und untergesetzliche Regelungen so zu gestalten, dass Rechtsunsicherheit, Verwaltungsaufwand und organisatorische Probleme in der Praxis möglichst reduziert werden. In einer Situation weitgehender Umgestaltung des Schulsystems ist es aber ebenfalls nötig, praktikable Zwischenlösungen zu finden, durch die die Akteur/innen handlungsfähig bleiben und ihr Kräfteverschleiß möglichst gering gehalten werden kann." (Lindmeier und Dworschak 2017, S. 158)

Mit ebendieser Motivation sind in den vergangenen Jahren in der Praxis vielfältige Ansätze und Modellprojekte entstanden in der Bemühung, zumindest einige der genannten Schwierigkeiten und Stolperstellen zu reduzieren. Erneut ist jedoch ein systematischer Zugang zu diesen Praxisansätzen erschwert durch die dezentrale Organisation und die hohe Dynamik im Feld; hinzu kommt, dass diese Praxisansätze eben vorrangig von Akteuren aus der Praxis für ihre eigene Praxis gestaltet sind, eine Aufbereitung für Dritte folglich nachrangig ist und somit leider häufig vernachlässigt wird. Es finden sich daher nur wenige veröffentlichte konzeptionelle Aufarbeitungen, die einen Einblick in die verschiedenen Herangehensweisen an eine Neustrukturierung der Maßnahme Schulbegleitung ermöglichen (vgl. auch Dittmann et al. 2018, S. 49).

Im Bewusstsein dieses schwierigen Zugangs zum Feld sollen im Folgenden einige Praxisansätze aufgegriffen und auf ihr Potenzial sowohl in Bezug auf die

A. Lübeck, *Schulbegleitung im Rollenprekariat*, Rekonstruktive Bildungsforschung 24, https://doi.org/10.1007/978-3-658-25262-5_8

Weiterentwicklung der Maßnahme Schulbegleitung im Speziellen als auch in Bezug auf die Weiterentwicklung eines inklusiven Schulsystems im Allgemeinen hinterfragt werden.

Unbestreitbar nehmen sogenannte „Pool-Lösungen“ den prominentesten Platz unter den Praxisansätzen ein (vgl. Lindmeier 2016). „Pool-Lösung“ ist dabei ein Sammelbegriff für unterschiedliche Formen der Bündelung von Ressourcen, denen allerdings gemeinsam ist, dass

> „[…] eine rigide Handhabe der 1:1 Betreuung aufgelöst und die Handlungsmöglichkeiten der Fachkraft, des Trägers oder der Schule durch die Bündelung von weiteren Aufgaben, Zuständigkeiten und Ressourcen im Kontext einer Klasse oder Schule erweitert werden.“ (Dittmann et al. 2018, S. 144)

Fegert et al. (2016, 93ff.) unterscheiden drei verschiedene Kategorien von Pool-Modellen:

1. *Zusammenlegung von Einzelfallhilfen.* In dieser Variante wird eine Schulbegleiterin bzw. ein Schulbegleiter für mehrere Kinder mit geringerem Unterstützungsbedarf gleichzeitig eingesetzt. Dies bedingt jedoch weiterhin ein personenbezogenes Beantragungsverfahren und erfordert darüber hinaus Abstimmungsprozesse zwischen den antragstellenden Eltern, die sich auf einen Träger einigen und letztlich auch bereit sein müssen, die bereits bewilligte Einzelfallhilfe zugunsten einer solchen Ressourcenbündelung auch aufzugeben (vgl. Thies 2014, S. 236).
2. *Pool-Modelle als Infrastruktur der Eingliederungshilfe.* Diese Form der Pool-Bildung ist in der Regel eine Reaktion der Kosten- und/oder Leistungsträger auf einen hohen Bedarf an Schulbegleitungen im Versuch, durch die Schaffung von entsprechenden Infrastrukturen Ressourcen zu bündeln und effizienter einzusetzen. Diese Variante der Poolbildung ist den Autoren zufolge in der Praxis deutlich häufiger anzutreffen als die Schaffung entsprechender Infrastrukturen an den Schulen selbst (Fegert et al. 2016, S. 95). Ein Beispiel hierfür ist das Modellprojekt der Stadt Lübeck, wo auf Grundlage von Schülerzahlen, sozialen Indikatoren, bisheriger Bedarfslagen und der Einschätzung von Förderzentren Wochenstundenkontingente ermittelt und das daraus resultierende Budget je einem pro Stadtteil zuständigen Träger zur Verfügung gestellt wird, der dann den Einsatz

von Schulbegleiterinnen und Schulbegleitern an den einzelnen Schulen koordiniert (vgl. Hansestadt Lübeck 2014).

3. *Pool-Modelle als schulisches Infrastrukturangebot.* Kerngedanke dieses Modells ist, dass die Schule selbst den Einsatz von Assistenzkräften koordiniert, die nicht mehr zwangsläufig an einzelne Kinder gekoppelt sind. In dieser Variante können die Assistenzkräfte vergleichsweise flexibel und mit einem an die Bedarfe der Schule angepassten Arbeitsauftrag agieren, indem sie beispielsweise auch Schülerinnen und Schüler ohne einen festgestellten Leistungsanspruch unterstützen und somit ggf. präventiv wirken; sie können bei Ganztagsangeboten, Projekten und/oder Ausflügen eingesetzt werden und, je nach Qualifikation und Profil, auch Lehrkräfte unterstützen (vgl. Fegert et al. 2016, 93f.).[28] Dabei ist es sowohl möglich, dass die Schule weiterhin auf die Dienste von Trägern bzw. externen Arbeitgebern zurückgreift oder aber die Kräfte selbst einstellt. Den Autoren zufolge und auch in Anschluss an die in Kap. 0 dargestellten Überlegungen ist dieses Modell in Hinsicht auf das inklusive Paradigma dasjenige, das am Ehesten zu befürworten ist, da es die Verantwortung für die Assistenzkräfte in die Hände der Schulverwaltung legt. Als weiterer Vorteil kann ergänzt werden, dass insbesondere dann, wenn die Schule auch für die Finanzierung und Einstellung der Kräfte aufkommen muss, diese finanzielle Belastung möglicherweise als Motor für weitere Schulentwicklungsprozesse dienen kann; andererseits der Schule gleichzeitig die Gestaltungsfreiheit gibt, ggf. auch höher qualifiziertes Personal einzustellen und das Profil dieses Personals selbständig zu bestimmen. Fegert et al. zufolge werden solche Modelle bislang kaum praktiziert; als Vorreiter jedoch sind die „Schulischen Assistenzkräfte“ in Schleswig-Holstein zu nennen, die, finanziert durch das Ministerium für Schule und Berufsbildung, systemisch in Grundschulen eingesetzt werden (vgl. Ministerium für Schule und Berufsbildung Schleswig-Holstein 2015).

[28] Hier besteht nun eine eindeutige Nähe zu *Pädagogischen Mitarbeiterinnen und Mitarbeitern*, die als systemische Ressource und in der Verantwortung der Einzelschule unterstützend und unabhängig von einzelnen Förderbedarfen in Schulen und Lerngruppen eingesetzt werden können. So werden beispielsweise in Niedersachsen Grundschulen mit einem auf der Schülerzahl basierenden Verteilungsschlüssel mit Pädagogischen Mitarbeiterinnen und Mitarbeitern ausgestattet (vgl. Bolt et al. 2006).

All diese unterschiedlichen Varianten von Pool-Bildung reagieren in ihrer Vielfältigkeit auf einen konkreten Bedarf im Feld. Je nach Konzeptionierung können sie unter anderem

- die Eltern von der Bürokratie der Antragstellung entlasten,
- einzelnen Kindern das Durchlaufen eines stigmatisierenden, defizitorientierten Verfahrens ersparen;
- den Schulen mehr Gestaltungsspielraum und Flexibilität im Einsatz einzelner Kräfte gestatten,
- eine eventuelle Überbetreuung und Stigmatisierung einzelner Kinder vermeiden,
- den Schulbegleiterinnen und -begleitern größere Jobsicherheit und eine stärkere Einbindung in das schulische Kollegium bieten,
- den Blick auch auf über den Einsatz von Assistenzpersonal hinausgehende Schulentwicklungsbedarfe lenken,
- hohe Transaktionskosten zwischen den involvierten Akteuren senken.

Insofern sind all diese Varianten ohne Frage begrüßenswert und stellen wichtige Schritte in der Weiterentwicklung der Maßnahme dar. Doch gleichzeitig werfen sie auch neue Fragen und Probleme auf; etwa, inwiefern die infrastrukturell geleisteten Hilfen tatsächlich vorliegende Bedarfe decken und wie ggf. mit darüber hinausgehenden Bedarfen verfahren wird. Als Reaktion auf diese Überlegungen empfiehlt beispielsweise der Deutsche Verein für öffentliche und private Fürsorge eine Kombination aus systemischer Assistenz, die unabhängig von einzelnen Diagnosen einer gesamten Lerngruppe Unterstützung bietet, und persönlicher Assistenz, die darüber hinausgehende Bedarfe decken soll (2016, S. 12). Hervorzuheben ist, dass alle genannten Modelle eine Schaffung von neuen, gesetzlich und institutionell verankerten Strukturen erfordern (vgl. Dittmann et al. 2018) und zum Aufbau eben jener Strukturen wiederum eigene Ressourcen bedürfen.

Darüber hinaus ist mit Blick auf die Erkenntnisse der vorliegenden Fallstudie zu fragen, ob Veränderungen in der konzeptionellen Rahmung bei all ihren Vorteilen für die jeweils beteiligten Akteure überhaupt einen Einfluss nehmen und nehmen können auf die tatsächliche Gestaltung der Rolle Schulbegleitung im inklusiven Unterricht. Da keines dieser Modelle die etablierten Rollen von Lehrkräften und Schülerinnen und Schülern in ihrer Komplementarität antastet, steht zu befürchten, dass jegliche konzeptionelle Änderungen in Bezug auf die Schulbegleitung letztlich kaum einen Effekt haben werden auf die Frage, wie sie im Unterricht gegenüber Lehrkräften und Schülerinnen und Schülern eine stabile, eigenständige Rolle entwickeln kann. An dieser Stelle besteht folglich ein großes Forschungsdesiderat: Es gilt zu prüfen, ob und in welcher Intensität sich die in der vorliegenden Fallstudie herausgearbeiteten Schwierigkeiten in der Rollenfindung des Schulbegleiters auch in Teams an Schulen zeigen, die mit unterschiedlichen Varianten von Pool-Modellen arbeiten.

Unabhängig von bzw. parallel zur Etablierung unterschiedlicher Formen von Pool-Modellen liegt ein weiterer Entwicklungsstrang in Bezug auf Schulbegleiterinnen und -begleiter in Ansätzen zu deren Qualifizierung. In Kap. 3.3.2.2 wurde bereits dargestellt, dass aufgrund mangelnder Standards in Bezug auf die Qualifikation von Schulbegleiterinnen und -begleitern sich auf dem Markt ein breites Angebot an Aus- und Fortbildungen etabliert hat. Wenngleich aus individueller Perspektive die Teilnahme einer Schulbegleiterin bzw. eines Schulbegleiters an einem solchen Angebot für die eigene Professionalisierung sicherlich positiv ist, so muss sie aus systemischer Perspektive jedoch kritisch hinterfragt werden: Eine Verberuflichung von Schulbegleitung, die mit einer Standardisierung in ihrer Ausbildung einher gehen würde, würde eine nicht-inklusive Behelfslösung verfestigen und die Entwicklung zu einem genuin inklusiven Schulsystem somit behindern.

Vielversprechender und im Lichte inklusiver Schulentwicklung auch bedeutend nachhaltiger scheint es daher, nicht die Schulbegleiterinnen und -begleiter selbst aus- und fortzubilden, sondern die mit ihnen zusammenarbeitenden professionalisierten Akteure; allen voran insbesondere die Lehrkräfte. Da Lehrkräften ohnehin die Verantwortung für den Unterricht und das Klassenleben obliegt, fällt es ihnen in dem Maße, wie der Einsatz einer Schulbegleitung Teil dieses Unterrichts und des Klassenlebens ist, zu, selbige anzuleiten, zu führen und die Zusammenarbeit mit ihr zu gestalten.

Diesen Weg geht auch Bea Zumwald, die nach der Professionalisierung von Lehrkräften für den Einsatz von Schulbegleitungen fragt und drei Kompetenzen herausstellt, die sie in deren Zusammenarbeit für wichtig erachtet. Die erste Kompetenz zielt auf die Sicherstellung von Unterrichtsqualität trotz Einsatz einer nicht-qualifizierten Assistenzperson (die Gefahren diesbezüglich wurden in Kap. 3.2.2.2 erläutert): „Die Lehrperson kennt erfolgversprechende Formen, wie die Assistenz ihr Freiraum schaffen kann, damit sie [die Lehrperson, Anmerkung A.L.] sich um herausfordernde Situationen kümmern kann. Sie kann diese Formen in ihrem Unterricht flexibel anwenden.“ (Zumwald 2015, S. 48) Konkret bedeutet dies, dass eine Lehrkraft dafür Sorge trägt, dass dort, wo pädagogische Fachlichkeit gefordert ist, diese auch geleistet wird und die Schulbegleitung als Unterstützung, nicht aber als Ersatz für pädagogische Fachlichkeit zum Einsatz kommt. Dies kann nicht ohne die zweite von Zumwald genannte Kompetenz gelingen: „Die Lehrperson kennt geeignete Führungs- und Kooperationsformen, die sie zur Rollenklärung mit der Assistenz, zu deren Anleitung und Kompetenzerweiterung nutzen kann, und setzt diese zielführend ein.“ (Zumwald 2015, S. 50) Die dritte Kompetenz bezieht sich auf die Einbindung der Schulbegleitung in die gezielte Förderstrategie des schulbegleiteten Kindes: Die Lehrpersonen „beziehen die Assistenz in die Förderstrategie der Klasse mit ein. Als Voraussetzung hierfür überblicken sie die Lernprozesse der einzelnen Kinder und können das individuelle Lernen in eine unterrichtsleitende Gesamtförderstrategie integrieren.“ (Zumwald 2015, S. 51) Wann, wo und wie eine Lehrkraft diese Kompetenzen erlernen soll, bleibt allerdings offen.

Auch das vom BMBF geförderte Forschungsprojekt „ProFiS: Professionalisierung durch Fallarbeit für die inklusive Schule“ (FKZ 01NV1702A) nimmt die empirisch belegten Spannungsfelder im Einsatz von Schulbegleiterinnen und -begleitern zum Ausgangspunkt für die Forderung nach Fortbildungen, allerdings nicht nur für Lehrkräfte, sondern auch für Schulleitungen, Professionelle aus Sozial- und Sonderpädagogik sowie Schulpsychologinnen und -psychologen. Diese sollen anhand von Fallarbeit für die Zusammenarbeit mit Schulbegleitungen sensibilisiert und für eine Reflexion dahingehend angeregt werden, wie sie ihre eigenen Aufgabenbereiche innerhalb der Organisation Schule, aber auch vor dem Hintergrund der pädagogischen Gesamtkoordination definieren (Demmer und Lübeck i.E.). Mit Bezug auf die in der vorliegenden Arbeit skizzierten gescheiterten Bemühungen des dargestellten Teams, die Rolle des Schulbegleiters in Anlehnung und Abgrenzung an die etablierten Rollen in Schule zu definieren, können vom Handlungsdruck der Praxis entlastete Gelegenheiten der Reflexion im Rahmen von Fortbildungen die Möglichkeit bieten, solche nicht-funktionalen Bearbeitungsstrategien aufzudecken, kritisch-distanziert zu hinterfragen, Erfahrungen von Friktion, Unwohlsein und Unstimmigkeiten in Bezug auf Rollenverhältnisse besser einordnen zu können und ggf. alternative Handlungsmöglichkeiten zu entwickeln.

Fortbildungsansätze, die nicht die Schulbegleiterinnen und Schulbegleiter, sondern das professionell tätige Personal inklusiver Schulen adressieren, erscheinen dabei in zweierlei Hinsicht sinnvoll und vor allem nachhaltig: Sie sensibilisieren einerseits für Rollenfragen in Bezug auf die Zusammenarbeit mit nicht-professionalisiertem Personal und dürften damit – so die Hoffnung! – zu einer Verbesserung dieser Zusammenarbeit beitragen. Darüber hinaus ist in einem sich im Anspruch der Inklusion wandelnden Schulsystem ohnehin auch die eigene (Lehrer-)Rolle vom Wandel betroffen (vgl. u.a. Heinrich et al. 2013; Trumpa 2015; Wilbert und Börnert 2015), sodass solche Reflexionsanlässe auch unabhängig vom Einsatz einer Schulbegleitung (und, bezugnehmend auf die potenzielle Verlaufsform ihres Verschwindens auch darüber hinaus), sinnvoll und konstruktiv sind.

Literaturverzeichnis

Abels, H. (2010). *Interaktion, Identität, Präsentation. Kleine Einführung in interpretative Theorien der Soziologie* (5. Aufl.). Wiesbaden: VS Verlag für Sozialwissenschaften.

AFET – Bundesverband für Erziehungshilfe e.V. (2016). *Dokumentation des ExpertInnengesprächs zu aktuellen rechtlichen und fachlichen Spannungsfeldern bei der Schulbegleitung in Regelschulen.* Hannover: AFET - Bundesverband für Erziehungshilfe e.V. http://www.afet-ev.de/aktuell/AFET_intern/PDF-intern/2015/Expertengespr-Schulbegl-Nov15/01a.Dokumentation_Expertengesprch_04.11.2015.pdf?m=1488976164. Zugegriffen: 8. Juni 2018.

Amrhein, B. (2011). *Inklusion in der Sekundarstufe. Eine empirische Analyse.* Bad Heilbrunn: Klinkhardt.

Arendt, O. (2015). *Inklusive Beschulung durch Schulbegleitung. Stärken und Schwächen dieser Maßnahme für Schülerinnen und Schüler mit Asperger-Syndrom – Eine explorative Untersuchung.* Masterarbeit, Ludwig-Maximilians-Universität München. https://epub.ub.uni-muenchen.de/24930/1/Arendt_Olga_Inklusive_Beschulung_durch_Schulbegleitung.pdf. Zugegriffen: 8. Juni 2018.

Arndt, A.-K., Blasse, N., Budde, J., Heinrich, M., Lübeck, A. & Rohrmann, A. (2017). Schulbegleitung als Forschungsfeld. In J. Budde, A. Dlugosch & T. Sturm (Hrsg.), *(Re-)Konstruktive Inklusionsforschung. Differenzlinien – Handlungsfelder – Empirische Zugänge* (Studien zu Differenz, Bildung und Kultur, Bd. 5, 1. Auflage, 225-240). Leverkusen: Barbara Budrich.

Arndt, A.-K. & Werning, R. (2013). Unterrichtsbezogene Kooperation von Regelschullehrkräften und Lehrkräften für Sonderpädagogik. Ergebnisse eines qualitativen Forschungsprojektes. In R. Werning & A.-K. Arndt (Hrsg.), *Inklusion: Kooperation und Unterricht entwickeln* (S. 12–40). Bad Heilbrunn.

Arndt, A.-K. & Werning, R. (2016). Was kann man von Jakob Muth-Preisträgerschulen lernen? Ergebnisse der Studie „Gute inklusive Schule". In Bertelsmann-Stiftung (Hrsg.), *Inklusion kann gelingen! Forschungsergebnisse und Beispiele guter schulischer Praxis* (S. 105–140). Gütersloh: Verlag Bertelsmann Stiftung.

Artiles, A. & Dyson, A. (2005). Inclusive education in the globalization age. The promise of comparative cultural-historical analysis. In D. R. Mitchell (Hrsg.), *Contextualizing inclusive education. Evaluating old and new international perspectives* (S. 37–62). London: Routledge.

AWO Ruhr-Mitte. (2018). Berufliche Qualifizierung zum Integrationshelfer und zur Integrationshelferin. https://www.awo-ruhr-mitte.de/arbeit-qualifizierung/qualifizierung-bobeq. Zugegriffen: 12. Februar 2018.

AWO Unterbezirk Ennepe-Ruhr. *Qualifizierung zur Schulbegleitung. Individuelle Unterstützung von Kindern und Jugendlichen mit erhöhtem Förderbedarf im schulischen Alltag*, Witten. http://

A. Lübeck, *Schulbegleitung im Rollenprekariat*, Rekonstruktive Bildungsforschung 24, https://doi.org/10.1007/978-3-658-25262-5

www.awo-en.de/sites/default/files/14/dokumente/Flyer%202017_2018_Qualifizierung%20zur%20Schulbegleitung.pdf. Zugegriffen: 5. Februar 2018.

Axmann, J. (2014). Schulassistenz – Gericht stellt Zuständigkeit der Eingliederungshilfe in Frage. *Gemeinsam Leben 4,* 239–242.

Bacher, J., Pfaffenberger, M. & Pöschko, H. (2007). *Arbeitssituation und Weiterbildungsbedarf von Schulassistent/innen.* Linz: Institut für Soziologie, Abteilung für Empirische Sozialforschung. http://www.forschungsnetzwerk.at/downloadpub/schulassistenz_jugendliche_mit_foerderbedarf_ooe_2007.pdf. Zugegriffen: 8. Juni 2018.

Baier, D., Friedemann, A. & Keil, S. (2014). *Qualitätsstandards im Handlungsfeld Schulbegleitung. Entwicklung und Erprobung eines praxisorientierten Qualifizierungscurriculums.* Erfurt.

Baumann, B., Henrich, C. & Studer, M. (2012). Unterrichtsbezogene Kooperation zwischen Regellehrpersonen und Lehrkräften schulischer Heilpädagogik (IF) und Aspekte guten Unterrichts. Kurzbericht, Interkantonale Hochschule für Heilpädagogik. https://edudoc.ch/record/104205/files/zu12079.pdf. Zugegriffen: 8. Juni 2018.

Baumert, J. & Kunter, M. (2006). Stichwort: Professionelle Kompetenz von Lehrkräften. *Zeitschrift für Erziehungswissenschaft 9* (4), 469–520.

Bayerischer Landtag. (2013). Anhörung zum Thema: Schulbegleitung in Bayern. Wortprotokoll, Ausschuss für Soziales, Familie und Arbeit; Ausschuss für Bildung, Jugend und Sport. http://www.inklusive-schule-bayern.de/upload/130131_Protokoll_93.pdf. Zugegriffen: 8. Juni 2018.

Bayerisches Staatsministerium für Bildung, Kultus, Wissenschaft und Kunst. (2013). *Einsatz von Schulbegleitern an allgemeinen Schulen und Förderschulen bei der Beschulung von Schülerinnen und Schülern mit (drohender) seelischer Behinderung i.S.d. § 35a SGB VIII.* München: Bayerisches Staatsministerium für Bildung und Kultus Wissenschaft und Kunst, Bayerischer Landkreistag.

Bayerisches Staatsministerium für Unterricht und Kultus & Verein der Bayerischen Bezirke. (2012). Einsatz von Schulbegleitern an allgemeinen Schulen (Regelschulen) bei der Beschulung von Schüler/innen mit Behinderung i.S.d § 54 Abs. 1, Satz 1 Nr.1 SGB XII (1), 1–6.

Beck, C., Dworschak, W. & Eibner, S. (2010). Schulbegleitung am Förderzentrum mit dem Förderschwerpunkt geistige Entwicklung. *Zeitschrift für Heilpädagogik 61,* 244–254.

Beher, K. & Rauschenbach, T. (2006). Die offene Ganztagsgrundschule in Nordrhein-Westfalen. Ein gelungenes Zusammenspiel von Schule und Jugendhilfe? *Zeitschrift für Erziehungswissenschaft 9* (1), 51–66.

Behörde für Schule und Berufsbildung Hamburg. (2016). *Schulbehörde bewilligt mehr Schulbegleitungen.* http://www.hamburg.de/pressearchiv-fhh/7011290/2016-09-23-bsb-schulbegleitung/. Zugegriffen: 29. Mai 2018.

Bender, S. & Heinrich, M. (2016). Alte schulische Ordnung in neuer Akteurkonstellation? Rekonstruktionen zur Multiprofessionalität und Kooperation im Rahmen schulischer Inklusion. *Zeitschrift für Pädagogik, Beiheft 62,* 90–104.

Bender, S., Heinrich, M. & Lübeck, A. (2017). Zur Notwendigkeit der reflexiven Übergangsgestaltung von Einzelfallorientierung und Universalismus im inklusiven Unterricht. Professionstheoretische Analysen zur veränderten Differenzbearbeitung in der neuen Akteurskonstellation der inklusiven Schule. In J. Budde, A. Dlugosch & T. Sturm (Hrsg.), *(Re-)Konstruktive Inklusionsforschung. Differenzlinien – Handlungsfelder – Empirische Zugänge* (Studien zu Differenz, Bildung und Kultur, Bd. 5, 1. Auflage, S. 337–352). Leverkusen: Barbara Budrich.

Biewer, G. & Schütz, S. (2015). Inklusion. In I. Hedderich, G. Biewer, J. Hollenweger & R. Markowetz (Hrsg.), *Handbuch Inklusion und Sonderpädagogik* (S. 123–127). Bad Heilbrunn: Klinkhardt.

Blasse, N. (2015). Die heterogene Lehrgruppe im Anspruch inklusiven Unterrichts. In J. Budde, N. Blasse, A. Bossen & G. Rißler (Hrsg.), *Heterogenitätsforschung* (S. 293–309). Weinheim: Beltz Juventa.

Blasse, N. (2017). Vielfältige Positionen von Schulbegleitung im Unterricht. In M. Laubner, B. Lindmeier & A. Lübeck (Hrsg.), *Schulbegleitung in der inklusiven Schule. Grundlagen und Praxishilfen* (S. 107–117). Weinheim: Beltz.

Blatchford, P., Bassett, P., Brown, P., Koutsoubou, M., Martin, C., Russell, A. & Webster, R. (2009). The impact of support staff in schools. Results from the Deployment and Impact of Support Staff (DISS) project. The Impact of Support Staff in Schools (Results from Strand 2, Wave 2) (Department for Children, Schools and Families), 1–11. http://maximisingtas.co.uk/assets/content/disss2w2r.pdf. Zugegriffen: 8. Juni 2018.

Blatchford, P., Bassett, P., Brown, P. & Webster, R. (2009). The effect of support staff on pupil engagement and individual attention. *British Educational Research Journal 35* (5), 661–686.

Blatchford, P., Russell Anthony & Webster, R. (2012). *Reassessing the Impact of Teaching Assistants. How research challenges practice and policy*. New York: Routledge.

Blömer-Hausmanns, S. (2014). Integrationshilfe – eine Baustellenbesichtigung. *Gemeinsam Leben 4,* 226–229.

Boger, M.-A. (2017). Theorien der Inklusion – eine Übersicht. *Zeitschrift für Inklusion* (April), 1–20. http://www.inklusion-online.net/index.php/inklusion-online/article/view/413.

Böhm-Kasper, O., Demmer, C. & Gausling, P. (2017). Multiprofessionelle Kooperation im offenen versus gebundenen Ganztag. In B. Lütje-Klose, S. Miller & S. Schwab (Hrsg.), *Inklusion: Profile für die Schul- und Unterrichtsentwicklung in Deutschland, Österreich und der Schweiz. Theoretische Grundlagen Empirische Befunde Praxisbeispiele (Beiträge zur Bildungsforschung)* (S. 111–122). Münster: Waxmann.

Bohnsack, R. (2014). *Rekonstruktive Sozialforschung* (9. Aufl.). Stuttgart: UTB GmbH; Barbara Budrich.

Böing, U. (2013). *Schritte inklusiver Schulentwicklung. Erkenntnisse für die barrierefreie Teilhabe hochgradig sehbehinderter und blinder Kinder und Jugendlicher an inklusiven Bildungsprozessen.* Würzburg: Edition Bentheim.

Böing, U. (2014). Die Soziale Situation blinder und sehbeeinträchtigter Schülerinnen und Schüler in inklusiven Settings. Anfragen an die Rolle der Integrationshilfe. *Gemeinsam Leben 4,* 219–225.

Böing, U. & Köpfer, A. (2017). Schulassistenz aus der Sicht von Schülerinnen und Schülern mit Assistenzerfahrung. In M. Laubner, B. Lindmeier & A. Lübeck (Hrsg.), *Schulbegleitung in der inklusiven Schule. Grundlagen und Praxishilfen* (S. 127–136). Weinheim: Beltz.

Boller, S., Fabel-Lamla, M. & Wischer, B. (2018). Kooperation in der Schule – ein Problemaufriss. *Friedrich Jahresheft* (36), 6–9.

Bolt, G., Ihbe, A., Kapell, K., Kasten, G. & Lange, R. (Niedersächsisches Kultusministerium, Hrsg.). (2006). Pädagogische Mitarbeiterinnen und Mitarbeiter in Grundschulen. https://www.mk.niedersachsen.de/download/115156/Paedagogischen_Mitarbeiterinnen_und_Mitarbeiter_-_Informationen_20170209.pdf. Zugegriffen: 8. Juni 2018.

Breuer, A. (2011). Lehrer-Erzieher-Teams: Kooperation als Differenzierung von Zuständigkeit. In K. Speck, T. Olk, O. Böhm-Kasper, H.-J. Stolz & C. Wiezorek (Hrsg.), *Ganztagsschulische Kooperation und Professionsentwicklung. Studien zu multiprofessionellen Teams und sozialräumlicher Vernetzung* (S. 85–101). Weinheim und Basel: Juventa.

Breuer, A. (2015). *Lehrer-Erzieher-Teams an ganztägigen Grundschulen. Kooperation als Differenzierung von Zuständigkeiten* (Schule und Gesellschaft, Bd. 59). Wiesbaden: Springer VS.

Britze, H. (2012). Schulbegleitung als Leistung der Kinder- und Jugendhilfe. *Bayerisches Landesjugendamt Mitteilungsblatt 12* (3-4), 1–15. http://docplayer.org/22728179-Mitteilungsblatt-schulbegleitung-als-leistung-der-kinderund-jugendhilfe-1.html. Zugegriffen: 29. Mai 2018.

Broer, S. M., Doyle, M. B. & Giangreco, M. F. (2005). Perspectives of Students With Intellectual Disabilities About Their Experiences With Paraprofessional Support. *Council for exceptional children 71* (4), 415–430.

Budde, J. & Hummrich, M. (2015). Inklusion aus erziehungswissenschaftlicher Perspektive. *Erziehungswissenschaft 26* (51), 33–41. http://www.pedocs.de/volltexte/2016/11569/pdf/Erziehungswissenschaft_2015_51_Budde_Hummrich_Inklusion.pdf. Zugegriffen: 27. Oktober 2017.

Bundesministerium für Arbeit und Soziales. (2015). *Abschlussbericht des Bundesministeriums für Arbeit und Soziales über die Tätigkeit der Arbeitsgruppe Bundesteilhabegesetz, Teil A*. Bonn.

Bundesministerium für Familie, Senioren, Frauen und Jugend. (2009). *13. Kinder- und Jugendbericht*, Berlin. https://www.bmfsfj.de/blob/93144/f5f2144cfc504efbc6574af8a1f30455/13-kinder-jugendbericht-data.pdf. Zugegriffen: 29. Mai 2018.

Bundesverband evangelische Behindertenhilfe. (2008). Stellungnahme des BeB zum Gesetz zu dem Übereinkommen der Vereinten Nationen vom 13.12.2006 über die Rechte von Menschen mit Behinderungen sowie dem Fakultativprotokoll vom 13.12.2006. https://beb-ev.de/files/pdf/stellungnahmen/2008-12_stellungnahme_un_konvention.pdf. Zugegriffen: 8. Juni 2018.

Bürli, A. (1997). *Sonderpädagogik international. Vergleiche, Tendenzen, Perspektiven*. Luzern: Ed. SZH/SPC.

Cloos, P. (2010). Soziale Arbeit als Profession. Theoretische Vergewisserungen und Perspektiven. In P. Hammerschmidt (Hrsg.), *Professionalisierung im Widerstreit. Zur Professionalisierungsdiskussion in der sozialen Arbeit, Versuch einer Bilanz* (Materialien der AG SPAK, M 228, 1. Aufl., S. 25–42). Neu-Ulm: AG-SPAK-Bücher.

Combe, A. & Helsper, W. (2002). Professionalität. In H.-U. Otto, T. Rauschenbach & P. Vogel (Hrsg.), *Erziehungswissenschaft: Professionalität und Kompetenz* (S. 29–47). Opladen: Leske & Budrich.

Combe, A. & Helsper, W. (1996). Einleitung: Pädagogische Professionalität. Historische Hypotheken und aktuelle Entwicklungstendenzen. In A. Combe & W. Helsper (Hrsg.), *Pädagogische Professionalität. Untersuchungen zum Typus Pädagogischen Handelns* (S. 9–48). Frankfurt am Main: Suhrkamp.

Dahrendorf, R. (2006). *Homo Sociologicus. Ein Versuch zur Geschichte, Bedeutung und Kritik der Kategorie der sozialen Rolle* (16. Aufl.). Wiesbaden: VS Verlag für Sozialwissenschaften.

Demmer, C., Heinrich, M. & Lübeck, A. (2017a). *Funktion und Funktionalität von Schulbegleitung im inklusiven Schulsystem!? Expertise im Auftrag des AFET.* Hannover: Carl Küster.

Demmer, C., Heinrich, M. & Lübeck, A. (2017b). Rollenklärung als zentrale Professionalisierungsherausforderung im Berufsfeld Schule angesichts von Inklusion. *DDS – Die Deutsche Schule 109* (1), 28–42.

Demmer, C. & Lübeck, A. (i.E.). Professionalisierung durch Fallarbeit für die inklusive Schule (ProFiS) – ein Verbundprojekt zur Handlungskoordination an Schulen durch die zunehmende Konfrontation mit Schulbegleitungen. *Soziale Passagen.*

Deutscher Bundestag. (2008). Von Ausgrenzung zu Gleichberechtigung: Verwirklichung der Rechte von Menschen mit Behinderungen. Ein Handbuch für Abgeordnete zu dem Übereinkommen über die Rechte von Menschen mit Behinderungen und seinem Fakultativprotokoll. Deutsche Übersetzung des Handbuchs der Vereinten Nationen und der Interparlamentarischen Union. http://www.behindertenrechtskonvention.hessen.de/global/show_document.asp?id=aaaaaaaaaaabskm. Zugegriffen: 26. Oktober 2017.

Deutscher Verein für öffentliche und private Fürsorge. (2016). *Empfehlungen des Deutschen Vereins: Von der Schulbegleitung zur Schulassistenz in einem inklusiven Schulsystem*, Berlin. https://www.deutscher-verein.de/de/uploads/empfehlungen-stellungnahmen/2016/dv-20-16-schulassistenz.pdf. Zugegriffen: 6. Juni 2018.

Dewe, B. & Otto, H.-U. (1984). Professionalisierung. In H. Eyferth (Hrsg.), *Handbuch zur Sozialarbeit, Sozialpädagogik* (S. 755–811). Neuwied [u.a.]: Luchterhand.

Dewe, B. & Otto, H.-U. (2015). Profession. In H.-U. Otto & K. Grunwald (Hrsg.), *Handbuch Soziale Arbeit. Grundlagen der Sozialarbeit und Sozialpädagogik* (5., erw. Aufl., S. 1233–1244). München [u.a.]: Reinhardt.

Dexel, T. (2017). *Integrationshelfer*innen im inklusiven Unterricht der Grundschule. Eine qualitativ-rekonstruktive Analyse* (Polyptoton, Band 5). Berlin: LIT Verlag.

Diehl, H., Fischer, C., Miles-Paul, O., Lohest, K.-P., Porr, C. & Scholten, B. (2016). Wenn nicht jetzt, wann dann?! Zum aktuellen Stand der Debatte um eine inklusive Lösung. *Dialog Erziehungshilfe* (1), 14–21.

Dinsleder, C. & Steinwand, J. (2018). Kooperation als Allheilmittel? Darüber müssen wir reden. *Friedrich Jahresheft* (36), 20–21.

Dittmann, E., Müller, H., Pöhland, C. & Rock, K. (2018). *Potenziale und Grenzen von Integrationshilfen an Regelschulen. Expertise* (1. Auflage). Norderstedt: Books on Demand.

Donner + Partner Bildungszentren. (2017). Weiterbildung zur Inklusionsassistenz (Schulbegleiter). http://donner-partner.de/?gf_pdf=1&fid=1&lid=816&template=dp_web.php&download=1. Zugegriffen: 12. Februar 2018.

Dorrance, C. (2015). Die UN-BRK – ein Menschenrechtsdokument und seine Herausforderungen für die Gestaltung des Bildungssystems – oder: Warum die Berücksichtigung der UN-BRK kein Zukunftsprojekt ist, sondern unmittelbar geltendes Recht. In G. Geiger (Hrsg.), *Inklusion - ein Menschenrecht. Was hat sich getan was kann man tun?* (S. 53–73). Opladen [u.a.]: Budrich.

Dortmunder Arbeitsstelle für Kinder- und Jugendhilfestatistik. (2016). Eingliederungshilfen - Zunehmend eine Frage der Kooperation von Jugendhilfe und Schule. *Kommentierte Daten der Jugendhilfe 19* (1), 4–7. http://www.akjstat.tu-dortmund.de/fileadmin/Komdat/2016_Heft1_KomDat.pdf.

Dreitzel, H. P. (1968). *Die gesellschaftlichen Leiden und das Leiden an der Gesellschaft. Vorstudien zu einer Pathologie des Rollenverhaltens* (Göttinger Abhandlungen zur Soziologie und ihrer Grenzgebiete, Bd. 14). Stuttgart: Enke.

Dresing, T. & Pehl, T. (Hrsg.). (2015). *Praxisbuch Interview, Transkription & Analyse. Anleitungen und Regelsysteme für qualitativ Forschende* (6. Auflage). Marburg: Dr. Dresing und Pehl GmbH.

Dworschak, W. (2010). Schulbegleiter, Integrationshelfer, Schulassistent? Begriffliche Klärung einer Maßnahme zur Integration in die Allgemeine Schule bzw. die Förderschule. *Teilhabe 49* (3), 131–135.

Dworschak, W. (2012a). Assistenz in der Schule. Pädagogische Reflexionen zur Schulbegleitung im Spannungsfeld von Schulrecht und Eingliederungshilfe. *Lernen konkret 4,* 2–7.

Dworschak, W. (2012b). Schulbegleitung im Förderschwerpunkt geistige Entwicklung an der allgemeinen Schule. *Gemeinsam Leben 2,* 80–94.

Dworschak, W. (2012c). *Schulbegleitung/Integrationshilfe. Ergebnisse einer Studie des Lebenshilfe-Landesverbands Bayern*, Erlangen. https://epub.ub.uni-muenchen.de/13105/1/Dworschak_13105.pdf. Zugegriffen: 8. Juni 2018.

Dworschak, W. (2015). Zur Bedeutung von Kontextfaktoren im Hinblick auf den Erhalt einer Schulbegleitung – Eine empirische Analyse im Förderschwerpunkt geistige Entwicklung an bayerischen Förderschulen. *Empirische Sonderpädagogik 7* (1), 56–72.

Dworschak, W. (2017). Zur Gewährung von Schulbegleitung – Wer erhält in welchem Umfang eine Schulbegleitung? In M. Laubner, B. Lindmeier & A. Lübeck (Hrsg.), *Schulbegleitung in der inklusiven Schule. Grundlagen und Praxishilfen* (S. 37–49). Weinheim: Beltz.

Dworschak, W. & Reuter, U. (2012). Offene Fragen und Handlungsbedarf zur Schulbegleitung. *Lernen konkret 4,* 32.

Ehrenberg, K. & Lücke, M. (2017). „Der hat immer 'ne zweite Mutter bei sich." Peerkontakte bei Schulassistenz aus der Perspektive von Grundschülerinnen und Grundschülern. *Sonderpädagogische Förderung heute 62* (1), 34–45.

EuBiA. (2018). Qualifizierung zum Schulassistenz, Schulbegleiter/in, Integrationshelfer/in. http://www.eubia.eu/uploads/tx_twkdb/Flyer_Schulassistenz_neu_A.pdf. Zugegriffen: 8. Juni 2018.

Fegert, J. M., Henn, K. & Ziegenhain, U. (2015). *Zur gegenwärtigen Situation von Schulbegleiter/innen und ihrer verbesserten Aus- und Fortbildung* (Henry-Huthmacher, C., Hrsg.). Sankt Augustin: Konrad-Adenauer-Stiftung e.V. http://www.kas.de/wf/doc/kas_42671-544-1-30.pdf?150929110010, 21-25. Zugegriffen: 8. Juni 2018.

Fegert, J. M., Ziegenhain, U., Schönecker, L. & Meysen, T. (2016). *Schulbegleitung als Beitrag zur Inklusion. Bestandsaufnahme und Rechtsexpertise* (Schriftenreihe der Baden-Württemberg-Stiftung, Nr. 81). Stuttgart.

Fischer, E., Preiß, H. & Quandt, J. (2017). *Kooperation – der Schlüssel für Inklusion!? Studien zur Zusammenarbeit zwischen Lehrkräften allgemeiner Schulen und Lehrkräften für Sonderpädagogik* (Lehren und Lernen mit behinderten Menschen, v.37). Oberhausen: ATHENA-Verlag.

Freie Wohlfahrtspflege NRW. (2014). *Schulbegleitung – ein wichtiger Baustein auf dem Weg zu einem inklusiven Schulsystem*. Münster: Freie Wohlfahrtspflege NRW.

Fuller, F. F. & Brown, O. (1975). Becoming a Teacher. In K. Ryan (Hrsg.), *Teacher education* (The Seventy-Fourth Yearbook of the National Society for the Study of Education, Bd. 74,2, S. 25–52). Chicago, Ill.: Univ. of Chicago Press.

Garz, D. & Raven, U. (2015). *Theorie der Lebenspraxis. Einführung in das Werk Ulrich Oevermanns*. Wiesbaden: Springer Berlin Heidelberg.

Gebhard, S., Happe, C., Paape, M., Riestenpatt, J., Vägler, A., Wollenweber, K. U. & Castello, A. (2014). Merkmale und Bewertung der Kooperation von Sonderpädagogen und Regelschullehrkräften in inklusiven Unterrichtssettings. *Empirische Sonderpädagogik 6* (1), 17–32.

Geist, E.-M. (2017). Qualifikation und Qualifizierung von Schulbegleitung. In M. Laubner, B. Lindmeier & A. Lübeck (Hrsg.), *Schulbegleitung in der inklusiven Schule. Grundlagen und Praxishilfen* (S. 50–65). Weinheim: Beltz.

Giangreco, M. F., Broer, S. M. & Edelman, S. W. (2001). Teacher Engagement With Students With Disabilities: Differences Between Paraprofessional Service Delivery Models. *Research and Practice for Persons with Severe Disabilities 26* (2), 75–86.

Giangreco, M. F., Edelman, S. W., Evans Luiselli, T. & MacFarland, S. Z.C. (1997). Helping or Hovering? Effects of Instructional Assistant Proximity on Students with Disabilities. *Exceptional Children 64* (1), 7–16.

Giddens, A. (1988). *Die Konstitution der Gesellschaft*. Frankfurt: Campus-Verlag.

Gräsel, C., Fußangel, K. & Pröbstel, C. (2006). Lehrkräfte zur Kooperation anregen – eine Aufgabe für Sisyphos? *Zeitschrift für Pädagogik 52* (2), 205–219.

Griese, H. M. (2014). Rolle. In G. Endruweit, G. Trommsdorff & N. Burzan (Hrsg.), *Wörterbuch der Soziologie* (3., völlig überarb. Aufl., S. 411–415). Konstanz: UVK Verlagsgesellschaft mbH (UTB).

Griese, H. M., Nikles, B. W. & Rülcker, C. (Hrsg.). (1977). *Soziale Rolle. Zur Vermittlung von Individuum und Gesellschaft ; ein soziologisches Studien- und Arbeitsbuch* (Uni-Taschenbücher, Bd. 654, 1. Aufl.). Opladen: Leske + Budrich.

Gröhlich, C., Drossel, K. & Winkelsett, D. (2015). Multiprofessionelle Kooperation in Ganztagsgymnasien: Umsetzung und Rahmenbedingungen. In H. Wendt & W. Bos (Hrsg.), *Auf dem Weg zum Ganztagsgymnasium. Erste Ergebnisse der wissenschaftlichen Begleitforschung zum Projekt Ganz In* (S. 178–200). Münster: Waxmann.

Hamann, G., Venohr, S. & Stahnke, J. (2017, 5. Oktober). So viele Schulstunden fallen bundesweit aus. *Zeit*. https://www.zeit.de/gesellschaft/schule/2017-10/unterrichtsausfall-schule-bildung-studie-eltern. Zugegriffen: 14. Juni 2018.

Hansestadt Lübeck. (2014). *Zwischenbericht Projekt „Poolbildung zur Beförderung einer inklusiven Beschulung"*. http://www.luebeck.de/stadt_politik/buergerinfo/bi/___tmp/tmp/45081036870916004/870916004/01028830/30.pdf. Zugegriffen: 29. Mai 2018.

Hattie, J. (2009). *Visible learning. A synthesis of over 800 meta-analyses relating to achievement* (Repr). London [u.a.]: Routledge.

Hattie, J. (2014). *Lernen sichtbar machen für Lehrpersonen* (Überarbeitete deutschsprachige Ausgabe, durchgesehener Nachdruck der ersten Auflage). Baltmannsweiler: Schneider Verlag Hohengehren.

Heimlich, U. (2015). Integration. In I. Hedderich, G. Biewer, J. Hollenweger & R. Markowetz (Hrsg.), *Handbuch Inklusion und Sonderpädagogik* (S. 118–122). Bad Heilbrunn: Klinkhardt.

Heinrich, M. (2006). Zur methodischen Funktion von Dilemmainterviews in der Schulentwicklungsforschung. In S. Rahm, I. Mammes & M. Schratz (Hrsg.), *Schulpädagogische Forschung. 2. Organisations- und Bildungsprozessforschung. Perspektiven innovativer Ansätze* (S. 83–95). Innsbruck.

Heinrich, M. (2016a). Professionalisierbarkeit von Schulbegleitungen? In A. Lübeck & M. Heinrich (Hrsg.), *Schulbegleitung im Professionalisierungsdilemma. Rekonstruktionen zur inklusiven Beschulung* (Pädagogik im Widerspruch, Band 14, S. 5–31). Münster: MV-Wissenschaft.

Heinrich, M. (2016b). Von der Neutralitätsfiktion zur kritisch-konstruktiven empirischen Bildungsforschung. *Bildung und Erziehung 69* (4), 431–447. doi:10.7788/bue-2016-0405

Heinrich, M., Arndt, A.-K. & Werning, R. (2014). Von Fördertanten und Gymnasialempfehlungskindern. *ZISU 3,* 48–71.

Heinrich, M. & Lübeck, A. (2013). Hilflose häkelnde Helfer? Zur pädagogischen Rationalität von Integrationshelfer/inne/n im inklusiven Unterricht. *Bildungsforschung 10,* 91–110.

Heinrich, M. & Lübeck, A. (2015). Inklusion stört den Unterricht? Probleme von und mit Integrationshelfern im inklusiven Unterricht. *Friedrich Jahresheft,* 80–82.

Heinrich, M., Urban, M. & Werning, R. (2013). Grundlagen, Handlungsstrategien und Forschungsperspektiven für die Ausbildung und Professionalisierung von Fachkräften für inklusive Schulen. In H. Döbert & H. Weishaupt (Hrsg.), *Inklusive Bildung professionell gestalten* (S. 69–133). Münster: Waxmann.

Helfferich, C. (2011). *Die Qualität qualitativer Daten. Manual für die Durchführung qualitativer Interviews* (4. Auflage). Wiesbaden: VS Verlag für Sozialwissenschaften / Springer Fachmedien Wiesbaden GmbH Wiesbaden.

Helsper, W. & Tippelt, R. (2011). Ende der Profession und Professionalisierung ohne Ende? Zwischenbilanz einer unabgeschlossenen Diskussion. In W. Helsper & R. Tippelt (Hrsg.), *Pädagogische Professionalität (Zeitschrift für Pädagogik, Beiheft 57)* (S. 268–288). Weinheim: Beltz.

Helsper, W. (1996). Antinomien des Lehrerhandelns in modernisierten pädagogischen Kulturen. In A. Combe & W. Helsper (Hrsg.), *Pädagogische Professionalität. Untersuchungen zum Typus Pädagogischen Handelns* (S. 521–569). Frankfurt am Main: Suhrkamp.

Helsper, W. (2002). Lehrerprofessionalität als antinomische Handlungsstruktur. In M. Kraul & C. Schweppe (Hrsg.), *Biographie und Profession* (S. 64–102). Bad Heilbrunn: Klinkhardt Verlag.

Helsper, W. (2004). Pädagogisches Handeln in den Antinomien der Moderne. In H.-h. Krüger & W. Helsper (Hrsg.), *Einführung in Grundbegriffe und Grundfragen der Erziehungswissenschaft* (UTB Erziehungswissenschaft, Bd. 8092, 6., überarb. und aktualisierte Aufl., S. 15–34). Wiesbaden: VS Verlag für Sozialwissenschaften.

Henn, K., Thurn, L., Besier, T., Künster, A. K., Fegert, J. M. & Ziegenhain, U. (2014). Schulbegleiter als Unterstützung von Inklusion im Schulwesen. *Zeitschrift für Kinder- und Jugendpsychiatrie und Psychotherapie 42* (6), 397–403.

Herz, B., Meyer, M. & Liesebach, J. (2018). Integrationshelferinnen und Integrationshelfer in der schulischen Erziehungshilfe. *Vierteljahresschrift für Heilpädagogik und ihre Nachbargebiete 87*, 1–20. https://www.reinhardt-journals.de/index.php/vhn/article/viewFile/3266/4562. Zugegriffen: 8. Juni 2018.

Herzmann, P. & König, J. (2016). *Lehrerberuf und Lehrerbildung* (Studientexte Bildungswissenschaft, Bd. 4337). Bad Heilbrunn: Verlag Julius Klinkhardt.

Hesse, H. A. (1972). *Berufe im Wandel. Ein Beitrag zur Soziologie des Berufs der Berufspolitik und des Berufsrechts* (Flexibles Taschenbuch, 2., überarb. Aufl.). Stuttgart: Ferdinand Enke Verlag.

Hinz, A. (2004). Vom sonderpädagogischen Verständnis der Integration zum integrationspädagogischen Verständnis der Inklusion!? In I. Schnell & A. Sander (Hrsg.), *Inklusive Pädagogik* (S. 41–74). Bad Heilbrunn: Klinkhardt.

Hinz, A. (2013). Inklusion – von der Unkenntnis zur Unkenntlichkeit !? Kritische Anmerkungen zu einem Jahrzehnt Diskurs über schulische Inklusion in Deutschland. *Zeitschrift für Inklusion* (April). http://www.inklusion-online.net/index.php/inklusion-online/article/view/26. Zugegriffen: 8. Juni 2018.

Hinz, A. (2014). Inklusion im Bildungskontext: Begriffe und Ziele. In S. Kroworsch (Hrsg.), *Inklusion im deutschen Schulsystem. Barrieren und Lösungswege* (Sozialhilfe und Sozialpolitik, S 11, S. 15–25). Berlin: Dt. Verein für Öffentliche und Private Fürsorge.

Huberman, M. (1991). Der berufliche Lebenszyklus von Lehrern: Ergebnisse einer empirischen Untersuchung. In E. Terhart (Hrsg.), *Unterrichten als Beruf. Neuere amerikanische und englische Arbeiten zur Berufskultur und Berufsbiographie von Lehrern und Lehrerinnen* (Studien und Dokumentationen zur vergleichenden Bildungsforschung, Bd. 50, S. 249–267). Köln [u.a.]: Böhlau.

Hummrich, M. & Kramer, R.-T. (2011). Zur materialen Rationalität pädagogischer Ordnungen. Die Rekonstruktion pädagogischer Generationsbeziehungen mit der Objektiven Hermeneutik. *ZQF*, 217–238.

Idel, T.-S. (2018). Differenzsensible Kollegialität. Voraussetzungen, Zumutungen und Grenzen kooperativen Handelns von Lehrkräften. *Friedrich Jahresheft* (36), 48–49.

Idel, T.-S. & Ullrich, H. (2013). „Die Gruppe ist doch gut, auch wenn wir uns nicht ausgesucht haben." Kooperation in Zwangsgemeinschaften. In M. Keller-Schneider (Hrsg.), *Professionalität und Kooperation in Schulen: Beiträge zur Diskussion über Schulqualität* (S. 57–70). Bad Heilbrunn: Klinkhardt.

Ilien, A. (2008). *Lehrerprofession* (2. überarbeitete Auflage). Wiesbaden: VS Verlag für Sozialwissenschaften.

Joas, H. (1991). Rollen- und Interaktionstheorien in der Sozialisationsforschung. In K. Hurrelmann & D. Ulich (Hrsg.), *Neues Handbuch der Sozialisationsforschung* (S. 137–152). Weinheim: Beltz.

Johannsen, H.-W. (2018). „Nur unsere Leuchttürme strahlen noch!" Der schwierige Weg in die Inklusion. *DDS - Die Deutsche Schule 110* (1), 87–98.

Jörissen, B. (2010). George Herbert Mead. Geist , Identität und Gesellschaft aus der Perspektive des Sozialbehaviorismus. In B. Jörissen & J. Zirfas (Hrsg.), *Schlüsselwerke der Identitätsforschung* (S. 87–108). Wiesbaden: Springer VS.

Kalthoff, H. & Kelle, H. (2000). Pragmatik schulischer Ordnung. Zur Bedeutung von „Regeln" im Schulalltag. *Zeitschrift für Pädagogik 46* (5), 691–710.

Kant, I. (1978). Über Pädagogik. In I. Kant & W. Weischedel (Hrsg.), *Schriften zur Anthropologie, Geschichtsphilosophie, Politik und Pädagogik 1. Werkausgabe Band XI* (Suhrkamp-Taschenbuch Wissenschaft, 2. Aufl., S. 695–767). Frankfurt am Main: Suhrkamp.

Keil, S. (2011). Qualifikation und Arbeitsfeld von Schulbegleitern / Integrationshelfern an Thüringer Grund- und Regelschulen. In S. Börner, T. Buchholz & J. Fischer (Hrsg.), *Gemeinsamer Unterricht in Thüringen - Bilanz und Perspektiven. Tagungsband des 5. Landesweiten Integrationstages Thüringen 2010* (S. 47–50). Erfurt: Friedrich-Ebert-Stiftung.

Kißgen, R., Franke, S., Ladinig, B., Mays, D. & Carlitschek, J. (2013). Schulbegleitung an Förderschulen in Nordrhein-Westfalen: Ausgangslage, Studienkonzeption und erste Ergebnisse. *Empirische Sonderpädagogik 3,* 263–276.

Kiuppis, F. (2014). *Heterogene Inklusivität, inklusive Heterogenität. Fallstudie über den Bedeutungswandel imaginierter pädagogischer Konzepte im Kontext internationaler Organisationen* (Internationale Hochschulschriften, Bd. 609). Münster [u.a.]: Waxmann.

Klemm, K. (2012). *Zusätzliche Ausgaben für ein inklusives Schulsystem in Deutschland.* Gütersloh: Bertelsmann Stiftung. http://www.schul-inklusion.de/studie-inklusion-bertelsmann.pdf. Zugegriffen: 8. Juni 2018.

Klemm, K. (2014). Auf dem Weg zur inklusiven Schule. Versuch einer bildungsstatistischen Zwischenbilanz. *Zeitschrift für Erziehungswissenschaft 17* (4), 625–637.

Klemm, K. & Zorn, D. (Bertelsmann-Stiftung, Hrsg.). (2018). Lehrkräfte dringend gesucht. Bedarf und Angebot für die Primarstufe. https://www.bertelsmann-stiftung.de/fileadmin/files/BSt/Publikationen/GrauePublikationen/BST-17-032_Broschuere-Lehrkraefte_dringend_gesucht_GESAMT_WEB.pdf.

Knuf, O. (2013). Von der Schulbegleitung zum Teilhabemanagement. In V. Moser & H. Deppe-Wolfinger (Hrsg.), *Die inklusive Schule. Standards für die Umsetzung* (S. 93–99). Stuttgart: Kohlhammer.

Kobi, E. E. (1997). Was bedeutet Integration? Analyse eines Begriffs. In H. Eberwein (Hrsg.), *Handbuch Integrationspädagogik. Kinder mit und ohne Behinderung lernen gemeinsam* (Beltz-Handbuch, 4., unveränd. Aufl., Neuausg, S. 71–79). Weinheim: Beltz.

Köker, A. (2012). *Bedeutungen obligatorischer Zusammenarbeit von Lehrerinnen und Lehrern. Eine neue Perspektive auf Professionelle Lerngemeinschaften* (Klinkhardt Forschung). Bad Heilbrunn: Klinkhardt.

Kosorok Labhart, C. & Maeder, C. (2016). Aushandlungsordnungen multiprofessioneller Teams an einer integrativen Primarschule. Ethnographische Einblicke. In A. Kreis, J. Wick & C. Kosorok Labhart (Hrsg.), *Kooperation im Kontext schulischer Heterogenität* (Netzwerke im Bildungsbereich, Band 9, S. 223–242). Münster: Waxmann.

Kremer, G. (2012). „Wer passt denn heute auf mich auf?" Chancen und Probleme des Einsatzes von Integrationshelfern in der Schule. *Systhema 2* (26), 152–161.

Kullmann, H., Lütje-Klose, B. & Textor, A. (2014). Eine Allgemeine Didaktik für inklusive Lerngruppen – fünf Leitprinzipien als Grundlage eines Bielefelder Ansatzes der Inklusiven Didaktik. In B. Amrhein & M. Dziak-Mahler (Hrsg.), *Fachdidaktik inklusiv. Auf der Suche nach didaktischen Leitlinien für den Umgang mit Vielfalt in der Schule* (LehrerInnenbildung gestalten, Band 3, S. 89–107). Münster: Waxmann.

Lamnek, S. (2010). *Qualitative Sozialforschung*. Weinheim: Beltz.

Lau, R. & Lübeck, A. (2017). Individualisierung und Leistung in der gymnasialen Oberstufe am Beispiel des Oberstufen-Kollegs. In A. Textor, S. Grüter, I. Schiermeyer-Reichl & B. Streese (Hrsg.), *Leistung inklusive? Inklusion in der Leistungsgesellschaft. Band II: Unterricht, Leistungsbewertung und Schulentwicklung* (S. 247–254). Bad Heilbrunn: Julius Klinkhardt.

Laubner, M. (2013). „Also das ist unsere Förderlehrerin" – Deutungsmuster von Schülerinnen und Schülern zum Zwei-Lehrer-System im Gemeinsamen Unterricht. In B. Herz (Hrsg.), *Schulische und außerschulische Erziehungshilfe* (S. 155–170). Bad Heilbrunn: Klinkhardt.

Laubner, M. (2014). Deutungsmuster von Schülern zum Zwei-Lehrer-System. In A.-K. Arndt, A. Harting, P. Katzer, M. Laubner, S. Stenger & R. Werning (Hrsg.), *Inklusiver Unterricht. Leitideen zur Organisation und Kooperation* (Schulmanagement-Handbuch, S. 25–35). München: Oldenbourg.

Laubner, M., Lindmeier, B. & Lübeck, A. (2017). Schulbegleitung in der inklusiven Schule - Einführung in das Herausgeberwerk. In M. Laubner, B. Lindmeier & A. Lübeck (Hrsg.), *Schulbegleitung in der inklusiven Schule. Grundlagen und Praxishilfen* (S. 7–10). Weinheim: Beltz.

Lebenshilfe Kreisverband Paderborn. (2015). Integrationshilfe in Schulen – Praxismappe. https://www.bezreg-detmold.nrw.de/200_Aufgaben/025_Schule/010_Inklusion/pdf-Inklusion/Paderborn_Praxismappe-Onlinefassung.pdf. Zugegriffen: 3. Januar 2018.

Leggatt, T. (1970). Teaching as a Profession. In J. A. Jackson (Hrsg.), *Professions and professionalization* (Sociological studies, Bd. 3, S. 155–177). Cambridge: Cambridge UP.

Lindmeier, B. (2016). Schulassistenz – können Poolmodelle die Entwicklung inklusiver Schulstrukturen fördern? In T. Sturm, A. Köpfer & B. Wagener (Hrsg.), *Bildungs- und Erziehungsorganisationen im Spannungsfeld von Inklusion und Ökonomisierung* (S. 344–353). Bad Heilbrunn: Verlag Julius Klinkhardt.

Lindmeier, B. & Dworschak, W. (2017). Zur Notwendigkeit der konzeptionellen Weiterentwicklung der Maßnahme Schulbegleitung. In M. Laubner, B. Lindmeier & A. Lübeck (Hrsg.), *Schulbegleitung in der inklusiven Schule. Grundlagen und Praxishilfen* (S. 150–159). Weinheim: Beltz.

Lindmeier, B. & Ehrenberg, K. (2017). „In manchen Momenten wünsch ich mir auch, dass sie gar nicht da sind." – Schulassistenz aus der Perspektive von Mitschülerinnen und Mitschülern. In M. Laubner, B. Lindmeier & A. Lübeck (Hrsg.), *Schulbegleitung in der inklusiven Schule. Grundlagen und Praxishilfen* (S. 137–149). Weinheim: Beltz.

Lindmeier, B. & Polleschner, S. (2014). Schulassistenz - ein Beitrag zu einer inklusiven Schule oder zur Verfestigung nicht inklusiver Schulstrukturen? *Gemeinsam Leben 4,* 195–205.

Lindmeier, B., Polleschner, S. & Thiel, S. (2014). Schulassistenz in der Region Hannover – Bericht zur Fachtagung „Rolle der Schulassistenz in inklusiven Grundschulen" am 25.4.2014, Region Hannover. https://www.hannover.de/content/download/558709/12834545/file/Gesamtbericht+zum++Fachtag+Rolle+von+Schulassistenz+in+inklusiven+Grundschulen.pdf. Zugegriffen: 8. Juni 2018.

Lindmeier, C. & Lütje-Klose, B. (2015). Inklusion als Querschnittsaufgabe in der Erziehungswissenschaft. *Erziehungswissenschaft 26* (51), 7–16.

Lortie, D. C. (1972). Team-Teaching: Versuch der Beschreibung einer zukünftigen Schule. In H.-W. Dechert (Hrsg.), *Team-Teaching in der Schule. Versuch der Beschreibung einer zukünftigen Schule* (S. 37–76). München: Piper.

Löser, J. M. & Werning, R. (2015). Inklusion - allgegenwärtig, kontrovers, diffus? *Erziehungswissenschaft 26* (51), 17–24. http://www.pedocs.de/volltexte/2016/11567/pdf/Erziehungswissenschaft_2015_51_Loeser_Werning_Inklusion.pdf. Zugegriffen: 27. Oktober 2017.

Lübeck, A. (2016a). „Wenn man nicht integriert ist an der Schule, kann man auch nicht als Integrationshelfer arbeiten." Spannungsfelder zum Einsatz von Schulbegleitungen aus wissenschaftlicher Perspektive. *Dialog Erziehungshilfe 1,* 46–50.

Lübeck, A. (2016b). Die Rollenfindung der Schulbegleitung – eine Entwicklungsaufgabe. In A. Lübeck & M. Heinrich (Hrsg.), *Schulbegleitung im Professionalisierungsdilemma. Rekonstruktionen zur inklusiven Beschulung* (Pädagogik im Widerspruch, Band 14, S. 143–147). Münster: MV-Wissenschaft.

Lübeck, A. (2016c). Frau Brunner in der Professionalisierungsfalle: Ein rekonstruktiver Blick auf Strukturprobleme von Schulbegleitungen. In A. Lübeck & M. Heinrich (Hrsg.), *Schulbegleitung im Professionalisierungsdilemma. Rekonstruktionen zur inklusiven Beschulung* (Pädagogik im Widerspruch, Band 14, S. 33–128). Münster: MV-Wissenschaft.

Lübeck, A. (2017). Außen vor und doch dabei? Zur Einbindung der Schulbegleitung ins schulische Kollegium. In M. Laubner, B. Lindmeier & A. Lübeck (Hrsg.), *Schulbegleitung in der inklusiven Schule. Grundlagen und Praxishilfen* (S. 66–73). Weinheim: Beltz.

Lübeck, A. (2018). „Die sind ab heute jetzt bei uns in der Klasse." Kooperation mit Schulbegleitungen. *Friedrich Jahresheft 36,* 73–75.

Lütje-Klose, B., Neumann, P. & Streese, B. (2017). Schulische Inklusion in Nordrhein-Westfalen (NRW) – sieben Jahre nach Ratifizierung der UN-BRK. *Zeitschrift für Inklusion* (2).

Lütje-Klose, B. & Urban, M. (2014). Professionelle Kooperation als wesentliche Bedingung inklusiver Schul- und Unterrichtsentwicklung. Teil 1. Grundlagen und Modelle inklusiver Kooperation. *Vierteljahresschrift für Heilpädagogik und ihre Nachbargebiete 83* (2), 112–123.

LWR-Berufskolleg. (2017). Zertifikatskurs Inklusionsassistentin/Inklusionsassistent. http://www.berufskolleg.lvr.de/media/lvr_berufskolleg/pdfg/flyer/Flyer_ZKIA_2017.pdf. Zugegriffen: 12. Februar 2018.

Markowetz, R. & Jerosenko, A. (2016). Modellprojekt „Integrationshelfer in der inklusiven Schule". Abschlussbericht der wissenschaftlichen Begleitung, Ludwig-Maximilians-Universität München. http://bildungspakt-bayern.de/wp-content/uploads/2016/09/Abschlussbericht_wissenschaftliche_Begleitung.pdf. Zugegriffen: 8. Juni 2018.

Maykus, S. (2004). Kooperation von Lehrern und Sozialpädagogen – regulierte Machtverhältnisse als Voraussetzung und Ergebnis einer funktionalen Kooperationsstruktur und -kultur? In B. Hartnuß & S. Maykus (Hrsg.), *Handbuch Kooperation von Jugendhilfe und Schule. Ein Leitfaden für Praxisreflexionen, theoretische Verortungen und Forschungsfragen* (Hand- und Arbeitsbücher / Deutscher Verein für Öffentliche und Private Fürsorge, Bd. 9, S. 349–370). Berlin: Dt. Verein für Öffentliche und Private Fürsorge.

Mead, G. H. (1973). *Geist, Identität und Gesellschaft*. Frankfurt am Main: Suhrkamp.

Merton, R. K. (1967). Der Rollen-Set: Probleme der soziologischen Theorie. In H. Hartmann (Hrsg.), *Moderne amerikanische Soziologie. Neuere Beiträge zur soziologischen Theorie* (S. 255–268). Stuttgart: Enke.

Ministerium für Schule und Berufsbildung Schleswig-Holstein. (2015). Finanzierung von Schulischer Assistenz an Grundschulen und Grundschulteilen an organisatorisch verbundenen Schulen (Jahrgangsstufen 1-4) an allgemein bildenden Ersatzschulen und Schulen der dänischen Minderheit ab dem Schuljahr 2015/16 durch das Land Schleswig-Holstein. *NBl.MSB.Schl.-H.*, 220–225. https://schulrecht-sh.de/texte/s/schulische_assistenz.pdf. Zugegriffen: 25. Mai 2018.

Monitoring-Stelle der UN-Behindertenrechtskonvention (Deutsches Institut für Menschenrechte, Hrsg.). Inklusive Bildung ist ein Menschenrecht. Warum es die inklusive Schule für alle geben muss. https://www.institut-fuer-menschenrechte.de/fileadmin/user_upload/Publikationen/POSITION/Position_10_Inklusive_Bildung.pdf. Zugegriffen: 8. Juni 2018.

Mühlum, A. (2012). Berufsgeschichte oder Professionsgeschichte? Von der ehrenamtlichen Fürsorge zur professionellen Sozialen Arbeit. *Soziale Arbeit* (9/10), 326–332.

Müller, K. & Gingelmaier, S. (2018). Kontroverse Inklusion - Anspruch und Widerspruch in der schulpädagogischen Auseinandersetzung. In K. Müller & S. Gingelmaier (Hrsg.), *Kontroverse Inklusion. Ansprüche, Umsetzungen und Widersprüche in der Schulpädagogik* (1. Auflage, S. 9–19). Weinheim und Basel: Beltz Juventa.

Netzwerk Artikel 3 e.V. (o.J.). *Übereinkommen über die Rechte von Menschen mit Behinderungen. Korrigierte Fassung der zwischen Deutschland, Liechtenstein, Österreich und der Schweiz abgestimmten Übersetzung (Schattenübersetzung).*

Oehlmann, S. (2012). *Kindbilder von pädagogischen Fachkräften. Eine Studie zu den Kindbildern von Lehrkräften und Erzieherinnen*. Weinheim [u.a.]: Beltz Juventa.

Oevermann, U. (2002a). Professionalisierungsbedürftigkeit und Professionalisierheit pädagogischen Handelns. In M. Kraul & C. Schweppe (Hrsg.), *Biographie und Profession* (S. 19–63). Bad Heilbrunn: Klinkhardt Verlag.

Oevermann, U. (1981). *Fallrekonstruktionen und Strukturgeneralisierung als Beitrag der objektiven Hermeneutik zur soziologisch-strukturtheoretischen Analyse*. Frankfurt am Main.

Oevermann, U. (1991). Genetischer Strukturalismus und das sozialwissenschaftliche Problem der Erklärung der Entstehung des Neuen. In S. Müller-Doohm (Hrsg.), *Jenseits der Utopie. Theoriekritik der Gegenwart* (Edition Suhrkamp, 1662 = N.F., Bd. 662, Erstausg., 1. Aufl., S. 267–336). Frankfurt am Main: Suhrkamp.

Oevermann, U. (1996). Theoretische Skizze einer revidierten Theorie professionalisierten Handelns. In A. Combe & W. Helsper (Hrsg.), *Pädagogische Professionalität. Untersuchungen zum Typus Pädagogischen Handelns* (70-182). Frankfurt am Main: Suhrkamp.

Oevermann, U. (2000). Die Methode der Fallrekonstruktion in der Grundlagenforschung sowie der klinischen und pädagogischen Praxis. In K. Kraimer (Hrsg.), *Die Fallrekonstruktion. Sinnverstehen in der sozialwissenschaftlichen Forschung* (Suhrkamp-Taschenbuch Wissenschaft, Bd. 1459, Orig.-Ausg., 1. Aufl., S. 58–156). Frankfurt am Main: Suhrkamp.

Oevermann, U. (2002b). Klinische Soziologie auf der Basis der Methodologie der objektiven Hermeneutik – Manifest der objektiv hermeneutischen Sozialforschung, 1–33.

Oevermann, U. (2003). Brauchen wir heute noch eine gesetzliche Schulpflicht und welches wären die Vorzüge ihrer Abschaffung? *Pädagogische Korrespondenz* (30), 54–70.

Oevermann, U. (2004). Über den Stellenwert der gesetzlichen Schulpflicht. Antwort auf meine Kritiker. *Pädagogische Korrespondenz* (32), 74–84.

Oevermann, U. (2005). Wissenschaft als Beruf. Die Professionalisierung wissenschaftlichen Handelns und die gegenwärtige Universitätsentwicklung. In M. Stock & M. Winter (Hrsg.), *Hochschule und Professionen* (Die Hochschule, Bd. 14.2005,1, S. 15–51). Wittenberg: Institut für Hochschulforschung Wittenberg.

Oevermann, U. (2013). Objektive Hermeneutik als Methodologie der Erfahrungswissenschaften von der sinnstrukturierten Welt. In P. C. Langer, A. Kühner & P. Schweder (Hrsg.), *Reflexive Wissensproduktion – Anregungen zu einem kritischen Methodenverständnis in qualitativer Forschung* (S. 69–98). Wiesbaden: VS-Verlag.

Oevermann, U., Allert, T., Konau, E. & Krambeck, J. (1979). Die Methodologie einer „objektiven Hermeneutik“ und ihre allgemeine forschungslogische Bedeutung in den Sozialwissenschaften. In H.-G. Soeffner (Hrsg.), *Interpretative Verfahren in den Sozial- und Textwissenschaften* (S. 352–434). Stuttgart: Metzler.

Opp, G., Budnik, I. & Fingerle, M. (2008). Sonderschulen – integrative Beschulung. In W. Helsper & J. Böhme (Hrsg.), *Handbuch der Schulforschung* (S. 341–361). Wiesbaden: VS Verlag für Sozialwissenschaften.

Popitz, H. (1967). *Der Begriff der sozialen Rolle als Element der soziologischen Theorie* (Recht und Staat in Geschichte und Gegenwart, 331/332). Tübingen: Mohr.

Prammer-Semmler, E. & Prammer, W. (2014). Pädagogische Assistenz ist keine billige Lehrerarbeit! *Gemeinsam Leben 4,* 206–214.

Radford, J., Blatchford, P. & Webster, R. (2011). Opening up and closing down: How teachers and TAs manage turn-taking, topic and repair in mathematics lessons. *Learning and Instruction 21* (5), 625–635.

Reh, S. (2008). „Reflexivität der Organisation“ und Bekenntnis – Perspektiven der Lehrerkooperation. In W. Helsper, S. Busse, M. Hummrich & R.-T. Kramer (Hrsg.), *Pädagogische Professionalität in Organisationen - Neue Verhältnisbestimmungen am Beispiel der Schule* (S. 163–183). Wiesbaden: VS Verlag für Sozialwissenschaften.

Reiser, H. (2000). Schule und Jugendhilfe. Probleme und Chancen einer schwierigen Partnerschaft. *System Schule 4* (4), 110–116.

Reuter, U. (2012). Das falsche Instrument für eine große Aufgabe. Der Einsatz von Schulbegleitern an einem Förderzentrum geistige Entwicklung. *Lernen konkret 4,* 22–23.

Rössel, J. (2014). Position. In G. Endruweit, G. Trommsdorff & N. Burzan (Hrsg.), *Wörterbuch der Soziologie* (3., völlig überarb. Aufl., S. 360–361). Konstanz: UVK Verlagsgesellschaft mbH (UTB).

Saalfrank, W.-T. & Zierer, K. (2017). *Inklusion* (UTB Pädagogik, Erziehungswissenschaft, Bildungswissenschaft, Bd. 4541). Paderborn: Ferdinand Schöningh.

Sander, A. (2003). Von Integrationspädagogik zu Inklusionspädagogik. *Sonderpädagogische Förderung 48* (4), 313–329.

Sander, A. (2008). Integration konkret. Begründung, didaktische Konzepte, inklusive Praxis. In H. Eberwein (Hrsg.), *Integration konkret. Begründung didaktische Konzepte inklusive Praxis* (S. 27–39). Bad Heilbrunn: Klinkhardt.

Schmidt, A. (2008). Profession, Professionalität, Professionalisierung. In H. Willems (Hrsg.), *Lehr(er)buch Soziologie. Für die pädagogischen und soziologischen Studiengänge* (Bd. 2, S. 835–864). Wiesbaden: VS Verlag für Sozialwissenschaften / GWV Fachverlage GmbH, Wiesbaden.

Schmoll, H. (2018, 14. Juni). Zurück zur Förderschule? Inklusion in der Kritik. *FAZ.* http://www.faz.net/aktuell/feuilleton/hoch-schule/inklusion-in-der-kritik-zurueck-zur-foerderschule-15638151-p2.html?printPagedArticle=true. Zugegriffen: 15. Juni 2018.

Schneider, W. L. (2008). *Grundlagen der soziologischen Theorie 1* (3. Aufl.). Wiesbaden: VS Verlag für Sozialwissenschaften.

Schoch, J., Baumgartner Roempp, D. & Gross, B. (2013). *Erfahrungen mit Klassenassistenzen in verschiedenen europäischen Ländern* (April). : Institut Unterstrass an der PHZH.

Schulze, K. C. (2017). Schulbegleitung im Spannungsfeld von Nähe und Distanz – eine Einzelfallanalyse zum Umgang mit paradoxen Strukturen pädagogischen Handelns. In M. Laubner, B. Lindmeier & A. Lübeck (Hrsg.), *Schulbegleitung in der inklusiven Schule. Grundlagen und Praxishilfen* (S. 97–106). Weinheim: Beltz.

Schütze, F. (1992). Sozialarbeit als „bescheidene“ Profession. In B. Dewe, W. Ferchhoff & F.-O. Radtke (Hrsg.), *Erziehen als Profession: Zur Logik professionellen Handelns in pädagogischen Feldern* (S. 132–170). Opladen: Leske und Budrich.

Schwarz, K. (2012). Zur Beantragung einer Schulbegleitung für Schülerinnen und Schüler mit autstischem Verhalten. In H. Sautter, K. Schwarz & R. Trost (Hrsg.), *Kinder und Jugendliche mit Autismus-Spektrum-Störung: neue Wege durch die Schule* (S. 229–242). Stuttgart: Verlag W. Kohlhammer.

Siehr, A. & Wrase, M. (2014). Das Recht auf inklusive Schulbildung als Strukturfrage des deutschen Schulrechts – Anforderungen aus Art. 24 BRK und Art. 3 Abs. 3 S. 2 GG. *Recht der Jugend und des Bildungswesens 62* (2), 161–182.

Speck, K., Olk, T. & Stimpel, T. (2011). Auf dem Weg zu multiprofessionellen Organisationen? Die Kooperation von Sozialpädagogen und Lehrkräften im schulischen Ganztag. Empirische Befunde aus der Ganztagsforschung und dem Forschungsprojekt „Professionelle Kooperation von unterschiedlichen Berufskulturen an Ganztagsschulen" (ProKoop). In W. Helsper & R. Tippelt (Hrsg.), *Pädagogische Professionalität (Zeitschrift für Pädagogik, Beiheft 57)* (S. 184–201). Weinheim: Beltz.

Spieß, E. (2004). Kooperation und Konflikt. In H. Schuler (Hrsg.), *Organisationspsychologie* (S. 193–245). Göttingen: Hogrefe.

Steinert, B., Klieme, E., Maag Merki, K., Döbrich, P., Halbheer, U. & Kunz, A. (2006). Lehrerkooperation in der Schule: Konzeption, Erfassung, Ergebnisse. *Zeitschrift für Pädagogik 52* (2), 185–204.

Terhart, E. (1992). Lehrerberuf als Profession. In B. Dewe, W. Ferchhoff & F.-O. Radtke (Hrsg.), *Erziehen als Profession: Zur Logik professionellen Handelns in pädagogischen Feldern* (S. 103–131). Opladen: Leske und Budrich.

Terhart, E. (2011). Lehrerberuf und Professionalität: Gewandeltes Begriffsverständnis – neue Herausforderungen. In W. Helsper & R. Tippelt (Hrsg.), *Pädagogische Professionalität (Zeitschrift für Pädagogik, Beiheft 57)* (S. 202–224). Weinheim: Beltz.

Terhart, E., Bennewitz, H. & Rothland, M. (Hrsg.). (2011). *Handbuch der Forschung zum Lehrerberuf.* Münster: Waxmann.

Textor, A. (2015). *Einführung in die Inklusionspädagogik.* Bad Heilbrunn: Klinkhardt.

Thiel, S. (2017). Die Beantragung und Bewilligung von Schulassistenz. In M. Laubner, B. Lindmeier & A. Lübeck (Hrsg.), *Schulbegleitung in der inklusiven Schule. Grundlagen und Praxishilfen* (S. 28–36). Weinheim: Beltz.

Thies, W. (2014). Assistenz für wen, was und wie? Von der Einzelbegleitung zum gruppenbezogenen Einsatz im multiprofessionellen Klassenteam. In S. Trumpa, S. Seifried, E.-K. Franz & T. Klauß (Hrsg.), *Inklusive Bildung: Erkenntnisse aus Fachdidaktik und Sonderpädagogik* (S. 234–243). Weinheim: Beltz.

Thole, W. (2016). Soziale Arbeit. In M. Dick, W. Marotzki & H. A. Mieg (Hrsg.), *Handbuch Professionsentwicklung* (S. 521–526). Bad Heilbrunn: Verlag Julius Klinkhardt.

Thormann, E. (2012). Reformschularchitektur? Laborschule und Oberstufen-Kolleg in Bielefeld. In H. Schröteler-von Brandt, T. Coelen, A. Zeising & A. Ziesche (Hrsg.), *Raum für Bildung. Ästhetik und Architektur von Lern- und Lebensorten* (Kultur- und Medientheorie, S. 207–218). Bielefeld: Transcript Verl.

Tillmann, K.-J. (2011). Konzepte der Forschung zum Lehrerberuf. In E. Terhart, H. Bennewitz & M. Rothland (Hrsg.), *Handbuch der Forschung zum Lehrerberuf* (S. 232–240). Münster: Waxmann.

Trumpa, S. (2015). Lehrerprofessionalisierung bei der Übernahme von gemeinsamen Unterricht – Eine Annäherung an inklusive Entwicklungsaufgaben bei Grundschullehrerinnen. In M. Lichtblau, D. Blömer, A.-K. Jüttner, K. Koch, M. Krüger & R. Werning (Hrsg.), *Forschung zu inklusiver Bildung* (S. 144–156). Bad Heilbrnn: Klinkhardt.

Tyack, D. & Tobin, W. (1994). The „Grammar“ of Schooling. Why Has it Been so Hard to Change? *American Educational Research Journal 31* (3), 453–479.

Ullrich, O. (1978). *Soziale Rolle in der Industriegesellschaft* (Studientexte Fernuniversität). München: Juventa-Verl.

UN-CRPD. (2015). Concluding observations on the initial report of Germany, United Nations. http://www.institut-fuer-menschenrechte.de/fileadmin/user_upload/PDF-Dateien/Pakte_Konventionen/CRPD_behindertenrechtskonvention/crpd_state_report_germany_1_2011_ConObs_2015_en.pdf. Zugegriffen: 8. Juni 2018.

Urban, M. & Lütje-Klose, B. (2014). Professionelle Kooperation als wesentliche Bedingung inklusiver Schul- und Unterrichtsentwicklung. Teil 2. Forschungsergebnisse zu intra- und interprofessioneller Kooperation. *Vierteljahresschrift für Heilpädagogik und ihre Nachbargebiete 83* (4), 283.

VHS Landesverband Niedersachsen. (2018). Qualifizierung zum/zur Schulbegleiter/-in (VHS). https://www.vhs-nds.de/index.php/detailansicht-vhsconcept-nachrichten/qualifizierung-zumzur-schulbegleiter-in-vhs.html.

Wachtel, P. & Wittrock, M. (1990). Aspekte der Kooperation von Grundschullehrern und Sonderschullehrern. *Behindertenpädagogik* (8), 263–271.

Wagner, H.-J. (2001). *Objektive Hermeneutik und Bildung des Subjekts* (1. Aufl.). Weilerswist: Velbrück Wiss.

Weinert, F. E. (2001). *Leistungsmessungen in Schulen.* Weinheim: Beltz.

Welti, F. (2005). *Behinderung und Rehabilitation im sozialen Rechtsstaat. Freiheit Gleichheit und Teilhabe behinderter Menschen* (Jus publicum, Bd. 139). Tübingen: Mohr Siebeck.

Wernet, A. (2009). *Einführung in die Interpretationstechnik der Objektiven Hermeneutik.* Wiesbaden: Springer VS.

Wernet, A. (2012). Die Objektive Hermeneutik als Methode der Erforschung von Bildungsprozessen. In K. Schittenhelm (Hrsg.), *Qualitative Bildungs- und Arbeitsmarktforschung* (S. 183–201). Wiesbaden: Springer.

Werning, R. (2017). Aktuelle Trends inklusiver Schulentwicklung in Deutschland – Grundlagen, Rahmenbedingungen und Entwicklungsperspektiven. In B. Lütje-Klose, S. Miller & S. Schwab (Hrsg.), *Inklusion: Profile für die Schul- und Unterrichtsentwicklung in Deutschland, Österreich und der Schweiz. Theoretische Grundlagen Empirische Befunde Praxisbeispiele (Beiträge zur Bildungsforschung)* (S. 17–30). Münster: Waxmann.

Werning, R. & Arndt, A.-K. (Hrsg.). (2013). *Inklusion: Kooperation und Unterricht entwickeln.* Bad Heilbrunn.

Werning, R. & Thoms, S. (2015). Inklusive Bildung – Zum Stand der Umsetzung des Art. 24 der UN-Konvention über die Rechte von Menschen mit Behinderungen. *Sozialer Fortschritt 64* (11), 254–259.

Widmer-Wolf, P. (2018). Kooperation in multiprofessionellen Teams an inklusiven Schulen. In T. Sturm & M. Wagner-Willi (Hrsg.), *Handbuch schulische Inklusion* (S. 299–313). Opladen: Verlag Barbara Budrich.

Wilbert, J. & Börnert, M. (2015). Unterricht. In I. Hedderich, G. Biewer, J. Hollenweger & R. Markowetz (Hrsg.), *Handbuch Inklusion und Sonderpädagogik* (S. 346–353). Bad Heilbrunn: Klinkhardt.

Willmann, M. (2009). Lehrer-Kooperation. In G. Opp & G. Theunissen (Hrsg.), *Handbuch schulische Sonderpädagogik* (S. 470–478). Bad Heilbrunn: Klinkhardt.

Willmann, M. (2011). Kooperation in pädagogischen Institutionen. In K.-P. Horn & C. Adick (Hrsg.), *Klinkhardt-Lexikon Erziehungswissenschaft. KLE ; [Bände 1 - 3]* (UTB, S. 240–241). Bad Heilbrunn: Klinkhardt.

Wittgenstein, L. (1971). *Philosophische Untersuchungen* (Suhrkamp-Taschenbuch). Frankfurt am Main: Suhrkamp.

Witzel, A. (2000). Witzel Forum Qualitative Sozialforschung / Forum. Qualitative Social Das problemzentrierte Interview 2. Die Grundpositionen des problemzentrierten Interviews Witzel. *Forum Qualitative Sozialforschung 1* (1), 1–7.

Wocken, H. (2011). Inklusion & Integration. Ein Versuch, die Integration vor der Abwertung und die Inklusion vor Träumereien zu bewahren. In H. Wocken (Hrsg.), *Das Haus der inklusiven Schule. Baustellen – Baupläne – Bausteine* (S. 59–90). Hamburg: Feldhaus.

Zauner, M. & Zwosta, M. (2014). Effektestudie zu Schulbegleitungen. https://www.kjf-regensburg.de /documents/10502/1053779/Effektestudie10.11.14.pdf/38f5880c-ea96-4aff-895f-b298bf59d6c9. Zugegriffen: 8. Juni 2018.

Zumwald, B. (2014). Spannungsfelder beim Einsatz von Klassenassistenzen. *Schweizerische Zeitschrift für Heilpädagogik 20* (4), 21–27.

Zumwald, B. (2015). Professionalisierung von Lehrpersonen und Fachpersonen Sonderpädagogik für den Einsatz von Assistenzpersonal in inklusiven Schulmodellen. In H. Redlich, L. Schäfer, G. Wachtel, K. Zehbe & V. Moser (Hrsg.), *Veränderung und Beständigkeit in Zeiten der Inklusion. Perspektiven sonderpädagogischer Professionalisierung* (Perspektiven sonderpädagogischer Forschung, S. 44–54). Bad Heilbrunn: Klinkhardt.

Anhang

Interviewtranskript Svenja Rodenkamp (sonderpädagogische Lehrkraft)

I: Also als allererstes würde mich absolut interessieren wie es dazu kam dass Sie Lehrerin in einer inklusiven, integrativen Klasse geworden sind.

R: Jaa da müsste ich n bisschen ausholen [I: Sehr gerne] also ich bin ja jetzt schon (.) fünfundzwanzig Jahre Lehrerin hab jetzt gerade meine fünfundzwanzig Jahres Diensturkunde bekommen,

I: Oh ja! Herzlichen Glückwunsch! [lacht]

R: So ist das ne? [lacht] Und ähm äh, war ähm (.) äh bin ausgebildet worden an ner Schule für sprachbehinderte Kinder damals noch sprachbehindert wurde es so genannt und ähm hab dann aber gearbeitet als ich anfing an äh der Schule für mit dem Förderschwopu/ Schwerpunkt körperliche und motorische Entwicklung kmE-Schule, hier in X-Stadt, und äh hab dann ähm (.) äh weil ich das sehr gerne wollte nach einer Zeit die ich da gearbeitet hab in der Inklusion in ähm im Primarstufenbereich gearbeitet, da war ich dann drei Jahre hab dann da auch gerne gearbeitet, wurd dann schwanger und dann war's für mich doch sympathischer aufgrund dessen, dann später zunächst mit weniger Stunden dann wieder in der Förderschule einzusteigen, hab dann da im äh Bereich kmE gearbeitet hab dann äh später ähm im Bereich kmE ähm auch inklusiv gearbeitet aber in der Einzelinklusion hab dann im Kompetenzzentrum von äh also der kmE-Schulen mitgearbeitet und hab ähm außerhäusig dann ähm äh Einzelint/ in/ äh Einzelinklusion betreut. Das heißt ähm Kinder die äh schwer, sehr schwer körperbehindert sind und die dann durch uns dann beraten begleiten wurden hab da auch ähm ja. Und ähm hab dann ähm äh (.) doch noch umgesattelt hier auf die Realschule und bin jetzt hier

A. Lübeck, *Schulbegleitung im Rollenprekariat*, Rekonstruktive Bildungsforschung 24, https://doi.org/10.1007/978-3-658-25262-5

im zweiten Jahr, mach das auch ganz gerne, und ähm, ja wollte für mich eigentlich auch so ne neuen Herausforderung und auch eine Herausforderung die nicht damit verbunden ist dass ich Schüler heben muss weil ich das rückenmäßig auch nicht mehr geschafft hab ne und konnte aber ähm abgesehen davon mir auch vorstellen ähm, woanders zu arbeiten und das war für mich hier wohnortnah und ähm (.) joa. Ich (.) bin dann hier so hängengeblieben quasi. Ne?

I: Das heißt Sie sind mit der jetzigen Klasse sechs an der Sie sind zusammen hier gestartet.

R: Ja ganz genau. Mit meiner Kollegin Frau Zeiss und ich wir sind dann so gestartet genau. Mhm.

I: Und (.) wie wie kam das genau dass Sie an dieser Schule gelandet sind war das ne Stellenausschreibung oder sind Sie //abgeordert worden?//

R: //Es war ne Stellen//ausschreibung also es war im Grund äh eine Zwangsabordnung, mit halber Stundenzahl, die eine aus dem Kollegium wahrnehmen musste und die wurd ausgeschrieben und ähm ich hatte äh mich sehr dafür interessiert wieder in der Inklusion zu arbeiten, hatte ursprünglich mehr beabsichtigt im Primarstufenbereich zu arbeiten weil ich da auch mehr so meine ja das ma/ hab ich n großen Erfahrungshintergrund da hätt ich jetzt nicht so viel ähm nebenher noch arbeiten müssen um mir manche Dinge zu erarbeiten. Ich hab immer im Primarstufenbereich gearbeitet und das wär für mich äh so relativ leicht gewesen aber es war sehr aussichtslos im Primarstufenbereich ähm etwas zu bekommen ich hatte mich dann da auch schon beworben und diverse Gespräche geführt, und war auch schon an f/ mehreren Schulen sch/ äh vorstellig und äh das wäre ähm zum dalie/ damaligen Zeitpunkt und auch jetzt kaum möglich gewesen weil gleichzeitig Sek I aufgebaut wurde in der Inklusion und dann da alle Stellen hin abgingen. Und als das dann aus/ mhm, das war einfach so und als das dann ausgeschrieben wurde, hab ich gedacht na das ist ja keine Primarstufe ne aber ähm, es ist Realschule und ähm direkt in Wohnortnähe bei mir und ähm, ich gucks mir immerhin mal an. Und dann hab ich's mir angeguckt und dann war das mehr so ne emotionale Entscheidung dass ich dann so entschieden hab hier für die Schule für die Personen die mir begegnet waren und (.) dann so gedacht hab ach ja, ich probier's mal. Ne? Und mach das. Ne? Ja.

I: Das heißt (.) es MUSSTE jemand hierhinkommen aus [R: Genau] Ihrer Schule und Sie waren zufällig freiwillig bereit?

R: Ich war freiwillig bereit und alle waren erleichtert [lacht] [I: (lacht)] dass jemand freiwillig bereit war, [lacht] und es war auch so n bisschen traurig dass ich dann gegangen bin aber, mehr überwog dass se froh waren dass [lacht] [I: (lacht)] dass der Kelch an ihnen selbst vorübergegangen war ne? Ja und im Nachhinein bin ich eigentlich froh dass ich's so gemacht hab weil jetzt sind noch ähm wirklich noch ganz viele Abordnungen von meiner ähm Schule abgegangen also von der A-Schule ähm äh neun sind da jetzt auch noch allein im letzten Jahr abgeordnet worden also wirklich viele, und ähm äh oder insgesamt sind's jetzt neun also sieben sind glaube ich letztes Jahr erfolgt und äh äh das ist ähm (.) ich hatte jetzt ähm die Möglichkeit mir das so mit auszusuchen #oder# hab jetzt wirklich ne Schule die wohnortnah ist und führende Sek-I-Schule, ähm hab ich's hier glaub ich auch gut getroffen. Also bin ich zufrieden so. Ne?

I: Ok.

R: Mhm.

I: Beschreiben Sie ma/ mir doch bitte die KLASSE in der Sie jetzt arbeiten. Ich hab gehört sechste Klasse auf jeden Fall,

R: Sechste Klasse das sind im Moment 24 Schüler davon äh sechs äh Schüler mit Förderbedarf, äh von den Schülern die Förderbedarf haben haben wir zwei Schüler mit dem Förderbedarf äh geistige Entwicklung, ein Mädchen das war früher auch an der A-Schule die hat aber eigentlich so keine spürbare körperliche Behinderung die hat ne Schilddrüsenunterfunktion ist etwas kleinwüchsig. Und weil sie äh Migrationshintergrund hatte und man nicht wusste so richtig wo hin mit ihr, ist sie dann auch weil sie auch sehr schlecht auch Deutsch konnte anfangs in der A-Schule gelandet hatte sich da nicht wohl gefühlt ist dann hierhin umgeschult worden quasi mit mir ne? Eigentlich zu alt für die Klasse aber ähm ist hierhin umgeschult worden UND es gibt dann noch Erik der das Down-Syndrom hat, der ist äh schon erheblich ähm also äh intellektuell eingeschränkt und ist auf'm schulischen Niveau von einem Kind aufm ersten Schuljahr. Also und äh, ansonsten auch von seiner emotionalen Entwicklung mit Sicherheit auch nicht weiter. So ne? Der hat auch ne Schulbegleitung und ähm tja das sind die beiden die auch (.) ähm häufig zusammen von der Schulbegleitung begleitet werden so'n bisschen oder betreut werden von Eriks, ne? Dann gibt es noch vier weitere Förderkinder ähm, eins im Bereich L, eins im Bereich ähm Sprache wo wir dann ähm Lernen noch äh hinterher äh geschoben haben also was wir dann eben auch beantragt haben, ähm, die sind also beide L, und dann haben wir äh zwei zielgleiche esE-Schüler davon einen ähm ja der ähm, Jan der ist ähm zielgleich und hat eher so n Anstrengungsvermeidungs ähm Geschichten, dass er sich gerne entzieht und ähm in ner Pflegefamilie aufwächst und vielleicht noch viel aufzuarbeiten hat, ähm, Mutter ist gestorben der Vater der ist äh äh krank und kann nicht für ihn sorgen der leibliche ne? Ist aber gut aufgehoben in ner Pflegefamilie, und dann haben wir Mikke. Ähm dessen Schulbegleiter Bastian ist und Mikke hat so n ganz eigenes Päckchen auch (.) wieder zu tragen. Ansonsten sind die Schüler ähm dieser Klasse (.) hm das hatte mich anfangs auch so n bisschen überrascht, ähm, es ist SEHR heterogen, es sind ähm viele Schüler da die auch eher den Hauptschulniveau haben, es sind ähm auch ähm eben welche mit Realschulniveau da aber äh alle die auch Realschulniveau haben haben irgendein Päckchen zu tragen. Also ähm, äh es sind tja vielleicht würde ich sagen so fünf aus (.) normal normalen Elternhäusern und alle anderen haben irgendwas auch wo wir finden, dass es familiär und auch sonst vom Hintergrund schwierig ist, wo viel arbeiten und viel ähm m/ unterstützen müssen, und ähm, die ähm Schüler die auch naja so richtige Realschüler sind die haben oft ähm Aufmerksamkeitsschwächen ähm, hm, ja. Ähm sind oft auch unruhig äh oder haben ne LRS oder ähm ihnen fällt Mathe ganz schwer also sind viele Kinder die in irgendner Form ja ganz besondere Bedarfe haben. Das ist so. Mhm.

I: Und Sie sind die ganze Zeit in der Klasse oder n/ nur mit //ner gewissen Stundenzahl?//

R: //Nein das ist nicht// so ich war ja anfangs mit halber Stundenzahl in der Klasse und dann hatte ich parallel noch ähm hab ich noch in zwei Schulen für das KSF gearbeitet letztes Jahr ne?

I: Das ist was..?

R: Äh das ist äh das KSF das Kompetenzzentrum der A-Schule. Und ähm, äh, war dann eben noch gleichzeitig mit n paar Stunden anne Gesamtschule und an einer Grundschule abgeordnet. Und hatte da jeweils äh sehr hochgradig körperbehinderte Kinder mit Schulbegleitern die ich betreut hab. Und äh von daher war ich von Anfang an noch nicht hier immer so eingeteilt ich bin jetzt eingeteilt, aber ähm das erteil ich auch in Politik und in äh Kunst, ähm beziehungsweise letztes Jahr war das Textil statt Kunst, und dann ähm, bin ich in der Klassenlehrerstunde mit dabei ich bin mit eingeteilt in Englisch und in Deutsch. Und ähm, Englisch und Deutsch ähm, also Englisch hab ich ähm oft nicht erteilt also zumindestens in dem ersten Schulbesuchsjahr weil da Erik noch keine Schulbegleitung hatte und ich dann die Zeit genutzt hab, dass ich Erik und Carina unterstützt hab die äh, für die machte auch Englischunterricht gar keinen Zweck, da hab ich dann eher geguckt dass sie insgesamt in der Schule gut ankam, überhaupt ne zeitliche Orientierung hatte, den Kalender überhaupt verstanden haben Monate Jahre wiederholt das kannte Carina noch nicht Erik noch nicht gut genug und, hab geguckt dass die räumliche Orientierung stimmte und ähm au/ angefangen aufzubauen dass im Bereich Sprache dann äh, ja, Grundlagen da waren, von denen ich wusste ja. Da kann ich so drauf aufbauen und so kann ich mit denen arbeiten inzwischen machen die recht gut selbständig Wochenplanarbeit und ähm sodas sich dann die Möglichkeit hab die beiden dann auch ähm neben dem anderen ähm was alles so passiert auch äh eigenständig zu beschäftigen wenn Inhalte wirklich GAR nicht mehr angemessen sind für die beiden ne? Ja. Und ähm, ja das sind eigentlich die Fächer und das ist eigentlich fast so geblieben jetzt auch äh obwohl ich jetzt etwas mehr in der Schule arbeite mit 23 Stunden, ich begleite jetzt noch LP das ist ähm der Bereich Lebenspraxis äh den haben wir hier aufgebaut mit ner Lehramtsanwärterin noch mit und ich, für die Schüler die ähm n/ geistige Behinderung haben und die auch äh das lebenspraktische Lernen äh brauchten in der Schule ne? Und da haben wir so ne AG aufgebaut von drei Stunden und dann mach ich noch äh Sprachtherapie. Für mehrere Schüler auch ne? Und, ja bin auch im Förderunterricht Deutsch drin bei uns und in der sieben also dass ich da eher so n Standbein hab ne?

I: Also so nicht NUR auf die eine Klasse konzentriert sondern //so n bisschen, mhm//

R: //Nee also da// ähm bezogen auf die sieben da hab ich also f/ aber eigentlich nur bezogen auf Förderunterricht Deutsch. Und LP ist auch ähm äh jahrgangsgemischt ne da sind eben alle schwächeren Schüler aus den unterschiedlichen äh Jahrgängen die schon Inklusion machen äh drin ne?

I: OK. Wenn wir mal auf diese sechste Klasse gucken ist das 6a, war das 6a? [R: Ja] Mhm, da sind Sie als Sonderpädagogin drin da ist da ist die Klassenlehrerin drin, und die beiden Integrationshelfer. Würden Sie sagen das ist n TEAM?

R: Würde ich schon sagen. Ja.

I: Mh, wie organisieren Sie sich in diesem Team?

R: [lacht]

I: [lacht]

R: Also es ist schon so dass ich natürlich sehr viel mit meiner ähm äh Kollegin äh direkt äh spreche, mit äh Janina, ähm, es ist auch so dass wir häufig telefonieren und uns sehr viel ähm austauschen, weil es sehr viel Austauschbedarf einfach da ist ne? Ähm, äh auch äh weil immer irgendwelche Dinge passieren um die verhaltensauffälligen Schüler rum oder auch um an/ Regelschüler die in irgendner Form ähm Schwierigkeiten machen, ähm wir haben eine Teamstunde in der Woche GEMEINSAM ähm äh die wir auch ja gemeinsam verbringen oder aber auch ähm, mit anderen Aufgaben füllen ähm die sinnvoll sind. So ne die aber was aber immer eigentlich irgendwelche Klassenbelange betrifft ne? Dann äh äh ist es so dass ich ähm mit ähm Bastian und äh eigentlich auch häufig Janina im Moment ist der Stundenplan bei ihr n bisschen gegenteilig, deshalb ist sie da im Moment jetzt nicht bei ähm, donnerstags immer n Gespräch hab äh mit ihm und Mikke. Ne und auch dann hinterher vielleicht auch öfter noch mit IHM, sonst ist es mit ihm auch öfter Tü/ zwischen Tür und Angel oder dass wir uns auch mal ne SMS schreiben sodass wir die nötigsten Dinge voneinander wissen. Mit Tatjana ist es wieder ganz anders gelagert weil ähm Erik und Carina zum Teil gar nicht in äh Englisch nicht dabei sind in Französisch zum Beispiel nicht dabei sind, oder in Deutsch anteilig nur dabei sind ähm, äh spreche ich eigentlich mit Tatjana oft äh in Zeiten des Englischunterrichtes, das äh zweige ich ab d/ äh für sie und, dass ich dann oft mit ihr ähm Gespräche führe auch ähm öfter im Beisein von Erik und Carina, oder aber ähm mir Zeiten auch in den Pausen dann mal nehme ne dass ich mal mit ihr dann äh spreche. Wir als äh TEAM als solches ähm sind spürbar wenn wir Klassenlehrerstunde oder ähnliches erteilen und mit allen zusammen was machen, ähm, wir hatten jetzt eigentlich auch mal vor als Team hatte ich vorgeschlagen dass wir jetzt äh vor den Ferien in der letzten Woche mal zusammen weggehen und was machen, aber irgendwie ähm, isses jetzt doch wieder so'n bisschen verfallen ne also äh war Bastian jetzt krank und ich bin jetzt gerade auch nicht so ganz fit, und ähm, ich glaube nicht dass es jetzt noch so dazu kommt aber es ist auf jeden Fall nochmal so n Vorhaben.

I: Einfach dass man mal was anderes sieht als die Schule.

R: Ja und dass wir mal n Kaffee trinken zusammen und äh einfach so mal in Austausch kommen und vielleicht manche Dinge besprechen die so nicht ähm besprochen werden können so ne? Mhm.

I: Wie würden Sie so die Arbeitsatmosphäre in diesem Team beschreiben?

R: Ich find's positiv. Also ich äh arbeite mit allen sehr gerne zusammen. Es könnte vielleicht manchmal mehr Zeit da sein so ne? Das auf jeden Fall, ne? Aber ähm es ist ähm, gut. Wirklich. Ganz harmonisch und sehr zufrieden.

I: Was läuft denn gut und was läuft vielleicht weniger gut?

R: (..) Ach gut läuft im Grunde dass man sich freut wenn man den andern sieht, das ist eigentlich bei allen so, dass alle ähm unheimlich freundlich und zuvorkommend sind auch die BEIDEN Schulbegleiter auch Bastian und Tatjana, sind GANZ freundlich und zuvorkommend wirklich ne? Und das äh schätze ich sehr das finde ich ist schon mal ne ganz wichtige Arbeitsgrundlage ne? Und ich glaub meine Kollegin und ich wir sind das auch. [lacht] So. [lacht] Ne? Was eben auch wichtig ist ne? Ja und ähm, es äh schla/ äh klappt gut dass wir uns schnell und unkompliziert mal austauschen können, und n Ohr füreinander haben, das würde ich sagen, das ist gut. Und äh, das ist mit meiner Kollegin natürlich AUSGEPRÄGT,und ähm, bei den anderen aber auch da. Und auch glaube ich so dass beide da auch jeweils so zufrieden sind. Hoff ich.

I: Mhm. (.) Aspekte die nicht so gut laufen, gibts (.) gibts die auch?

R: (...) Aspekte die nicht so gut laufen in in dem Team oder //jetzt mit dem Schulbegleiter?//

I: //Genau irgendwie was die Zusammenarbeit// Koordination von Auf/ Arbeitsaufgaben

R: Eigentlich ähm bin ich so ähm äh ganz zufrieden weil ich immer so das Gefühl hätte ich könnte artikulieren, wenn mir irgendwas nicht passt oder wenn ich irgendwas anders wollte. Und äh von daher ähm (.) äh ist das gut abgesehen von dem Faktor Zeit vielleicht, dass es vielleicht auch schön wär wenn's ne Unterrichtsstunde mit den Schulbegleitern gäb die ich hier sitzen könnte, ne oder mir vielleicht noch einräumen sollte, vielleicht auch noch bewusster, ähm, tja, oder die angerechnet würde, wär vielleicht auch schön, ne? Ähm, könnte ich jetzt so nichts sagen also ähm, in dem kleinen Team ist das gut so. Ne?

I: Wie würden Sie die einzelnen Rollen in dem Team charakterisieren?

R: (…) Also ich würd schon sagen dass ähm (.) Janina und ich eindeutig die Lehrerinnen sind, die Pädagoginnen, Janina ist auch ganz klar die Regelschullehrerin ich bin die Sonderschullehrerin, also ähm ist einfach auch so dass sie (.) vielleicht für die ganze Großgruppe noch n besseres Händchen hat, und ich vielleicht dann mehr die ähm einzelnen Kinder so sehe. Wie das einfach so ne Eigenschaft ist von Sonderpädagogen dass mehr (.) vielleicht so'n Blick auf den Einzelnen dann so haben ne? Ähm, (.) Bastian ähm arbeitet gut ZU, und Tatjana auch. Aber sie bringen sich auch ähm (.) mal mit eigenen Gedanken ein und das schätze ich auch sehr und ich glaube das unterstütze ich auch. Durch mein Interesse. An dem was sie so sagen ne? Mhm.

I: Gerade jetzt f/ Bastian oder auch Tatjana ich weiß nicht ob die beiden nochmal irgendwie in sich, ähm, weiß nicht ob man da nochmal unterschiedlich ob man die beiden differenzieren muss aber, was für ne spezifische Rolle oder was für ne besondere Aufgabe oder Funktion haben die in diesem Klassengefüge?

R: In dem Klassengefüge hat Bastian ganz klar die Funktion sich um Mikke zu kümmern und ähm äh Tatjana hat die Funktion sich um ähm, Erik zu kümmern und ähm nebenher aber auch um ähm um Carina wobei sie da auch differenziert und auch gut differenziert dass sie Erik mehr Zeit widmet. Und ähm äh Carina ähm äh vielleicht nicht ganz so viel Unterstützung und Hilfe braucht und da etwas selbständiger läuft was aber auch ihrem dem Fördergedanken bei ihr entspricht ne? Ja und ähm Bastian ähm, muss sich äh besonders um das Verhalten von Mikke kümmern muss sein Lernbegleiter oder (.) Schulbegleiter wirklich sein ähm, auch ähm seine (.) emotionalen Befindlichkeiten sehr im Blick haben und ähm (.) und beantworten und begleiten, und nebenher muss er sicherlich auch ähm auch so n Lernpate sein ne? Und das ist sicher auch ne wichtige Rolle, die ähm, ihm glaube ich schwerer fällt als das andere so ne?

I: Inwiefern äußert sich das? Oder gibt's da n Beispiel?

R: Ähm wie sich das äußert dass das eine leichter ist und das andere schwerer? Hm ich finde dass er sehr ähm glaubhaft sehr viel sich äh Gedanken macht um Mikke und ganz ähm (.) GUT auch vieles von Mikke untersch/ äh durchschaut auch vieles verbalisieren kann, hm, und ähm äh da auch äh recht dicht so bei ihm ist das gefällt mir gut, wenn's um schulische Lernsachen geht ähm also er hat manchmal selbst so'n bisschen Konzentrationsschwächen so kommt mir das vor, und ähm dann ähm, äh, hm, (..) ähm, benötigt er oft auch ähm viel An/ äh Regung oder Anleitung um ähm entsprechend das zu tun was äh vielleicht da auch äh so notwendig ist ne? Wir hatten aber vorher auch ähm (.) also wir hatten f/ DIVERSE Schulbegleiter für Mikke das ist jetzt insgesamt der fünfte, äh Schulbegleiter das ist nicht schön also und der erste das war einer der kam noch von der Grundschule mit, bis zu den Herbst einschließlich und das war n Student, und da merkte man so richtig das war auch so so absolut so eingespielt dass der so'n (.) Feeling hatte für das was ähm im Unterricht ähm so ähm vom Stoff her gefordert war ne? Und das hat Bastian in dem Maße nicht so. Aber er versucht sich da auch einzubringen und versucht auch manches zu übersetzen und (.) versucht auch da mitzumachen ähm äh so oder ähm oder das gut äh für Mikke zu erledigen ne und, das ähm, ist auch in äh weiten Teilen auch so (.) ordentlich sag ich jetzt mal so ne? Ja.

I: Was macht für Sie n guten Schulbegleiter aus? Wenn Sie sich so n perfekten Schulbegleiter basteln könnten, wie sähe der aus oder was, was bringt der mit, was kann der?

R: Mhm. Ja das ist natürlich auch ne ähm schwierige ähm Geschichte mit äh der ähm mit dem Beruf Schulbegleitung ich hab schon ETLICHE Schulbegleiter durchgehabt auch der verschiedensten Couleur ich hab zum Teil in der A-Schule mit vier Schulbegleitern in einer Klasse gearbeitet weil da so viele schwerstbehinderte Kinder waren, es ist so dass ähm eigentlich alle Schulbegleiter egal mit was für nem Kind sie arbeiten, mitbringen müssen dass sie ähm eine ähm GUTE Empathie für das Kind haben, das finde ich ist das absolut Wichtigste dass sie n gutes Einfühlungsvermögen haben und ähm äh, (.) das Kind gut verstehen können. Gut auch interpretieren ke/ können was das Kind möchte wenn sich das Kind selbst nicht nur gut ausdrücken kann. Das ist äh, finde ich das absolut Wichtigste. Und ähm darüber hinaus ähm, isses sicherlich wichtig äh dass ähm (.) [seufzt]. Jemand äh die Strukturen die da sind ähm erkennt und aufgreifen kann und in den Strukturen auch gut arbeiten kann, vielleicht auch weiterentwickelt, so die Strukturen das merk ich so bei (.) Tatjana die ist so sehr strukturiert und kann manches auch ähm (.) an Anregung oder Inputs die ich gebe auch so weiterentwickeln, ne? Und ähm äh oder dass äh jemand zumindestens so die Strukturen auch erkennt und darin arbeitet und ähm, sich da ja einfach gut zurechtfindet ne? Ähm, (..) ja und dann alle Belange erfüllt die äh notwendig sind ne? Also Bastian hatte auch anfangs so ne Arbeitsplatzbeschreibung ne, was er so tun sollte und ähm, äh, ja und das kann er eigentlich auch recht gut füllen. Ne? Das ist (.) also wenn's jetzt ähm darum geht dass er ähm Mikke im Unterricht dann eben begleitet beobachtet, bei ihm ist er hat's jetzt so gelöst dass er eigentlich immer neben Mikke sitzt fast die meiste Zeit, das MUSS nicht so sein also andere die haben das auch anders gelöst aber ähm, das ist für ihn gut, weil er irgendwo seinen Körper auch irgendwo lassen muss ne? Und äh er auch so n äh recht ähm großer ähm stämmiger Mensch ist und ähm, da nicht einfach irgendwo so locker in der sch/ äh Klasse rumstehen und vielleicht auch nicht so gerne irgendwo rumsteht und er muss irgendwo sitzen. Sitzt jetzt neben Mikke hat sich so eingespielt und eingebürgert und so ist das so, dass jeder Schulbegleiter vielleicht auch so ne (.) hm, so n bisschen seine Rolle auch eigen FÜLLT und das finde ich auch ganz wichtig dass äh jedem da auch der Spielraum bleibt ich kann jetzt nicht hingehen und sagen ich erwarte von dir das und das und das aber GENAU SO machst, sondern ich kann äh so Inhalte geben und dann muss ich aber gleichzeitig n Spielraum lassen sodass jeder sich da auch so aktiv auch einbringen kann ne? //Das ist//

I: //Dass man// auch niemanden verbiegen muss und, //mhm//

R: //Neein// und das ist eben Bastian der sitzt dann, richtig, ne mit seinem Körper neben Mikke aber, ich glaube das gibt Mikke auch so n gewissen Halt. Ne? Also dass er da so groß neben ihm sitzt ne? Dass ähm, ist manchmal hab ich das Gefühl gar nicht so dass Bastian nur immer viel machen muss, sondern allein dass er da sitzt. Und äh Mikke mag. Das reicht Mikke, damit Mikke n bisschen besser läuft. So. Ne?

I: Jetzt haben Sie ja auch schon ganz viel äh also mit äh Erfahrung mit Förderschule mit Schulformen und Settings und Sie meinten ja auch Sie haben einige

Integrationshelfer schon erlebt, wie beurteilen Sie denn den Einsatz von Integrationshelfern im inklusiven Unterricht allgemein ist das DAS Instrument was Inklusion braucht?

R: Es ist ähm ein Instrument das Inklusion braucht wenn Inklusion so funktioniert wie es im Moment funktionieren muss. Also ich wüsste nicht wie ich ohne ähm Bastian und ohne Tatjana im inklusiven System zurechtkommen sollte. Wenn ich jetzt ähm ständig in ner Klasse wäre. Äh immer drin wäre dann könnte ich mir zum TEIL sogar vorstellen dass ich das für Erik übernehmen würde. Wenn ich VOLL in der Klasse ähm äh drin wäre und immer ähm, ja. Dann bräuchte der nicht unbedingt jemanden aber in inklusiven Systemen wenn ich noch nicht mal als Sonderpädagogin als BEGLEITENDE Sonderpädagogin in jeder Stunde dabei sind sondern, mein Part auch wechselt und von Regelschullehrern also n/ die dann so zweite Rolle übernehmen, ne? Ähm neben dem unterrichtenden Lehrer, oder von anderen Sonderpädagogen dann übernommen wird dann äh, ist das zwingend notwendig dass auch dann für Kinder wie Erik n Schulbegleiter da ist und ohne Schulbegleiter würde es dann (.) gerade in der weiterführenden Schule und mit ähm äh also ohne Schulbegleiter gar nicht funktionieren. Und die Schulbegleiter die in der Inklusion sind die ähm haben meines Erachtens ähm (.) müssen die einen ähm viel größeres Maß an Selbständigkeit mitbringen, als äh die Schulbegleiter die in der Regelschule ähm sind. Weil in der Regelschu/ äh äh [I: Förderschule, mhm] als die Schulbegleiter in der Förderschule sind. Weil in der Förderschule ähm ja ähm (.) durch die beständige Anwesenheit eines Sonderpädagogen da viel mehr so die (.) sonderpädagogische Qualität gesichert ist. Äh noch schwerer haben's die Schulbegleiter die inner Einzelinklusion betreut werden was ich ja auch begleitet hab, da ist es ja so dass ich dann beratend nur ähm ja so zwei Stunden äh in der Woche dann vielleicht anwesend war, und die dann ähm alleine mit der Regel (.) Schulkollegin zurechtkommen mussten. Und das war im Sek-I-Bereich (.) SEHR SCHWER, also finde ich da hat der Sch/ Schulbegleiter damals ne MENGE zu tragen gehabt, und ähm im Primarstufenbereich dadurch dass dann äh noch mehr das Klassenlehrersystem da ist und da auch ne Kollegin war die sehr eingestellt war, war's etwas LEICHTER. Aber ähm insgesamt in der weiterführenden Schule mit den (.) wechselnden Lehrer Fachlehrersystem, ist ähm (.) tja. Ist das einfach schwerer zu bedienen ne? Ne?

I: Aber ich hör so'n bisschen raus wenn man MEHR, hm, also wenn konstant ein Sonderpädagoge zusätzlich zur Lehrkraft in der Klasse wäre dann bräuchte man vielleicht nicht GAR keine Schulbegleitung doch vielleicht WENIGER oder also so n bisschen Ersatz für fehlende sonderpädagogische Manpower, oder?

R: (…) Manpower würde ich gar nicht mal so sagen sondern äh äh im Fall von Erik auch ähm ja die Bereitstellung ich be/ äh stell ja Lehrmaterialien bereit das ist ja meine Aufgabe das tue ich natürlich auch und äh Tatjana braucht nichts zusammenzustellen aber, ich schaffe es gar nicht immer ähm, äh ähm, die anleitende Lehrerin zu sein so n geistiges behindertes Kind äh benötigt natürlich um VIELFACHES mehr Anleitung, als n Kind mit dem Förderschwerpunkt Lernen oder als n Kind mit dem Förderschwerpunkt esE ähm, also im äh engeren Sinne die äh engere Lernbegleitung die äh muss bei so nem Kind ja gesichert sein und DIE (.) kann ich nicht ähm in dem Maße sichern ohne Schulbegleitung. Und äh bei einem Kind mit emotionaler sozialer Entwicklung das so ähm (.) hochgradig auf ne Begleitung angewiesen ist wie Mikke, da könnte ich das äh auch nicht sichern und könnte das auch nicht sichern ähm wenn ich äh mehr in der Klasse wäre. Könnte ich auch nicht.

I: Ok. Ich hab eine kleine Geschichte mitgebracht, vielleicht lesen Sie sich die in Ruhe einmal durch und dann würde ich Sie dazu was fragen.

[Stille ca. drei Minuten, zwischendurch lacht R]

I: Sie haben gelacht. [lacht]

R: Ja ist so'n typischer Konflikt ne, der ähm den es äh oft mit äh Schulbegleitern gibt ne? Frau Ullrich dann dargestellt als ähm diejenige die dann ähm äh gerne auf die Schulbegleiter zurückgreift und ähm, Frau Enders die die ja ähm tja sich äh Gedanken auch um die Rolle und um Strukturen dann gemacht hat ne? Hm //und das dann anders sieht//

I: //Also würden Sie sagen dass es// realistisch ist so ne Unterhaltung.

R: Jaa. Durchaus.

I: Also ich hab das völlig frei erfunden aber es ist ok.

R: Ich find das relativ äh realistisch doch, mhm.

I: Ok. Mh mit wem können Sie sich mehr identifizieren in dieser Geschichte?

R: Also etwas mehr mit Frau Enders, aber ich finde auch ähm äh Gesichtspunkte von Frau Ullrich äh nicht von der Hand zu weisen ne? Also ähm, ich ähm hatte auch einmal so Rollenkonflikte ähm in einer Klasse mit einer Schulbegleitung inner Grundschule, als ich da begleitet hab ähm, beratend und ja ich finde schon ähm dass äh sich äh die Schulbegleitung hauptsächlich auf das Kind ähm äh einstellen muss und dass das auch ganz wichtig ist, und dass der Schulbegleiter auch nicht äh die Rolle des Lehrers übernehmen darf. Ähm, das geht auch nicht. Gleichwohl sag ich auch den Schulbegleitern immer wenn sie anfangen dann zu arbeiten sind sie eine erwachsene Person. Und die Kinder müssen merken. Dass sie ne erwachsene Person sind. Und es geht nicht, dass wenn irgendetwas gravierendes so vorfällt oder passiert, was im Raum ist und äh dass ähm sie dann gar nicht auf den Schulbegleiter hören. Das ähm geht also gar nicht. Und äh wir sagen auch den Kindern wenn mal irgendwann was äh gewesen ist haben wir das auch schon ALLEN Kindern gesagt, wenn Bastian euch etwas sagt, dann müsst ihr darauf hören. Also es wäre ganz FATAL, wenn das so wäre dass das überhaupt nicht zählen würde dann würden nämlich die Schüler genau ähm äh gucken dass se das noch äh (.) AUSSPIELEN und umso mehr Quatsch machen wenn der dabei ist, weil der sagt ja dann eh nichts und dann würden se das noch kräftig austesten. Und deshalb ähm haben wir uns da wirklich auch äh sehr breit so vor Bastian gestellt und äh gesagt ähm, nee, ähm das hat auch Relevanz ne? Er wird nicht ganz so ernst genommen wie wir als Pädagogen aber, immer wenn irgendetwas war haben wir dann ähm was so in die Richtung ging so äh Respektlosigkeit, haben wir schon auch äh sehr versucht ihn da in seiner Rolle so zu unterstützen ne? Und Tatjana auch. Ne?

I: Das heißt auch wenn Bastian nur für ein Kind offiziell zuständig ist, muss er trotzdem für alle anderen Kinder eine Autorität muss er eine Autorität darstellen.

R: Genau er muss ne Autorität darstellen oder er muss respektiert werden ne?

I: Ok.

R: Ne? Es kann auch Situationen geben in denen er äh auch äh was mit ähm mehreren Kindern macht aber es ist EIGENTLICH eher die Ausnahme ist eigentlich auch eher selten ne?

I: OK. Gibt es bei den Argumenten die da genannt werden welche wo Sie sagen JA das seh ich ganz genauso oder gibt es auch welche wo Sie sagen das ist völlig irrelevant oder äh kann ich überhaupt nicht nachvollziehen?

R: [holt tief Luft] Naja fachlich muss man halt ein Auge auf sie haben, [lacht] [I: (lacht)] das finde ich schon, ne also wenn ich jetzt äh Bastian erlebe und er versucht ähm Goodwill dann Mathe zu erklären also da muss ich schon n Auge von äh darauf haben und muss äh gucken ähm, dass das auch ankommt und dann sagt er auch oh da komm ich aber ins Schleudern, das kann ich jetzt nicht das musste mir nochmal sagen und da brauch ich auch deinen Wortlaut und dann brauch ich auch deine Unterstützung und das ist auch gut so. Ne? Ich würde mir manchmal wünschen dass er da vielleicht n bisschen mehr (.) GEBEN könnte noch dann hätte ich's manchmal n bisschen leichter, ähm, aber ähm, äh es ist ähm nicht seine Aufgabe und ich darf es auf keinen Fall fordern oder ähm (.) äh äh ähm, ich äh nehme es dann auch weil ich viele andere Annehmlichkeiten hab durch ihn so wie es ist, ne? Und ähm, muss dann einfach n Auge drauf haben. So ist es. //Schlicht und ergreifend.//

I: //Aber das ist auch// in Ordnung so. Also

R: Natürlich! Das ist ja ähm, ich kann das ja überhaupt gar nicht ERWARTEN! Er ist (.) kein ausgebildeter Pädagoge er hat nicht studiert und ähm, das ähm, (.) ginge ja nicht dass ich das erwarten würde ne? Wär auch verkehrt.

I: Aber DASS er fachlich was ERKLÄRT, joa kommt man wahrscheinlich gar nicht drumrum oder?

R: Da kommt man nicht in jeder Situation drumherum. Wenn äh Mikke äh etwas nicht verstanden hat oder Fehlzeiten hatte, dann ähm äh wird er das äh sicherlich auch manchmal tun MÜSSEN und äh ich würde es auch SCHÄTZEN, ähm wenn er sehr aufpasst auch im Unterricht, mit aufpasst und die Inhalte mitbekommt und dann auch ähnlich transportieren kann wie der Lehrer das tut. Ne? So. Aber da sind auch so (.) m/ etwas Grenzen da, hm aber nicht so dass es ähm gar nicht ginge. Ne also und dass da etwas Grenzen da sind dass dass ist eben einfach so ne? Das (.) muss ich einfach so akzeptieren oder es ist so. Auch in Ordnung dann. Für mich. Ne?

I: OK.

R: Joa.

I: Andere Argumente die Sie gerade spontan angesprochen haben wo Sie sagen ja das ist bei uns genauso oder,

R: (4) Tja, mit der Personalentwicklung ne das ist ja nicht unser Job ich habe auch schon genug um die Ohren muss ich mich noch nicht um die Personalentwicklung betreiben außerdem will ich ja wissen was in meinem Unterricht passiert, (vorlesend) ja die Kinder die sollen schon zu mir kommen das finde ich AUCH, ne, ähm diese ANLEITUNG ähm dass das NICHT unser Job wär das sehe ich nicht so das ist ganz klar mit meine Aufgabe Schulbegleiter anzuleiten, das ähm ist ähm ist auch äh für mich schon lange selbstverständlich aber vielleicht gerade weil ich aus ner Schule komme, wo das selbstverständlich ist dass ich das tun muss ne?

I: Da könnte ich mir vorstellen dass Regelschullehrkräfte die das nicht so gewohnt sind das auch anders sehen oder,

R: Hm, ich glaub die ähm reflektieren das gar nicht oder da ist es gar nicht im Bewusstsein so vorhanden. Ne?

I: Ok.

R: (..) Das aber also das äh finde ich ist schon ähm ganz wichtig, ähm, man könnte das sicherlich auch noch perfektionieren auf äh Schulebene dann eher. Ne? Bezogen oder dass wir uns als Sonderpädagogen da noch mehr untereinander austauschen ne? An der Schule. Und ähm, nächstes Jahr werden noch zwei weitere dazukommen und dann ist das äh SPÄTESTENS fällig, dass wir da äh nochmal so n bisschen so'n Konzept (.) Entwicklung betreiben in Hinblick auf Schulbegleiter auch, wo die sitzen wenn die Pausen haben und solche Geschichten das ist natürlich alles in der A-Schule ähm (.) GEKLÄRT, und da gibt's Wege und das ist dann wenn das so zwei äh drei sind, die dann auch unterschiedlich die Pausen verbringen auch noch nicht so ausschlaggebend ne? Bastian geht zum Beispiel gerne eine mit rauchen, und da/ erzählt er dann auch immer mit Kollegen da merk ich immer hat er auch viel Kontakt zu Kollegen und hat darüber auch so'n bisschen so'n (.) eigenen Einstieg ins Kollegium geschaffen das finde ich auch klasse so. Ne? Aber ähm so ist das eben unterschiedlich. Tatjana raucht nicht und die macht das mehr so für sich ist dann öfter auch noch mit den Kindern zusammen ne? Und ähm, ja. Da könnte man sicher gucken, dass man da noch mehr so Verbindungen schafft auch ne?

I: Aber n Platz im Lehrerzimmer oder ich weiß gar nicht Schlüssel zum //Lehrerzimmer//

R: //Das haben wir eigentlich// doch das ham se die können überall rein und das f/ schätze ich auch die haben auch n Schlüssel von allen Räumen hier, außer von den Fachräumen, ne da hab ich aber auch nicht äh die Schlüssel aber die Klassenräume ähm, oder hier ähm äh Gruppenräume das können die alles auf und zuschließen und sollen se auch. Und, da ist die Schulleitung auch SEHR offen und freigebig mit (.) die sind erwachsene Personen und bekommen das auch und bekommen da auch so'n erleb ich das n äh, guten Vertrauensvorschuss. Also man fühlt sich gleich ganz anders wenn man in einer Schule anfängt zu arbeiten und man kriegt n Schlüssel. Wie jeder andere auch also, was besseres ähm als Vertrauensvorschuss oder als Akzeptanz als gleichberechtigter Erwachsener gibt's ja gar nicht. Ne? Das find ich ist schon richtig äh stark auch Gut ne? Das wär für mich nicht selbstverständlich gewesen, und das schätze ich. Dass das hier so ist. Ne? Und n Raum, da hatten wir drüber nachgedacht aber es ist äh im Moment platzt unser Lehrerzimmer aus allen Nähten, und wir hatten dann schon überlegt wo vielleicht auch Schulbegleiter sitzen können und das ist jetzt noch nicht umgesetzt bislang. Ne?

I: OK. (…) In dieser Geschichte gehts ja so im Kern um die Frage, ist ein Schulbegleiter auch oder oder darf sich ein Schulbegleiter auch um die andern Kindern kümmern oder sollte er bei seinem (.) Schützling bleiben, gibts vielleicht noch Argumente die ich nicht aufm Schirm hab die noch für eine der beiden Positionen genannt werden könnten? Oder ist erstmal so das Wichtigste abgedeckt?

R: (..) Eigentlich ist das Wichtigste abgedeckt ähm ich finde ähm, es ist natürlich so'n bisschen schwarz-weiß, plakativ ne? Und ähm da gibt's immer so'n Mittelweg auch für manches ne? Also wenn jetzt n Schulbegleiter sehr ähm kundig ist und sehr unterstützend sein kann den dann manchmal auch einzusetzen wenn er das möchte find ich auch legitim und find das auch gut. Oft ist es so, dass n Schulbegleiter das auch selbst so äh sich da so ne ähm (.) Rolle auch noch mehr in die ein oder andere Richtung SCHAFFT dadurch wie er auftritt. Ne? Ich hab das in der anderen Schule dann erlebt da war ähm die Lehrerin ähm, war behindert. Die hatte äh ne ausgeprägte ähm Körperbehinderung schon weil die immer nur schief gehen konnte und ähm, äh zum Teil Gliedmaßen gestreckt waren und äh die Stimme blieb auch etwas leiser und piepsiger, und äh es war auch ne fortschreitende Behinderung und die Schulbegleitung die äh war von ihrer Art her sehr ähm (.) reaktionsschnell, konnte ganz schnell ähm situative Momente einfangen, und ähm, hatte auch so ne ähm Reaktionsschnelligkeit im Umgang mit den Schülern. Die durchaus auch oft richtig war, und manchmal (.) vielleicht n bisschen zu schnell war. Und da ist dann so ne Dynamik entstanden die dann sogar von Eltern dann diskutiert wurde und äh auch was richtig zu Elternabenden geführt hat wo wir richtig Problemelternabende aufgrund dieses Themas hatten, dass die Eltern es so erlebt hatten, dass die ähm Schulbegleitung einen zu da/ dominante Rolle übernommen hatte, und die ähm Kollegin äh dann deshalb nicht mehr ähm äh (.) ja. Äh so als äh vollwertige Lehrerin erlebt wurde. Das war sehr brisant. Das äh ging hinterher richtig an die Schulleitung das waren ganz schwierige Konfliktgespräche, aber es hatte auch noch ähm mehrere andere Ebenen die das ähm (.) zu führten dass es ne schwierige Situation war, ähm die nicht nur daran festzumachen waren für mich, dass es so dieses Thema Schulbegleitung gab und wer da die führende Rolle hat aber ähm, nichtsdestotrotz war das dann auch gerade Anlass um sich nochmal über die Rolle der Schulbegleitung Gedanken zu machen und, auch um äh die Rolle der Schulbegleitung äh vor den Eltern darzustellen und äh vor den Eltern ähm äh klarzustellen äh wie's ähm wie es äh sein muss und wie man's erwartet ne? Und da haben wir uns auch ganz eindeutig so positioniert, dass die Schulbegleitung auch ne ERWACHSENE PERSON ist, die AUCH ähm in ähm äh in Abstimmung mit der Lehrkraft handeln darf und auch handeln soll, und auch autorisiert ist, dies äh zu tun, ABER, ähm, natürlich trotzdem vorrangig die Aufgabe darin besteht dass sie das alleinig das Kind äh betreut was sie zu betreuen hat aber immer, wenn es zu ähm so groben Verhaltensauffälligkeiten kommt äh die in irgendner Form beantwortet werden müssen, dass äh da auch ne Schulbegleitung nicht so völlig außen vor sein darf sondern so ne (.) gro/ gesunde (.) Zivilcourage äh in nem guten Maß auch ähm für die Schüler erkennbar sein muss und auch ähm, ja sie muss immer n Respekt haben ne Person bleiben ne? Ja.

I: Sie sagten ja gerade das ist in dieser Geschichte n bisschen plakativ, will's ja ganz bewusst sein, hm, aber, wenn Sie so an Kollegen denken, sind diese Extrempositionen da als solche auch vertreten oder ist es immer eher (.) ne Mischung?

R: Vielleicht n bisschen in der Hinrich/ äh Richtung hin ähm vertreten, dass dann anfangs dann natürlich auch so'n bisschen abschätzig kam jaja ihr habt ja ne kleine Klasse. Dann seid ihr zu ZWEIT, ganz oft und dann habt ihr auch noch zwei andere erwachsene Personen! Och da kann man euch vielleicht mal eher n Kollegen abziehen oder ist das denn wirklich so gerechtfertigt? Ähm, jetzt dadurch dass viele Kollegen unsere Klasse ERLEBT haben und erlebt haben was für n Aufwand dahintersteckt diese Klasse zu begleiten und zu betreuen, sind die Stimmen dahingehend leiser geworden ich hab se zumindestens nicht mehr gehört. Aber (.) es ist natürlich auch (.) oft ähm, für einen Kollegen der sich vielleicht ALLEINE mit ner sehr schwierigen Klasse abkämpft und müht n Regelkollege, und der sieht dann da gibt's ne Klasse da sind vielleicht manchmal VIER erwachsene Leute gleichzeitig drin, ist es doch auch hart das so zu sehen ich kann's auch verstehen dass dann so n Gedankenspiel dann so aufkommt ne? Durchaus und ähm, manchmal wäre sicherlich bei uns einer abkömmlich und es wär schön, wenn die Wände durchsichtig wären und man genau sehen könnte ach, ich könnte doch Bastian jetzt mal gerade darüber schicken weil Mikke läuft doch gerade gut und es ist vielleicht gerade nicht nötig ne? Aber insgesamt geht's dann eben nicht ne? Ist so. Ne?

I: Ok. Sie meinten ja auch gerade schon ja das dieses schwarz-weiße da gibts ja auch irgendwie n Mittelweg, ähm, also Sie sehen schon einen Weg wie sich diese beiden Kolleginnen hier auch einigen könnten über die Rolle der Integrationshelfer?

R: Ja ich finde dass die Rolle eindeutig da ist aber, ich finde dass ähm auch ähm Frau Ullrich ähm Recht darin hat, dass man zum Teil ähm dann die Schulbegleitung auch ähm mit einbeziehen kann wenn das WOHL (.) des äh Kindes was da zu betreuen ist von Tim äh gesichert ist, dann kann sich wohl Helena auch mal jemand anderem zuwenden oder mal sagen nee da hast du an der Stelle was übersehen. Das find ich nicht schlimm aber ich finde nicht, dass Helena die ganze Klasse übernehmen sollte und sich dann ähm, Frau Enders stattdessen ähm um die einzelnen äh kümmern kann. //Das ist dann//

I: //Achso dass man// es umdreht, //das wäre//

R: //Ja das ist// dann n bisschen zu viel. Ne? An der Stelle. Ne aber wohl dass sich Helena dann mit um ähm einzelne Schüler äh kümmern kann ähm, das finde ich auch durchaus begrüßenswert oder in Ordnung, ne?

I: Kann man das den anderen Schülern transparent machen?

R: Ja bis zu nem gewissen Maße, ne? Also man muss da auch äh da aufpassen das merk ich jetzt auch in der weiterführenden Schule ist das glaube ich noch mehr Thema, als in der ähm in der Primarstufe. Ne? Also, äh es entstehen manchmal auch Eisve/ Eifersüchteleien auch schon um MEINE Person. Dass es dann so ist, dass ich ähm mich den Förderschülern widme und dann mal eine Regel ähm ein Regelkind dann gesagt hat irgendwie, ja und Frau Rodenkamp kümmert sich immer nur um den und den und, ich hab mich die ganze Zeit schon gemeldet und sie kommt gar nicht zu MIR! So.

I: Ach das gibt es a/ ah ok. Weil ich nämlich auch genau das Gegenteil gehört habe dass Regelkinder dann oft auch (.) ANGST haben dass die Förderpädagogin zu ihnen kommt weil (.) sie sind ja Regelkinder und wenn die Förderpädagogin zu mir kommt als Schüler dann muss ich ja wohl n Problem haben. //So dass es was Stigmatisierendes hat//

R: //Ja das gibt es sicher// auch das gibt es sicher auch ne, aber bei uns in der Klasse ist das so etabliert, dass das eigentlich manchmal auch umgekehrt ist. Dass sie sich das manchmal auch wünschen so ne? Oder es manchmal dass sie dann davon auch profitiert haben und ähm, das gerne hatten wenn ich da war oder dass ich dann manchmal so Jungs hab, die dann auch gerade mal erzählen was dann zuhause passiert ist oder, auf der Klassenfahrt da entstanden dann Situationen dass die Kinder fieberten dann hab ich mich natürlich mit da drum gekümmert ein Junge lag mit bei mir im Zimmer, ich bin dann die ältere Kollegin hab selbst auch n Kind und so und dann entsteht das natürlich dass man sich dann ganz KLAR. Dann um so'n kränkelndes Kind dann irgendwie kümmert und das nehmen die Schüler natürlich auch wahr, so. Ne? Ja. Und m/ was aber hilft in der Beziehung ist ähm dass wir von Anfang an gesagt haben wir sind beide Klassenlehrerinnen. Und dass äh so ganz klar den Kindern gesagt haben und wir sind BEIDE eure Lehrerinnen, natürlich bin ich die Förderschullehrerin und die kriegen ja auch mit, wie unterschiedlich das ist aber ich unterrichte ja auch Fächer und inzwischen ähm haben se das eigentlich ganz gut akzeptiert. So.

I: Aber da sind Sie und Ihre Kollegin (.) ich weiß jetzt nicht ob man ne Hierarchie aufmachen möchte aber Sie sind gleichauf?

R: Ja. Würd ich sagen. Würd ich sagen also sie ist schon noch mehr (.) n bisschen mehr so die äh Klassenlehrerin als Regelschullehrerin und wird auch dann von K/ El/ ELTERN angesprochen als ähm die ähm Kollegin der Regelkinder und ich als die der Förderkinder aber trotzdem, sind wir ein KlassenTEAM und (.) das ist äh bei allen eigentlich ähm sehr stimmig angekommen so.

I: OK.

R: Doch.

I: Können die Geschichte beiseite lassen ich hab (.) noch die Frage wenn Sie Ihren Arbeitsalltag neu gestalten können jenseits von finanziellen, ressourciellen, personellen, zeitlichen Einschränkungen, wie würden Sie das machen? Wie würden Sie Ihren Arbeitsalltag verändern?

R: Ohh ich hätte als erstes nen viel größeren Klassenraum, ich hätte vielleicht Teppichboden, ich hätte offene Türen, ähm hätte vielleicht so Stellwände, könnte dann leichter so in Gruppenarbeit äh auch mal gehen, so, also da würde ich mir mehr Platz wünschen, würd mir n bisschen mehr Platz für meine eigene Organisation wünschen dass ich dann ähm, irgendwie dieser Raum vielleicht dann für mich wäre und ich dann meine Arbeitsmaterialien dann da auch ähm entsprechend (.) ähm noch mehr so hinstellen könnte, und ähm, dann würd ich mir sicherlich auch wünschen, das fänd ich schon schöner, ähm wenngleich ich auch so, so, den Beratungsanspruch als Sonderpädagogin auch so sehe, ähm, hafte ich seh/ od/ den Inklusionsgedanken als solchen verstehe dass die alle gleichsmäßig überall verteilt werden, ähm, hänge ich äh emotional doch noch mehr daran, dass ich den Wunsch hätte ähm, die Lehrerin dann für meine Klasse zu sein. Komplett mehr begleitend. So. //Oder noch//

I: //Also auch die r/ für die Regelschulkinder// mehr Verantwortung zu haben.

R: Nee ähm mehr in ähm komplett äh bezogen auf die äh Unterrichtsfächer.

I: Ah ach so, ok.

R: Also, weil ich ja jetzt nur so wenig Stunden drin bin, dass ich dann vielleicht doch auch noch mehr Stunden drin wäre. Ne? Und dadurch noch mehr so ähm, hmm, ich dann noch enger vielleicht die Klasse begleiten könnte. Das fänd ich (.) ganz schön. Aber ähm, es ist so auch zufri/ friedenstellend also für mich. Mhm. Wie's jetzt ist.

I: Zeitlich ich hab vorhin noch so rausgehört ja es fehlt irgendwie (.) hm //fester Besprechungsraum//

R: //Genau das wäre vielleicht auch noch n Punkt ne// dass ich ähm, vielleicht ähm eine Stunde bekäme, ähm die im Stundenplan verankert wäre, für meine Kollegin ähm, also eine Stunde für meine Kollegin und für mich und dann noch vielleicht noch so ne halbe Stunde in der Woche, für äh gleichzeitig mit äh Schulbegleitern. Im Stundenplan verankert. Für uns

I: Und vielleicht noch angerechnet aufs Deputat.

R: Das fänd ich super. [I: (lacht)] Ja weil es ist wirklich auch Arbeit es ist tatsächlich so ne das ist einfach so ne? Aber auch ne Entlastung also hat ja immer beides ne? Mhm.

I: Ähm welche Ratschläge würden Sie einer neuen Kollegin in Bezug auf die Zusammenarbeit mit Integrationshelfern oder Integrationshelferinnen mitgeben? Wenn jetzt ich hab auch gehört es kommt ja wieder ne neue I-Klasse dann im Sommer wahrscheinlich,

R: Mhm, also ich äh würde ihr mitgeben ähm dass ähm (.) man sich im Vorfeld Gedanken um die Rolle des Schulbegleiters macht, und äh schonmal überlegt ähm dass man äh klar ähm äh klar hat aber, vielleicht sich auch nicht stresst damit dass man völlig klar hat was derjenige tun muss sondern auch noch äh gemeinsam entwickelt. Wie das ähm Anforderungsprofil eines äh Schulbegleiters äh aussehen soll oder die Rolle des Schulbegleiters. Das wäre sicherlich hilfreich und ähm, auch ähm (.) ja. Insgesamt äh vielleicht auch mal gemeinsam ins Gespräch zu kommen, wie sich alle Schulbegleiter in unserer Schule wohlfühlen könnten. Vielleicht wäre das sinnvoll auch dann mit den neuen Kollegen die dann Schulbegleiter haben, dass sich mal alle äh einmal zusammensetzen in Hinblick auf die Schulbegleiter und überlegen ähm wie kann man (.) die Arbeit für die Schulbegleiter ähm tja, attraktiv ähm (.) gewinnbringend für die Schulbegleiter aber auch für uns gestalten sodass sich alle gleichermaßen wohlfühlen ne?

I: Das hatte Herr Birkmeier gestern auch gesagt dass das irgendwie nochmal ne nette Idee wäre so die ganzen Lehrer die mit dem Thema zu tun haben, die zusammenzuholen, das ähm, ja.

R: Ja das wäre sicher ein Anlass dann auch nächstes Jahr ne? Weil dann ähm (.) noch mehr Schulbegleiter da sind ne? Mhm.

I: Ja spannend. (..) Das wäre von meinen Fragen alles gibt's noch was was Sie zu dem Thema gerne erzählen möchten was wir noch nicht angesprochen haben?

R: Eigentlich hab ich schon viel angesprochen was ich vielleicht noch ansprechen könnte wäre ähm, dass es natürlich TOTAL unterschiedlich ist wen man als Schulbegleiter bekommt und da sind SOLCHE ähm WELTEN zwischen Personen die man bekommt ne das ähm, ist äh zum Teil aber auch erschreckend. Wer dann kommt und ähm, es gab ja auch ähm Bastian war jetzt der (.) fünfte für Mikke, und ähm, zwei äh Schulbegleiter mindestens waren auch äh total manipulierbar. Durch Mikke. Also die müssen ne unglaublich starke Persönlichkeit eigentlich auch mitbringen um denen (.) ansatzweise überhaupt gerecht werden zu können also, brauchen natürlich die Statur so von Bastian und es kam ja wirklich ähm (.) zu äh massiven ähm (.) massiven Gewalta/ äh Attacken von Mikkes Seite aus ich weiß nicht ob Bastian das erzählt hat,

I: Mit dem Regal hier in dem Raum //das erzählte er ja//

R: //Jaa ne das war// also schon sehr sehr heftig zum Teil äh und Mikke zu begleiten ist dahingehend wirklich ne Herausforderung ne? Und da wäre nicht jeder so zu in der Lage ne? Und ähm wir hatten auch einen ähm (.) jungen Schulbegleiter der ähm der ist von Mikke immer gekniffen worden. Ne der also er sucht dann auch immer so Schwachstellen raus bei jemandem, bei Bastian ist es so seine Unorganisiertheit der ist manchmal verpeilt und vergisst Dinge, das nutzt Mikke aus und bei dem anderen da nutzt er aus, dass der der der kreischte auch schnell und w/ wurd dann gekniffen und zog sich dann so zurück und dann hatte der hinterher ganz verkniffene Arme ne von Mikke weil der dann immer mal zwischendurch so gepitscht hat ne? Und ähm also er hat ähm schon ähm tja, er fordert sehr heraus das ist heftig und auf der anderen Seite gibt es eben Schulbegleiter die auch für viele Kinder gar nicht äh die richtige Beantwortung sein können da muss man auch schon sehr gucken, dass so die Chemie stimmt und dass es äh laufen kann ne? Hatte einen Schulbegleiter auch in der anderen Schule, der war zum ähm (.) ähm war Moslem geworden, ne, und ähm, hat dann im Laufe der Zeit sich auch noch mehr radikalisiert und hat dann hinterher so ähm, Gewänder auch immer getragen und ist dann (.) im Son/ Sommer nach Mekka und hat da gebetet und dann war er hinterher nur noch weiß angezogen hat dann geheiratet hatte ne Frau die hier nur noch n Schlitz hatte, er ist dann hinterher auch gegangen worden. Also von [I: Der Schulbegleiter] der [Name des Arbeitgebers] ne, der Schulbegleiter ne? Weil das auch irgendwie ähm, (..) hach das war auch eigentlich so ne schreckliche Geschichte dass man so das Gefühl hat was ist überhaupt vereinbar, welche Persönlichkeit kann man noch akzeptieren? Als Lehrer wenn jetzt wirklich da jemand ähm, in der Stadt den Koran verteilt ne und ähm, dann Schulbegleiter ist so ne? Wie weit geht da meine Akzeptanz ähm, was äh kann ich äh akzeptieren ähm wer noch Schulbegleiter ist und wer nicht? Und so hab ich SEHR unterschiedliche Personen erlebt und, nicht mit jeder Person möchte ich auch meinen Alltag so ähm in so ner Enge und in so ner engen Zusammenarbeit TEILEN. Das ist ähm (.) wirklich dann auch ne Aufgabe so ein Personengemisch (.) Professionalitätsgemisch auch zu ertragen u/ dann wenn's schlimm ist, oder aber auch entsprechend gut ähm zu FÜHREN und gut ähm zu harmonisieren ne? Und ähm, da äh finde ich ähm hab ich es so erlebt dass auch wirklich so Grenzen sind ne, dass ich auch da ähm (.) gut im Gespräch sein muss mit dem Arbeitgeber mit [Name des Arbeitgebers] und sagen muss ähm, ja wann es vielleicht auch nicht mehr geht und das würde ich inzwischen auch an einigen Stellen schon früher einhaken jetzt mit meiner Erfahrung.

I: Aber das Recht dazu haben Sie zum Träger zu gehen und zu sagen

R: Das habe ich das wird auch ähm das wird auch vom Träger gewollt und der ähm der sagt das auch sehr deutlich und da bin ich auch froh drüber da ähm ähm hab ich auch n gutes Einvernehmen mit ähm demjenigen mit dem ich da kooperiere ne, trotzdem ist es manchmal so ähm, n zweischneidige Sache das ist der Arbeitgeber aber ICH (.) sehe trotzdem immer denjenigen bei der Arbeit und ich (.) kann eigentlich äh letztlich auch nur so richtig beurteilen ne? Sie tun da auch sehr viel für sie bilden auch recht gut aus sie führen auch regelmäßig Gespräche auch mit Bastian hab ich das so erlebt dass sie ihn wirklich auch am Anfang öfter ranzitiert haben um sich auszutauschen und das auch NOCH tun, ne, und das finde ich auch ähm, finde ich auch richtig. Ganz ehrlich, ne? Das ist äh keine einfache Geschichte ne, dass der Arbeitgeber ja hier gar nicht sitzt. Auch der Rektor der ist ja nicht (.) weisungsbefugt für denjenigen der dann hier arbeitet ne? Überhaupt nicht ne? Und das ist ähm (.) ist schon ne ganz äh besondere Geschichte auch aus äh welchen (.) Verhältnissen zum Teil die Arbeitenden kommen und was sie für Potenziale dann auch mitbringen wie unterschiedlich das ist ne und es ist manchmal ähm (.) ja gehts eigentlich auch nicht ne?

I: Und dann hängen ja auch noch die Eltern mit drin, die das Ganze ja b/ so so wie ich das im Regelfall kennengelernt hab das Ganze ja beantragen und dann di/ diese Schulbegl/ also die PERSON, die PERSON FINDEN oder auswählen, [R: Ja, genau] und ob ma/ sind Sie da auch mit den Eltern irgendwie noch in Kontakt oder ist das eher

R: Doch aber das ist zum Teil auch sehr unterschiedlich ähm inwieweit die Eltern in der Lage sind das geht äh ging soweit dass wir regelrechte Einstellungsgespräche mit den Eltern haben, also ich begrüße das auch wenn oder kann das auch gut nachvollziehen wenn Eltern sich einklinken und ähm versuche dem auch immer Rechnung zu tragen, ne? Und das ähm weil ähm ich das auch als Mutter wollte, wenn ich n behindertes Kind hätte, dass der Mensch mit dem mein Kind so viel zusammen ist dass das auch jemand ist dem ich VERTRAUEN kann. Ne das wäre mir auch wichtig und da würde ich auch nicht jeden haben wollen für mein Kind und insofern (.) versuch ich die Eltern schon auch sehr mit einzubeziehn.

I: Aber es klingt danach dass als wäre das eigentlich IHRE Aufgabe als //äh ist Lehreraufgabe dieses Casting zu machen//

R: //Es ist MEINE Aufgabe mit// (.) ja es ist so.

I: Ok! Interessant weil ich kenn's also ich

R: Oft so also es ist oft so dass es ähm meine Aufgabe mit äh IST, und äh da [Name des Arbeitgebers] kommt sagt wir haben da so und so f/ ähm wir haben da ne drei Leute jetzt, der eine will sich Montag vorstellen der nächste nächste Woche Donnerstag und dann der dritte dann die Woche drauf Montag und dann ähm ist Hospitation angesagt und ich soll dann hinterher sagen wie diejenigen sind.

I: Oh ja das find ich spannend weil ich kannte es aus also ich komme aus Y und habe da einige Interviews mit Schulbegleitungen geführt, wo es eher so war dass die ELTERN das ausgesucht haben da kam man halt mal zum Kaffeetrinken vorbei, und als Lehrer in ner Schule hat man einfach dann einen Schulbegleiter was heißt VORGESETZT bekommen aber der war dann einfach DA und man (.) konnte entweder oder nicht. [lacht]

R: Zum Glück nicht nur. Zum Glück nicht nur das find ich ganz gut aber ähm, ich finde es eben auch gut wenn die Eltern mitmachen, und ähm ich ähm hab's äh jetzt eher auch in diese Zusammenhang dann so ges/ äh gehabt dass ich die Eltern mit dazu eingeladen hab. Dann ging die Mutter von Erik sogar so weit dass sie sagte Erik sagt eigentlich auch selbst ob er jemanden sympathisch findet oder nicht. Aber ich gerade mit meiner ERFAHRUNG die ich gemacht hab auch mit Schulbegleiter lege da eigentlich sogar fast Wert drauf dass die Eltern auch gucken, und dann unter Umständen auch nochmal was sagen würden weil die (.) Eigenwahrnehmung der Leute die da kommen die ist auch äh ganz unterschiedlich ausgeprägt wie die sich SELBST wahrnehmen #im Setting# und was sie SELBST (.) DENKEN was sie KÖNNTEN oder was sie nicht könnten. Das ist sehr äh sehr unterschiedlich und auch nicht immer ähm (.) nicht immer passig so. Ne? [lacht] Also ähm, ja. Nee. Immer versuch ich mit einzubeziehen. Mhm.

I: Gibt's noch irgendnen Punkt?

R: Nö eigentlich also das war jetzt noch n wichtiger Punkt ne also ähm, der Personenkreis Schulbegleiter an sich ne? Aber ähm so (..) wär's das eigentlich.

I: Herzlichen Dank! [lacht]

R: Sehr gerne. [lacht]

Interviewtranskript Bastian Kaminski (Schulbegleiter)

I: Also das In- mit dem Interview ist so, ähm, natürlich stelle ich Ihnen ein paar Fragen aber was ganz wichtig ist ist dass ähm all das zur Sprache kommen kann was für SIE wichtig ist also Sie können soweit ausholen wie Sie mögen Sie können so viele Beispiele bringen wie Sie mögen, ähm und wenn mir irgendwo was fehlt ähm dann werde ich natürlich nochmal extra nachfragen. Also, Sie haben den größten Redeanteil (lacht) in der nächsten Stunde auf jeden Fall. Ganz am Anfang würde mich interessieren wie es dazu kam dass Sie Integrationshelfer geworden sind.

K: Ähm ich war erst in der freien Marktwirtschaft, ähm hab ähm ja, wie soll ich das sagen ich hab n ziemlich BUNTEN Lebenslauf, also ich hab viel im handwerklichen Bereich gemacht hab viel in der Industrie gemacht kontinuierlich aber zehn Jahre knapp Sicherheitsdienst durch, ähm nebenbei arbeite ich ehrenamtlich noch mit Jugendlichen, äh die sind n bisschen vorbelastet also aus Familien die äh schon polizeilichen Kontakt hatten, meistens immer nach Eskalationen oder so halt ne? Mit den Kids arbeite ich zusammen und ich hab eigentlich im sozialen Bereich immer ne Menge Spaß gehabt. hab dann irgendwann mal n Cut gemacht weil ich auf gut deutsch gesagt die Schnauze voll hatte von der freien Marktwirtschaft, ähm, hab mich dann ein soziales Jahr angeschlossen, das zum Thema weit ausholen, hab mich dann im sozialen Jahr also hab das soziale Jahr dann ein Jahr lang gemacht bin mal kurz in die Altenpflege danach, äh bin nach drei Monaten wieder raus, hab mich dann mit [Name des Arbeitgebers] zusammengesetzt hab gesagt ich möchte das einfach mal ausprobieren, und die haben gesagt dass sie einen sehr schwierigen Kandidaten hier haben dass ist der Klient den ich gerade hab und äh umso schwieriger umso besser das ist so mein Anspruch den ich n bisschen habe, ich hab da unheimlichen Spaß dran, und äh ja. Und jetzt hab ich so n #unverständlich# bei [Name des Arbeitgebers] wohl n bisschen so die Position für die schwierigen Kids, und deswegen kam ich daran also das Angebot war für mich sehr attraktiv und da hab ich gesagt ich probiers mal aus.

I: Wie lange sind Sie jetzt dabei?

K: Ich bin jetzt seitm 23.9.2014 dabei.

I: Also n knappes halbes Jahr jetzt.

K: N knappes halbes Jahr, ja.

I: Und haben Sie da irgendne Art von Vorbereitung gekriegt auf die Tätigkeit ne Art Ausbildung, Schulung...

K: Wir werden stetig geschult, ähm die Sache ist aber an dem dass ich einiges mitgebracht hab und [Name des Arbeitgebers] gesagt hat jo von den, wir müssen ja wir haben ja nicht viele Qualifikationen in unserem Bereich. Da kann man ja Hinz und Kunz hinschicken. Halt ne, und dann muss der Einsatzleiter das halt abwägen äh, bei dem Klienten kann ich den und den hinschicken hat der jetzt ganz genug also hat der auch genug Background um das händeln zu können. Und ähm (1) was war die Frage nochmal? (lacht)

I: Ähm, Vorbereitung auf die Tätigkeit.

K: Ja äh [Name des Arbeitgebers] sieht zu dass wir permanent geschult werden. Also ähm das fängt an von meine Rolle als Integrationshelfer, bis hin zu ähm bef/ spezifischen spezifischen äh Seminaren über zum Beispiel Autismus über FASD und und und und. Also die versuchen uns so schnell und so viel wie möglich mitzugeben.

I: Das passiert aber eher berufsbeGLEITEND dann also [K: Das passiert] nicht irgendwie im Crashkurs zwei Wochen bevor es losgeht, [K: Nein nein] sondern Sie werden erstmal ins kalte Wasser geworfen und dann gibts zwischendurch immer wieder mal

K: Ähm in der Regel ja obwohl wenn man sagt so ins kalte Wasser geworfen setzt das ja immer noch so n gewissen Schockmoment herv/ äh voraus so und die Sache ist an dem das (.) ähm [Name des Arbeitgebers] n Deibel tun wird also äh jetzt jemanden loszuschicken wie zum Beispiel jetzt am besten Beispiel meinem

Klienten, da jetzt äh jemanden hinzuschicken der überhaupt GAR keine Ahnung hat sag ich mal jetzt Hausmutti 55 Jahre alt macht n Nebenjob, äh wäre schlecht beraten halt ne, ähm, dort achtet natürlich dann [Name des Arbeitgebers] sehr stark WIE ist der dann qualifiziert und und und, wenn da was fehlt sorgen die dafür dass man auch dementsprechend die Kurse bekommt und das auch sehr zeitnah, halt ne.

I: Aber wenn ich das richtig verstehe gucken die weniger darauf was für ne AUSBILDUNG irgendwie was fürn Abschlussschein Qualifizierung hat derjenige sondern was für n WERDEGANG also wo hat de/ also da [K: Genau] gehts weniger um Formalitäten als um Erfahrung oder

K: Ähm also es geht doch schon um Erfahrungswerte halt ne aber besonders aber wird auch geguckt, ähm, was bringt der für Erfahrungswerte aus anderen Bereichen mit. Wie sehr sieht's #darin# aus ähm ja wie sehr hat diese Person schon mit andern Menschen zusammengearbeitet. Wie oft war die ähm diese Person schon in irgendwelchen Krisensituationen. Und und und. Halt ne.

I: Ok.

K: Danach wurde dann speziell geguckt.

I: Ok. Und bei [Name des Arbeitgebers] sind Sie angestellt mit ner Wochenstundenzahl von...?

K: Von äh oh jetzt lass mich nicht lügen das sind 25 Stunden. Also ich hab im Monat hab ich hundert Stunden so.

I: Und ist das mit Mindestlohn bezahlt oder wie, //wenn ich das mal fragen darf//

K: //Hm// die bezahlen eigentlich ziemlich gut also ich krieg hier knapp n Zehner die Stunde halt ne für ne äh für ne Tätigkeit für jemanden der eigentlich ungelernt ist ist das schon, überdurchschnittlich halt und ansonsten die bezahlen #dir# echt alles. Von Weggeldern und und und also da gibts noch diese Zusatzsachen halt unsere Seminare werden alle knackig durchbezahlt, halt ne und ähm, ja wie gesagt vom Support her sind die auch sehr gut. Also wirklich, bin ich sehr sehr stark von überzeugt #das auch#.

I: Ok. In den Sommerferien durchbezahlt?

K: Äh in den Do/ äh wir machen das wie ähm vom Konstrukt her wie bei ner Zeitarbeitsfirma, das heißt n gewisses Stundenkontingent legen wir uns zurück auf ein Konto, und das können wir dann nutzen um dann sogenannten Überstunden freizumachen dann halt ne, also wenn Ferien sind werden die Stunden dareingepackt die Urlaubstage geht rein, teilweise sind wir dann natürlich an die Ferientage gebunden ist so außer wenn hier irgendwelche anderen Sachen da sind, also persönliche Sachen wo man jetzt mal los muss aber, ansonsten geht das dann in den Ferien kontinuierlich weiter.

I: Und wissen Sie im/ also ist der der Vertrag befristet äh gebunden an die Diagnose Ihres Klienten also muss das immer irgendwie warten Sie darauf jedes Jahr dass das neu bewilligt wird die Förderung oder

K: Genau. Die Förderung äh zum Beispiel jetz in in in ähm, wenn's jetzt darum geht also mehr gesagt wenns um meinen Klienten geht, wird immer alb/ halbjährlich ähm bewilligt, dort wird dann auch die Stundenzahl festgelegt, und ja wie gesagt das geht im Halbjahrestakt und im Halbjahrestakt bekomme ich dann auch meinen Arbeitsvertrag. Die Sache ist an dem dass ähm [Name des Arbeitgebers] mir eigentlich schon mehr oder weniger auch unter der Hand gesagt hat dass äh selbst wenn das mit dem Klienten hier nicht mehr nicht mehr geht, dass er dann nicht mehr überhaupt nicht mehr beschulbar ist und und und, krieg ich dann also hab ich dann die Möglichkeit woanders hinzugehen also wir haben ne enorme Flexibilität. Das heißt nicht nur in der Schul oder in irgendnem Integrations äh Hilfe oder Assistenz, sondern wir können auch zum Familienunterstützenden Dienst gehen, Pflegetätigkeit machen also leichte Pflegetätigkeiten, so wie unsere Erfahrungswerte halt ist.

I: Ok also Sie stehen nicht auf der Straße wenn der Klient //dann irgendwie weg/ nicht ok//

K: //Nein gar nicht//, also da ist auch nachhaltig der also (.) ja wie soll ich das sagen [Name des Arbeitgebers] äh zeigt schon viel Verantwortung gegenüber seinen Mitarbeitern. Wir hatten vor äh zwei Wochen hatte ich ne Eskalation hier in diesem Raum, äh da hat mich n Mitschüler angegangen ähm dann hab ich dieses Regal vor den Kopf bekommen, im hohen Schwung bin deswegen auch in die Knie gegangen halt und und und und das ist so ne Situation, wo viele Integrationshelfer sagen ey ich möcht nicht mehr. Mein Klient also ich bin jetzt der siebte oder achte Integrationshelfer weil er die andern schon durchgeknüppelt hat, und [Name des Arbeitgebers] sorgt immer dafür äh also auch auf der psychosozialen Ebene halt ne, dass die dann ordentlich supporten. //Also nicht nur//

I: //Im Sinne// von Supervision oder Beratung oder

K: Ja nach dem Motto lass uns mal die ganze Situation analysieren. Wie geht es dir persönlich damit. Äh hast du irgendwie Bedenken Angst wie ist es wenn du jetzt mit diesem Klienten wieder zu tun hast. Plus noch den Supp/ also plus die Begleitung die ich hier noch bekomme halt weil das Kollegium sehr sehr eng zusammen ist. Also sehr toll.

I: Beschreiben Sie mir doch mal Ihren Klienten so n bisschen. Was ist das für ein Mensch?

K: Ja (seufzt), mein Klient. Der Mikke. Hm ähm, also das ist (.) ähm (.) direkt vorweg gesagt also der Mikke ist mehr oder weniger mein Hauptauftr/ äh Hauptauftraggeber #mein wie gesagt# mein Hauptklient, mach aber hier noch nebenbei noch n paar andere Schüler mit, äh weil mir die Jugendarbeit sehr leicht fällt aber ich werd jetzt nicht zu weit ausholen der Mikke ist n elfjähriger bald zwölfjähriger Asperger-Autist, der tendenziell n bisschen größer ist als seine Mitschüler äh auch kräftemäßig, ähm, ich würd sagen der ist äh (.) pff, mental gesehen zwei drei Jahre wieder zurück, fällt auch immer wieder in dieses Kleinkindschema ganz gerne, aber wenn ihm was diesbezüglich nicht passt wird er fremdaggressiv. Mit der KRAFT äh mit der Wucht die er aufbauen kann mit dem Adrenalin was er aufbringen kann nicht leicht zu händeln. Also äh da hat [Name des Arbeitgebers] auch dazuge/ ne hat auch gesagt Sie haben zehn Jahre Sicherheitsdienst gemacht bitte gehen Sie zu diesem Klienten hin. Ne also er hat schon n gewissen Anspruch so ist das n zuckersüßer Junge, der äh seine Ängste seine Bedürfnisse nicht vermitteln kann, dadurch unheimlich große Frustration aufbaut halt ne und da muss man (.) mmmh viele Erfahrungswerte bei dem ansetzen um seine Sprache zu entschlüsseln. Die er hat an Mikrobewegung allgemein. Halt ne also bei ihm fehlt obwohls n Asperger-Autist ist, findet trotzdem unheimlich viel in seinem Gesicht statt halt ne, also Bewegungen der Lippe und und und. Äh von zuhause nicht gerade sehr gefördert, kommt aus ner konsumorientierten Familie, ähm, diese Familie da ist jetzt auch nur noch die Mutter da, die auch komplett überlastet ist, ähm bei Gesprächen mit dem Jugendamt versucht man ihr zu verdeutlichen dass sie viel mehr äh tun muss, die Sache ist aber an dem dass sie den schon seit elf zwölf Jahren an der Backe hat das vergessen immer viele Leute und er ist echt anstrengend wenn der was nicht will macht er das nicht. Und wie gesagt dann kommts auch zu zu fremdagressiven Ausbrüchen äh jetzt haben wir den gottseidank so dass er einfach sperrt. Setzt sich hin und macht nichts mehr. Muss ich ihn da aber leider in manchen Situationen aus der Klasse rausholen und da eskaliert es halt ne? Aber es ist anders nicht möglich auch um die anderen zu schützen ne. Aber sogesehen äh (.) wenn man den Mikke kennt, ähm, ich hab den zwei Tage kennengelernt und bin direkt mit ihm fünf Tage auf ne Klassenfahrt gefahren konnte ihn direkt äh n bisschen näher kennenlernen, es ist EINFACH n kleiner Junge, der auch noch nicht so zukunftsorientiert ist wie die anderen Jungs auch, in dem Alter halt obwohl's von ihnen manchmal verlangt wird, und ähm, (..) ja, äh, hat n enorm großen Anspruch und ich möchte und ich hoffe dass ich's schaffe mit d/ äh für ihn n Regel, Regelrealschulabschulss zu erwirken. Damit er halt in ne Zukunft schauen kann die äh nicht so vorprogrammiert ist also sprich Werkstatt, äh Sozialamtsbezüge und und

und halt ne? Aber da müssen wir jetzt müssen wir gucken weil er hat n unheimliches Potential und nicht nur insta/ äh, tschuldigen Sie nicht nur ne Inselbegabung. [hustet]

I: In welcher Klasse ist er jetzt?

K: Der ist hier #unverständlich# in der 6a.

I: 6a ok. Und w/ wie ist er so in der Klasse eingegliedert also ist das wie nehmen ihn die anderen Kinder wahr, w/

K: Ähm vor knapp m halben Jahr noch mit Distanz, weil er halt dieses äh explosive hatte halt ne weil er immer fremdaggressiv war, was sich aber meistens immer gegen Erwachsene richtet, ähm da sind dann einige Kids auf Distanz gegangen die Sache ist an dem dass er ähm (.) dass die Klasse an sich n sehr sehr stark ausgeprägtes Sozialempfinden hat. Und also es kommen immer wieder Integrationsvers/ also äh schon fast Inklusionsversuche halt nach dem Motto ja der Mikke ist halt so ne, voll und ganz akzeptiert, Inklusion sch/ ne? Voll und ganz akzeptiert ja mach mit, (hohe Stimme) Mikke versucht dann diese Situation ma/ fr/ versuchte es dann immer diese Situation zu beherrschen, auch mit Gewalt, dass das alles nach seiner Nase geht halt, aber dadurch dass wir das jetzt so geschafft haben dass er äh uns Erwachsenen Vertrauensvorschuss geben kann, hat er auch n bisschen Selbstsicherheit sich um Situationen mit anderen zu lassen und die Klasse an sich, nähert sich jetzt dem Mikke an. Die haben jetzt auch Freundschaften und und und halt das entwickelt sich ganz langsam jetzt gerade.

I: Ok. Wie viele Schüler sind in der Klasse? [K: 22] Und ist er der einzige der äh n Schulbegleiter hat //oder//

K: //Nein// also n Schulbegleiter wir haben dann den Erik noch der ist äh (.) n Downie, mal ganz umgangssprachlich gesagt, ganz herzlich ne aber n Bockigen, also, Schablone passt eigentlich ganz gut, da kümmert sich dann ne Kollegin die

Tatjana drum, ähm ne äh Frau mit der ich sehr gerne zusammenarbeite, äh ohne Intre/ ohne ohne I/ ohne Integrationshilfe ähm haben noch n paar GUs, bei uns in der Klasse wollten Sie da irgendwelche Informationen zu haben?

I: Gemeinsa/ ich stell mir vor gemeinsamer Unterricht also Kinder die n Förderbedarf haben aber keine Einzelfallhilfe an der Seite.

K: Genau. Genau. Aber da gucken wir also die nehmen wir auch nochmal n bisschen mit unter die Fittiche. Wie wenn wir zum Beispiel n Förderunterricht machen dann nehme ich die mit rüber hab ich dann zwischen drei bis vier Leute hier und dann, machen wir dann noch Förderunterricht. Obwohl wir das jetzt wieder rüberpacken, aber...

I: Ok. Ich blätter mal um. (lacht)

K: Jaja, klar das ist, #erzählen Se mal#. Und wenn ich zu weit aushole dann

I: Nee! Überhaupt nicht, [K: Bitte sagen] ist super, ist perfekt. Ähm, also es gibt Sie als Integrationshelfer, es gibt n zweite ne zweite IntegrationshelferIN, es gibt Frau Rodenkamp als Sonderpädagogin und es [K: Genau] gibt noch ne Klassenlehrerin //oder n Klassenlehrer?//

K: //Genau das ist die Frau Zeiss// und das ist die feste Klassenlehrerin.

I: Das heißt Sie sind oft auch zu viert einfach in der Klasse.

K: Joa! Genau, das kann passieren.

I: Und das war seit Anfang an so also seit der fünf seitdem die Klasse hier gestartet ist oder?

K: So wie ich das mitbekommen hab ja. Also seit dieses ähm seit dieses äh Inklusionsprinzip da ist so ne haben wir gesagt Integrationsprinzip da ist äh, muss es das wohl hier schon geben.

I: Ok. Und wie organisieren Sie die Zusammenarbeit in diesem Team, mit vier Erwachsenen?

K: Mh wir quatschen miteinander jeder also ne man hat schon seine Erfahrungswerte, da ist die Tatjana äh also die Integrationshelferin mit der ich arbeite die ist ja schon seit vier fünf Jahren mit dabei, und ähm wir haben uns schnell eingespielt. Weil jeder irgendwie Erfahrungswerte mitgebracht hat und auch ganz genau weiß wie er mit dem andern umzugehen hat halt ne, wichtig war zum Beispiel ähm, dass die Frau Rodenkamp uns auch sehr viele Vertrauensvorschüsse gegeben hat mir besonders auch, weil äh die Art wie wir mit den Kids umgehen sich äh also (.) im Gegensatz von Frau Rodenkamp zu mir unheimlich unterscheidet, ich bin bei manchen Sachen eher so n bisschen so der Hardliner, äh, ja oder auch n bisschen unkonventionell ich quatsch dann auch diesbezüglich mit den Kids so als wär hätt ich auch so n bisschen die Altersstufe hal/ also ich (.) das liegt aber daran dass ich se halt gleichberechtigt behandel. Das kriegen die Kids auch mit, finden se auch gut weil ich denen dann n Forum schaffe muss aber dann halt weil (.) manchmal dieses Forum auch n bisschen an/ angetestet und ausgetestet wird, halt mal n Autoritären auspacken. Äh wir haben da viele kleine Situationen ähm, was manche Sonderpädagogen nicht machen würden ich mach zum Beispiel hier wenn wir Förderunterricht haben mal so fünf bis zehn Minuten Pause, dann nehmen wir die ganzen Kissen legen die hier unten alle hin da können se sich für zehn Minuten hinlegen, und äh weil das richtige Rabauken sind steh ich meistens mitm Besen daneben, (lacht) [I: (lacht)] und, ja und die, die dümpeln einfach die dümpeln da einfach n bisschen vor sich hin machen sich ihre Gedanken irgendeiner haut mal mitm Kissen und #dann# mitm Besenstiel n bisschen puffen dann lachen se sich darüber kaputt, alles was so unkonventionell ist, wird hier unheimlich groß aufgenommen halt ne? Und das ist genau das Gute an der Sache äh Frau Rodenkamp lässt uns. Weil wenn sie die Ergebnisse sieht, und sagt jo äh, ne, ist, es funktioniert und du kannst auch ganz genau sagen warum du das machst, und äh was du für n Ziel verfolgst und wir kommen auch noch an das Ziel ist eigentlich alles super. Halt ne und sie bringt auch sehr viel Ruhe ins Team. Muss ich wirklich sagen und wir haben hier ne sehr sehr offene Kommunikation. Aber komplett auch im ganzen Kollegium.

I: Gibt's dann da irgendwie feste Be/ Besprechungstermine oder also, wo Sie vier sich an einen Tisch setzen können und so n bisschen besprechen was jetzt äh geplant ist oder was ansteht oder, ist das mehr so zwischen Tür und Angel in der Pause, wie es sich gerade ergibt?

K: Hm, das kommt immer drauf an wenn wir ne starke Eskalation haben dann wird da #unverständlich# natürlich n festes Gespräch äh festgesetzt entweder mit der Schulleitung oder auch mit dem in Verbindung mit dem Schüler. Das muss dann terminiert werden halt um das auch offiziell äh zu gestalten, ansonsten wir haben solche Sachen #man# wir rufen uns mal eben kurz an schreiben uns mal ne SMS, ähm, mmm (gedehnt) wenn's in die Pause geht quatschen wir mal eben kurz miteinander wie/ ne aber wenn wirklich Krisen also nicht Krisen anstehen sondern es (.) könnte ne Krise werden, äh sagen wir auch mal, Arbeitsaufgabe steht die Klasse ist am arbeiten wir gehen mal eben für fünf Minuten raus quatschen miteinander. Halt ne? Also da gibt es eigentlich kein festes Reglement. Immer nach Bedarf.

I: Und die Arbeitsatmosphäre?

K: Toll. Das ist das Beste was mir passieren konnte da kann ich auch meine zehn Euro Stundenlohn kann ich damit auch voll und ganz akzeptieren. Halt ne? Weil äh, wie gesagt wenn man Facha/ also ne n in bestimmten Bereichen äh schon seine Abschlüsse halt ne da ist man auch n anderen Stundenlohn gewohnt, also mit 10 Euro ist es doch schon n ziemlicher Rückschritt besonders auch mit ner 75%-Stelle, halt ne aber (.) das LOHNT sich. Das lohnt sich wirklich. Weil äh, (..) #fiel# nach der Eskalation ich hab ja dann äh ne schwere Gehirnerschütterung gehabt, daraufhin hat mich dann n Lehrer sofort ins Auto gepackt und hat mich dann sofort ins Krankenhaus gebracht. Die Leute melden sich per E-Mail oder die die melden sich telefonisch bei dir wie siehts aus wie gehts dir und und und. Man muss ja nicht viele persönliche Sachen miteinander bequatschen wir sind hier nicht äh (.) die fünf Freunde sag ich jetzt einfach mal ne aber, trotzdem ist n persönliches Interesse da. Halt ne also wirklich n persönliches Interesse und natürlich hilft das ja auch äh zu wissen wie kann ich jetzt mit meinem Gegenüber arbeiten halt wie ist der drauf. Und das hab ich in anderen Schulen (.) mit denen ich gearbeitet habe nicht so kennengelernt.

I: Woran liegt das dass es hier anders ist?

K: Ähm ich denke weil der Herr Becker da ziemlich stark drauf achtet. //Ähm ne also//

I: //Herr Becker ist der Klassenlehrer?//

K: Genau das ist unser Direktor, [I: Der Direktor, ok] äh genau der wird unterstützt von der Frau X und von der Frau Y, das sind die Konrektorinnen drin und er versucht von dem Konzept das auch schon so zu halten dass es (.) ja offene Charaktere halt reinkommen. Die sich dann gegenseitig akzeptieren. Ich meine, man MUSS nicht offen sein man kann auch einfach ne eigenbrödlerisch in der Ecke sitzen halt ne? Aber trotzdem äh kommt immer jeder mal vorbei schnüffelt mal n bisschen sag mal hey hi wie gehts dir. Und und und also die Leute ko/ also die die Kollegen möchten auch schon wissen mit wem se's hier zu tun haben. Und das ist n/ sehr interessant. Also für mich unheimlich positiv. Komm hier morgens gerne hin.

I: OK. Wenn man Sie vier jetzt also die Klassenlehrerin, Frau Rodenkamp und Sie beiden als Integrationshelfer, ähm, wenn ich einfach mal sage Sie sind n TEAM, [K: Mhm (zustimmend)] was läuft in der Zusammenarbeit gut und was läuft weniger gut?

K: Ähm, gut ist die Kommunikation, und das Vertrauen was wir zueinander haben das auf jeden Fall, ähm, das was ich äh negativ für mich empfinde ist, ähm, dass Frau Zeiss und Frau Rodenkamp obwohl eher Frau Rodenkamp Frau Rodenkamp tendenziell nicht mehr SO, äh viel zu viele Angebote machen. Ähm, ja wie soll ich sagen Sonderprogramme. Wenn du jetzt endlich mal an deine Arbeit gehst sag ich jetzt einfach mal so als Beispiel. Dann musst du nur (.) achtzig Prozent machen. Sag ich jetzt einfach damit bin ich als Hardliner nicht einverstanden. Sie hat aber als Klassenlehrerin mehr Erfahrungswerte. Diesbezüglich und das muss ich voll und ganz akzeptieren da muss ich ihr vertrauen. Schmeckt mir manchmal nicht so verdreh ich auch manchmal die Augen wo ich sag boah musste das wieder so ne, aber äh, sie fährt damit ne sehr sehr gute Strategie. Also diese Strategie geht für sie auch auf und sie steht da auch mit n/ beiden Beinen fest aufm Boden. Also so ist es nicht.

I: Also Sie hätten dann in dem Moment gerne nee, der soll auch hundert Prozent machen?

K: Genau.

I: Aber (.) das was dann Frau Rodenkamp in Ihrer Meinung nach Ihrer Meinung nach fährt ist n bisschen zu s/ zu soft oder

K: mmmm (gedehnt, überlegend) manchmal die Sache ist ist an dem dass es ja auch n gewissen Effekt hat, äh m/ ich aber der Meinung bin, was ich auch beobachtet äh beobachte ist dass es den Schülern immer n gewissen Freiraum gibt auch nen ein atheor/ n äh atypisches Verhalten zu zu #bringen# nach dem Motto, ich verhalt mich jetzt hier wie die letzte SAU, und dafür brauch ich dann aber zum Schluss auch äh nur n ne, weniger an den Arbeiten also n in wenigen f/ weniger von den Arbeiten erle/ zu erledigen, und ähm, das ist halt das was mir nicht schmeckt. //Weil//

I: //Das// kriegen die mit die Schüler ne?

K: Ja natürlich! Das sind ganz ausgefuchste kleine Monster! [I: (lacht)] Das ist ne, bei aller Liebe das muss man (.) auch mal so sehen halt ne? Und ich muss aber wirklich sagen dass also tendenziell ich äh rein kritisch gesehen auch manchmal den Kids n bisschen zu viel abverlange. Weil ich seh/ ich bin sehr totalitär. Und äh w/ wenn Mist passiert ist ne es war ne Eskalation oder sonstwas halt und ich beende die Situation wird se auch beendet und das ist ne Sache womit man (.) Kinder sehr schnell entmachten kann. Und das äh äußert sich dann immer wieder auf ner anderen Seite dass sie dann versuchen zum Beispiel über ne andere Situation Kontrolle zu bekommen. Weil sie in dieser Situation keine Kontrolle hatten.

I: Haben Sie ein Beispiel?

K: Ähm, ja ganz gutes Beispiel, mmm, ist äh wenn ich ne Maßregelung habe, dass ähm ich dann sag zum Beispiel euer Verhalten ist respektlos unter aller Sau sozusagen wenn ich jetzt mit ner anderen Sonderpädagogin zusammenarbeite oder noch werdende Sonderpädagogin, die mit der wir hier in wo m/ ja wo die Erfahrungswerte noch nicht so ganz da sind sich äh bei manchen Kandidaten durchzusetzen. Weil wir haben auch ein paar heftige und das ist, ne die Leute sind gerade erst in der Ausbildung die müssen auch erstmal die nächsten zehn Jahre arbeiten um (.) mit solchen Kids äh mit wenigen Worten fertig zu werden halt ne das muss man (.) das muss man einfach akzeptieren und (.) ähm die Sache ist an dem dass ich zwei Schüler drauf hingewiesen hab dass die beiden sowas von dermaßen respektlos sind und ich hab mich vor denen aufgebaut hab dann ne, [klopft mehrfach auf den Tisch] die obligatorischen zwei Finger und hier und du setzt dich jetzt hierhin und hast das jetzt zu machen, und das nachdrücklich und das auch mit nem ziemlich bösen Sprachmuster dabei halt ne und (.) die haben sich dahingesetzt weil sie einfach nicht mehr äh anders dazu in der Lage waren. Komplett entmachtet halt ne also so du stehst davor mehr oder weniger gezwungen sich dahinzusetzen. Und ähm, das merkt man dann währenddessen ich dann den Raum verlasse wenn ich dann was hole oder sonstwas, dass sofort zielgerichtet gegen die andere Kollegin gearbeitet wird. Also es wird sofort ve/ verweigert und und und und ich mach das erst wenn Bastian dann zum Beispiel wieder da ist. Das heißt, ich hab Kontrolle auf sie ausgeübt, s/ sie sahen sie kamen keinen Zentimeter bei mir weiter, und wichen dann sofort #der anderen# also wichen dann aus und haben dann sofort die andere Kollegin dann unter Druck gesetzt so haben dann die Arbeit nicht gemacht solche Sachen wie mal eben kurz die Blätter vom Tisch und und und. Dass se's dann wenigstens einem zeigen könnten ne n anderes Beispiel ist äh, wenn's um meinen Klienten geht da hab ich jetzt (.) kaum was mit zu tun ähm wir haben hier ne klare Absprache dass äh n gewisser Anteil von Schülern ähm beim bestimmten

Wochentag hier ne in der Schulaula während der Pause bleiben darf. Sie müssen sich aber verifizieren anhand eines Schülerausweises. 6a darf dienstags bleiben, se/ ne, musst deinen Schülerausweis zeigen alles klar bleibste drin. Jetzt hat meiner jetzt seinen Ausweis nicht mit! Tja! Shit happens, kannst nicht rein. Ne? Das hat er aber absolut nicht akzeptiert hat sich auch ähm unrechterweise durch n paar Umwege da trotzdem in die Aula gemuschelt ich hab dazu nix gesagt ich stand da oben aufm Balkon und habs mir angeguckt das ganze Spielchen und war aber auch ne große Diskussion und und und und ähm, die Sache war aber an dem, dass er jetzt da nicht reindurfte für ihn war das ungerecht. Er hat diese Situation eigentlich bestimmen können indem er das ne, indem er den großen Bogen gemacht hat und jetzt TROTZDEM da reingegangen ist. Aber dadurch dass er in diesem Moment rausgeschmissen worden ist. Hat er diese Situation hier mitgenommen und hat dann einfach im Unterricht nicht mehr mitgemacht. Und, das isses. Er wollte dann diese Situation bestimmen. Es kam dann später in dem Gespräch raus, dass das nicht nur der Ursprung ist. Sondern er tendenziell äh nicht tendenziell sondern sehr starke Angst hat in eine Sonderschule zu kommen. Und das jetzt schon so übermächtig geworden ist, dass er wie paralysiert ist.

I: Das ist der Mikke ne?

K: Genau das ist der Mikke halt ne, also der äh, allein schon wenn dieses Gesprächsthema ankommt, kommt der sich komplett entmachtet vor er hätte k/ ja so sagt er w/ ist doch EGAL was ich mache! So ne? Wenn ich Pech hab ich komm doch SOWIESO dann auf die Sonderschule! Und da muss man gucken. Also sprich #er ist wieder# allgemein, ne, kann wieder auf irgendwas keine Gewalt oder keine Kontrolle ausüben, und da kann man die Uhr nach stellen und dann nach ner gewissen Zeit (.) kommt man wieder in ne Situation KOMPLETT ganz andere Situation die er dann versucht zu bestimmen. Und er lässt es dann auch eskalieren.

I: Aber wie kommt das dass er Angst vor der vor der Sonderschule hat? Also ist es irgendwie n, n (.) ich will nicht sagen Druckmittel von Seiten der Lehrer aus oder von Seiten der Eltern aus dass das irgendwie bei ihm so präsent ist?

K: Ja es ist jetzt von allen Seiten. Aber die Sache ist an dem dass wir ne #ich will nicht# sagen äh, außer die Mutter jetzt äh, wenn du das nicht geregelt kriegst dann kommste auf die Sonderschule dann war's dat. Also ne sondern sagen, Mikke, ähm, also ihm dann auch vermitteln, dass wir schon ne Menge machen, ihm auch zeigen was wir mit ihm machen und was er gut findet und wie seine Fortschritte sind, aber dass auch irgendwann mal der Punkt erreicht ist, äh wo wir auch nichts mehr machen werden. Dann ist ne? Dann (.) geht nicht mehr wie wenn jetzt hier nochmal so ne Eskalation stattfindet dann kann er sein kleines Köfferchen packen und dann wars das. Und ähm, [holt Luft] ja äh, das sind solche Sachen die #schwirren# halt bei ihm rum seine Mutter benutzt es zwischendurch als Druckmittel nach dem Motto wenn ich ne wenn das hier so weitergeht und und und dann kommste ins Heim. Der Junge hat unheimlich starke Verlustängste. Auch wegen dem Vater der hält von seinem Vater unheimlich viel auch wenn das (.) der letzte Typ ist das sag ich jetzt mal ganz ehrlich, ähm, ja und das spielt halt äh das spielt er halt mit. Also der nimmt von jedem kleinen Teil (.) baut er sich was zusammen und das leider ma/ meistens nur das Negative also das (.) weil er ja auch viele Enttäuschungen erfahren hat. Zum Beispiel es gibt Situationen ich wollte mit ihm sch/ äh mit ihm spielen #so in# den Osterferien wollten wir n paar Computerspiele machen, äh hat er von Anfang an gesagt das wird nix. Das wird sowieso nix das machen wir nicht und er hätts lieber tendenzie/ also er sagt lieber Nein, wir machen das nicht, weil er schon davon ausgeht das wird sowieso nix.

I: Bevor er da enttäuscht wird macht [K: Genau] er lieber von Anfang an, ok.

K: Genau und er will lieber auch für sich sein, ok ist jetzt autistisch äh ne, ziemlich autistisch aber (.) bei ihm ist das um einiges komplexer weil äh er bringt (.) manche Sachen mit die sind wirklich so WIRKLICH Aspergerauti/ äh Asperger äh typisch, und manche Sachen äh wie zum Beispiel Arbeiten von Mimiken er kann auch Mimiken interpretieren. Sowas zum Beispiel halt ne, ähm, ich hab n Brief von dem gekriegt als ich als ich verletzt war, der mich f/ zu Tränen gerührt hat muss ich wirklich sagen halt ne, er kann das also aufm schriftlichen passiven Weg kann er, kann er ne sich irgendwie auch mitteilen halt ne. Aber da sind äh so viele Verhaltensauffälligkeiten drin. Und und und. Also äh, gottseidank ist also ähm, (..) wir haben ja auch manche Kids wo die Erwachsenen nicht die Finger von lassen konnten halt wo da n Missbrauch passiert ist gottseidank bei ihm nicht das wär jetzt nochmal das das I-Tüpfelchen gewesen halt ne aber (.) er hat schon (.) hat n enormen Anspruch und jeder hier in dem Team ist sich das bewusst, und äh bettet ihn mehr oder weniger wirklich so weich wie's nur geht ne. Und äh, ich hab's noch nie erlebt dass hier irgendeiner unfair gewesen ist. Also äh, sagen wir mal so bei uns im Team bin ich der erste der jetzt mal, puh! Alles aufn Tisch (.) schmeißt halt währenddessen Frau Zeiss, Frau Rodenkamp, oder andere Kolleginnen halt noch sich n bisschen zurückhalten. Und, also wir sind hier sehr bedacht und sehr nachhaltig.

I: Dann würd ich gern nochmal auf das Team zurückkommen. [K: Gerne.] Wie würden Sie die einzelnen Rollen in diesem Team beschreiben?

K: Äh, [seufzt] subjektiv? Äh, [gedehnt] [lacht] ich //glaube so//
I: //Ich erzähl's// nicht weiter [lacht]

K: Nein nein nein nein nein nein nein so, [lacht] ja das ist so ähm, (6) die Svenja kommt mir immer vor wie so die erfahrene Wölfin, äh dass äh die Metapher Wolf ist da eigentlich diesbezüglich ganz passend weil sie auch n bisschen (.) in gewissen Situationen auch die Krallen hat halt ne? Ähm, sie lässt immer äh also sie lässt diesbezüglich immer äh viel zu, möchte aber auch über alles dann die Kontrolle trotzdem behalten. Auch wenn man's im Hintergrund selber nicht mitkriegt werden wir hier alle also nicht kontrolliert, doch auch in gewissermaßen kontrolliert weil sie's natürlich möchte dass es auch läuft und immer zum Besten der Kinder ist, halt ne und nichts dem Zufall äh überlassen möchte so, aber ich würde einfach sagen das ist (.) jetzt hätt ich schon fast gesagt guter Support aber ich müsste dafür n besseres Wort finden, ähm, sie ist ja halt auch persönlich an der (.) ja sie ist halt auch persönlich am Menschen interessiert so. Dass es auch läuft dass der Mensch auch mit seiner Arbeit zufrieden ist also da spielen viele Faktoren mit rein aber sie ist für mich so die erfahrene (.) Wolfsmutter so. (..) So ähm, Frau Zeiss äh m/ (.) ist sehr ENGAGIERT, ist mit Herzblut Lehrerin genauso wie Frau Rodenkamp, die sind richtig also das ist ne richtige Berufung bei den beiden, [holt tief Luft] ähm, fügt sich ganz langsam in ihre Rolle rein, sie ist jetzt auch wir sind haben fast das selbe Alter halt ähm, fügt/ nee ist gar nicht wahr. Sie ist jetzt 30 erst geworden also wir sind vier Jahre durcheina/ also auseinander, fügt sich so Stück für Stück in ihre Rolle rein halt ne, schießt bei manchen Sachen noch n bisschen vorschnell raus, ist aber voll und ganz normal äh, weil sie erst noch n gewissen Werdegang hat halt. Sie muss sich erstmal hier noch akklimatisieren obwohl sie hier schon sehr gut integriert ist halt ne.

I: Also sie hat Referendariat woanders gemacht und ist gerade hierhin gekommen oder

K: Äh, ich meine, ich meine wohl. Ich meine wohl das kann ich aber jetzt nicht mit Bestimmtheit sagen. Aber sie kommt mir eher ich hab eher n schwesterliches äh Verhältnis zu ihr das ist glaube ich wenn man, wenn man das mal so persönlich benennen würde, so das was am nächsten kommt. Hm, die Tatjana äh ist f/ super. [lacht] Die ist einfach, die ist einfach klasse das ist für mich äh n Profi. Das ist das Wort was es (.) am am meisten trifft. Profi. Tatjana ist voll und ganz Profi. Und man hat äh ein zwei Höhen und Tiefen ja auch persönliche Höhen und Tiefen mitgemacht so, äh sei es äh ich hab n/ letztes Jahr ne Beziehung beendet, äh bei ihr war's n starker Verlust im persönlichen Umfeld so und darüber unterhält man sich. Da haben wir dann auch kein Problem sie kam mir mal weinend entgegen sie ganz schnell in den Arm zu nehmen und irgendwo hinzubringen wo (.) wo wo ähm (.) wo sie ihre Ruhe hat. Wo sie das auch mal ne äh freien Lauf lassen kann. Und äh, also, da muss ich das sagen also sie lässt auch menschlich. we/ also ein, auch wenn's manchmal den Eindruck nicht macht bei ihr halt ne menschlich auch an einen ran. Und das ist ne gute Sache aber sie ist VOLL und ganz Profi sie ist da richtig drin und die weiß ganz genau was se macht. Und definitiv ist die unterbezahlt. Mit dem was se macht. Also sie macht auch ähm zum Beispiel hier mit unserm (.) äh mit unserm Erik ähm (.) macht se dann auch ähm ach, wie heißt es jetzt, ähm, Sprachübungen ecetera und so ne also wenn sie hier sitzt sie hat (.) noch drei andere Schüler dann hier sitzen halt ne und, wie gesagt Profi also das (.) #unverständlich# sehr sehr lieber Mensch. Und sie wird jetzt im Sommer gehen und das wird, also, echt also wird echt schade sein.

I: Wi/ sie geht weil die Förderung von ihrem (.) Klienten ausläuft oder

K: Ja nee äh die wechselt die wechselt glaub ich zu nem zu nem anderen Klienten, weil sie dann auch privat das besser organisiert kriegt und und und.

I: Mhm, ok. Und Ihre eigene Rolle? [lacht]

K: Ääh ich glaube ich bin eher hier so der unkonventionelle Knallkopp, der sich immer auf die dollsten Sachen einlässt und dann guckt was, HMM, könnte funktionieren haarscharf wir haben's überlebt super. Halt ne, und, jaa, äh, meine Rolle, wie gesagt ist ja meistens immer sehr subjektiv. Obwohl man versucht sich immer objektiv zu reflektieren aber das ist immer schwer. Vor allem die Svenja natürlich hilft bei Reflexionsgesprächen sie zwischendurch auch immer stattfinden aber, ja ich glaub ich bin da eher so wirklich so der unkonventionelle Hardliner. Äh, mir manchmal meinen Aufgaben nich selber treu. Halt ne man sollte manchmal Prinzipien aufbauen aber da ich so n bisschen die Grundeinstellung hab dass mir die meisten Sachen sowieso egal sind, äh aber nicht der Mensch an sich, ne sonst würde ich den ganzen Kram ja hier nicht machen, ähm, ja ich will einfach sagen ich muss auch meinen Weg hier diesbezüglich noch finden. Halt ne aber ich glaub unkonventioneller Knallkopp das passt am Besten so.

I: Aber mit offenbar nem (.) bestimmten Platz in dem ganzen Gefüge, //also//

K: //Total! Total// also man sorgt auch dafür dass man hier den Platz findet. Wenn man ihn gefunden hat äh wird er auch voll eine/ also einem voll und ganz überlassen. Das bemerkt man dann zum Beispiel dass auch Kollegen mit denen ich gar nichts zu tun hat also mehr gesagt Leute aus dem Kollegium Lehrer an sich einen mal ansprechen und sagen immer, mit dem komm ich jetzt grad nicht klar. Kannste ma bitte und so ne und, dann nehm ich mir mal ein zwei mit ich hab (.) Nachbarklassen auch welche die sind zwar nicht fremdaggressiv aber sehr impulsiv und dann fliegen mal hier Stühle oder sonstwas halt ne, lässt mich ziemlich kalt, und äh, (.) ja also da wird man auch noch rangezogen. Also irgendwie scheint es die Arbeit hier bei den Leuten auch an/ an/ anzukommen. Also, ne und die refle/ so reflektieren #einem# auch und sagen hey super. Ne oder das hat mir jetzt gerade gar nicht gefallen.

I: Hm was sind Ihrer Meinung nach so Faktoren, die sich auf die Zusammenarbeit zwischen Ihnen und, äh ja den Lehrkräften am meisten auswirken also sowohl positive als auch negative?

K: Äh positiv ist sich erstmal selber nicht ern/ äh so ernst zu nehmen. Und das ist n Problem allgemein in der Schulwelt sag ich mal ne mit den ganzen Aristokraten so dass man sich erstmal ok da steht n Studium hinter da ist viel geleistet worden viel an Selbstdisziplin schön und gut. Sag ich ne äh wird auch honoriert auf jeden Fall hab auch Respekt vor dem was Sie hier machen. Ähm, die Sache ist aber an dem wen man sich n bisschen zu wichtig nimmt äh verliert man viele Sachen aus den Augen. Und äh (.) [seufzt] können Sie mir die Frage nochmal stellen? (lacht)

I: Faktoren die sich auswirken auf Zusammenarbeit so mit //den Lehrkräften//

K: //Ja äh// ne also viele nehmen sich hier einfach nicht zu wichtig. Un/ das ist einer der der der Hauptpunkte. Halt ne und das empfinde ich als sehr positiv. Wenn ma/ wenn man sich selber nicht so wichtig nimmt auch erstmal den andern besser akzeptieren kann oder auch bereit ist auf den andern erstmal n bisschen mehr einzugehen. Joa das ist eigentlich das so äh, (.) im Negativen Kommunikation läuft gut, äh, Vorgänge werden vorher mit jedem besprochen, man hat Autonomie, das bedeutet äh zum Beispiel äh gutes Beispiel ich (.) nehm mir jetzt von Mikke viele (.) also den Schulstoff und bau ihn für ihn autistengerecht um. Dass ich ihn im Unterricht äh die selben Sachen machen lasse aber zum Beispiel vom Visuellen her komplett umarbeite. Dass es für ihn mehr Sinn gibt. Nicht zu viele Informationen. Die Möglichkeit runterzuarbeiten haben wir da/ wie gesagt wollte ich jetzt gar nicht so, also die Autonomie die einem hier überlassen wird so.

I: Und der Respekt dass man Ihnen das auch vielleicht zutraut das zu tun.

K: Jaa, das ist nach dem Motto mach erst mal ne, wenn's (.) wenn's zu sehr Gefahr laufen könnte dass so/ dass wir dort wirklich BLEIBENDE SCHÄDEN hinterlassen sag ich jetzt einfach mal wird ja sehr explizit drüber geredet oder es wird ist dann auch überwacht halt ne aber AutonoMIE ist hier sehr sehr sehr hoch angesiedelt. Das bedeutet auch mal dass äh wenn n Lehrer rausgerufen wird, dann wird einem das Buch in die Hand gedrückt und dann machen wir mit dem Unterricht mal weiter. Was bis jetzt erstmal ein Mal vorkam oder äh, ne aber trotzdem.

I: OK.

K: Also ist (.) sehr schön hier.

I: [holt Luft] Wie würden Sie den Einsatz von Integrationshelfern oder Schulbe/ ich glaub Sie sagen Integrationshelfer auch ne?

K: Hm I-Helfer, Schulassistent,

I: Genau. Diese Menschen [lacht] Wie beurteilen Sie deren Einsatz ähm im inklusiven Unterricht allgemein? Ist das das richtige Instrument für die Umsetzung von Inklusion?

K: Pff, wenn ich ehrlich sein soll es hapert an allen Ecken und Enden. Das ist äh Inklusion äh allein schon mit diesem Wort rumzuschmeißen, ist äh sowas von dermaßen (.) dermaßen daneben, weil Inklusion erstmal inner Gesellschaft anfangen muss die äh (.) sich schon gar nicht mehr mit Integration beschäftigt. Schon gar nicht mehr sagt nach dem Motto ja wir müssen jetzt hier und komm und mach und, komm jetzt extra in unsere Gruppe rein sondern (.) ähm, (.) dass ne gewisse Selbstverständlichkeit ja schon da ist was natürlich der Begriff Inklusion ja eigentlich auch schon bedeutet so ne aber ähm, (.) ich muss wirklich sagen das was ich beobachtet hab ist dass so zwei Welten aufeinander tr/ treffen und zwar ist das einmal äh (.) diese Sonderpädagogik mit der normalen Regelpädagogik. Was einigen Lehrern sehr sehr schwer fällt. Also ich hab auch Lehrer im privaten Umfeld als Freunde mit denen hab ich mich unterhalten, ähm, die bekommen jetzt n paar GUs bei sich in der Klasse die auch impulsiv handeln und und und, und die sind einfach nicht drauf vorbereitet. [I: Regelschullehrkräfte.] Die ham, genau!

Die haben die kennen ihre Regelschüler ok die haben mal sag ich mal Hans Max dadrunter der aus ner schwierigen Familie kommt, aber ansonsten tendenziell (.) äh kaum Erfahrungen haben. Und da treffen wirklich zwei Welten ne aufeinander und ich glaube das ist auch alles nicht so ganz äh (.) ganz gut durchdacht weil ne Sch/ ne ne Schulklasse an sich immer dadrunter zu leiden hat wenn GUs mit dadrunter sind. Da kann man mir erzählen was man will. Weil Kinder sind halt (.) immer vorteilsbedacht. Und wenn wir jetzt jemanden in der Klasse haben der bevorteilt wird. Wie diese Situation wo ich sag, Kollege A benimmt sich komplett daneben, und bekommt dann noch Arbeitserleichterung. Das kriegen die anderen Kids auch mit. Und äh wir hams so dass wirklich manche sich diese diese Verhaltensmuster äh auch also mehr gesagt dass sie diese Verhaltensmuster auch annehmen. Arbeitsverweigerung. Überhaupt nicht zur Schule kommen und und und. Und da mussten wir wirklich also auch ne ne harte Linie ziehen und so sagen, nein is nicht.

I: Kann man das den Kindern verständlich machen warum Kollege A anders behandelt wird als Kollege B?

K: Wird hier sehr transparent äh vermittelt also Frau Zeiss und Frau Rodenkamp ähm (.) reden sehr offen mit ihrer Klasse auch mit den Schülern einzelnd oder mit der ganzen Klasse, um die Hintergründe der der Schüler zu beleuchten wir haben aktuell n Fall von nem Heimkind was wir hier haben das ist der Timo, der ähm, (.) ja wie soll ich sagen äh der ist für seine 13 Jahre schon n ziemlich harter Knochen, ähm, viel Arbeitsverweigerung äh, sehr impulsives Verhalten mit BOAH ich GEH jetzt und und und halt, ähm, bis jetzt noch nie irgendwie nen Erwachsenen geschlagen, obwohl äh Kolleginnen mir sagen wenn da was ist komm bitte mit. Ich habs oft dass ich mitkommen muss. Halt ne ähm, (.) ja er prügelt sich wie n Erwachsener. Ich hab den letzte Woche bei ner Prügelei da aufm Dings aus äh wegschieben müssen obwohl er nicht angefangen hat also der hat der hat richtig Potential. Halt ne, ich hoffe dass es bei ihm n bisschen was wird aber die Sache ist an dem dass er n Verhalten an den Tag legt was die Klasse definitiv mitkriegt. Und das wird dann ganz transparent in der Klasse wird es äh sys/ thematisiert, diskutiert also nicht nur ne blablablabla oder so ist das also friss oder stirb, sondern äh wenn Rückfragen da sind. Oder auch gesagt wird ne dieses Verhalten ich möchte nicht dass ihr dieses Verhalten an den Tag legt. Weil er hat diese speziellen Bedürfnisse. Wird aber dann denk ich mal auch nicht diesen selben Abschluss bekommen wie ihr. Und und und und halt ne? Also sie sind da sehr transparent. Und das ist auch das Gute daran. Halt ne? Dass jeder äh (.) was ich wichtig finde auch im Team sich nicht ne Maske aufsetzt ne Rolle annimmt obwohl's natürlich eigentlich für den Beruf wichtig ist, aber äh trotzdem immer noch äh ne gewisse (.) persönliche Nähe dazu auch zulässt n/ auch ne gewisse persönliche Transparenz. Sagen, ICH finde das jetzt scheiße. ICH fühle mich schlecht dabei. Und das ist das was Frau Rodenkamp und Frau Zeiss auch offe/ offen vermitteln. Und das ist auch das womit man bei den Kids am Weitesten kommt. Indem man sagt hörmal, für mich ist das selber jetzt (.) totaler Scheiß. Und auch mit der Wortwahl her. Halt ne man muss auch manche Sachen nicht immer direkt ummünzen, man kann da ganz frei sagen was du machst ist absoluter Scheißdreck. Und das nehmen die Kinder und sagen jo. Bist wenigstens ehrlich. Du kannst se wenigstens ehrlich einmal zur Sau machen als [lacht] ne Maske aufgesetzt und und und das ist für die besser zu akzeptieren.

I: Und Integrationshelfer in dem ganzen Gefüge (.) helfen weiter? Also

K: Ähm, (.) ich würde sagen ähm, um ne bessere Kommunikation zwischen Schüler und Lehrer herzustellen, wenn kein Sonderpädagoge mit dabei ist zur Unterstützung gibts auch in manchen Schulen, ähm, sozusagen auch als Anwalt zu agieren weil der Integrationshelfer individuell die Möglichkeit hat n n n Kind zu analysieren, kennenzulernen, im eigentlichen Sinne, und dann auch zu sagen hörmal Sie haben da gerade n bisschen was in den falschen Hals gekriegt äh, der kann das jetzt gerade nicht vermitteln dem gehts gerade so und so. Aus dem und dem Grund. Halt ne also muss man auch n bisschen verm/ vermitteln versuchen ne gewisse Diplomatie auch herzustellen. Ähm, das Manko an der ganzen Sache ist dadurch dass n Integrationshelfer da ist (.) wir jetzt sag ich auch mal mein Fall ich muss jetzt (.) dadurch dass er diese fremdaggressiven Tendenzen #hier# aufbaut, permanent in seiner Nähe sein. Das heißt auch in der Pause. Äh erhalten die Kinder immer n Sonderstatus. Das ist in der Regelschule manchmal n ganz dolles Problem wenn da nicht offen und transparent mit umgegangen wird. Halt ne äh, bei der Tatjana isses so sie saß jetzt die ganze Zeit dort und hat sich dort um ihren Erik gekümmert und um ihre Carina gekümmert. Ich bin vom Typus ganz anders. Tür auf hi hier bin ich. So ne, dadurch dass ich meistens auch in größeren Gruppen arbeite arbeite ich dann auch nicht EINEM, wenn der bei mir safe ist also wenn der wenn der äh (.) ja wie soll ich das sagen wenn der also, ne seinen ganzen Kram macht dann kümmer ich mich um die anderen [I: Ok] das machen wir aber tendenziell immer alle. Halt ne? Und ähm, jo. So siehts aus.

I: OK. Ähm, was mir gerade auffällt das ist Förderschwerpunkt emotionale-soziale Entwicklung oder Lernen?

K: Ähm LBs haben wir mit dadrunter so mit Lernbehinderung so auch viel emotionale-soziale Entwicklung. Also es ist n Mischmasch. Halt ne?

I: Spielt aber wahrscheinlich die Diagnose in der Praxis gar nicht so ne Rolle ne?

K: Nein aber viele Sachen werden auch meistens hier das hab ich jetzt auch mi/ von ner anderen Integrationshelferin mitbekommen halt ne werden auch hier gestellt. Wo man dann sagt hörmal Jugendamt guck mal hier können wir den nicht mal nochmal da und da zum Arzt schicken. Halt ne sind dann auch hier äh mir auch viele Sachen aufgefallen bei meinem der äh benötigt ganz viel orthopädische Hilfe zum Beispiel ne und, aber da muss man auch erstmal äh die Leute dransetzen zum Beispiel ich bin selber gelernter Orthopädietechniker, und äh ne man sieht das man sieht das auch erst. Die Mutti die es gerade mal geregelt kriegt ihm morgens dann das Butterbrot zu schmieren den einigermaßen angezogen gewaschen und ordentlich zur Schule zu bringen und dann erstmal für den Rest des Tages nicht mehr zu gebrauchen ist, kriegt das tendenziell nicht mit. Und deswegen ist das erst in der Schulzeit manche Sachen stellen sich ja auch erst in der Schulzeit raus. Wir haben Mikke doch jetzt erstmal äh ne jetzt fängt die Pubertät an. Wie viele Dinge entwickeln sich während der Pubertät? Halt ne was kommt noch nebenbei, was kommt noch dazu? Die Kids sind auch noch belastet so. Also ne an irgendwelchen privaten Sachen. Für n Asperger-Autist kanns sein äh, dass (.) da fängt es schon an dass irgendn Nachbar mal sagen der hat n Tor grün angemalt hat und das war die ganze Zeit BLAU, damit fängts schon an halt ne und dann muss man mitkriegen was belastet ihn jetzt, warum kommt der jeden Morgen mit so ner Fleppe dahin? Für uns ist es banal. Ist aber ne? Ganz ganz wichtig ist aber genauso wie äh solche Sachen wie (.) erste Freundin erster Freund das hab ich (.) ne ist auch bei uns in der Klasse natürlich n Thema. Da passieren natürlich auch Missgeschicke zwischendurch. Halt ne? Und sowas muss man dann immer n/ äh im Hintergrund haben. #Ehrlich# gesagt im Hinterkopf.

I: Ok. Ich hab (.) eine kleine Geschichte, [hustet] wenn Sie die einmal in Ruhe lesen würden, würde ich Sie dazu was fragen. [lacht] Keine Eile.

[Stille ca. drei Minuten]

I: Gucken Sie nachher nochmal ruhig drauf ich frag Sie jetzt mehreres. [lacht]

K: Ok. Gerne!

I: Erstmal (.) glauben Sie dass das ne realistische Unterhaltung ist?

K: Ja. Weil diese äh (.) solche Unterhaltungen wir äh neben unsern ähm (.) Seminaren oder Arbeitskreisen führen. Weil da die äh Meinungen auseinandergehen.

I: Also gibt es auch diese beiden Extrempositionen wie sie da dargestellt sind? [K: Ja!] Die g/, ok

K: Die gibt es so.

I: Das ist gut weil ich hab mir das ausgedacht. [lacht]

K: [lacht] Ja ok! Nein das ist ähm, ist wirklich so weil, zum Beispiel ähm der Standpunkt von der von der Kira ist auch der den wir (.) als Leitfaden von [Name des Arbeitgebers] mitkriegen. Äh praktisch aber nicht möglich ähm von unseren Einsatzleitern äh still geduldet dass wir hier unsere Aufgabe erweitern.

I: Ach so die wissen dass es da (.) [K: Mhm] Theorie auf der einen Seite //gibt//

K: //Da// redet man nicht drüber. [lacht] Ist so!

I: Aber, das finde ich ganz spannend weil Sie ja auch vorhin meinten wenn Probleme sind können Sie die immer ansprechen, [K: Ja] aber wenn das Probleme zum Beispiel mit den anderen Schülern in der Klasse sind WEIL Sie sich drum gekümmert haben oder so, können Sie das dann da ansprechen? Weil das ja eigentlich nicht in Ihrem Arbeitsfeld dann offiziell ist.

K: Ja es ist immer ähm es ist immer so ne Sache also hauptsächlich ähm (..) wenn's gar nicht mehr geht rede ich dann mit dem Markus Kiel das ist mein Einsatzleiter, in dem Fall ist er aber auch eher dann der Markus, ähm ansonsten tendenziell mehr hier mit äh mit mit mit äh der Frau Rodenkamp. Halt ne? Aber (.) ich hab bis jetzt kaum Situationen gehabt wo hier irgendwas in die Hose gegangen ist. Oder wo wir gesagt haben so ich hab da jetzt n totalen Mumpitz mit ähm Schüler (.) B äh fabriziert und und und. Ne?

I: Ich glaube ich kenn die Antwort schon aber (.) mit wem würden Sie sich mehr identifizieren?

K: Jaaa das, ja Leonie ist es eindeutig. Leonie. : Ok. Gibt's bei den Argumenten die da genannt werden welche die Sie wichtiger finden als andere oder gibt es auch welche wo Sie sagen würden das ist totaler Murks das sehe ich nicht ein?

K: Ja das was ähm (.) das was hier in dem Text mit drinsteht ist ja die Kira m/ wie sie's ja sagte hier zum Thema äh rein rechtlich dürfen wir's ja auch nicht mal machen, ja weil, ne, (.) wir sind (.) versicherungstechnisch überhaupt gar nicht abgedeckt und und und äh wenn man sich rechtfertigen muss weil man auf einmal ne pädagogische Maßnahme gemacht hat mit nem Kid, obwohl man überhaupt gar keine Fachkompetenz hat oder mehr gesagt kein ne, keine Zertifizierung keine zertifizierte Fachkompetenz hat so, ähm, (..) jaaa. [seufzt] Was wollten Sie nochmal? [lacht]

I: [lacht] Argumente die wichtiger sind oder welche //die völlig//

K: //Ja das ist// also für mich eigentlich (.) das ist das einzige was man in einer Diskussion so als Totschlagargument nehmen kann weil ähm bei aller Liebe zu den Kindern hin und her aber man muss ja noch n bisschen professiona/ Professionalität wahren, und man muss das im im Kopf haben wenn's wirklich in die Hose geht weil man meint, sich zu weit ausm Fenster lehnen zu müssen ne, sind das die sind das die Folgen und für mich auch das Einzige. Ich mein ich find solche Einwürfe jetzt von der Kira nicht schlecht dass sie gesagt hat hörmal ich kann mich um den Benjamin jetzt n bisschen intensiver kümmern. Ne ich bleib da n bisschen bisschen (.) eher bei dem. Wenn ich jetzt bei allen Schülern wäre dann würde ich den n bisschen mehr aus den Augen verlassen. Dann ham se das nochmal mit der Sonderrolle angesprochen zu dem Thema dass es dann eventuell unangenehm sein könnte. Hm, der Meinung bin ich dann AUCH. Deswegen lass ich meine zwischendurch ja auch mal n bisschen in Ruhe. Lass den ne er arbeitet oder alles klar, geh dann zu den anderen hin. Ja.

I: Gibt's da ne LÖSUNG also ich meine das sind ja irgendwie zwei so extreme Positionen gibt's irgendeinen Weg, wie die beiden sich einigen könnten wie man aus diesem Dilemma //rauskommt?//

K: //Da wird's// sollte äh sollte also finde ich wird es und sollte es auch keine Einigung geben weil ich denk mal das sind zwei unterschiedliche Arbeitsstile so, die müssen wohl anscheinend effektiv sein, setz ich jetzt einfach mal so voraus weil sonst würd ja hier nicht jeder diese diese sehr (.) STRAFFE äh Philosophie verinnerlicht haben sag ich jetzt einfach mal, und ich würd sagen das kann man so lassen das sind einfach zwei Stile. Und beide machen keinen Fehler weil äh (.) beide ihrem Job gerecht werden.

I: Ist das dann abhängig davon, was für'n Kind man hat oder in welcher Klasse man arbeitet, welcher Arbeitsstil der sinnvollere ist? Also wenn ich mir überlege, es klingt in diesem Dilemma eher son bisschen danach, dass es eine Posi/ eine Position die sehr stark auf das RECHTLICHE ausgerichtet ist auf sich-absichern auf das was im Arbeitsvertrag steht und die ander so, hm aber pädagogisch gesehen macht das und das doch mehr Sinn also gibt es Situationen die eher so die eine (.) äh Position (gedehnt) die eine Position fordern oder gibt es weiß nicht Klassenzusammensetzungen oder so wo die andere Position...

K: Ja wenn ich zum Beispiel n schwer Mehrfachsbehinderten begleite zum Beispiel in ner Sonderschule oder so dann muss ich natürlich auf die ganzen rechtlichen Sachen achten da bin ich definitiv ne eins zu eins Betreuung da kann ich nicht raus in diesem Moment. Alles andere wäre fahrlässig. Also ne das ist ne Sache die liegt da ganz klär/ klar auf der Hand in dem Konzept hier (.) äh hab ich die Möglichkeit ähm nem oder nicht hier sondern auch im Allgemeinen hab ich die Möglichkeitn, nen Schüler (.) aus der Begleitungssituation zu entlassen, und sich selbst zu organisieren. Das kann im Endeffekt hat man dann noch n bisschen so die Möglichkeit ihm n bisschen Selbstvertrauen mit dazuzugeben. Unter anderem sitzt man nicht daneben wie das hier schon eingebracht worden ist und se/ separiert ihn. Nach dem Motto er braucht jetzt jemanden daneben das ist immer anders wie das Kinder empfinden. Ich f/ bin jetzt nicht die Tatjana. Ich bin jetzt nicht jemand der daneben sitzt, also für die Kinder empfunden halt ne und sag ne und versuch da pädagogisch was zu machen. Ich bin der Bastian. Ich bin der Hauklotz der daneben sitzt und aufpasst dass der Mikke nicht am Rad dreht. So ne und äh da muss man immer gucken wie die Kinder das empfinden, und dann sollte man diesbezüglich auch äh damit arbeiten. Ne, da wären wir wieder bei der Inklusion. (..) #Den# dann versuchen aus dieser Position dann rauszubekommen halt ne, und dann, das kann man nur unkonventionell. Aber dadurch muss man erstmal also ich sag mal als #erstes# erstmal die Zügel n bisschen anziehen, vielleicht n bisschen Richtung, Richtung Kira gehen, bevor man dann zu Leonie wird halt ne?

I: Ok also vielleicht auch sowas PHASENmäßiges dass man [K: Ja] irgendwie, ok. Mhm.

K: Aber es ist, das ist/ das ist sehr sehr interessant weil, äh eigentlich (.) es immer individuell ist. Und das ist ja auch das Anspruchsvolle eigentlich dadran ne wir arbeiten mit den Menschen und das müssen wir die ne das müssen wir alles individuell absch/ äh abschätzen es gibt KEINE Schablone. Kein Pi mal Daumen.

I: Sie sagten ja vorhin schon, Sie nehmen auch die GU-Kinder mal irgendwie mit, und machen auch pädagogisch äh Sie sagten irgendwie, hier Förder/

K: Matheunterricht so. [I: Matheunterricht ok] Wenn manche andere Fragen da sind oder Umwelttechnik halt ne, mh, wir ich versuche immer viel durch Zeichnen zu vermitteln Metaphern ecetera und so und kann (.) ach ja das ist der Reinigungsdienst. Dadurch dass ich äh auch n bisschen, bisschen zeichnen kann, mh machen wir dann auch mal zwischendurch n paar ganz andere Sachen halt ne? //Aber das ist immer//

I: //Aber da stellt sich// für mich schon die Frage nach dem Fachlichen also ich glaub sechste Klasse ist vielleicht Mathe hm noch überschaubar, aber w/ sie sagt ja hier auch Kira irgendwie ähm, ich hab der was erklärt und das war dann völlig falsch und dann muss es die Lehrkraft irgendwie wahrscheinlich wieder ausbügeln sowas könnt ich mir vorstellen passiert auch? Wenn man's vielleicht zwei verschiedene Erklärstile auch hat oder so?

K: Das mit dem Erklärstilen das kann passieren wenn man mit Autisten arbeitet. Und man dann sollte man eine Einhei/ also versuchen eine Einheit zu schaffen. Das haben wir jetzt auch mal so rausgekriegt äh wir versuchen jetzt als TEAM, versuchen jetzt eine Einheit zu schaffen, der Mathematiklehrer der vertraut mir da voll und ganz gibt mir einfach die Sachen und sagt Mach. Aber wir bleiben die ganze Zeit in Kommunikation. Ähm, (gedehnt) was wollten Sie jetzt nochmal wissen? [lacht]

I: Äh fachliche Kompetenz [K: Ach so] beim Erklären.

K: Ja ähm genau. Ähm, es kann passieren dass mal zwischendurch ein paar Sachen in die Hose gehen, aber wenn man zu wacklig ist in dem Thema lässt man das und dann geht man hin und holt sich die richtige Information. Weil sonst verunsichert man da auch die Kids die müssen lernen die sind ja allgemein sowieso schon unsicher. Wenn se sich auf neue Themen einlassen und wenn du dann jemanden hast dem du vertrauen musst nen Erwachsener, der für dich sowieso schon ähm (.) ja wie soll ich sagen, [holt tief Luft] äh eigentlich das darstellt m/ ja wie soll ich sagen. (..) Der weiß schon wovon er redet eigentlich halt ne, ähm, da sollte man nicht anfangen damit rumzuexperimentieren. Und wenn da einem wenn einem was in die Hose ganz offen sagen, oh, sorry. Das ist jetzt sowas von dermaßen in die Hose gegangen, äh ja, tut mir leid sorry so ne und das (.) da haben die Kids überhaupt keine Probleme mit.

I: Ok. Hier geht's ja im Kern darum irgendwie (.) bin ich als Schulbegleitung als Integrationshelfer für ALLE Kinder auch mit zuständi/ oder DARF ich mich um die anderen Kinder auch mit kümmern oder (.) rein arbeitsvertrechtli/ arbeitsvertragsmäßig NUR für das eine Kind. Hm, gibts irgendwie Argumente dafür oder dagegen die hier nicht auftauchen die ich nicht aufm Schirm hab vielleicht?

K: N, nee, n/ das kann man das kann man da eigentlich gar nicht so sagen weil die Sache ist ja auch an dem was derjenige immer an Sozialkompetenz mitbringt ne? Ich mein äh man kann sie man kann super als Betreuer mit jemandem arbeiten oder Integrationshelfer, äh und auch super diese n/ ne seinen Klienten kennenlernen aber wenn man einfach nicht die Fähigkeiten hat auch mal kurz nach links oder nach rechts zu gucken. Oder ähm kleine Veränderungen wahrzunehmen oder so ähm, ich mein das ist nicht schlimm!

I: Also so vielleicht Typfrage irgendwie man ist entweder der Typ der irgendwie Sie sagen Sie kommen rein und sagen hier bin ich, [lacht] [K: Jaja] oder vielleicht ist man eher so doch auf seinen Klienten zentriert weil's einfach der eigenen Natur entspricht? [K: Ja] Ok

K: Genau das ist eben so. Also, also das ist auch wieder so ne ganz individuelle Klamotte.

I: Gut. Das (.) zu der Geschichte [lacht] [K: Ok (lacht)] Wir sind schon fast am Ende. Ich hab zwei Fragen noch. [K: Gerne] Wenn Sie Ihren Arbeitsalltag neu gestalten können völlig jenseits von Geldfragen, Zeitfragen, was würden Sie sich wünschen was würden Sie verändern?

K: Ich würds so lassen.

I: Echt?

K: Ja.

I: Ok. Nichts an (.) Ausstattung Räumen Geld äh Zeit

K: Jaha Geld ist klar so ich würd ganz gerne fünfhundert Euro mehr verdienen das ist das Einzige ne? Halt. Äh, aber ähm, von den Zeiten her ich wohn in G, bis ich hier also ich steh morgens um fünf Uhr zwanzig auf damit ich dann um viertel vor acht hier bin, und das haut tendenziell meistens auch nicht hin. Die Sache ist an dem äh ich sag das jetzt mal ganz ehrlich. Ich hab (.) ähm und jetzt auch mal unter vier Augen und nur fürs Bändchen so ich hab (.) n ziemlich bewegtes Leben hinter mir. So äh f/ auch viel im Ausland gearbeitet hier und und und eigentlich immer versucht an (.) auch an Jobs ranzukommen die mich selber auch gefordert haben oder auch manchmal n bisschen überfordert haben. Und wenn ich ehrlich sagen soll ist das für mich einfach hier (.) wirklich n ganz großes Runterkommen, ähm, (..) die Sachen die manche, manche hier eventuell negativ benennen würden, würden mir gar nicht so auffallen, weil ich n ganz anderes Wertesystem diesbezüglich hab, auch n ganz anderes ethisches Empfinden halt ne und nicht ander sondern äh, (…) doch anders. Doch das triffts glaub ich am besten halt ne und ich würd sagen mir fallen da viele Missstände oder Kleinigkeiten diesbezüglich gar nicht auf. Also, ne, da bin ich sehr pragmatistisch ich sag dann ganz einfach immer ich bin satt, mir ist warm ist ne schöne Arbeit die Leute sind freundlich zu mir keiner verprügelt mich, alles (.) toll! [lacht] So ne? Ist doch alles super! Das ist halt ne also ich denk das da ziemlich minimalistisch so. Und äh also ich bin eigentlich (.) SO ganz zufrieden wenn ich n BISSCHEN mehr Kohle hätte könnte ich das für den Rest meines Lebens machen aber [holt Luft] da ich ganz gerne nächstes Jahr meinen Erzieher machen möchte und sobald ich den Kleinen hier so am Laufen hab dannwill ich ganz gerne in die Richtung JVA gehen halt, möchte ganz gerne mit Jugendlichen wo schon zu spät ist arbeiten halt ne? Und (.) ja! Mal gucken was mich umhaut. So ne? Müssen wir einfach mal sehen und, ja also ich bin da eigentlich tendenziell sehr zufrieden bisher.

I: Wunderbar. [lacht]

K: Ja. [lacht]

I: Ähm welche Ratschläge würden Sie jemandem mitgeben der diese Tätigkeit neu anfängt?

K: Tja, kommt immer auf den Menschen drauf an. Wenn er schon viel äh (..) ja. Nen guten Rat. Ha. [lacht] Guten Rat für den Job. (...) Ja zwischendurch einfach mal ja. Gibts eigentlich n schönen Spruch zu. Einfach mal nicht ärgern sondern nur wundern. (..) //Das//

I: //Kenn ich// nicht, ist gut! [lacht]

K: Das ist glaube ich das Einzige was was mir dazu einfällt so.

I: Also ist vielleicht auch die Sachen nicht immer so übermäßig emotional ernst nehmen (gedehnt) oder

K: Haut sowieso nicht hin obwohl man sich selber zwischendurch immer ganz gerne überrascht es gibt Situationen, da hätte ich gedacht da hätte #er es jetzt# nicht rumgebrüllt, [lacht] ich bin in der Regel eigentlich nicht so der Brüller aber da überrascht man sich auch mal zwischendurch selber, Emotionen spielen immer auch ne Rolle. Weil ansonsten irgendwie zu distanziert.

I: Ok. [K: Ja] Gibt's irgendwas (.) was wir noch nicht besprochen haben was für Sie wichtig wär?

K: Äh, [seufzt] ja wo so'n Integrationshelfer äh die Inklusion in den nächsten zehn Jahren sieht. [I: Hm! Spannend] Zum Beispiel ähm, (…) n/ wa/ ob, ich weiß gar nicht äh ich meinte Sie haben so ne Frage gestellt ob es wirklich Sinn macht.

I: Ob die das passende Instrument dafür, //genau//

K: //M ja.// Halt ne äh, ich denke das ganze Konzept ist einfach noch viel zu unausgereift wir sind immer noch auf dieser l/ langjährigen Teststrecke, halt ne und müssen erstmal gucken was das alles gibt. Tendenziell würde ich heute sagen äh, auf der einen Seite nö, das ist n Ding das könnte volle Lotte n Schuss in' Ofen werden, [holt Luft] weil äh, auch einige Kollegen haben mir gesagt #viele# Lehrer äh, dann komplett überfordert sind, hier NICHT der Fall, weil die sich gegenseitig unterstützen aber das was ich halt von den anderen Schulen mitbekommen hab, [holt tief Luft] ähm, (…) und auf der anderen Seite ist wenn #da# viele Menschen mit so viel Herzblut arbeiten wie Rodenkamp wie Herr Becker wie hier einige Integrationshelfer. Äh, (..) könnte es (gedehnt) (..) für unsere Kids ähm (4) ja sehr konstruktiv sein. Weil sie dort diesen Inklusionsgedanken wirklich stark verinnerlichen können. Nach dem Motto ja ok ne? Korki, sag ich jetzt das haben wir so'n #war# Begriff für uns von der ne also ich sag jetzt einfach mal, ja Behindert, ja, dann, behindert. Punkt.

I: Korki? [lacht]

K: Ja nei/ ja nee das ist so, ach das ist aus unserer FSJ-Zeit und das ist nichtmal böse gemeint so [lacht] ne ich hab's auch von den Behinderten so ne, bin halt Korki so. Sagen Bewohner zu uns aber die Sache ist so dass ähm, [holt tief Luft] also ich bin ich bin einfach nur gespannt aber ich denke, (.) und hoffe wenn ich das Sozialverhalten von unseren Kids besonders von unserer Klasse seh dass der Inklusionsgedanke sich (.) irgendwann mal oder mehr gesagt dieser Inklusionswille irgendwann mal von selbst erledigt. Aber ich hab das Gefühl wir haben tendenziell ganz andere Probleme. Mit äh, (..) die dann aufkommen.

I: Sich selbst erledigt heißt es wird fallengelassen oder

K: Nö ich denke dass äh die Kinder an sich oder dass ne Gesellschaft die daraus erwächst halt ne, mh nicht mehr an Inklusion erinnern f/ erinnert wer/ äh erinnert werden MUSS. //Sprich dass die Inklusion//

I: //Ach dass es nicht zwangsverordnet werden muss//

K: Genau sondern Inklusion schon aus rein natürlichem Handeln entsteht so. Und äh (.) da #bin# wenn ich die Kids hier beobachte ist es so. Also es ist sehr selten dass sich hier welche von Leuten abspalten ok #ba/# beim Sport mal hat keiner mehr Lust mehr mit der Carina zu spielen also Carina hat so kleine Ärmchen und dann Augen-Hand-Koordination haut auch nicht so richtig hin dann hab ich halt kein Bock mit der zu spielen. Halt ne aber ansonsten äh, denk ich, (..) gesellschaftlich, (.) dass wir DORT in dem Bereich (.) um einiges nicht nur toleranter werden sondern also wirklich das als Selbstverständnis hinnehmen. Weil das ist ne sehr interessante Sache warum jemand im Rollstuhl stärker akzeptiert wird wie jemand der ne Kippa aufhat. Ne also das ist ne ganze deswegen sag ich das ist ne ganz interessante gesellschaftliche Entwicklung halt ne? Und deswegen denk ich von der Tede/ von der Tendenz dass äh Menschen die (.) Behinderungen haben, Auffälligkeiten aufzeigen oder so eher akzeptiert werden wie Leute, mit anderen Hautfarben oder anderen religiösen Hintergründen das ist halt (.) leider ne Sache die entwickelt sich jetzt gerade so. [Auslassung wegen Anonymisierung ca. eine Minute]

I: Ja sehr spannend also ich glaub das ist auch der Gedanke von Inklusion dass man diese Hemmschwellen irgendwie abbaut oder irgendwie wenn alle von Anfang an zusammen sind dann ist es halt, ist es halt so ne? Ja.

K: Ja deswegen ist halt alles ne Sache der Gewöhnung. Aber ich denk mal das ist auch sehr interessant zu sehen wenn man dann in den ländlichen Bereich geht so. (…) Sind wir durch.

I: Ok.

K: Wunderbar!

I: Herzlichen Dank.

1096 **Interviewleitfaden Lehrkraft**

Thema	Impulse
Biographischer Hintergrund	Erzählen Sie mir doch bitte, wie es dazu kam, dass Sie Lehrer/in in einer inklusiven / integrativen Klasse geworden sind. *Bei Regelschullehrkräften: Wurden Sie auf die Arbeit mit Kindern mit sonderpädagogischen Förderbedarf vorbereitet und wenn ja, inwiefern?* *Bei sonderpädagogischen Lehrkräften: Wurden Sie an diese Schule abberufen / sind Sie im mobilen Dienst?*
Arbeitsbedingungen	Beschreiben Sie mir doch bitte die Klasse, in der Sie zurzeit arbeiten.
Arbeit im Team	Wie setzt sich das Team in der Klasse zusammen? (Von Anfang an in der jetzigen Form?) Wie wird die Zusammenarbeit im Team organisiert? Wie würden Sie die Arbeitsatmosphäre im Team beschreiben? Was läuft gut in der Zusammenarbeit im Team, und was läuft weniger gut? Wie würden Sie die einzelnen Rollen im Team charakterisieren?
Schulbegleiter/innen	Wie würden Sie im Besonderen die Rolle der Schulbegleitung in der Klasse charakterisieren? Was sind Ihrer Meinung nach Faktoren, die sich auf die Zusammenarbeit mit Schulbegleitungen am meisten auswirken? (Sowohl positiv als auch negativ)

	Wie beurteilen Sie den Einsatz von Schulbegleitungen im inklusiven Unterricht allgemein?
Dilemma	Ist dieses Szenario Ihrer Meinung nach realistisch? Kommen die genannten Situationen in Ihrem Alltag vor? Mit welcher Person in dieser Geschichte können Sie sich mehr identifizieren, mit Frau Enders oder mit Frau Ullrich? Gibt es unter den genannten Argumenten welche, die Sie wichtiger finden als andere? Gibt es unter den genannten Argumenten welche, die Sie überhaupt nicht nachvollziehen können oder irrelevant finden? Gibt es Ihrer Ansicht nach noch wichtige Argumente für die jeweiligen Positionen, die in diesem Szenario gar nicht auftauchen? Sind die Positionen von Frau Enders und Frau Ulrich, die ja sehr gegensätzlich sind, auch in Ihrem Kollegium vertreten? Glauben Sie, dass es einen Weg geben könnte, wie sich Frau Ulrich und Frau Enders einig werden können?
Ausblick	Wenn Sie Ihren Arbeitsalltag neu gestalten könnten, jenseits von ressourciellen oder anderen Einschränkungen – wie würde dieser dann aussehen? Welche Ratschläge würden Sie einer neuen Kollegin in Bezug auf die Zusammenarbeit mit Schulbegleitungen mitgeben? Gibt es noch etwas, was Sie zu dem Thema gerne erzählen oder sagen möchten, was wir noch nicht angesprochen haben?

Interviewleitfaden Schulbegleitung

Thema	Impulse
Biographischer Hintergrund	Erzählen Sie mir doch bitte, wie es dazu kam, dass Sie Schulbegleiter/in geworden sind. Wurden Sie auf diese Tätigkeit vorbereitet, und wenn ja, inwiefern?
Arbeitsbedingungen	Beschreiben Sie mir doch bitte den Schüler / die Schülerin, den/die Sie betreuen. Erzählen Sie mir doch bitte von der Klasse, in die Ihr Schüler/Ihre Schülerin geht.
Arbeit im Team	Wie setzt sich das Team in der Klasse zusammen? (Von Anfang an in der jetzigen Form?) Wie wird die Zusammenarbeit im Team organisiert? Wie würden Sie die Arbeitsatmosphäre im Team beschreiben? Was läuft gut in der Zusammenarbeit im Team, und was läuft weniger gut? Wie würden Sie die einzelnen Rollen im Team charakterisieren?
Lehrkräfte	Wie würden Sie im Besonderen Ihre eigene Rolle im Klassengefüge beschreiben? Was sind Ihrer Meinung nach Faktoren, die sich auf die Zusammenarbeit zwischen Ihnen und den Lehrkräften am Meisten auswirken? (Sowohl positiv als auch negativ)

	Wie beurteilen Sie den Einsatz von Schulbegleiter/innen im inklusiven Unterricht allgemein?
Dilemma	Ist dieses Szenario Ihrer Meinung nach realistisch? Kommen die genannten Situationen in Ihrem Alltag vor? Mit welcher Person in dieser Geschichte können Sie sich mehr identifizieren, mit Kira oder mit Leonie? Gibt es unter den genannten Argumenten welche, die Sie wichtiger finden als andere? Gibt es unter den genannten Argumenten welche, die Sie überhaupt nicht nachvollziehen können oder irrelevant finden? Gibt es Ihrer Ansicht nach noch wichtige Argumente für die jeweiligen Positionen, die in diesem Szenario gar nicht auftauchen? Die Positionen, die Kira und Leonie vertreten, sind ja sehr gegensätzlich. Sind diese Positionen in ihrem Kollegenkreis in dieser Form vertreten? Glauben Sie, dass es einen Weg geben könnte, wie sich Kira und Leonie über ihren Arbeitsauftrag einig werden können?
Ausblick	Wenn Sie Ihren Arbeitsalltag neu gestalten könnten, jenseits von ressourciellen oder anderen Einschränkungen – wie würde dieser dann aussehen? Welche Ratschläge würden Sie einer neuen Schulbegleitung in Bezug auf diese Tätigkeit mitgeben? Gibt es noch etwas, was Sie zu dem Thema gerne erzählen oder sagen möchten, was wir noch nicht angesprochen haben?

Transkriptionsregeln

Die Transkriptionsregeln orientierten sich am erweiterten inhaltlich-semantischen Transkriptionssystem nach Dresing und Pehl 2015, 20ff.

- Die Transkription erfolgte wörtlich, also nicht lautsprachlich oder zusammenfassend
- Besonders betonte Wörter oder Äußerungen wurden in Großbuchstaben gesetzt.
- Jeder Sprecherbeitrag steht in einem eigenen Absatz.
- Emotionale nonverbale Äußerungen der befragten Person und des Interviewers, welche die Aussage unterstützen oder verdeutlichen (wie lachen oder seufzen), wurden beim Einsatz in Klammern notiert.
- Unverständliches wurde mit #unverständlich# gekennzeichnet; nicht eindeutige Wörter oder Aussagen wurden in #Rauten# gesetzt
- Wort- und Satzabbrüche wurden mit „/“ markiert „Ich habe mir aber Sor/ Gedanken gemacht.“
- Wortdoppelungen wurden immer notiert.
- Pausen wurden je nach Länge durch Auslassungspunkte in Klammern markiert. Hierbei steht „(.)“ für circa eine Sekunde, „(..)“ für circa zwei Sekunden, „(...)“ für circa drei Sekunden und „(Zahl)“ für mehr als drei Sekunden.
- Rezeptionssignale und Fülllaute aller Personen („hm, ja, aha, ähm“ etc.) wurden transkribiert. Ausnahme: Backchanneling der interviewenden Person, während eine andere Person spricht, wurde nicht transkribiert, solange der Redefluss dadurch nicht unterbrochen wird.
- Sprecherüberlappungen wurden mit „//“ gekennzeichnet. Bei Beginn des Einwurfes folgt ein „//“. Der Text, der gleichzeitig gesprochen wird, liegt dann innerhalb dieser „//“ und der Einwurf der anderen Person steht in einer separaten Zeile und ist ebenfalls mit „//“ gekennzeichnet.

Lightning Source UK Ltd.
Milton Keynes UK
UKHW010606050219
336764UK00019B/705/P

9 783658 252618